厚大 法考 Judicial Examination **2019**

理论卷

王小龙讲

商经法

王小龙／编著

厚大出品

中国政法大学出版社

图书在版编目（ＣＩＰ）数据

厚大讲义.理论卷.王小龙讲商经法/王小龙编著. —北京：中国政法大学出版社，2018.12
ISBN 978-7-5620-8750-2

Ⅰ.①厚…　Ⅱ.①王…　Ⅲ.①商法－中国－资格考试－自学参考资料②经济法－中国－资格考试－
自学参考资料　Ⅳ.①D92

中国版本图书馆 CIP 数据核字 (2018) 第 280437 号

出　版　者	中国政法大学出版社
地　　　址	北京市海淀区西土城路 25 号
邮寄地址	北京 100088 信箱 8034 分箱　邮编 100088
网　　　址	http://www.cup1press.com（网络实名：中国政法大学出版社）
电　　　话	010-58908285(总编室) 58908433（编辑部）58908334(邮购部)
承　　　印	北京铭传印刷有限公司
开　　　本	787mm×1092mm　1/16
印　　　张	21.5
字　　　数	540 千字
版　　　次	2018 年 12 月第 1 版
印　　　次	2018 年 12 月第 1 次印刷
定　　　价	65.00 元

序 言

PREFACE

厚大版法学教材《王小龙讲商经法》终于和读者们见面了。对于这本以全新的体例和风格写就的教材，我诚惶诚恐，饱含兴奋和忐忑的心情向大家进行介绍。如同女孩子出嫁一样，一开始就和情郎素颜相见总比在洞房花烛夜才能揭下盖头见到真容要实在一些、安全一些。所以，我的序言也要坦诚地向读者朋友们讲清楚创作本书的初衷与编写的特点，以免误人。

1996 年，我作为一个高中文科生误打误撞地考入了中国人民大学法学院。当时对中国人民大学及其法学院的实力和特点毫无了解，只是觉得经济类和法律类是文科学生优先选择的方向，由于自己数学水平不佳，自然而然就选择了后者。不承想，在惰性和惯性的影响下一口气在中国人民大学法学院从本科读到博士，度过了整整 10 年的时光。对于法律来说，"庄严"和"神圣"这两个词汇总是无所不在。肃穆的法庭，冷峻的法官，庄重的服饰，严谨而犀利的话语，这是未入大学前头脑中的印象；艰深的语言，浩繁的篇章，缜密的逻辑，高深的推理，这是甫入大学后切身的体会。

庄严和神圣固然让人向往和陶醉，但有一点却很让人苦恼，为什么法学教材中很多语句怎么也读不懂呢？如甲把电脑借给邻居乙用，乙把电脑卖给了过路的丙，丙可以得到电脑，这叫善意取得。张某离家外出期间其住宅被雨淋坏，邻居汪某热心为其修缮房屋，汪某可以向张某索要支出的费用，这叫无因管理。如果我有一天心血来潮想给"鸟巢"投保火灾险是不行的，因为我对其没有保险利益。诸如此类的术语铺天盖地，生活中都懂得的道理一旦写入法学教科书中就完全让人一头雾水了。套用一句名言，法律也许是源于生活而又高于生活的吧。有人不以为然地说，这就叫"法言法语"，是无数学者皓首穷经得出的研究成果，体现了法学的严谨、科学等，颇觉自豪和骄傲。更头痛的是，受日本和我国台湾地区教材的用语影响，一些教科书很不擅长将其用语转译为白话，之乎者也在字里行间不时地跳出，颇考验读者的文言文功底。

没有办法，随着冠以法学专家头衔的成功人士不断激增，似乎写书不深奥就不足以服众。初入法学之门者只能整日端坐案前刻苦研读那些充栋之书，法学研习成了很多人的苦旅和畏途。我当时也不例外。转折来自于一次偶然的选修课。大四时我选修了一门西方经济学的课程，只想装饰而非充实一下最后的大学时光，心中已抱定了听天书的打算。课堂上却意外地发现，课程居然很好懂也很有趣，再一翻看教材，内容真是通俗直白。西方经济学的教科书大多喜欢举例子和画图来说明问题，例子往往是浅显的大炮和黄油，图表也是初中生就能看明白的数轴而已，我居然可以在无老师讲解的情况下自己看得津津有味，一本大部头的书几天就翻完了。教材的作者诸如斯蒂格利茨、曼昆等，对当时的我来说是生疏的，后来才知道他们很多都是得过诺贝尔奖的大学者。这不由让人慨叹，深邃的理论其实是可以用白描的话语讲清楚的，重要的知识是可以干脆利落地一点就透的，白居易立志创作白丁也可以读懂的诗歌的理想是可以实现的。与此同时，我还接触了房龙创作的历史系列图书，又一次在轻松愉悦中对众多乏味的历史事件产生了浓厚的阅读兴趣。对一个资质平平的读者来说，找一本能自行读懂的法学教材难，找一本能让人产生阅读兴趣的法学教材更是难上加难。

从那时起，像房龙一样写作，创作一本通俗易懂、深入浅出的法学教材就一直是萦绕我心间的梦想。摆在读者面前的这本小书就是实现这个梦想的一次实践。本书的最大特点就在于采用谈话的方式把法学理论和法条内容向读者娓娓道来。书中大量使用生活中的案例并穿插各种图例来摆事实、讲道理。读者完全可以轻松自在地独立进行阅读，无需借助教师讲解和工具书辅助。看书的过程就是聊天的过程，让你看懂、读懂并且觉得有趣、好玩是我最大的追求。学习的任务在潜移默化中就完成了。

如果你的法学基础较好，希望深入研究最新法学理论，这本书不深也不难，更不涉及争议较大的疑难问题，姑且作为一本参考书吧。

如果你是一位贪多求全，希望对立法事无巨细了解的人，请放弃本书吧。这本书的内容以法考为指针，以历年司考重点为指引，力求简洁：重要的全在里面，无关轻重的踪影全无。

如果你对商、知、经法律知之甚少，想自学了解一下立法的基本情况以提高法学素养或准备大学课程考试，那本书的"全自助"式阅读方式肯定能对你帮助不少。

如果你是一位法考备考者，那么恭喜你，本书就是备考应试的最佳利器。当然，为了谨慎起见，在掏腰包购买前不妨花几分钟翻阅一下，验证它是否符合你的口味。

最后，对于这样一本作者花的心血最多的创新型图书来说，读者的宝贵建议和批评是我最渴望获得的反馈。

是为序。

王小龙

2018 年 11 月于北京

C 目 录
CONTENTS

第二部分 知识产权法

第三部分　　经济法

第一部分
商　法

第1章

公司法

> ▶ **本章导读**
>
> 　　公司是指不同利益主体为了实现某种共同目的及从事某种共同事业而依《公司法》成立的企业法人。公司属于企业，我国的公司包括有限责任公司与股份有限公司两种类型。公司是法律所拟制的一种主体，可以像自然人一样从事各种经营活动并进行诉讼。公司的出资人叫股东，公司的组织管理活动由其内部设立的三会（股东会、董事会、监事会）分工负责。本章中的考试热点集中于公司的基本原理（如公司类型和法人人格否认制度）、有限责任公司（如公司的设立）以及股东的权利和义务（如股东的转股权、诉讼权、出资义务）等方面。按照惯例，《公司法》如果考查案例分析题，几乎都是考查有限责任公司的设立问题，其中股东的出资瑕疵尤为重要。

第一节　公司法概述

一、公司的起源

　　在汉语中，"公"含有无私、共同的意思，"司"则是指主持、管理，二者结合在一起就是众人无私地从事或主持其共同事务的意思。现代意义上的"公司"一词最早出现在清朝中期，一些民间社会组织在和荷兰东印度公司的交往中对其名称进行借鉴而使用了"公司"的称谓，完全属于舶来品。当时对"公司"的译名非常混乱，如英国东印度公司的办事处以及荷兰东印度公司设于雅加达的办事处，都称为"公班衙"，是英语和荷语中"公司"一词（英 company，荷 compagnie）之音、义结合的译名。

一般认为，现代意义上的公司起源于中世纪欧洲的地中海沿岸，具体可以分为三条发展线索：①意大利家族经营团体。在 15 世纪的意大利，基于身份和血缘的纽带在家族成员间产生了团体性经营组织。"打虎亲兄弟，上阵父子兵；子承父业，父死子继。"这种家族企业的成员彼此间高度信任，具有极强的人合性，企业成员对企业债务都承担无限连带责任。②船舶共有。海上贸易风险巨大，利润丰厚，人们共同筹集资金、共担风险，共同拥有船舶并合伙从事海上贸易，形成船舶共有的企业形式。③康枚达（commenda）契约或组织。康枚达是拉丁方言，含有信用和委任的意思。它的本意是多数人之间订立契约，其中一部分人以自己的信用获得另一部分人的资本，另一部分人则委托前者进行经营，即一方出钱、一方出力。15 世纪地中海沿岸出现了大量从事海洋贸易的康枚达组织。资本家出钱，航海家出力。盈利时，双方共享收益；亏损时，资本家通常只在出资范围内承担有限责任，航海家则须对亏损承担无限连带责任。

公司产生的必要性可以从两个主要方面得到论证：①降低了交易成本。人与人之间进行合作，无非可以采用两种方式，契约或组织。契约合作由于是"一对一"进行，面临着较高的谈判成本和违约风险。而组织合作在内部管理上则可以通过自上而下的命令方式，效率要高很多。②可以集中财力办大事。

二、公司法的概念和性质

（一）公司法的概念

公司法的概念有广义、狭义之分。广义上的公司法，是指规定各种公司的设立、组织、活动、解散以及公司对内对外关系的法律规范的总称，包括涉及公司的所有法律、法规。狭义上的公司法，专指以"公司法"命名的立法文件。在我国，即指《中华人民共和国公司法》。

（二）公司法的性质

公司法是私法。公司法是商事法律的重要内容之一，而商法与民法一样同属于私法的范畴，故公司法属于私法，是关于私的权利和利益的法律。公司法的核心在于保护公司的投资者即股东的利益，公司法的内容也以任意性规范为主，以充分尊重股东的意思自治。

三、公司的概念与特征

公司是指不同利益主体（股东）以营利为目的而依《公司法》成立的法人。公司是企业的一种，企业还包括合伙企业、个人独资企业以及外商投资企业等。公司有如下特征：

（一）公司是法人

法人是与自然人并列的一类民商事主体，能够以自己的名义从事民商事活动，并以自己的财产独立承担民事责任。也就是说，公司的主体资格与其股东是完全分离的，公司的活动完全遵循"一人做事一人当"的规则，独立地享有权利、负有义务并承担责任。例如，著名的新东方教育科技有限公司的创始人和大股东是俞敏洪，但新东方购买的房产归公司而非归俞敏洪所有；新东方负有的纳税义务是自身要缴纳的企业所得税而非俞敏洪缴纳的个人所得税；新东方如果污染环境要承担民事、行政甚至刑事责任也与俞敏洪无关。与自然人不同，公司被塑造成"人"完全是出于法律的拟制，主要是为了交易和诉讼的方便。否则，如果美国福特公司要购买一栋大楼就不得不附上该公司多达上百万名股东的名单以确保所有股东按比例分担成本，这显然是荒诞的。

公司作为法人具有以下"三独"特点：

1. 独立名义

是指公司以自己的名义而非股东的名义从事各种经营和诉讼活动，和公司做生意、打官司不能把其股东作为相对方。所以，公司在外观上比照自然人被"打扮"起来。自然人有姓名，公司有名称；自然人有居所，公司有住所；自然人有血肉，公司有财产；自然人有大脑，公司有负责决策的机构——股东（大）会；自然人有根据大脑指令进行活动的四肢，公司有负责执行股东（大）会决策的机构——董事会（小型有限公司只设执行董事）；自然人有防止病毒侵害的免疫系统，公司有监督管理人员的机构——监事会（小型有限公司只设1~2名监事）。

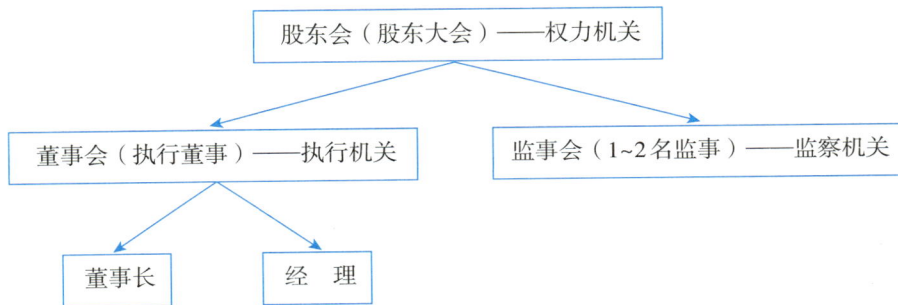
公司组织机构

2. 独立财产

是指公司作为一个以营利为目的的法人，必须有其可控制、可支配的财产，以从事经营活动。公司的原始财产由股东出资构成，股东一旦履行了出资义务，其出资标的物的所有权即转移至公司，构成公司的财产，公司对其享有"法人财产权"，股东则对公司享有"股权"，即享有资产收益、参与重大决策和选择管理者等权利。公司的财产与股东个人的财产相分离。

3. 独立责任

是指公司必须在自主经营的基础上自负盈亏，用其全部法人财产对公司债务独立承担责任。与此相对应，股东则承担有限责任，即股东仅以出资为限对公司承担责任。

（二）公司具有社团性

公司的社团性表现为股东为多数人，因为公司的产生就是出于"人多好办事""群策群力""集思广益"的目的。单个主体的财力和精力总是有限的。马克思（Marx）曾说，如果没有股份公司，世界上至今也不会有一寸铁路。但出于多种原因，现在各国都已经陆续开始承认股东只有一个人的一人公司了，我国《公司法》也明确允许成立一人有限责任公司。

（三）公司具有营利性

公司产生、存续、经营的最终目的都是追求股东利润的最大化，为股东赚钱是公司的最高宗旨，公司是股东创造出来用于赚钱的工具。股东通过公司赚钱的途径主要有2个：①获得公司的利润分配，即分红；②在公司解散时获得剩余财产的分配。

（四）公司遵守"两权分离"的经营规则

所谓"两权分离"是指公司的所有权和经营管理权互相分离。在经济全球化的今天，公司越做越大，通过规模效益实现越做越强已经成为趋势。

[例] 连续多年在"世界五百强"排名第1位的沃尔玛百货有限公司由美国零售业的传奇人物山姆·沃尔顿（Sam Walton）先生于1962年在阿肯色州成立。经过多年的发展，沃尔玛公司已经成为美国最大的私人雇主和世界上最大的连锁零售企业。目前，沃尔玛在全球15个国家开设了超过8000家商场，下设53个品牌，员工总数达210多万人。面对这样庞大的规模，投资者们（股东们）如果凡事都亲力亲为进行直接管理显然是不现实的。规模经营要求专业化、技术化和经验化的集中管理，逐渐地，股东们就将经营管理权交给了专门的经营管理团队。在公司法中，公司的经营管理权就被赋予了董事会及其助手经理。

（五）股东承担有限责任

如前文所述，公司独立承担责任，也就意味着股东仅仅以其对公司的出资额为限对公司承担有限责任，股东对公司债务不直接承担任何责任，这就是股东有限责任原则，它降低了投资风险，保护了股东的利益。对股东来说，投资一个公司的最大风险也就是把投资全部赔光，没有进行投资的其他财产是不会受到任何牵连影响的。这一点正是公司与合伙企业、独资企业的原则区别，其他区别也可以说都是由这一点所派生的。

股东有限责任的确立有其法理和现实上的依据。法理上，公司是独立的"人"，一个人无须对另一个人的行为承担责任，当然，股东也无须对公司的债务承担责任。现实上，在两权分离的经营模式下，股东并不直接管理公司，也就不应该对公司经营活动所产生的债务承担无限的责任。当然，公司对自己的债务要用公司的全部财产进行清偿，这就是无限责任了。股东与公司及第三人的关系可以用下面的图例进行说明。

股 东 ——出资义务——> 公 司 ——债权债务——> 第三人

股东与公司及第三人的关系

"法人"是对公司这一组织体进行拟人化处理的结果，法人同自然人一样具有自己的人格，即拥有自己独立的财产并能独立地承担责任，"一人做事一人当"，股东的责任是有限的。但是，公司独立承担责任的原则过于注重对股东利益的保护，这对公司的债权人有失公平，它可能为股东，特别是控制公司的股东谋取法外利益创造了机会，从而成为侵权的工具和手段。有鉴于此，我国《公司法》引入了公司人格否认制度。公司人格否认制度，又称"刺破公司的面纱"（piercing the corporation's veil）或"揭开公司面纱"（lifting the veil of the corporation），指公司股东滥用公司法人独立地位和股东有限责任，逃避债务，严重损害公司债权人利益的，应当对公司债务承担连带责任。

公司人格否认制度是对公司独立责任原则的补充和修正，它的效力范围限于特定法律关系中，必须就事论事。通常公司的独立人格在某方面被否认，并不影响在其他方面承认公司仍是一个独立自主的法人实体。适用公司人格否认制度的公司，实际上是已被人控制、失去自主性的只具有公司形式的公司，由于其独立人格名存实亡又被利用于侵害他人的合法权益，给社会造成危害，因此应当予以否认，债权人对此负有举证责任。对自然人来说，根据《侵权责任法》第9条的规定，教唆无民事行为能力人、限制民事行为能力人实施侵权行为的，应当承担侵权责任。类似地，法人人格被否认的公司就如同一个无民事行为能力人或限制民事行为能力人，当股东不把它作为一个完全民事行为能力人来塑造而只是当成行尸走肉利用时，就必须把躲在公司背后的股东拉到前台直接承担责任。

结合《公司法》运作实践，目前我国滥用公司法人人格的行为主要有以下几种：

1. 抽逃公司出资，使公司法人人格不完整

此类现象极为普遍，诸如通过虚构债权债务关系将其出资转出、利用关联交易将出资转出等，使公司"空壳"运行。

2. 虚设股东，以公司形式获取不法利益

即公司的实质股东仅有一人，其余股东仅为挂名股东，应使实质上的股东对公司债务承担连带责任。一般表现为成立实质上的"一人公司"，或虚构外商投资搞假合资、假合作经营；或以亲友、家庭成员作为假股东，设立名为公司而实为独资的企业从事经营活动；又如虽为子公司，但利润全部上缴母公司，而且自行承担全部债务。

3. 非法人以公司名义进行经营活动

自然人、合伙企业等非法人挂靠在公司，以公司名义进行经营。他们一方面以公司形式和公司名义取信于债权人进行欺诈交易；另一方面又享有国家赋予公司的税收、贷款等方面的优惠。当他们不能清偿债务时，却由被挂靠公司承担责任。

4. 利用公司的设立、变更逃避债务

如A公司经营陷入困境后，即将公司的主要人、财、物与原亏损企业脱钩，另行组成新的B公司进行独立经营，合同约定A公司的债务B公司不承担。形象地说，亦即新设公司脱掉亏损公司这个"壳"，而由另一个公司法人继续独立经营。

5. 母公司对子公司的无度操纵、干预

母子公司虽然在法律上是两个独立的法律主体，但在经济上却是母公司统一控制下的一个经营整体，所以母公司往往为了整个公司集团的利益而滥用其控制权、支配权，人为操纵、干预子公司内部的各种活动，致使子公司实际丧失独立地位，损害债权人的利益。

6. 财产混同、业务混同造成人格混同

公司财产与股东财产的混同主要表现在：公司的营业场所与股东的居所混合使用，或者子公司与母公司的营业场所为同一场所。另外，股东没有严格区分公司财产与个人财产，公司财产被用于公司以外的事务或股东个人支出而未作适当记录，没有保持完整的公司财产记录等，都可视为财产混同。

公司业务与股东业务发生混同的主要表现是两者从事同一业务活动，而且公司业务经营常以股东个人名义进行，以致与之进行交易的对方根本无法分清是与公司还是与股东进行交易。此种场合下，极易发生股东利用同种营业剥夺对公司有利的机会而损害公司利益。此外，还有一些其他特征，如高级管理人员互相兼任（特别是在母子公司中）等。

（六）股权可以自由转让

由于公司实行"两权分离"，当股东对公司经营不满时可以寻求什么救济方法呢？为了保护债权人利益，股东在公司成立后是不能反悔抽回其出资的。可行的办法就是"用脚投票"，转让手中的股权来摆脱公司，所以股东的股权一般可以自由转让。基于此，公司也就获得了"永续性"。公司的生命可以在一茬一茬股东的转手接力中获得永久的延续。

四、公司的权利能力和行为能力

对公司这一组织体进行"拟人化"的处理就使其具有了"人格"，典型体现就是公司同自然人一样具有权利能力和行为能力。

（一）公司的权利能力

公司的权利能力是指公司作为法律主体依法享有权利和承担义务的资格。

1. 起始与终止

公司具有权利能力，与自然人不同，公司生命的产生与消失都依赖法律的确认。其权利能力始于成立即营业执照签发，终于终止即注销登记。公司以外的其他企业也都如此。需注意，公司被吊销执照并不意味着终止，因为此后还要进行清算，最后再注销登记。

2. 限制

（1）性质上的限制

公司毕竟为法律拟制的人格，所以凡与自然人自身性质相关的权利义务，公司均不能享有，如专属于自然人的生命权、健康权、婚姻权、继承权、隐私权、名誉权等。

（2）目的范围的限制

公司不得超越经营范围进行活动，如果当事人超越经营范围订立合同（即"越权行为"），为了保护善意相对人的利益，法院不因此认定合同无效。但违反国家限制经营、特许经营以及法律、行政法规禁止经营规定的除外。不同于现在，我国以前对企业经营范围的管制极为严格，一旦超越动辄就会导致合同无效。

> ［例］改革开放初期，西北某地一家纺织厂购进数头绵羊打算作为年货分发给职工，但由于职工大多不喜食羊肉而决定将绵羊转卖他人。工商机关认为该厂卖羊的行为超越了其经营范围而阻止，该厂只得雇羊倌砌圈养羊。

这样荒诞的案例相信以后不会再有，毕竟当代社会产品种类繁多，市场需求变化迅猛，企业只要不从事拐卖人口、私设钱庄等违反法律或特许经营的活动就不应认定交易无效。

（3）投资能力和担保能力的限制

首先，投资能力的限制。公司可以向其他企业投资，但是，除法律另有规定外，不得成为对所投资企业的债务承担连带责任的出资人。公司向其他企业投资，按照公司章程的规定由董事会或者股东会、股东大会决议；公司章程对投资的总额及单项投资的数额有限额规定的，不得超过规定的限额。

公司当然应当具有投资能力，通过投资扩大规模，做大做强是天经地义的。但是，公司投资也会带来一些消极作用，典型的就是资本虚增。

> [例] 甲公司自有资本1000万元，拿出其中300万元投资设立乙公司，两家公司的账面资产总额就成了1300万元，这种虚夸的资产实力容易造成交易对方的误判。

我国法律对投资的消极作用未明确规定限制措施，只是为了保护公司自身的利益，降低投资风险，不允许其投资承担连带责任，以防止投资失败导致公司自身的全部资产都被"连锅端"。但是，如果另有法律规定公司可以承担连带责任，则该法将优先获得适用，此为例外，《合伙企业法》即有此规定。

其次，担保能力的限制。

第一，对外担保。公司为他人提供担保，按照公司章程的规定由董事会或者股东会、股东大会决议。公司章程对担保的总额及单项担保的数额有限额规定的，不得超过规定的限额。

公司当然具有担保能力，根据《商业银行法》，商业银行发放贷款原则上都要求对方提供担保，所以公司的担保行为是司空见惯的。公司对外担保的决定权掌握在董事会或股东会手中，章程从中选择其一来行使决定权。

第二，对内担保。公司为公司股东或者实际控制人提供担保的，必须经股东会或者股东大会决议。被担保的股东或者受实际控制人支配的股东，不得参加对该担保事项进行的表决。该项表决由出席会议的其他股东所持表决权过半数通过。

实际控制人，是指虽不是公司的股东，但通过投资关系、协议或者其他安排，能够实际支配公司行为的人。如甲公司投资设立乙公司，乙公司又投资设立丙公司，甲公司就是丙公司的实际控制人。公司对内担保与对外担保的最大不同就在于，前者法律强制规定只有股东（大）会有决定权，董事会是绝对无权的。这是因为，公司的董事一般都由大股东本人或其亲信担任，董事会完全听命于大股东的意志。如果由公司董事会决议是否为某大股东的债务进行担保，大股东自然可以操纵董事会使决议顺利通过，公司就变成了大股东的"提款机"，严重损害了小股东利益。股东（大）会进行决议则不会发生此种问题，因为被担保的股东或者受实际控制人支配的股东，不得参加对该担保事项进行的表决。这种回避的制度在公司法上被称为"利害关系股东表决权排除规则"。

（二）公司的行为能力

1. 含义

公司的行为能力是指公司基于自己的意思表示，以自己的行为独立行使权利和承担义务的能力。与自然人不同，它与公司的权利能力同时产生、同时终止，范围和内容也与权利能力相一致。

2. 实现方式

公司行为能力的实现方式有以下两个阶段：

（1）公司的意思能力通过公司的法人机关来形成和表示。公司的法人机关由股东会

（股东大会）、董事会和监事会组成。它们依照《公司法》规定的职权和程序既相互配合又相互制衡，进行公司的意思表示。

（2）公司的行为能力通过公司的法定代表人实现。法定代表人和公司是代表关系，是公司的化身，它所实施的法律行为就是公司的法律行为，所享有的权利和承担的义务就是公司的权利和义务。公司法定代表人依照公司章程的规定，由董事长、执行董事或者经理担任，并依法登记。公司法定代表人变更，应当办理变更登记。

显然，法人与法定代表人是不同的，只有法定代表人才由自然人担任，现实生活中某些人自称是公司的"法人"实为谬误。法定代表人只能有一位，章程根据公司需要在法定范围内选择。我国以前均由董事长担任法定代表人，但这一限制已被突破。当今社会中的公司董事长很多已蜕变为公司的形象代言人，一般由社会名流担任，并不具体负责公司事务。西方国家的大公司就经常聘请退休高官担任董事长，如美国五星上将麦克阿瑟（MacArthur）退役后就任兰德打字机公司董事长；美国国务卿基辛格辞职后创建了基辛格联合咨询公司，就由其本人担任董事长。实践中很多公司设有首席执行官（CEO）和总裁等职务，这些称谓在我国《公司法》中是没有的，他们只不过是为了管理方便而由公司设置的职业经理人职位，和董事长、董事并无必然联系。

五、公司的分类

公司依照不同的标准可以划分为不同的类型。

（一）以公司股东的责任范围为标准

可将公司分为无限责任公司、两合公司、股份两合公司、有限责任公司和股份有限公司。

1. 无限责任公司

是指由两个以上股东组成，全体股东对公司债务负连带无限责任的公司。我国的普通合伙企业与其相似。

2. 两合公司

是指由部分无限责任股东和部分有限责任股东共同组成，对公司债务，前者负连带无限责任，后者仅以出资额为限对公司债务承担责任的公司。我国的有限合伙企业与其相似。

3. 股份两合公司

是指由部分对公司债务负连带无限责任的股东和部分仅以所持股份对公司债务承担有限责任的股东共同组建的公司。

我国《公司法》未规定上述三种公司。

4. 有限责任公司

是指股东仅以其认缴的出资额为限对公司承担责任，而公司则以其全部资产对公司债务承担责任的公司。由于规模小、人数少，法律对其规定以自治性为主。

5. 股份有限公司

是指由一定人数组成，公司全部资本分为等额股份，股东以其认购的股份为限对公司承担责任，公司以其全部资产对公司的债务承担责任的公司。由于规模大、人数多，社会影响范围广，法律对其规定以强制性为主，体现了"抓大放小"的思想。

有限责任公司和股份有限公司之间可以进行变更。公司变更前的债权、债务由变更后的公司承继。

这两类公司是我国《公司法》规定的基本类型，二者的关系应重点了解。

（1）相同点：有限责任公司和股份有限公司最主要的相同点就是股东责任均为有限。对于"有限"一词，只是指股东对公司债务以其所持股份或出资为限承担责任。股东的这种责任也是对"公司"的责任，而不是直接对公司债权人的责任。至于公司，则应以其全部资产为限对公司的债务承担责任，这种责任实际上是"无限责任"，也就是"公司独立责任"。

（2）不同点：有限责任公司的资本可以分为均等的份额，也可以不分为均等的份额。有限责任公司的资本构成通常称为"出资"，即使分为均等的份额也不称为股份，股东的权利与其"出资份额"相联系。股份有限公司的资本则必须划分成等额的"股份"，这是两类公司的根本区别。

有限责任公司股东出资后，由成立后的公司向股东签发证明其已经履行出资义务的法律文件，即出资证明书，其性质为证权证书。相应地，股份有限公司则向股东签发股票，其性质为证权证券。

（二）以公司之间的关系为标准

可将公司分为总公司与分公司、母公司与子公司。

1. 总公司与分公司

（1）总公司又称本公司，是指依法设立并管辖公司全部组织的具有企业法人资格的总机构。

（2）分公司，是指在业务、资金与人事等方面受本公司管辖但不具有法人资格的分支机构，其民事责任由总公司承担。公司设立分公司的，应当向分公司所在地的公司登记机关申请登记，领取营业执照。

总公司与分公司的关系如同人与其器官。总公司是独立负责的法人，分公司则不同，它的债务如果自身不能清偿则要求总公司继续清偿。二者实质上是同一主体，自然不能说互相有连带关系。但根据《民事诉讼法》，分公司具有独立的诉讼主体资格，这是为了防止总公司承受的诉讼负担过重。

2. 母公司与子公司

（1）母公司，是指拥有其他公司一定数额的股份，或根据协议能够控制、支配其他公司的人事、财务、业务等事项的公司。

（2）子公司，是指一定数额的股份被另一公司控制，或依照协议被另一公司实际控制、支配的公司。子公司具有企业法人资格，依法独立承担民事责任。

依照母公司拥有子公司的股份额的多少，子公司又可以分为：①全资子公司，即法人一人有限公司，母公司拥有其100%的股份；②绝对控股子公司，母公司拥有其50%以上不足100%的股份；③相对控股子公司，母公司拥有的股份低于50%，但因为其他股份可能比较分散，因此母公司的表决权已经足以对子公司的决议产生重大影响。

母公司与子公司的关系如同母亲与其子女，双方都具有独立的法人资格，各自独立对外承担责任，除非出现法人人格被否认的例外情况，一般互不牵连。例如，我国的"国家开发投资公司"设有全资子公司"中国成套设备进出口总公司"，后者又设有"丹东分公司"。显然，丹东分公司的债务清偿责任应当最终由中国成套设备进出口总公司承担，而与国家开发投资公司无关。

（三）以公司的信用基础（即公司凭什么取信于人）为标准

可将公司分为人合公司、资合公司以及人合兼资合公司。

1. 人合公司

人合公司是指公司的经营活动以股东个人信用而非公司资本的多寡为基础的公司。无限责任公司是典型的人合公司。这种公司是典型的"认人不认钱"，股东间出于信任而结合起来，多为亲朋好友甚至是家族企业，交易方也主要关注股东的个人情况，至于公司自身的财力则不太重要。因为彼此信任的熟人总是有限的，所以人合公司股东人数一般不多，规模较小，股东也要对公司债务承担无限连带责任。

2. 资合公司

资合公司是指公司的经营活动以公司的资本规模而非股东个人信用为基础的公司。股份有限公司是资合公司，其中"上市公司"是最典型的。这种公司是典型的"认钱不认人"，股东由于出资而自由地结合起来，彼此往往是陌生的、不了解的，交易方也主要关注公司自身的财力，至于股东的个人情况则不太重要。由于凡出资者皆可成为股东，所以资合公司股东人数一般较多，规模较大，股东只对公司债务承担有限责任。

3. 人合兼资合公司

人合兼资合公司是指公司的设立和经营同时依赖于股东个人信用和公司资本规模，兼有上述两类公司的特点。有限责任公司是"人合"兼"资合"公司。

[例] 新东方教育科技有限公司创业之初是以俞敏洪为首的几位北大同学、同事出资设立的，股东之间非常熟悉、了解和信任，外部人即使出钱再多、能力再大也没有机会加入其中，这就体现了人合性。2006年新东方在美国纽约证券交易所成功上市，其股票公开买卖自由流通，即使美国一个偏远乡村的无名老妪也可以花钱购买其股票而成为新东方的股东，这就体现了资合性。

（四）以股份转让方式为标准

可将公司分为封闭式公司与开放式公司。

1. 封闭式公司

封闭式公司是指公司股本全部由设立公司的股东拥有，且其股份不能在证券市场上自由转让的公司。股份不能自由转让意味着公司大门关闭，外人很难加入到公司里来。有限责任公司属于封闭式公司。

2. 开放式公司

开放式公司是指可以按法定程序公开招股，股东人数无法定限制，股份可以在证券市场公开自由转让的公司。股份可以自由转让意味着公司大门敞开，外人很容易能加入到公司里来。股份有限公司即属此类。

（五）以公司的国籍为标准

可将公司分为本国公司、外国公司和跨国公司。

这种分类标准的依据就是看公司在哪一国登记注册取得主体资格，并受该国法律管辖。依照我国《公司法》的规定，允许外国公司在中国境内设立分支机构，从事生产经营活动，但外国公司属于外国法人。

第二节 公司的设立

一、一般规则

（一）概念

公司设立，是指公司设立人依照法定的条件和程序，为组建公司并取得法人资格而必须采取和完成的法律行为。一般情况下，公司设立行为属于多数人的共同行为。其特征是：①行为人具有共同的目标；②行为人形成共同的意思表示；③行为人取得同质的预期效果；④行为人承担共同的责任。但公司的设立行为也可能是单方法律行为，例如，设立一人公司时，其设立人只能是一人。

公司设立与公司成立主要有以下两点区别：

第一，公司设立是一种法律行为，公司成立则是设立人取得公司法人资格的一种事实状态或公司设立行为的法律后果。

第二，公司设立阶段，公司尚不具有法人资格，不能以公司法人名义进行法律行为；公司成立后则取得法人主体资格，能够以自己的名义进行法律行为，产生的债权债务由公司承担。

公司的发起人是指为设立公司而签署公司章程、向公司出资或者认购股份并履行公司设立职责的人，包括有限责任公司设立时的股东。公司设立阶段发起人之间通过协议形成民事合伙关系，往往以"××公司筹建处"之类的名义对外从事民事活动筹建公司。这种前公司组织形态叫做"设立中公司"，也可喻为"胎儿公司"。发起人在设立中产生的责任分以下几种情况处理：

1. 公司设立成功时

（1）发起人为设立公司以自己名义对外签订合同。相对人有权选择请求公司或者发起人承担。

（2）发起人以设立中公司名义对外签订合同。一般情况下公司成立后应由公司承担合同责任。如果公司成立后有证据证明发起人利用设立中公司的名义为自己的利益与相对人签订合同，公司不承担合同责任，但相对人为善意的除外。

2. 公司设立失败时

（1）合同责任

公司因故未成立，债权人请求全体或者部分发起人对设立公司行为所产生的费用和债务承担连带清偿责任的，法院应予支持。

部分发起人依照上述规定承担责任后，请求其他发起人分担的，法院应当判令其他发起人按照约定的责任承担比例分担责任；没有约定责任承担比例的，按照约定的出资比例分担责任；没有约定出资比例的，按照均等份额分担责任。

因部分发起人的过错导致公司未成立，其他发起人主张其承担设立行为所产生的费用和债务的，法院应当根据过错情况，确定过错一方的责任范围。

（2）侵权责任

发起人因履行公司设立职责造成他人损害，公司成立后受害人请求公司承担侵权赔偿责任的，法院应予支持；公司未成立，受害人请求全体发起人承担连带赔偿责任的，法院应予支持。公司或者无过错的发起人承担赔偿责任后，可以向有过错的发起人追偿。

（二）方式

公司设立的方式基本为两种，即发起设立和募集设立。

1. 发起设立，是指由发起人认购公司应发行的全部股份而设立公司。颇似"大包干"。

2. 募集设立，是指由发起人认购公司应发行股份的一部分，其余股份向社会公开募集（简称"公募"）或者向特定对象募集（简称"私募"）而设立公司。颇似"凑份子"。为防止发起人完全凭借他人资本设立公司，"空手套白狼"，损害一般投资者的利益，各国大都规定了发起人认购的股份在公司股本总数中应占的比例，我国规定的比例是不得少于35%。

有限责任公司只能采取发起设立方式；股份有限公司的设立，既可以采取发起设立的方式，也可以采取募集设立的方式。

（三）条件

通常认为公司设立的条件应当由三个要素构成，即人的要素、物的要素和行为要素。所谓人的要素，主要是针对股东或发起人的人数和资格而言的；所谓物的要素，主要是针对公司的资本而言的；所谓行为要素，主要是针对发起人协议、制定公司章程以及建立组织机构而言的。根据我国《公司法》的规定，设立公司应当具备以下基本条件：

1. 股东或发起人符合法定人数。

2. 股东出资或发起人认购和募集的股本符合章程要求。

3. 依法制定公司章程。

（1）有限责任公司的章程由股东共同制定。

（2）股份有限公司的章程：如果采用发起设立，就由发起人制定公司章程；如果采用募集方式设立的，则在发起人制定公司章程后经创立大会通过。

4. 有公司名称，建立符合公司要求的组织机构。

（1）名称。公司的名称相当于自然人的姓名，一个公司只能有一个名称。在同一公司登记机关的辖区内，同一行业的公司不允许有相同或类似的名称。有限责任公司，必须在公司名称中标明"有限责任公司"或者"有限公司"字样；股份有限公司，必须在公司名称中标明"股份有限公司"或者"股份公司"字样。

（2）组织机构。任何公司都必须建立组织机构。根据我国《公司法》的规定，有限责任公司应当设立股东会、董事会和监事会，但在公司规模较小、股东人数较少的情况下，也可以不设立董事会或者监事会，而只需要设立 1 名执行董事或者 1~2 名监事。一人公司和国有独资公司不设股东会。股份有限公司必须设立股东会、董事会和监事会。

5. 有公司住所。公司以其主要办事机构所在地为住所。

（四）登记

公司设立应当向公司登记机关（在我国为工商行政管理机关）提出申请，办理登记。

1. 公司名称预先核准

设立公司应当申请名称预先核准。设立有限责任公司，应当由全体股东指定的代表或者共同委托的代理人向公司登记机关申请名称预先核准；设立股份有限公司，应当由全体发起人指定的代表或者共同委托的代理人向公司登记机关申请名称预先核准。

预先核准公司名称只是为了方便办理公司设立手续，所以保留期仅为 6 个月。预先核准的公司名称在保留期内，不得用于从事经营活动，不得转让。

2. 登记程序

（1）设立有限责任公司，应当由全体股东指定的代表或者共同委托的代理人向公司登记机关申请设立登记。设立国有独资公司，应当由国务院或者地方政府授权的本级政府国有资产监督管理机构作为申请人，申请设立登记。设立股份有限公司应当由董事会作为申请人。

申请设立有限责任公司，应当向公司登记机关提交下列文件：①公司法定代表人签署的设立登记申请书；②全体股东指定的代表或者共同委托代理人的证明；③公司章程；④股东的主体资格证明或者自然人身份证明；⑤载明公司董事、监事、经理姓名、住所的文件以及有关委派、选举或者聘用的证明；⑥公司法定代表人任职文件和身份证明；⑦企业名称预先核准通知书；⑧公司住所证明；⑨国家工商行政管理总局规定要求提交的其他文件。法律、行政法规或者国务院决定规定设立有限责任公司必须报经批准的，还应当提交有关批准文件。

申请设立股份有限公司，应当向公司登记机关提交下列文件：①公司法定代表人签署的设立登记申请书；②董事会指定的代表或者共同委托代理人的证明；③公司章程；④发起人的主体资格证明或者自然人身份证明；⑤载明公司董事、监事、经理姓名、住所的文件以及有关委派、选举或者聘用的证明；⑥公司法定代表人任职文件和身份证明；⑦企业名称预先核准通知书；⑧公司住所证明；⑨国家工商行政管理总局规定要求提交的其他文件。其中，以募集方式设立股份有限公司的，还应当提交创立大会的会议记录以及依法设立的验资机构出具的验资证明；以募集方式设立股份有限公司公开发行股票的，还应当提交国务院证券监督管理机构的核准文件。法律、行政法规或者国务院决定规定设立股份有限公司必须报经批准的，还应当提交有关批准文件。对于公司申请登记的经营范围中属于法律、行政法规或者国务院决定规定在登记前须经批准的项目的，应当在申请登记前报经国家有关部门批准，并向公司登记机关提交有关批准文件。由此可见，设立有限责任公司与设立股份有限公司在设立申请文件方面其实是一样的要求，只是相关法律文件的签署人的称谓不同而已。前者称为股东，后者则称为发起人。当然，以募集方式设立的股份有限公司在设立申请时需要提交的文件有所不同，主要是增加了创立大会的会议记录。其中以募集方式设立公开发行股票的，还需提交国务院证券监督管理机构的核准文件。

（2）股份有限公司的设立方式有发起设立和募集设立两种，不同方式下的设立程序有所不同。

❶ 发起设立方式

a. 发起人认购股份。

b. 发起人缴清股款。

c. 选举董事会和监事会。

d. 董事会申请设立登记。

e. 公告成立。

❷ 募集设立方式

a. 发起人认购股份。发起人认购的股份不得少于公司股份总数的 35%。

b. 公告招股说明书，制作认股书。

c. 签订承销协议和代收股款协议。发起人应当同证券公司签订承销协议，并且同银行签订代收股款协议。

d. 召开创立大会。认股人缴清股款并验资完毕后，发起人应当在 30 日内主持召开公司创立大会。会议应有代表股份总数过半数的发起人、认股人出席，方可举行。创立大会的职权为：审议发起人关于公司筹办情况的报告；通过公司章程；选举董事会成员；选举监事会成员；对公司的设立费用进行审核；对发起人用于抵作股款财产的作价进行审核；发生不可抗力或者经营条件发生重大变化直接影响公司设立的，可以作出不设立公司的决议。

创立大会就上述事项作出决议，必须经出席会议的认股人所持表决权过半数通过。

e. 申请设立登记并公告。董事会应于创立大会结束后 30 日内，申请设立登记。

二、公司章程

（一）概念与特点

设立公司必须依法制定公司章程。章程是公司必备的，是规定其名称、宗旨、资本、组织机构等对内对外事务的基本法律文件。它是公司的自治性文件，相当于公司的"小宪法"。

章程具有法定性、真实性、自治性和公开性。章程的自治性指章程由公司依法自行制定，由公司自己来执行。章程的公开性指对一般社会公众公开，这主要是针对股份有限公司而言。

（二）订立

公司章程的订立通常有两种方式：

1. 共同订立，是指由全体股东或发起人共同起草、协商制订公司章程，否则，公司章程不得生效。

2. 部分订立，是指由股东或发起人中的部分成员负责起草、制定公司章程，而后再经其他股东或发起人签字同意的制定方式。

公司章程必须采取书面形式，经全体股东或发起人同意并在章程上签名盖章，才能生效。

（三）内容

1. 有限责任公司章程的绝对记载事项

（1）公司名称和住所。

（2）公司经营范围。

（3）公司注册资本。

（4）公司股东的姓名或名称。

（5）股东的出资方式、出资额和出资时间。

（6）公司的机构及其产生办法、职权、议事规则。

（7）公司法定代表人。

（8）股东会会议认为需要规定的其他事项。

2. 股份有限公司章程的绝对记载事项

（1）公司名称和住所。

（2）公司经营范围。

（3）公司设立方式。

（4）公司股份总数、每股金额和注册资本。

（5）发起人的姓名或者名称、认购的股份数、出资方式和出资时间。

（6）董事会的组成、职权和议事规则。

（7）公司法定代表人。

（8）监事会的组成、职权和议事规则。

（9）公司利润分配办法。

（10）公司的解散事由和清算办法。

（11）公司的通知和公告办法。

（12）股东大会会议认为需要规定的其他事项。

从《公司法》的上述规定可以看出，法律对有限责任公司章程的法定记载事项采取较为宽松的规则，但对股份有限公司章程的法定记载事项则采取较为严格的规则，要求记载的事项较多。这是由股份有限公司的资合性和开放性所决定的。

（四）效力

公司章程对公司、股东、董事、监事、高级管理人员具有约束力。公司章程作为公司内部规章，效力仅及于公司和相关当事人，不具有普遍的约束力。章程可以被看做"家法"而非"国法"，管内不管外。

违反公司章程的后果散见于《公司法》各处，现作一归纳总结：

1. 董事、监事和高级管理人员违反公司章程

董事、监事、高级管理人员在执行公司职务时违反法律、行政法规或者公司章程的规定，给公司造成损失的，应当承担赔偿责任。董事、高级管理人员违反法律、行政法规或者公司章程的规定，损害股东利益的，股东可以向法院提起诉讼。

2. 公司违反公司章程

股东会或者股东大会、董事会的会议召集程序、表决方式违反法律、行政法规或者公

司章程，或者决议内容违反公司章程的，股东可以自决议作出之日起 60 日内，请求法院撤销。

3. 股东违反公司章程

股东违反公司章程所规定的义务，公司有权要求其履行。由此给公司造成损失的，应当对公司承担损害赔偿责任。

（五）公司章程的变更

公司章程的变更是指已经生效的公司章程的修改，变更程序如下：

1. 由董事会提出修改公司章程的提议。

2. 将该提议通知其他股东。

3. 由股东会（股东大会）表决通过。

我国《公司法》规定，有限责任公司股东会会议作出修改公司章程的决议必须经代表 2/3 以上表决权的股东通过；股份有限公司股东大会作出修改公司章程的决议，必须经出席会议的股东所持表决权的 2/3 以上通过。

章程变更后，董事会应向工商行政管理机关申请变更登记。公司章程的订立或变更并非以工商登记为生效要件，而为对抗要件。

　　[例] 某公司章程规定：对外投资金额不得超过 500 万元。如日后股东会通过决议将其修改为 1000 万元，即使未及时进行变更登记也应视为章程已经修改，公司如进行 1000 万元的投资是有效的。

三、公司资本

（一）含义与形态

公司资本也称为股本，它是指由公司章程确定并载明的全体股东的出资总额。

公司资本的具体形态包括：

1. 注册资本，是指公司在设立时筹集的、由章程载明的、经公司登记机关登记注册的资本。这是为了防止出现"皮包公司"而由工商机关进行的准入监管。

有限责任公司的注册资本为在公司登记机关依法登记的全体股东认缴的出资额，"认缴"意味着可以分期缴纳而不要求一步到位。这是考虑到公司刚成立时往往业务不多，为了防止资本的限制和浪费而允许陆续到位。股份有限公司采取发起设立方式设立的，注册资本为在公司登记机关依法登记的全体发起人认购的股本总额，"认购"同"认缴"本质一样。股份有限公司采取募集设立方式设立的，注册资本为在公司登记机关依法登记的实收股本总额，"实收"则意味着不能分期缴纳必须一步到位。

公司的注册资本在公司成立之后自然可以进行使用，如果盈利则公司资产会高于注册资本，如果亏损则公司资产会低于注册资本。公司甚至有可能出现资不抵债的情形，即资产成为负数。公司的偿债能力其实与公司成立时的注册资本关系甚微，因为公司是以其全部资产（而不是注册资本）对外承担债务清偿责任的。若公司成立时注册资本为 1000 万元，现有资产为 3000 万元，公司需以 3000 万元的全部资产承担债务清偿义务；反之，若公司注册资本为 3000 万元，现有资产仅 1000 万元，公司也只能以 1000 万元承担债务清偿责任。所以在实践中，判断一个公司的真正实力仅从注册资本来看是没有太大意义的。

2. 认缴资本（发行资本），是指公司实际上已向股东发行的股本总额。

3. 认购资本，是指出资人同意缴付的出资总额。

4. 实缴资本（实收资本），是指公司成立时公司实际收到的股东的出资总额。

（二）公司资本三原则

有限责任公司和股份有限公司都具有不同程度的"资合性"，其信用基础在于资本的真实和稳定，这样才能保障交易安全，维护债权人的利益。我国《公司法》对上述两类公司资本的有关规定体现为以下三项原则：

1. 资本确定原则

资本确定原则又称法定资本制，是指公司设立时应在章程中载明公司资本总额，并由发起人认足或缴足，否则公司不能成立。这可以有效地防止出现"皮包公司"。

2. 资本维持原则

资本维持原则是指公司在其存续过程中，应当经常保持与其资本额相当的财产。这是资本确定原则的延伸，资本确定原则是初始监管，资本维持原则是全程监管。该原则具体体现在下列制度上：

（1）有限责任公司的股东在公司登记成立后不得抽逃出资；股份有限公司的发起人、认股人缴纳股款或者交付抵作股款的出资后，除未按期募足股份、发起人未按期召开创立大会或者创立大会决议不设公司的情形外，不得抽回其股本。

（2）股票发行价格可以按票面金额，也可以超过票面金额，但不得低于票面金额。低于票面金额发行的股份一般称为"掺水股"，这种股份对股东有很大危害。

[例] 股票面值 1 元但发行价为 0.8 元，那么未来公司一旦发生债务则会要求"掺水股"股东补足差额 0.2 元，这加重了股东的风险。实践中，我国的股票发行价格大多超过票面金额，称为"溢价发行"。

（3）公司不得收购本公司的股票，因为公司回购必然要支付对价，这就造成了资本的流失，后果与股东抽逃出资无异。

但是，有下列情形之一的除外：

第一，减少公司注册资本。

[例] 某房产中介公司注册资本最初为 1000 万元，2012 年因为北京政府实行"限购"政策导致行业不景气，业务量降低，为了防止资本的闲置浪费，自然可以通过回购来减少资本，但减少后的金额不能低于法定最低限额。

第二，与持有本公司股份的其他公司合并。

[例] 中石油曾对中石化进行投资而持有对方股票，那么一旦中石化兼并中石油就会从对方手中间接获得本公司的股份，这是合法的回购。

第三，将股份用于员工持股计划或者股权激励。如何激励打工者使其能对企业尽职尽责地服务是所有老板都思考的重大课题，传统手段无非是工资、奖金、福利等。但只有让职工也变成企业的老板才能利用利害关系的纽带使其对企业做到完全的忠诚，也就是把本来对立的劳资双方变成同一阵营。对职工的股份奖励也就是想实现这个意图。

[例] 在职场以职工待遇高而闻名的"华为技术有限公司"2017年全球销售收入6036亿元人民币，净利润475亿元人民币，已经成功跻身全球第一大通信业设备商。华为的成功与其对职工推行的全员持股计划是密不可分的。《华为公司基本法》规定："我们实行员工持股制度。一方面，普惠认同华为的模范员工，结成公司与员工的利益与命运共同体。另一方面，将不断地使最有责任心与才能的人进入公司的中坚层。华为可分配的价值，主要为组织权力和经济利益；其分配形式是：机会、职权、工资、奖金、安全退休金、医疗保障、股权、红利，以及其他人事待遇。股权分配要向核心层和中坚层倾斜，股权结构要保持动态合理性。"

但要指出的是，公司的股份都是发行在外的，所以要对职工进行股份奖励就必须首先从外购入，这也是一种合法回购。

第四，股东因对股东大会作出的公司合并、分立决议持异议的，可要求公司收购其股份。

公司一旦合并或分立，其前途命运就存在重大变数，如果股东对前景感到悲观就可以通过让公司回购其股份的方法离开公司。

第五，将股份用于转换上市公司发行的可转换为股票的公司债券。

第六，上市公司为维护公司价值及股东权益所必需。

公司因上述第1、2种情形收购本公司股份的，应当经股东大会决议；因上述第3、5、6种情形收购本公司股份的，可以依照公司章程的规定或者股东大会的授权，经2/3以上董事出席的董事会会议决议。

公司依照上述规定收购本公司股份后，属于第1种情形的，应当自收购之日起10日内注销；属于第2、4种情形的，应当在6个月内转让或者注销；属于第3、5、6种情形的，公司合计持有的本公司股份数不得超过本公司已发行股份总额的10%，并应当在3年内转让或者注销。

同时，公司不得接受以本公司的股票作为质押权的标的，这是为了防止造成公司回购本公司股票的结果。

3. 资本不变原则

资本不变原则是指公司资本总额一旦确定，非经法定程序，不得任意变动。《公司法》对公司增加注册资本实行股东自治，而对公司减少注册资本则实行严格的限制。

第三节 公司的股东

一、股东权

（一）股东的概念

1. 股东，是指向公司出资、持有公司股份、享有股东权利和承担股东义务的人。我国在现实生活中往往把股东叫做"股民"，这不是一个法律概念，而是出于"官民之别"

创造出来的民间俗称，隐含着对投资者的人格贬低和轻视。

2. 股东可以是自然人，可以是法人，可以是非法人组织，还可以是国家。当国家作为股东时需明确代表国家行使股东权的具体组织，如国有资产监督管理机构。

3. 法律对股东并无行为能力的要求，所以理论上股东可以是限制行为能力人或无行为能力人。当限制行为能力人或无行为能力人作为股东时，由其法定代理人代理其行使股东权利。但是，发起人股东是例外，必须具有完全的民事行为能力。

（二）股东的资格

1. 取得

（1）方式

❶ 原始取得：股东在公司设立时或者在公司增资、发行新股时出资即取得股权。

❷ 继受取得：因为受让、受赠、继承、合并、税收等原因取得股权。

❸ 善意取得：在股份有限公司的股权转让过程中，依据《公司法》所规定的转让方法，善意地从无权利人处取得股票，从而享有股东权利。

（2）争议处理

❶ 对出资者来讲，要想成为股东仅要求其在形式上承诺出资并在股东名册上进行了记载，即有名无实也可；但投资者只有实际"履行"出资义务才能享有股东权利，即实至名归。也就意味着，对言而无信未履行出资义务（包括始终未出资和事后抽逃出资）的股东公司有权利要求其补缴出资，公司债权人也有权在公司无力还债时要求其在未缴出资范围内清偿。

❷ 公司股东会不能决议免除某股东的出资义务或允许其抽回出资，这是为了保证公司资本充实，维护债权人利益；但是，对于不履行出资义务（包括始终未出资和事后抽逃出资）的股东，经公司催告缴纳或者返还，其在合理期间内仍未缴纳或者返还出资，公司股东会可以决议解除该股东的股东资格。

❸ 股东的出资义务不受诉讼时效的影响。

2. 证明

（1）有限责任公司

有限责任公司成立后，应当向股东签发出资证明书。有限责任公司还应当置备股东名册。所谓股东名册，是指有限责任公司依照法律规定，登记对本公司进行投资的股东及其出资情况的簿册。记载于股东名册的股东，可以依股东名册主张行使股东权利。公司应当将股东的姓名或者名称及其出资额向公司登记机关登记；登记事项发生变更的，应当办理变更登记。未经登记或者变更登记的，不得对抗第三人。

以上表明股东名册是取得股权的生效要件，工商登记是取得股权的对抗要件。

[例] 李某是"三人行"有限公司的股东并记载于股东名册，为了防止露富遭人妒忌，他在工商登记上记载其小舅子邹某为股东。这意味着在公司内部经营管理的过程中李某始终作为股东行使权利承担义务。但是，如果第三人郑某由于查阅工商登记误以为邹某为股东而同其进行了股权转让交易，则为了保护第三人的信赖利益，法律认为郑某与邹某之间的股权转让是有效的。

（2）股份有限公司。股份有限公司的股东依股东名册的记载行使股东权利。

3. 实际出资人、名义股东及冒名股东

（1）实际出资人与名义股东（也称代持股协议关系）

只要不存在《合同法》规定的合同无效情形，有限责任公司的实际出资人可以与名义出资人订立合同，约定由实际出资人出资并享有投资权益，以名义出资人为名义股东，公司股东名册记载、公司登记机关登记均不能推翻。

> [例] 林某打算将其一笔私房钱投入某公司成为股东，为了防止家中"河东狮"发现，他与好友段某订立合同，约定由林某（实际股东）实际出资并享有投资权益，以段某为名义股东在股东名册和工商登记上记载。则对公司来说，段某具有股东资格，但林某可以依据代持股合同向段某索取股权收益。需要注意的是，根据2005年中纪委等机关发布的《关于清理纠正国家机关工作人员和国有企业负责人投资入股煤矿问题的通知》，各级党政机关、国家机关、人民团体、事业单位的工作人员等不能投资入股煤矿企业。所以，如果林某是一名公务员，为了规避此通知而与他人订立合同，则该合同无效。

实际出资人未经公司其他股东半数以上同意，请求公司变更股东、签发出资证明书、记载于股东名册、记载于公司章程并办理公司登记机关登记的，法院不予支持。

名义股东将登记于其名下的股权转让、质押或者以其他方式处分，参照《物权法》善意取得的规定处理。

公司债权人以登记于公司登记机关的股东未履行出资义务为由，请求其对公司债务不能清偿的部分在未出资本息范围内承担补充赔偿责任，股东不能以其仅为名义股东而非实际出资人为由进行抗辩。但名义股东承担赔偿责任后，可以向实际出资人追偿。

代持股协议关系可借用合同相对性原理通过下面的图例来理解。

实际出资人甲 ——（合同关系）—— 名义出资人乙 ——（股权关系）—— 公司 ——（合同关系）—— 债权人丙

（2）冒名股东

冒用他人名义出资并将该他人作为股东在公司登记机关登记的，冒名登记行为人应当承担相应责任；公司、其他股东或者公司债权人不能以未履行出资义务为由，请求被冒名登记为股东的人承担补足出资责任或者对公司债务不能清偿部分的赔偿责任。

（三）股东权

股东权是股东通过出资所形成的权利。股东权是一种社员权，股东出资创办作为社团法人的公司，成为该法人成员，因而取得社员权。社员权是一种独立类型的权利，包括财产权和管理参与权。

1. 内容

（1）发给股票或其他股权证明请求权。

（2）股份转让权。

（3）股息红利分配请求权，即资产收益权。

（4）股东会临时召集请求权或自行召集权。

（5）出席股东会并行使表决权，即参与重大决策权和选择管理者的权利。

（6）对公司财务的监督检查权和会计账簿的查阅权。

（7）公司章程和股东会、股东大会会议记录、董事会会议决议、监事会会议决议的查阅权和复制权。

（8）优先认购新股权。

（9）公司剩余财产分配权。

（10）权利损害救济权和股东代表诉讼权。

（11）公司重整申请权。

（12）对公司经营的建议与质询权。

其中，第1~3、8、9项为股东权中的财产权，第4~7、10~12项为股东权中的管理参与权。

2. 分类

股东权中的上述权利可依不同标准进行分类：

（1）以权利行使的目的为标准，可分为自益权与共益权。

自益权，是指股东专为自己利益行使的权利，一般为财产性权利，如发给股票或其他股权证明请求权、股份转让权、股息红利分配请求权、公司剩余财产分配权等。

共益权，是指股东为自己利益同时也为公司利益而行使的权利，一般为事务参与性权利，如出席股东会并行使表决权、请求法院宣告股东会决议无效权、股东会临时召集请求权或自行召集权等。

（2）以权利之主体为标准，可分为普通股股东权和特别股股东权。前者是指一般股东享有的权利，后者则是专属特别股股东所享有的权利。

（3）以权利之性质为标准，可分为固有权和非固有权。

固有权指根据《公司法》规定不得以章程或股东会议予以剥夺的权利，如特别权与共益权。

非固有权指可依公司章程或股东会议加以剥夺的权利，自益权多属此类权利。

（4）以权利之行使方式为标准，可分为单独股东权和少数股东权。

单独股东权指股东一人可单独行使的权利，如表决权、股息红利分配请求权、股份转让权等。

少数股东权指达不到一定股份数额便不能行使的权利，如股东会临时召集请求权、公司重整申请权等。

3. 股东权的基础——知情权

股东知情权，是指公司股东了解公司信息和对公司进行监督检查（建议和质询）的权利。股东知情权不允许公司通过章程或股东协议加以实质性剥夺。

股东依据人民法院生效判决查阅公司文件材料的，在该股东在场的情况下，可以由会计师、律师等依法或者依据执业行为规范负有保密义务的中介机构执业人员辅助进行。

（1）有限责任公司股东的知情权

股东有权查阅、复制公司章程、股东会会议记录、董事会会议决议、监事会会议决议和财务会计报告。股东可以要求查阅公司会计账簿。

股东要求查阅公司会计账簿的，应当向公司提出书面请求，说明目的。公司有合理根据认为股东查阅会计账簿有不正当目的，可能损害公司合法利益的，可以拒绝提供查阅，并应当自股东提出书面请求之日起 15 日内书面答复股东并说明理由。公司可以证明股东有不正当目的的理由包括：

❶股东自营或者为他人经营与公司主营业务有实质性竞争关系业务的，但公司章程另有规定或者全体股东另有约定的除外；

❷股东为了向他人通报有关信息查阅公司会计账簿，可能损害公司合法利益的；

❸股东在向公司提出查阅请求之日前的 3 年内，曾通过查阅公司会计账簿，向他人通报有关信息损害公司合法利益的；

❹股东有不正当目的的其他情形。

公司拒绝提供查阅的，股东可以请求法院要求公司提供查阅。股东以侵犯知情权为由向法院起诉时应具备股东身份，但原告有初步证据证明在持股期间其合法权益受到损害的除外。

（2）股份有限公司股东的知情权

股东有权查阅公司章程、股东名册、公司债券存根、股东大会会议记录、董事会会议决议、监事会会议决议、财务会计报告，对公司的经营提出建议或者质询。

（3）法律责任

❶公司董事、高级管理人员等未依法履行职责，导致公司未依法制作或者保存公司文件材料，给股东造成损失，股东可以请求负有相应责任的公司董事、高级管理人员承担民事赔偿责任。

❷行使知情权后，股东或辅助股东查阅公司文件材料的会计师、律师等泄露公司商业秘密导致公司合法利益受到损害，公司可以请求泄密人赔偿相关损失。

4. 优先认缴出资权

公司新增资本时，股东有权优先按照实缴的出资比例认缴出资。但是，全体股东约定不按照出资比例优先认缴出资的除外。

二、股东的义务

（一）全体股东的共同义务

1. 出资义务。

2. 参加股东会会议的义务。

3. 不干涉公司正常经营的义务。

4. 特定情形下的表决权禁行义务。

5. 不得滥用股东权利的义务。

公司股东应当遵守法律、行政法规和公司章程，依法行使股东权利，不得滥用股东权利损害公司或者其他股东的利益。公司股东滥用股东权利给公司或者其他股东造成损失的，应当依法承担赔偿责任。

（二）控股股东的特别义务

1. 不得滥用控股股东的地位，损害公司和其他股东的利益。

2. 不得利用其关联关系损害公司利益。

3. 滥用股东权利的赔偿义务。

控股股东违反上述义务给公司造成损失的，应当承担赔偿责任。

三、股东诉讼制度

（一）股东对公司决议瑕疵的诉讼

1. 公司决议的无效

公司股东会或者股东大会、董事会的决议内容违反法律、行政法规的无效。此无效后果应通过诉讼由法院确认。在此诉讼中，公司股东、董事、监事等与决议内容有利害关系的人为原告，被告为公司，诉讼时间无限制。公司依据无效决议与善意相对人形成的民事法律关系不受影响。

2. 公司决议的撤销

股东会或者股东大会、董事会的会议召集程序、表决方式违反法律、行政法规或者公司章程，或者决议内容违反公司章程的，股东可以自决议作出之日起 60 日内，请求法院撤销。程序违法未必导致结果违法，内容违反章程也不一定真正损害公司利益，所以后果为可撤销。此诉讼中，股东为原告，且在起诉时应当具有公司股东资格，公司为被告，诉讼时间 60 日为除斥期间。为了防止股东滥用诉权妨碍公司的正常经营，法院可以应公司的请求，要求股东提供相应担保。公司依据被撤销的决议与善意相对人形成的民事法律关系不受影响。

3. 公司决议不成立

股东会或者股东大会、董事会决议存在下列情形之一，公司股东、董事、监事等与决议内容有利害关系的当事人可以主张决议不成立：

（1）公司未召开会议的，但依据公司法或者公司章程规定可以不召开股东会或者股东大会而直接作出决定，并由全体股东在决定文件上签名、盖章的除外。

（2）会议未对决议事项进行表决的。

（3）出席会议的人数或者股东所持表决权不符合公司法或者公司章程规定的。

（4）会议的表决结果未达到公司法或者公司章程规定的通过比例的。

（5）导致决议不成立的其他情形。

（二）直接诉讼

任何人损害股东利益的，股东可以对侵权人向法院提起诉讼。凡有权利则必有救济，直接诉讼就是股东通过民事诉讼手段防止自己的权利受到不法侵害。

　　[例] 公司无理拒绝向股东张三分红，张三就可以公司为被告向法院提起直接诉讼维护其分红权。

（三）代表诉讼

股东代表诉讼，又称派生诉讼、股东代位诉讼，是指当公司的合法权益受到不法侵害而公司却怠于起诉时，公司的股东即以自己的名义起诉，而所获赔偿归于公司的一种诉讼形态。显然，代表诉讼发生的前提是公司利益受害，而非股东自己利益受害。本来，公司作为受害人享有当然的诉权，但因为诸多原因可能导致公司不愿起诉（如侵害公司利益者是控股股东或其亲友）。公司忍气吞声的结果自然会导致全体股东利益间接受到损失，所以法律允许股东代表公司作为原告进行诉讼。它是广大股东监督公司经营及预防经营权滥用的最重要的救济和预防手段。股东进行代表诉讼必须满足以下要求：

1. 先诉请求

在代表诉讼中，一般来说，股东应当先向公司提出请求，即要求公司就所诉称的错误行为提起诉讼。只有在公司自己没有提起诉讼而又没有正当理由时，才允许股东提起本来属于公司的诉讼，这就是所谓的先诉请求，也叫"用尽公司内部救济原则"。

具体而言：董事、高级管理人员执行公司职务时违反法律、行政法规或者公司章程的规定，给公司造成损失的，或者他人侵犯公司合法权益，给公司造成损失的，有限责任公司的股东、股份有限公司连续 180 日以上单独或者合计持有公司 1% 以上股份的股东，可以书面请求监事会或者不设监事会的有限责任公司的监事向法院提起诉讼；监事执行公司职务时违反法律、行政法规或者公司章程的规定，给公司造成损失的，前述股东可以书面请求董事会或者不设董事会的有限责任公司的执行董事向法院提起诉讼。

之所以对股东的原告资格作出了持股时间的限制，是为了防止竞争对手通过短期持股进行恶意诉讼；之所以对股东的原告资格作出了持股比例的限制，是为了防止个别小股东锱铢必较、滥用诉权，妨碍公司的正常经营。

2. 提起诉讼

股东有权在以下三种情况发生时，以自己的名义直接向法院提起代表诉讼：

（1）监事会、不设监事会的有限责任公司的监事，或者董事会、执行董事收到股东书面请求后拒绝提起诉讼。

（2）监事会、不设监事会的有限责任公司的监事，或者董事会、执行董事自收到请求之日起 30 日内未提起诉讼。

（3）情况紧急、不立即提起诉讼将会使公司利益受到难以弥补的损害的。例如，诉讼时效即将届满，被告正在转移财产销毁证据等，这种情形允许股东无须"用尽公司内部救济"而可以直接起诉。

[例] 我国首例股东代表诉讼案发生于 2003 年 4 月 8 日。一位上海的投资者邵先生向深圳市福田区人民法院递交诉状，将三九医药董事长赵某告上法庭，认为赵某没有适当履行职责导致公司遭受严重损失，请求法院判定赵某向三九医药承担共 2 万元的赔偿。由于当时我国《公司法》尚未明确规定股东代表诉讼制度，所以该诉讼最终未被法院受理。

3. 胜诉利益

代表诉讼的胜诉利益归属于公司。股东不可以请求被告直接向其承担民事责任。原告股东的诉讼请求部分或者全部得到法院支持的，公司应当承担股东因参加诉讼支付的合理费用。

（四）代表诉讼与直接诉讼的比较

1. 产生的根据不同

股东直接诉讼源于股东作为出资人的地位，因而每位股东均享有提起直接诉讼的资格；股东代表诉讼既源于股东作为出资人的地位，又源于其作为公司代表人的地位，因而仅有满足法定条件（如持股数额不低于一定比例，持股期间不短于一定期限）的股东才有权提起股东代表诉讼。

2. 行使的原因不同

直接诉讼是因为股东自身利益受到公司侵害而提起诉讼；代表诉讼则是出于公司利益受到公司机关成员或第三人侵害且在公司怠于寻求救济的情况下提起的诉讼。

3. 法律后果不同

股东直接诉讼中，股东行使的是一种自益权，股东基于个人利益受到损害提起诉讼，因此不论原告股东胜诉或败诉，诉讼后果仅及于原告股东个人。股东代表诉讼中，股东行使的则是一种共益权，股东基于公司的团体性利益受到侵害且公司拒绝或者怠于行使诉权而代位公司提起诉讼，因此若原告股东胜诉，胜诉利益归于公司，而非原告股东；若原告股东败诉，不仅原告股东负担诉讼费用，而且诉讼结果对其他相同处境的股东有拘束力，其他未起诉的股东不得就同一事由再度起诉。

4. 被告主体范围不同

直接诉讼中的被告一般为公司股东、董事、监事和职员，但不得为公司外的第三人；而代表诉讼中的被告可以为公司外的第三人，也可为公司股东、董事、监事和职员。

第四节 公司的董事、监事、高级管理人员

一、公司董事、监事、高级管理人员的任职资格

（一）含义与范围

公司董事，是指有限责任公司、股份有限公司董事会的全体董事。公司监事，是指有限责任公司的监事会的全体监事或者不设监事会的有限责任公司的监事，以及股份有限公司监事会的全体监事。公司的高级管理人员是指公司的经理、副经理、财务负责人、上市公司董事会秘书和公司章程规定的其他人员。

（二）（消极）任职资格条件

具有法律规定的下列情形之一者不得担任公司的董事、监事、高级管理人员，包括：

1. 无民事行为能力或者限制民事行为能力。

2. 因贪污、贿赂、侵占财产、挪用财产或者破坏社会主义市场经济秩序，被判处刑罚，执行期满未逾 5 年，或者因犯罪被剥夺政治权利，执行期满未逾 5 年。

3. 担任破产清算公司、企业的董事或者厂长、经理，对该公司、企业的破产负有个人责任的，自该公司、企业破产清算完结之日起未逾 3 年。

4. 担任因违法被吊销营业执照、责令关闭的公司、企业的法定代表人，并负有个人责任的，自该公司、企业被吊销营业执照之日起未逾 3 年。

5. 个人所负数额较大的债务到期未清偿。

公司违反上述规定选举、委派董事、监事或者聘任高级管理人员的，该选举、委派或者聘任无效。董事、监事、高级管理人员在任职期间出现上述所列情形的，公司应当解除

其职务。

（三）任职资格的争议性问题

1. 法人可否担任董、监、高

我国《公司法》尽管没有明确规定，但根据其要求行为能力来看只有自然人可以担任。

2. 非股东可否担任董、监、高

现实生活中股东担任董、监、高十分普遍，中小型公司尤其如此。但应当认为，股东作为出资者并不需要直接进行经营管理，所以完全可以聘任股东以外的人担任董、监、高。

3. 公务员可否担任董、监、高

《公司法》尽管对此没有明确规定，但我国《公务员法》第53条规定，公务员必须遵守纪律，不得从事或者参与营利性活动，在企业或者其他营利性组织中兼任职务。由此可见，公务员一般不得担任公司管理职务。但应该指出，国有企业基于其特殊性质，往往由公务员担任管理职务，此为例外。

> [例] 中国投资有限责任公司成立于2007年9月29日，是一家国有独资公司，国务院副秘书长楼继伟出任董事长、社保基金理事会副理事长高西庆任总经理、银监会（现为银保监会）纪委书记胡怀邦任监事长。其董事会成员共11人，楼继伟、高西庆、张弘力任执行董事。国家发改委副主任张晓强、财政部副部长李勇、商务部部长助理傅自应、中国人民银行副行长刘士余、中国人民银行副行长兼国家外汇管理局局长胡晓炼任非执行董事。

4. 哪些公司必须有职工董事或职工监事

职工担任董事或监事完全是出于保护职工利益、维护其主人翁地位的需要，所以，国有企业（包括国有独资公司和国有全资公司）必须有职工董事，其他公司则是自愿的。任何公司只要设立监事会都必须有职工监事。

二、公司董事、监事、高级管理人员的忠实义务和勤勉义务

公司董事、监事、高级管理人员应当遵守法律、行政法规和公司章程，对公司负有忠实义务（duty of loyalty）和勤勉义务（在《公司法》理论上被称为注意义务，duty of care），这是董事、监事、高级管理人员所负义务的两个方面。前者主要是道德品行方面的要求，后者主要是能力方面的要求。《公司法》对于勤勉义务没有明确规定。《公司法》之所以关注忠实义务，无非是防止打工者侵犯老板的利益，美国著名经济学家弗里德曼（Friedman）曾说：一个人用自己的钱办自己的事，既讲节约又讲效益；用自己的钱办别人的事，只讲节约不讲效益；用别人的钱办自己的事，只讲效益不讲节约；用别人的钱办别人的事，就会既不讲节约也不讲效益。

（一）忠实义务

1. 公司中董事、高级管理人员负有的忠实义务

董事、高级管理人员不得有下列行为：

（1）挪用公司资金。

（2）将公司资金以其个人名义或者以其他个人名义开立账户存储。

（3）违反公司章程的规定，未经股东会、股东大会或者董事会同意，将公司资金借贷给他人或者以公司财产为他人提供担保。

（4）违反公司章程的规定或者未经股东会、股东大会同意，与本公司订立合同或者进行交易。

此为自我交易禁止义务，防止董事、高管利用职权低买高卖损害公司利益。

（5）未经股东会或者股东大会同意，利用职务便利为自己或者他人谋取属于公司的商业机会，自营或者为他人经营与所任职公司同类的业务。

此为竞业禁止义务，防止董事、高管脚踩两只船、肥水流入外人田。

（6）接受他人与公司交易的佣金归为己有。

（7）擅自披露公司秘密。

（8）违反对公司忠实义务的其他行为。

董事、高级管理人员违反上述规定即被视为对公司的侵权，后果是所得的收入应当归受害的公司所有，这叫做公司行使归入权。需要指出，董事、高管违反忠实义务进行的交易在第三人为善意时应为有效。此外，由于监事没有经营管理权，也就不可能出现以权谋私的现象，所以监事不承担此处的忠实义务。

2. 股份有限公司中董事、监事、高级管理人员的特别忠实义务

（1）公司不得直接或者通过子公司向董事、监事、高级管理人员提供借款。

（2）公司应当定期向股东披露董事、监事、高级管理人员从公司获得报酬的情况。

3. 董事、监事、高级管理人员对公司的赔偿责任

董事、监事、高级管理人员执行公司职务时违反法律、行政法规或者公司章程的规定，给公司造成损失的，应当承担赔偿责任。

（二）董事、监事、高级管理人员对公司负有的其他义务和责任

股东会或者股东大会要求董事、监事、高级管理人员列席会议的，董事、监事、高级管理人员应当列席并接受股东的质询。

董事、高级管理人员应当如实向监事会或者不设监事会的有限责任公司的监事提供有关情况和资料，不得妨碍监事会或者监事行使职权。

第五节 公司的财务与会计制度

一、公司的财务会计报告

公司的财务会计报告，是指公司业务执行机构在每一会计年度终了时制作的反映公司财务会计状况和经营效果的书面文件。公司应当在每一会计年度终了时编制财务会计报告，并依法经会计师事务所审计。

（一）公司财务会计报告的内容

1. 资产负债表

这是反映公司在某一特定日期财务状况的报表。它是根据"资产=负债+所有者权益"

这一会计公式，按照资产、负债和所有者权益分项列示并编制而成的。资产负债表为人们提供公司一定时期的静态的财务状况，可以使人们了解公司在某一特定时点上的资本构成、公司的负债以及投资者拥有的权益。由此可以评价公司的变现能力和偿债能力，考核公司资本的保值增值情况，预测公司未来的财务状况变动趋势。

2. 损益表

损益表又称利润表，是指反映公司一定期间的经营成果及其分配情况的报表。损益表向人们提供一定期间内动态的公司营业盈亏的实际情况，人们可以利用该表分析公司利润增减变化的原因，评价公司的经营成果和投资的价值，判断公司的盈利能力和未来一定时期内的盈利趋势。

3. 财务状况变动表

财务状况变动表，是指综合反映公司一定会计期间内营运资金来源、运用及其增减变动情况的报表。财务状况变动表向人们提供公司在一定会计期间内财务状况变动的全貌，说明资金变化的原因。人们通过分析财务状况变动表，了解公司流动资金流转情况，判断公司经营管理水平高低。

4. 财务情况说明书

财务情况说明书，是指对财务会计报表所反映的公司财务状况作进一步说明和补充的文书。它主要说明公司的营业情况、利润实现和分配情况、资金增减和周转情况、税金缴纳情况、各项财产物资变动情况、对本期或者下期财务状况发生重大影响的事项以及需要说明的其他事项。

5. 利润分配表

利润分配表，是指反映公司利润分配和年末未分配利润情况的报表。它是损益表的附属明细表。利润分配表通常按税后利润、可供分配利润、未分配利润分项列示。

（二）公司财务会计报告的提供

公司财务会计报告制作的主要目的，是向有关人员和部门提供财务会计信息，满足有关各方了解公司财务状况和经营成果的需要。因此，公司的财务会计报告应及时报送有关人员和部门。有限责任公司应当按照公司章程规定的期限将财务会计报告送交各股东。股份有限公司的财务会计报告应当在召开股东大会年会的 20 日以前置备于本公司，供股东查阅。以募集设立方式成立的股份有限公司必须公告其财务会计报告。依照有关法律的规定，公司财务会计报告要报送国家有关行政部门，以接受其管理和监督，如报送财政部门或其他有关部门。

二、公积金制度

公积金，是指企业根据法律和企业章程的规定提留备用，不作为股利分配的部分所得或收益。法律对企业的积累进行规范，甚至作强制性规定，目的在于防止出资者或股东追求利润分配最大化而可能影响企业的发展，甚至同时也损害出资者或股东的共同利益和长远利益，并可能损害债权人的利益。

（一）公积金的类型

1. 盈余公积金和资本公积金

这是根据公积金的不同来源划分的。盈余公积金，是指企业依法或依企业章程从企业的利润中提取的公积金。资本公积金，是指直接由资本、资产或其收益所形成的公积金。

2. 法定公积金和任意公积金

这是根据公积金的提留是否为法律上的强制性规定划分的。法定公积金，是指根据法律的强制性规定而提取的公积金。任意公积金，是指根据企业章程的规定而自愿提取的公积金。

（二）公积金的提取

公司分配当年税后利润时，应当提取利润的10%列入公司法定公积金。公司法定公积金累计额为公司注册资本的50%以上的，可以不再提取。

公司从税后利润中提取法定公积金后，经股东会或者股东大会决议，还可以从税后利润中提取任意公积金。

（三）资本公积金的构成

股份有限公司以超过股票票面金额的发行价格发行股份，所得的溢价款以及国务院财政部门规定列入资本公积金的其他收入，如法定财产重估增值、接受捐赠的财产价值等，应当列为公司资本公积金。

（四）公积金的用途

公司的公积金用于弥补公司的亏损、扩大公司生产经营或者转为增加公司资本。但是，资本公积金不得用于弥补公司的亏损。

法定公积金转为资本时，所留存的该项公积金不得少于转增前公司注册资本的25%。

[例]　某公司现有注册资本为1000万元，法定公积金600万元，如果转增资本则最多不能超过350万元。

三、公司的收益分配制度

（一）公司收益分配顺序

依照我国《公司法》的相关规定，公司当年税后利润分配规定的法定顺序是：

1. 弥补亏损，即在公司已有的法定公积金不足以弥补上一年度公司亏损时，先用当年利润弥补亏损。

2. 提取法定公积金，即应当提取税后利润的10%列入公司法定公积金；公司法定公积金累计额为公司注册资本的50%以上的，可以不再提取。

3. 提取任意公积金，即经股东会或股东大会决议，提取任意公积金，任意公积金的提取比例由股东会或者股东大会决定。任意公积金不是法定必须提取的，是否提取以及提取比例由股东会或股东大会决定。

4. 支付股利，即在公司弥补亏损和提取公积金后，所余利润应分配给股东，即向股东支付股息。

（二）股东利润的分配

分配利润是公司股东最重要的权利，也是股东投资公司的目的所在。股东从公司所分配的利润称为红利、股利或股息。公司只能在弥补亏损和提取法定公积金后，才能将所余利润分配于股东。这表明，公司只能向股东分配纯利润而不能是毛利润。

1. 有限责任公司

股东按照实缴的出资比例分取红利。但是，全体股东约定不按照出资比例分取红利的除外。

2. 股份有限公司

按照股东持有的股份比例分配，但股份有限公司章程规定不按持股比例分配的除外。

股东会、股东大会或者董事会违反上述规定，在公司弥补亏损和提取法定公积金之前向股东分配利润的，股东必须将违反规定分配的利润退还公司。公司持有的本公司股份不得分配利润，因为这种股份没有对应的出资，所以"无原物无孳息"。

3. 法律救济

股东请求公司分配利润案件，应当列公司为被告。

股东提交载明具体分配方案的股东会或者股东大会的有效决议，请求公司分配利润，公司拒绝分配利润且其关于无法执行决议的抗辩理由不成立的，法院应当判决公司按照决议载明的具体分配方案向股东分配利润。

股东未提交载明具体分配方案的股东会或者股东大会决议，请求公司分配利润的，法院应当驳回其诉讼请求，但其他股东违反法律规定滥用股东权利导致公司不分配利润，给原告造成损失的除外。

四、公司债券

公司债券，是指公司依照法定条件和程序发行的，约定在一定期限内还本付息的有价证券。

（一）公司债券的分类

1. 记名债券与无记名债券

这是以是否在公司债券上记载公司债券持有人的姓名或者名称为标准划分的。

2. 转换公司债券与非转换公司债券

这是以公司债券能否转换成股票为标准划分的。上市公司经股东大会决议可以发行可转换为股票的公司债券，并在公司债券募集办法中规定具体的转换办法。上市公司发行可转换为股票的公司债券，应当报国务院证券监督管理机构核准。持有可转换公司债券的人享有选择权，可以在一定时期内向公司办理转换手续，由债权人变为股东。显然，持有人在预期公司业绩向好时转换股票收益更大，在预期公司业绩恶化时持有债券更安全。

3. 有担保公司债券和无担保公司债券

这是根据公司发行债券时是否提供偿还本息的担保为标准划分的。在有担保公司债券的情况下，债券持有人既为公司的债权人，又为公司财产的抵押权人，其债权优先于公司的其他债权人而受偿。

（二）公司债券与公司股份的区别

公司债券与公司股份有共性，均为能够证明投资者权利的证券，均具有流通性，但二者的区别是明显的，主要表现为：

1. 购买公司股份是单纯的投资行为，以获取投资利润，同时承担较大的投资风险；购买公司债券是兼有投资与储蓄的性质，以资本保值和获取固定利息为目的，投资回报固定且风险较小。

2. 公司股份持有人与公司本身具有利益上的一致性，公司获利则股东获利，公司亏损则股东亏损；公司债券持有人与公司本身则属于利益上的对立者，无论公司赢利与否均需向债券持有人支付约定的债券本金与利息，股东则不能请求公司返还出资，只能在公司解散时行使剩余财产分割请求权与分配权。债权优先于股权得到实现。

3. 购买公司股份的出资构成公司的股本，即实缴资本。公司的资本总额与公司的净资产成正比，公司债券的发行导致公司负债的增加、净资产的减少。

4. 公司债券的认购限于金钱给付，公司股份的认购可以是除金钱之外的其他财产形式，如工业产权、场地使用权、设备、物料等。

（三）公司债券的发行

1. 发行公司债券的条件。有限责任公司和股份有限公司都可以公开发行公司债券。根据《证券法》的规定，公司发行债券应当符合下列条件：

（1）股份有限公司的净资产不低于人民币 3000 万元，有限责任公司的净资产不低于人民币 6000 万元。

（2）累计债券余额不超过公司净资产的 40%。

（3）最近 3 年平均可分配利润足以支付公司债券 1 年的利息。

（4）筹集的资金投向符合国家产业政策。

（5）债券的利率不超过国务院限定的利率水平。

（6）国务院规定的其他条件。

公开发行公司债券筹集的资金，必须用于核准的用途，不得用于弥补亏损和非生产性支出。

上市公司发行可转换为股票的公司债券，除应当符合上述条件外，还应当符合《证券法》关于公开发行股票的条件，并报国务院证券监督管理机构核准。

2. 发行债券的程序。依照我国《公司法》和《证券法》的相关规定，公司发行公司债券应按下列程序进行：

（1）作出决议或决定。股份有限公司、有限责任公司发行公司债券，要由董事会制订发行公司债券的方案，提交股东大会或者股东会审议作出决议。国有独资公司发行公司债券，由国家授权投资的机构或者国家授权的部门作出决定。

（2）提出申请。公司应当向国务院证券管理部门提出发行公司债券的申请，并提交相关文件。

（3）经主管部门核准。国务院证券管理部门对公司提交的发行公司债券的申请进行审查，对符合《公司法》规定的，予以核准；对不符合规定的不予核准。

（4）与证券商签订承销协议。

（5）公告公司债券募集方法。发行公司债券的申请得到核准后，应当公告公司债券募集办法。公司债券募集办法中应当载明下列主要事项：公司名称；债券募集资金的用途；债券总额和债券的票面金额；债券利率的确定方式；还本付息的期限和方式；债券担保情况；债券的发行价格、发行的起止日期；公司净资产额；已发行的尚未到期的公司债券总额；公司债券的承销机构。

（6）认购公司债券。社会公众认购公司债券的行为称为应募，应募的方式可以是先填写应募书，而后履行按期缴清价款的义务，也可以是当场以现金支付购买。当认购人缴足价款时，发行人负有在价款收讫时交付公司债券的义务。

（四）公司债券的转让

根据《公司法》的规定，公司债券可以转让。其中，公司债券在证券交易所上市交易的，按照证券交易所的交易规则转让。债券交易的价格由转让人与受让人协商约定。

公司债券的转让，因记名公司债券与无记名公司债券而有所不同。

1. 记名公司债券的转让

记名公司债券由债券持有人以背书方式或者法律、行政法规规定的其他方式转让。记名公司债券的转让要由公司将受让人的姓名或者名称及住所记载于公司债券存根簿。

2. 无记名公司债券的转让

无记名公司债券，由债券持有人将该债券交付给受让人后，即发生转让的效力。

第六节 公司的变更与终止

一、公司的变更

公司的变更，是指公司设立登记事项中某一项或某几项的改变。公司变更的内容，主要包括公司名称、住所、法定代表人、注册资本、公司组织形式、经营范围、营业期限、有限责任公司股东或者股份有限公司发起人的姓名或名称的变更。

公司变更设立登记事项，应当向原公司登记机关即公司设立登记机关申请变更登记。但公司变更住所跨公司登记机关辖区的，应当在迁入新住所前向迁入地公司登记机关申请变更登记。迁入地公司登记机关受理的，由原公司登记机关将公司登记档案移送迁入地公司登记机关。未经核准变更登记，公司不得擅自改变登记事项。

公司申请变更登记，应当向公司登记机关提交下列文件：①公司法定代表人签署的变更登记申请书；②依照公司法作出的变更决议或者决定；③国家工商行政管理总局规定要求提交的其他文件。公司变更登记事项涉及修改公司章程的，应当提交由公司法定代表人签署的修改后的公司章程或者公司章程修正案。变更登记事项依照法律、行政法规或者国务院决定规定在登记前须经批准的，还应当向公司登记机关提交有关批准文件。

《公司登记管理条例》对公司发生各种变更时应当办理变更登记的时间、应当提交的相关文件等作出了具体规定，包括：

1. 公司名称变更登记

公司变更名称的，应当自变更决议或者决定作出之日起30日内申请变更登记。

2. 公司住所变更登记

公司变更住所的，应当在迁入新住所前申请变更登记，并提交新住所使用证明。

3. 公司法定代表人变更登记

公司变更法定代表人的，应当自变更决议或者决定作出之日起30日内申请变更登记。

4. 公司注册资本变更登记

公司增加注册资本的，应当自变更决议或者决定作出之日起30日内申请变更登记。

公司减少注册资本的，应当自公告之日起45日后申请变更登记，并应当提交公司在报纸上登载公司减少注册资本公告的有关证明和公司债务清偿或者债务担保情况的说明。

5. 公司经营范围变更登记

公司变更经营范围的，应当自变更决议或者决定作出之日起30日内申请变更登记；变更经营范围涉及法律、行政法规或者国务院决定规定在登记前须经批准的项目的，应当自国家有关部门批准之日起30日内申请变更登记。

公司的经营范围中属于法律、行政法规或者国务院决定规定须经批准的项目被吊销、撤销许可证或者其他批准文件，或者许可证、其他批准文件有效期届满的，应当自吊销、撤销许可证、其他批准文件或者许可证、其他批准文件有效期届满之日起30日内申请变更登记或者依照《公司登记管理条例》第六章的规定办理注销登记。

6. 公司类型变更登记

公司变更类型的，应当按照拟变更的公司类型的设立条件，在规定的期限内向公司登记机关申请变更登记，并提交有关文件。

7. 股东和股权变更登记

有限责任公司股东转让股权的，应当自转让股权之日起30日内申请变更登记，并应当提交新股东的主体资格证明或者自然人身份证明。有限责任公司的自然人股东死亡后，其合法继承人继承股东资格的，公司应当依照前款规定申请变更登记。

有限责任公司的股东或者股份有限公司的发起人改变姓名或者名称的，应当自改变姓名或者名称之日起30日内申请变更登记。

8. 公司合并、分立变更登记

因合并、分立而存续的公司，其登记事项发生变化的，应当申请变更登记；因合并、分立而解散的公司，应当申请注销登记；因合并、分立而新设立的公司，应当申请设立登记。公司合并、分立的，应当自公告之日起45日后申请登记，提交合并协议和合并、分立决议或者决定以及公司在报纸上登载公司合并、分立公告的有关证明和债务清偿或者债务担保情况的说明。法律、行政法规或者国务院决定规定公司合并、分立必须报经批准的，还应当提交有关批准文件。

如果公司股东会或者股东大会、董事会的决议无效，或者被人民法院撤销的，而公司根据上述决议已经办理了变更登记，则在人民法院宣告上述决议无效或者撤销上述决议后，公司应当向公司登记机关申请撤销变更登记。公司申请撤销变更登记时应当提交下列文件：①公司法定代表人签署的申请书；②人民法院关于宣告决议无效或撤销决议的裁判文书。

二、公司的合并与分立

（一）公司的合并

公司合并，是指两个或两个以上的公司订立合并协议、依照公司法的规定，不经过清算程序，直接结合为一个公司的法律行为。

1. 方式

（1）吸收合并，即一个公司吸收其他公司，吸收方保留，被吸收方解散。

（2）新设合并，即两个以上公司合并设立一个新的公司，合并各方解散。

$$吸收合并：A+B=A$$
$$新设合并：A+B=C$$

2. 程序

（1）合并协议和决议：由合并各方业务执行机关签订合并协议，并编制资产负债表及财产清单，然后由股东大会（或股东会）作出批准与否的决议。各方股东大会批准后，合并协议始得生效。

（2）通知和公告：合并各方应当自合并决议生效之日起 10 日内通知其债权人，并于 30 日内在报纸上公告。

（3）清偿债务或提供担保：债权人自接到通知书之日起 30 日内，未接到通知书的自公告之日起 45 日内，有权要求公司清偿债务或者提供相应的担保。

此项规定有助于保护债权人利益，原因在于公司的合并很有可能对原来的债权人产生损害。

[例] 甲公司本来财力雄厚，但其一旦兼并了负债累累的乙公司就会明显降低它对原有债务的清偿能力。所以甲公司的债权人在债务到期时可要求其清偿，在债务未到期时可要求其提供相应的担保。

（4）登记：完成以上程序后，应向公司登记机关办理登记：合并后继续存续的公司，办理变更登记；因合并而解散的公司，办理注销登记；因合并而新设立的公司，办理设立登记。

3. 后果

根据我国《民法总则》和《合同法》的有关规定，公司合并是合同权利义务即债权债务概括移转的法定原因，合并后的公司必须承受原公司的全部债权和债务，除非公司与债权人达成了另外的协议。如果公司在合并时未清偿债权债务，债权人有权请求合并后的公司清偿合并前的公司所负的债务。

（二）公司的分立

公司分立，是指一个公司通过依法签订分立协议，不经过清算程序，分为两个或两个以上公司的法律行为。

1. 方式

（1）新设分立，即原公司解散，原公司分为两个以上的新的企业法人。

（2）派生分立，即原公司继续存在，由其中分离出来的部分形成新的法人。

$$解散分立：A = B+C$$
$$存续分立：A = A+B$$

2. 程序

（1）分立协议和决议。由分立各方业务执行机关签订分立协议，并分割财产及编制资产负债表和财产清单，然后由股东大会（或股东会）作出批准与否的决议。各方股东大会批准后，分立协议始得生效。

（2）通知和公告。分立各方应当自分立决议生效之日起 10 日内通知其债权人，并于 30 日内在报纸上公告。

（3）登记。完成以上程序后，应向公司登记机关办理登记：分立后继续存续的公司，办理变更登记；因分立而解散的公司，办理注销登记；因分立而新设立的公司，办理设立登记。

3. 后果

公司分立前的债务由分立后的公司承担连带责任。但是，公司在分立前与债权人就债务清偿达成的书面协议另有约定的除外。

（三）公司合并和分立中对利害关系人的保护

1. 公司合并

（1）对债权人的利益保护：①债权人异议权。债权人如对公司合并存在异议，可以要求公司清偿债务或者提供相应的担保。②公司合并时，合并各方的债权、债务，应当由合并后存续的公司或者新设的公司承继。

（2）对少数股东的利益保护：对股东会关于公司合并的决议投反对票的股东可以请求公司按照合理的价格收购其股权。

2. 公司分立

（1）对债权人的利益保护：公司分立前的债务由分立后的公司承担连带责任。但是，公司在分立前与债权人就债务清偿达成的书面协议另有约定的除外。

（2）对少数股东的利益保护：对股东会关于公司分立的决议投反对票的股东可以请求公司按照合理的价格收购其股权。

三、公司的减资与增资

（一）减资程序

公司减资，应当由董事会（执行董事）制订方案，提交股东会决议。

1. 编制资产负债表及财产清单。

2. 通知和公告

公司应当自作出减资决议之日起 10 日内通知债权人，并于 30 日内在报纸上公告。债权人自接到通知书之日起 30 日内，未接到通知书的自公告之日起 45 日内，有权要求公司清偿债务或者提供相应担保。

3. 办理变更登记。

（二）增资程序

1. 有限责任公司

增加注册资本时，股东认缴新增资本的出资，依照《公司法》设立有限责任公司缴纳出资的有关规定执行。

2. 股份有限公司

为增加注册资本发行新股时，股东认购新股，依照《公司法》设立股份有限公司缴纳股款的有关规定执行。

四、公司的解散

公司解散，是指公司因发生章程规定或法律规定的解散事由而停止业务活动，最终失去法律人格的法律行为。公司解散的原因有三大类：①一般解散的原因；②强制解散的原因；③股东请求解散。

（一）原因

1. 一般解散

（1）公司章程规定的营业期限届满或者公司章程规定的其他解散事由出现。

（2）股东会或者股东大会决议解散。

（3）因公司合并或者分立需要解散。

2. 强制解散

（1）主管机关决定。国有独资公司由国家授权投资的机构或者国家授权的部门作出解散的决定，该国有独资公司应立即解散。

（2）公司违反法律、行政法规的规定被吊销营业执照、责令关闭或者被撤销，如依据《公司法》规定：公司成立后无正当理由超过6个月未开业的，或者开业后自行停业连续6个月以上的，可以由公司登记机关吊销营业执照。

3. 司法解散——公司僵局的解决途径

根据《公司法》的规定，如果公司经营管理发生严重困难，继续存续会使股东利益受到重大损失，通过其他途径不能解决的，持有公司全部股东表决权10%以上的股东，可以请求法院解散公司。这主要是因为在现实生活中，某些公司股权相对集中且分布地较均衡，如股东只有甲和乙双方，各自均持股50%。在此情况下，公司的所有重大决议都需要双方同意才能通过，如果双方闹翻不再合作就无法作出任何决议。公司就像自然人一样出现了"脑死亡"，无法自杀（一般解散）就只能"安乐死"了。所谓的安乐死就是借助外部力量来消灭公司，此为司法解散制度。

（1）司法解散公司的构成要件

第一，公司经营管理发生严重困难。这种情况就是所谓的公司僵局。公司僵局（corporate deadlock），是指公司在存续运行中由于股东、董事之间矛盾激化而处于僵持状况，导致股东会、董事会等公司机关不能按照法定程序作出决策，从而使公司陷入无法正常运转，甚至瘫痪的状况。具体指以下四种情形之一：

❶公司持续2年以上无法召开股东会或者股东大会，公司经营管理发生严重困难的。

❷股东表决时无法达到法定或者公司章程规定的比例，持续 2 年以上不能作出有效的股东会或者股东大会决议，公司经营管理发生严重困难的。

❸公司董事长期冲突，且无法通过股东会或者股东大会解决，公司经营管理发生严重困难的。

❹经营管理发生其他严重困难，公司继续存续会使股东利益受到重大损失的情形。

第二，继续存续会使股东利益受到重大损失。

第三，通过其他途径不能解决，即要"用尽公司内部救济"。公司的存续对社会有积极意义，所以将其消灭必须慎之又慎，一定要走投无路才可。

（2）原告股东的资格

单独或合计持有公司全部股东表决权 10%以上的股东，可以请求法院解散公司。

（3）公司的诉讼地位

在原告股东提起解散公司之诉时，应当将公司列为被告。

（二）公司免于解散而存续

公司章程规定的营业期限届满或者公司章程规定的其他解散事由出现时，可以通过修改公司章程而存续。

（三）法律后果

1. 公司除因合并或分立解散无需清算，以及因破产而解散的公司适用破产清算程序外，其他解散的公司都应当按《公司法》的规定进行清算。

2. 解散中的公司，其法人资格仍然存在，但公司的权利能力仅限于清算活动必要的范围内。解散中的公司如同病危的自然人，他还需要做的唯一工作就是交代后事，只能"了结"既有法律关系，绝不能再节外生枝。

3. 公司原有的法定代表人和业务执行机关丧失权力，由清算人接替之。

五、公司的清算

公司清算，是指解散的公司清理债权债务、分配剩余财产、了结公司的法律关系，从而使公司归于消灭的程序。除公司合并、分立豁免清算外，公司解散的其他情形都需清算。因为清算程序的根本目的就是清偿债务防止逃债，公司合并和分立后债权和债务仍有其承受者，故无需清算。公司清算分为破产清算程序和非破产清算程序。前者适用《企业破产法》规定的程序，后者适用《公司法》规定的程序。我国《公司法》规定的清算程序如下：

（一）成立清算组

1. 组成

公司应当在解散事由出现之日起 15 日内成立清算组，开始清算。清算组，是指在公司清算期间负责清算事务执行的法定机构。有限责任公司的清算组由股东组成，股份有限公司的清算组由董事或者股东大会确定的人员组成。逾期不成立清算组进行清算的，债权人可以申请法院指定有关人员组成清算组进行清算。法院应当受理该申请，并及时组织清算组进行清算，清算组成员可以从下列人员或者机构中产生：

（1）公司股东、董事、监事、高级管理人员。

（2）依法设立的律师事务所、会计师事务所、破产清算事务所等社会中介机构。

（3）依法设立的律师事务所、会计师事务所、破产清算事务所等社会中介机构中具备相关专业知识并取得执业资格的人员。

2．责任

（1）有限责任公司的股东、股份有限公司的董事和控股股东未在法定期限内成立清算组开始清算，导致公司财产贬值、流失、毁损或者灭失，债权人主张其在造成损失范围内对公司债务承担赔偿责任的，人民法院应依法予以支持。

有限责任公司的股东、股份有限公司的董事和控股股东因怠于履行义务，导致公司主要财产、账册、重要文件等灭失，无法进行清算，债权人主张其对公司债务承担连带清偿责任的，人民法院应依法予以支持。

上述情形系实际控制人原因造成，债权人主张实际控制人对公司债务承担相应民事责任的，人民法院应依法予以支持。

（2）有限责任公司的股东、股份有限公司的董事和控股股东，以及公司的实际控制人在公司解散后，恶意处置公司财产给债权人造成损失，或者未经依法清算，以虚假的清算报告骗取公司登记机关办理法人注销登记，债权人主张其对公司债务承担相应赔偿责任的，人民法院应依法予以支持。

（3）公司未经清算即办理注销登记，导致公司无法进行清算，债权人主张有限责任公司的股东、股份有限公司的董事和控股股东，以及公司的实际控制人对公司债务承担清偿责任的，人民法院应依法予以支持。

公司未经依法清算即办理注销登记，股东或者第三人在公司登记机关办理注销登记时承诺对公司债务承担责任，债权人主张其对公司债务承担相应民事责任的，人民法院应依法予以支持。

（二）清算组的职权、义务和责任

1．清算组的职权

（1）清理公司财产，分别编制资产负债表和财产清单。

（2）通知、公告债权人。

（3）处理与清算有关的公司未了结的业务。

（4）清缴所欠税款以及清算过程中产生的税款。

（5）清理债权、债务。

（6）处理公司清偿债务后的剩余财产。

（7）代表公司参与民事诉讼活动。

2．清算组的义务和责任

清算组成员应当忠于职守，依法履行清算义务。清算组成员不得利用职权收受贿赂或者其他非法收入，不得侵占公司财产。

清算组成员因故意或者重大过失给公司或者债权人造成损失的，应当承担赔偿责任，股东可对清算组提起代表诉讼。

（三） 清算程序

1. 通知和公告

清算组应当自成立之日起 10 日内通知债权人，并于 60 日内在报纸上公告。债权人应当自接到通知书之日起 30 日内，未接到通知书的自公告之日起 45 日内，向清算组申报其债权。

债权人申报债权，应当说明债权的有关事项，并提供证明材料。清算组应当对债权进行登记。在申报债权期间，清算组不得对债权人进行清偿。这是因为，在债权尚未全部申报完毕之时，公司现有资产是否能够完全清偿债务是不确定的。如果资不抵债，提前清偿就有可能造成先来后到的不公平结果，导致后申报的债权无法获得清偿。

2. 制订清算方案和处分公司财产

清算组在清理公司财产、编制资产负债表和财产清单后，应当制订清算方案，并报股东会、股东大会或者法院确认。

公司财产在分别支付清算费用、职工的工资、社会保险费用和法定补偿金，缴纳所欠税款，清偿公司债务后的剩余财产，有限责任公司按照股东的出资比例分配，股份有限公司按照股东持有的股份比例分配。

3. 清算结束

公司清算结束后，清算组应当制作清算报告，报股东会、股东大会或者法院确认，并报送公司登记机关，申请注销公司登记，公告公司终止。

六、外国公司的分支机构

（一） 概念

外国公司分支机构，是指外国公司依照我国公司法在我国境内设立的从事生产经营活动的分支机构。所谓外国公司，是指依照外国法律在中国境外登记设立的公司。外国公司本身不是我国《公司法》调整的对象，不是《公司法》的主体。《公司法》规制的是外国公司在我国境内设立的分支机构。

（二） 设立和解散

1. 设立

外国公司可以在我国境内设立分支机构。在我国设立分支机构，应当具备以下条件：

（1）外国公司的证明文件。外国公司在中国境内申请设立分支机构，必须提交包括公司章程、所属国的公司登记证书等足以反映该公司真实情况和合法资格的证明文件。其公司章程，还应当置备于该分支机构，供随时查阅。

（2）分支机构的名称。外国公司分支机构的名称中，必须标明该外国公司的国籍及责任形式。

（3）分支机构的代表人或者代理人。外国公司必须在中国境内指定负责其分支机构的代表人或者代理人。该代表人或代理人的国籍不限。

（4）分支机构的经营资金。外国公司必须向其在中国境内的分支机构拨付与其所从事的经营活动相适应的资金。必要时，国务院可以规定外国公司分支机构经营资金的最低限额。

2. 解散和清算

外国公司分支机构解散的，应当依法进行清算。在自愿解散的情况下，清算人可由外国公司分支机构的负责人或者外国公司指定的其他人担任；在强制解散的情况下，应由有关主管机关指定人员担任。清算人的主要职责是清理财产、了结业务、清偿债务。在清偿债务以后，如有剩余财产，移交该外国公司。在清算结束前，分支机构的财产不得移往中国境外。

第七节 ▶ 有限责任公司

一、有限责任公司的概念

有限责任公司，是指股东以其认缴的出资额为限对公司承担责任，公司以其全部资产对公司债务承担责任的企业法人。

二、有限责任公司的设立条件

（一）股东的人数和资格

有限责任公司由 50 个以下股东出资设立。限制人数是为了保证人合性，防止产生不信任感。显然，一个股东也可以设立一人有限责任公司。

（二）公司的资本

1. 注册资本

有限责任公司的注册资本，是指在公司登记机关登记的全体股东认缴的出资额。法律、行政法规对有限责任公司注册资本的最低限额有较高规定的，从其规定。

2. 出资方式

（1）合法方式。股东可以用货币出资，也可以用实物、知识产权、土地使用权等可以用货币估价并可以依法转让的非货币财产作价出资。

根据《公司注册资本登记管理规定》（2014 年 2 月 20 日国家工商行政管理总局公布；注意：不再保留国家工商行政管理总局，其职责纳入国家市场监督管理总局），债权可以作为合法有效的出资形式转为股权。债权转股权，是指债权人以其依法享有的对在中国境内设立的有限责任公司或者股份有限公司（以下统称"公司"）的债权，转为公司股权，增加公司注册资本的行为。以下三种情形均可以进行债转股登记：①公司经营中债权人与公司之间产生的合同之债转为公司股权，债权人已经履行债权所对应的合同义务，且不违反法律、行政法规、国务院决定或者公司章程的禁止性规定；②人民法院生效裁判确认的债权转为公司股权；③公司破产重整或者和解期间，列入经人民法院批准的重整计划或者裁定认可的和解协议的债权转为公司股权。

同样，股权也是合法的出资方式。出资人以其他公司股权出资，符合下列条件的，法院应当认定出资人已履行出资义务：①出资的股权由出资人合法持有并依法可以转让；②出资的股权无权利瑕疵或者权利负担；③出资人已履行关于股权转让的法定手续；④出资的股权已依法进行了价值评估。

（2）非法方式。股东不得以劳务、信用、自然人姓名、商誉、特许经营权或者设定担保的财产等作价出资。

3. 出资程序

股东应当按期足额缴纳公司章程中规定的各自所认缴的出资额。股东以货币出资的，应当将货币出资足额存入公司在银行开设的账户；以非货币财产出资的，应当依法办理其财产权的转移手续。

4. 股东出资瑕疵责任

（1）违反章程

股东应当按期足额缴纳公司章程中规定的各自所认缴的出资额，否则除应当向公司足额缴纳外，还应当向已按期足额缴纳出资的股东承担违约责任。

（2）评估不实

有限责任公司成立后，发现作为设立公司出资的非货币财产的实际价额显著低于公司章程所定价额的，应当由交付该出资的股东补足其差额；公司设立时的其他股东承担连带责任。由于只有设立时的各股东才互相负有保证出资真实的监督和担保义务，所以后加入公司的股东不承担连带责任，即使设立时的股东事后通过股权转让离开了公司也不能转嫁这种责任。

承担资产评估、验资或者验证的机构因其出具的评估结果、验资或者验证证明不实，给公司债权人造成损失的，除能够证明自己没有过错的外，在其评估或者证明不实的金额范围内承担赔偿责任。

（3）无权处分

出资人以不享有处分权的财产出资，当事人之间对于出资行为效力产生争议的，法院可以参照《物权法》善意取得的规定予以认定。

（4）非法资金

以贪污、受贿、侵占、挪用等违法犯罪所得的货币出资可以取得股权，然后在对违法犯罪行为予以追究、处罚时，应当采取拍卖或者变卖的方式处置其股权。

（5）抽逃出资

表现形式：①制作虚假财务会计报表虚增利润进行分配；②通过虚构债权债务关系将其出资转出；③利用关联交易将出资转出；④其他未经法定程序将出资抽回的行为。

法律后果：股东抽逃出资，公司或者其他股东请求其向公司返还出资本息、协助抽逃出资的其他股东、董事、高级管理人员或者实际控制人对此承担连带责任的，法院应予支持。公司债权人请求抽逃出资的股东在抽逃出资本息范围内对公司债务不能清偿的部分承担补充赔偿责任、协助抽逃出资的其他股东、董事、高级管理人员或者实际控制人对此承担连带责任的，法院应予支持；抽逃出资的股东已经承担上述责任，其他债权人提出相同请求的，法院不予支持。

（6）出资贬值

出资人以符合法定条件的非货币财产出资后，因市场变化或者其他客观因素导致出资财产贬值，公司、其他股东或者公司债权人请求该出资人承担补足出资责任的，法院不予支持。但是，当事人另有约定的除外。

应注意，我国对公司的成立采取形式有效原则，即只要进行了工商登记就认为公司成立，股东出资有瑕疵不构成影响。

三、有限责任公司的组织机构

公司是一种法人组织体，但不具有自然人那样的生理机能，自身无法表达意思和实施行为。公司的治理必须依赖于公司机关（或者称为公司组织机构）。公司的组织机构包括三部分：股东会（股份有限公司则为股东大会）、董事会及经理、监事会，即权力机构、执行机构和监察机构。依照我国《公司法》的规定，对有限责任公司组织机构的设置作了多元制的规定：一般的有限责任公司，其组织机构为股东会、董事会和监事会；股东人数较少和规模较小的有限责任公司，其组织机构为股东会、执行董事和监事；一人有限责任公司不设股东会；国有独资有限责任公司，其组织机构为唯一股东、董事会和监事会。

（一）股东会

1. 组成和职权

股东会由公司全体股东组成，是公司的最高权力机关，对公司的重大事项作出决议。股东会的召开并不需要全体股东都出席，但其作出决议则必须将全体股东（而不是出席股东）作为"分母"。股东会是非常设机关，即它不是常设的公司机构，而仅以会议形式存在，只有在召开股东会会议时，股东会才作为公司机关存在。股东会作出决议原则上采取召集会议的方式，即"会议决"。但股东以书面形式一致表示同意的，可以不召开股东会会议，直接作出决定，并由全体股东在决定文件上签名、盖章，这叫做"书面决"或"会签制度"，目的是为了保证小公司可以对日常琐事高效地进行决议，是有限公司独有的。股东会具体的职权范围有：

（1）决定公司的经营方针和投资计划。
（2）选举和更换非由职工代表担任的董事、监事，决定有关董事的报酬事项。
（3）审议批准董事会的报告。
（4）审议批准监事会或者监事的报告。
（5）审议批准公司的年度财务预算方案、决算方案。
（6）审议批准公司的利润分配方案和弥补亏损方案。
（7）对公司增加或者减少注册资本作出决议。
（8）对发行公司债券作出决议。
（9）对公司合并、分立、解散、清算或变更公司形式作出决议。
（10）修改公司章程。
（11）公司章程规定的其他职权。

2. 会议的召开

（1）定期会议与临时会议

股东会会议分为定期会议和临时会议：①定期会议按照公司章程的规定按时召开；②代表1/10以上表决权的股东、1/3以上的董事、监事会或者不设监事会的公司的监事提议召开临时会议的，应当召开临时会议。

（2）会议的召集与主持——"三步走"程序

股东会会议，应由董事会召集，董事长主持。董事长不能履行职务（客观原因，如伤病）或者不履行职务的（主观原因，如消极不作为），由副董事长主持；副董事长不能履行职务或者不履行职务的，由半数以上董事共同推举 1 名董事主持。有限责任公司不设董事会的，股东会会议由执行董事召集和主持。

董事会或者执行董事不能履行或者不履行召集股东会会议职责的，由监事会或者不设监事会的公司的监事召集和主持；监事会或者监事不召集和主持的，代表 1/10 以上表决权的股东可以自行召集和主持。股东拥有召集权意味着股东会一般都能召开，可以有效防止公司管理层消极怠工将股东会架空。

但是，首次会议是由出资最多的股东召集和主持的，这是因为当时尚未产生董事会，只能由对公司最关切的第一大股东来召集和主持了。

除公司章程另有规定或全体股东另有约定的以外，召开股东会会议，应于会议召开 15 日以前通知全体股东。股东会应当对所议事项的决定作成会议记录。凡出席会议的股东均应在会议记录上签名。

（3）表决规则

股东会会议由股东按照出资比例行使表决权，即"资本多数决"，但是公司章程另有规定的除外。

> ［例］某公司股东甲持股 50%，股东乙持股 30%，股东丙持股 20%，则三人的表决权为 5 : 3 : 2，而不是按人头计算的 1 : 1 : 1。因为出资多者风险高，理应获得更多的权利。

但是，公司章程可以另行规定表决规则，如改成"人头决"也是可以的。因为实践中很多小股东尽管出资少却具有其他的长处，如擅长经营管理、客户资源丰富等，法律允许大小股东通过谈判讨价还价来确定最终的权力分配格局，放手让他们互相博弈，这种股东自治优先的规定显然更有利于小股东。

股东会的议事方式和表决程序，除《公司法》有规定的外，由公司章程规定。但是，对修改公司章程、公司增加或者减少注册资本、公司分立、合并、解散或者变更公司形式的决议，必须经代表 2/3 以上的表决权的股东通过。这些特别决议事项都事关公司的前途命运，影响重大，所以要求的表决比例也更高，这种比例也是"资本多数决"而非"人头决"。

（二）董事会（执行董事）及经理

董事会是有限责任公司的业务执行机关，享有业务执行权和日常经营的决策权。它是一般有限责任公司的必设机关和常设机关。

1. 组成、任期和职权

董事会成员为 3~13 人。这表明立法者希望董事会人数最好为单数，防止人数为双数的董事会在表决时出现势均力敌的尴尬结果。但是，在法定限额内双数组成董事会也是合法的，一旦表决时出现势均力敌的结果，一般允许董事长投两票来消除分歧。

两个以上的国有企业或者其他两个以上的国有投资主体投资设立的有限责任公司（国有全资公司），其董事会成员中应当有公司职工代表；其他有限责任公司董事会成员中也可以有公司职工代表。由于由谁产生就会对谁负责，所以为了防止职工被股东收买成为

"工贼"，与一般董事由股东会选举产生不同，董事会中的职工代表由公司职工通过职工代表大会、职工大会或者其他形式民主选举产生。董事会是公司业务的执行机关，对股东会负责，而非对某一个或部分股东负责。

[例] 我国著名大型家电连锁企业"国美电器"的创始人和大股东是黄光裕，但国美在香港上市以后就成了一个公众公司而不再是一个家族企业，公司的管理层要对全体股东的利益负责而不是对黄光裕家族负责。国美电器不姓"黄"而姓"公"。

董事会具体的职权范围有：

（1）召集股东会，并向股东会报告工作。

（2）执行股东会的决议。

（3）决定公司的经营计划和投资方案。

（4）制订公司的年度财务预算方案、决算方案。

（5）制订公司的利润分配方案和弥补亏损方案。

（6）制订公司增加或者减少注册资本以及发行公司债券的方案。

（7）制订公司合并、分立、变更公司形式、解散的方案。

（8）决定公司内部管理机构的设置。

（9）决定聘任或者解聘公司经理及其报酬事项，并根据经理的提名，决定聘任或者解聘公司副经理、财务负责人及其报酬事项。

（10）制定公司的基本管理制度。

（11）公司章程规定的其他职权。

股东人数较少或者规模较小的有限责任公司，可以设1名执行董事，不设立董事会，这样可以节省人手提高办事效率。执行董事可以兼任公司经理。执行董事的职权由公司章程规定。执行董事兼具了相当于一般有限责任公司董事会、董事长的身份，可以是公司的法定代表人。

董事的任期由公司章程规定，各个公司可有所不同，但每届任期不得超过3年。换言之，公司章程可以规定董事的任期少于3年，但不得超过3年。董事任期届满时，连选可以连任，并无任职届数的限制。

董事会设董事长1人，可以设副董事长。董事长、副董事长的产生办法由公司章程规定。一般而言，董事长的职权有：①主持股东会会议，召集和主持董事会会议；②检查董事会决议的实施情况；③对外代表公司；④设立分公司时，向公司登记机关申请登记，领取营业执照；⑤公司章程规定的其他职权。董事长可以是公司的法定代表人。

2. 会议的召集和议事规则

董事会会议由董事长召集和主持；董事长不能履行职务或者不履行职务的，由副董事长召集和主持；副董事长不能履行职务或者不履行职务的，由半数以上董事共同推举1名董事召集和主持。

董事会的议事方式和表决程序，除《公司法》有规定的外，由公司章程规定。

董事会应当对所议事项的决定作成会议记录，出席会议的董事应当在会议记录上签名。

董事会决议的表决，实行一人一票。此为强制性规定，目的在于强调董事地位平等，防止任何董事尤其是董事长享有特权。

3．经理

根据公司的规模和实际需要，有限责任公司可以设经理，性质上是董事会的执行机构，由董事会决定聘任或者解聘。经理对董事会负责，列席董事会会议。具体的职权范围有：

（1）主持公司的生产经营管理工作，组织实施董事会决议。

（2）组织实施公司年度经营计划和投资方案。

（3）拟订公司内部管理机构设置方案。

（4）拟订公司的基本管理制度。

（5）制定公司的具体规章。

（6）提请聘任或者解聘公司副经理、财务负责人。

（7）决定聘任或者解聘除应由董事会决定聘任或者解聘以外的其他负责管理人员。

（8）董事会授予的其他职权。

公司章程如果对经理职权有规定的，依其规定。

（三）监事会（监事）

监事会为经营规模较大的有限责任公司的常设监督机关，专司监督职能。监事会对股东会负责，并向其报告工作。

1．组成和任期

有限责任公司设立监事会，其成员不得少于 3 人。尽管人数没有上限，但为了防止监事过多影响办事效率，实践中监事人数大多较少。股东人数较少或者规模较小的有限责任公司，可以设 1~2 名监事，不设立监事会。监事会应当包括股东代表和适当比例的公司职工代表。之所以由股东担任监事，是因为监事的职责就是维护股东利益；之所以由职工担任监事，是因为职工处于生产经营一线，更容易发现公司出现的问题。其中职工代表的比例不得低于 1/3，具体比例由公司章程规定。由于由谁产生就会对谁负责，所以为了防止职工被股东收买成为"工贼"，与股东监事由股东会选举产生不同，监事会中的职工代表由公司职工通过职工代表大会、职工大会或者其他形式民主选举产生。

监事会设主席 1 人，由全体监事过半数选举产生。监事会主席召集和主持监事会会议；监事会主席不能履行职务或者不履行职务的，由半数以上监事共同推举 1 名监事召集和主持监事会会议。

董事、高级管理人员不得兼任监事，这是为了防止出现自己监督自己，使监督流于形式。

监事的任期每届为 3 年。监事任期届满，连选可以连任。

2．职权

（1）检查公司财务。

（2）对董事、高级管理人员执行公司职务的行为进行监督，对违反法律、行政法规、公司章程或者股东会决议的董事、高级管理人员提出罢免的建议。

（3）当董事、高级管理人员的行为损害公司的利益时，要求董事、高级管理人员予以纠正。

（4）提议召开临时股东会会议，在董事会不履行公司法规定的召集和主持股东会会议职责时召集和主持股东会会议。

（5）向股东会会议提出提案。

（6）依照《公司法》有关规定，对董事、高级管理人员提起诉讼。

（7）列席董事会会议，并对董事会决议事项提出质询或者建议。

（8）发现公司经营情况异常，可以进行调查，必要时，可以聘请会计师事务所等协助其工作，费用由公司承担。

（9）公司章程规定的其他职权。

监事会、不设监事会的公司的监事行使职权所必需的费用，由公司承担。

3. 议事规则

监事会每年度至少召开一次会议，监事可以提议召开临时监事会会议。

监事会的议事方式和表决程序，除《公司法》有规定的外，由公司章程规定。

监事会决议应当经半数以上监事通过。监事会应当对所议事项的决定作成会议记录，出席会议的监事应当在会议记录上签名。

四、有限责任公司的股权转让

股权转让，是指股东将其对公司所有之股权转移给受让人，由受让人继受取得股权而成为公司新股东的法律行为。

（一）一般规则和手续

1. 对内转让——股东之间转让

有限责任公司的股东之间可以相互转让其全部或者部分股权。这种转让没有任何限制，因为转让结果都没有导致外人加入到公司之中，没有破坏公司的人合性，是"熟人"之间的行为。如果相互转让全部股权，会导致有股东退出公司；如果相互转让部分股权，只会改变原有股东之间的持股比例而已。

2. 对外转让——向股东以外的人转让

（1）取得同意

股东向股东以外的人转让股权，应当经其他股东过半数同意。由于对外转让会导致外人加入公司，所以为了维护公司的人合性，防止不被大家信任的人混入，股权转让就不自由了。这里的"过半数"应理解为"人头决"而非"资本多数决"，法理就在于维护有限公司的人合性，对接受新伙伴要平等尊重每一个老股东的意愿，一人投一票。

股东应就其股权转让事项书面通知其他股东征求同意，其他股东自接到书面通知之日起满30日未答复的，视为同意转让。其他股东半数以上不同意转让的，不同意的股东应当购买该转让的股权；不购买的，视为同意转让。显然，其他股东对股权转让的限制是非常有限的，只要有外人愿意买，股权就一定能转让出去，绝不会砸在手里。这就保障了股权的可转让性，因为股权的可转让性越强，其价值必然也会越大，被封闭起来的股权是无人会接手的，也就是廉价的。

（2）优先购买权

经股东同意转让的股权，在同等条件下，其他股东有优先购买转让股权的，应当在收到通知后，在公司章程规定的行使期间内提出购买请求。公司章程没有规定行使期间或者规定不明确的，以通知确定的期间为准，通知确定的期间短于30日或者未明确行使期间的，行使期间为30日。有限公司由于具有人合性，总是希望把欲转让的股权留在公司里，所以赋予老股东优先购买权。但优先不是无条件的，必须满足"同等条件下"的前提，如转让股权的数量、价格、支付方式及期限等因素。在外人的购买条件更优惠的情况下老股东自然不能横刀夺爱。

转让股东在其他股东主张优先购买后又不同意转让股权的，其他股东不能再主张优先购买，但公司章程另有规定或者全体股东另有约定的除外。其他股东可以要求转让股东赔偿其合理损失。

两个以上股东主张行使优先购买权的，协商确定各自的购买比例；协商不成的，按照转让时各自的出资比例行使优先购买权。

[例] 股东甲打算转让100万元股权，股东乙（出资20万元）和股东丁（出资30万元）都要购买，协商不成就按照2∶3的比例分别买入40万元和60万元。

（3）救济措施

股东向股东以外的人转让股权，未就其股权转让事项征求其他股东意见，或者以欺诈、恶意串通等手段，损害其他股东优先购买权，其他股东可以主张按照同等条件购买该转让股权，但其他股东自知道或者应当知道行使优先购买权的同等条件之日起30日内没有主张，或者自股权变更登记之日起超过1年的除外。

上述规定的其他股东仅提出确认股权转让合同及股权变动效力等请求，未同时主张按照同等条件购买转让股权的，人民法院不予支持，但其他股东非因自身原因导致无法行使优先购买权，请求损害赔偿的除外。

股东以外的股权受让人，因股东行使优先购买权而不能实现合同目的的，可以依法请求转让股东承担相应民事责任。

（4）尊重章程

《公司法》对股权转让实行自治优先，允许章程优先规定转让规则。章程既可以规定地更宽松，如允许自由对外转让；也可以规定地更严格，如对外转让须经全体股东一致同意。但应指出，股权作为财产权必须具有可转让性，如果章程规定不允许对外转让股权，该规定应为无效。

3. 法院依法强制转让

法院依照法律规定的强制执行程序转让股东的股权时，应当通知公司及全体股东，其他股东在同等条件下有优先购买权。其他股东自法院通知之日起满20日不行使优先购买权的，视为放弃优先购买权。

4. 转让股权后应当履行的手续

依照上述三种规则转让股权后，公司应当注销原股东的出资证明书，向新股东签发出资证明书，并相应修改公司章程和股东名册中有关股东及其出资额的记载。对公司章程的该项修改不需再由股东会表决。一般来说，修改公司章程是需要经过股东会特别决议即2/3以上同意才能通过的。但要注意到，对外转让股权只需得到其他股东过半数同意即可，此处的比例要求低于通过决议的比例要求。由于转让股权在先，通过决议在后，这种前低后高的比例要求可能会造成尴尬结果。

[例] 某公司有甲、乙、丙、丁、戊五名股东，其中，甲持股35%，由于甲只有一人，若其他股东过半数（≥3人）同意转让股权，则甲无法阻止其他股东对外转让股权，但其却可以在会议表决时进行阻挠。为防止出现这种矛盾，立法者有意规定转让股权导致修改章程是无需股东会议再进行表决的。

（二）异议股东的股份回购请求权

有限责任公司的股东如果对公司现状不满可以通过转让股权而离开，但有时却很难做到这一点。由于有限公司具有较强的"人合性"，外人出于对"欺生"的畏惧往往对不了解内幕的股权转让不敢接手，也就是缺少买家。为了防止股东与公司只能"结婚"（投资）不能"离婚"（转股），《公司法》规定了由公司购买股东欲转让的股权的制度。

有下列情形之一的，对股东会该项决议投反对票的股东可以请求公司按照合理的价格收购其股权：

1. 公司连续5年不向股东分配利润，而公司该5年连续盈利，并且符合《公司法》规定的分配利润条件的。

对小股东来说，由于其一般不进入公司管理层，就只能通过分红这一途径来获得投资回报。现实生活中，某些公司的大股东操控公司以后故意将公司利润化为乌有，比如给高管发高额工资和奖金（高管往往由大股东自己或其亲信担任）、让高管享受奢侈的公司福利、安插亲友在公司"吃空饷"等。这种做法使大股东在分红之外仍然享受到了投资回报，毫发无损，小股东则只落得两手空空。由于此种公司的股权不能产生任何收益，是"烫手的山芋"，外人自然不会出资购买，法律就规定由公司按照合理价格来购买，保护小股东利益。其实，一个经营良好、股东间能团结信任的公司不分红更有优势。因为公司的分红要被征收所得税，减少了股东的实际收益，不分红的话，股权价格由于收益的不断滚动自然可以实现增值，股东从长远来看获得的更多。

[例] 著名投资大师巴菲特（Buffett）创办的伯克希尔·哈撒韦公司自20世纪50年代创立以来从不分红，其股权价格2018年底高达每股33万多美元，投资者极少转让股权，几乎把其作为了"传家宝"。

2. 公司合并、分立、转让主要财产的

公司的合并、分立和转让主要财产的行为对公司的前途命运影响重大，对前途感到悲观的股东可以借此机会离开公司。

3. 公司章程规定的营业期限届满或者章程规定的其他解散事由出现，股东会会议通过决议修改章程使公司存续的。

公司尽管可以永远延续下去，但也不妨规定营业期限或其他解散事由。一旦作了这些规定，某些股东就可以形成稳定的预期。如果公司打破了这种预期打算继续经营，那么无意继续经营的股东就可以离开，也许是对公司前途感到悲观，也许是见好就收打算回家养老。

自股东会会议决议通过之日起 60 日内，股东与公司不能达成股权收购协议的，股东可以自股东会会议决议通过之日起 90 日内向法院提起诉讼。

（三）自然人股东资格的继承

自然人股东死亡后，其合法继承人可以继承股东资格；但是，公司章程另有规定的除外。自然人股东因继承发生变化时，其他股东不可以主张行使优先购买权，但公司章程另有规定或者全体股东另有约定的除外。

股权可以列入遗产范围进行继承早已被我国《继承法》明确规定，《公司法》之所以进行重申主要是考虑到现实生活中某些投资者出于忌讳在章程中对此有意回避从而造成纠纷。

[例] 前些年山西某民营钢铁集团公司老总突然被人枪杀，年仅 40 余岁。由于生前对公司继承未作安排，其去世后公司经营一度陷入混乱，这不能不给当前的股东们以启示。

当然，由于有限责任公司具有人合性，为了防止不学无术、不受信任的败家子混入股东队伍，公司章程可以事先对继承作出禁止性规定，如规定股东死亡后其股权由其他股东购买而将对价交给继承人等。必须注意，有限公司的股东人数上限为 50 人，在包括继承在内的任何情况下都不能突破。

五、一人公司

一人公司就是全部股份或者出资归于单一股东持有的公司。它的出现可能是设立时即如此，也可能是普通公司存续过程中演化而来（如其他股东因为转让股权或死亡无人继承而导致股东只剩 1 人）。我国《公司法》上的一人公司有两种：①为了鼓励投资、便利交易而承认的一人有限责任公司，即只有 1 个自然人股东或者 1 个法人股东的有限责任公司；②为了使公有制能够在特殊行业中占据支配地位而成立的国有独资公司。这种单一投资主体成立的公司并没有从根本上动摇公司的基本属性，因为公司的社团性除了含有社员因素外，还含有团体组织性，即不同于单个的个人的特性，而是一个组织体，就此特性而言，上述一人公司同样体现了公司的社团性。

（一）一人有限责任公司

1. 章程与组织机构

（1）一人有限责任公司章程由股东制定。这一点与普通有限公司相同。

（2）一人有限责任公司不设股东会。凡是"会"，都必然是 2 人以上的合议机构，只有 1 个股东自然是不会存在股东会的。股东行使《公司法》所列一般有限责任公司股东会职权时，应当采用书面形式，并由股东签字后置备于公司。这种行使职权的要求与普通有限公司相同，都是为了有据可查。至于一人公司是否设立董事会、监事会，则由公司章程规定，可以设立，也可以不设立，法律未规定其必须设立。

2. 对一人有限责任公司的风险防范措施

一人公司，尤其是一个自然人设立的一人公司，由于缺乏股东之间的相互制约，一人股东可以"为所欲为"地将公司的财产与股东本人的财产相混同，将公司的财产变为股东自己的财产。如将公司财产挪作私用，给自己支付巨额报酬，同公司进行自我交易，以公司名义为自己担保或借贷，甚至行欺诈之事逃避法定义务、契约义务或侵权责任等。而公司制度的基本特征，就是股东只以其对公司的出资承担有限责任，股东对公司的债务不直接承担责任，这就容易使公司债权人的利益受到损害，一人公司的风险之大自不待言。有鉴于此，《公司法》通过一系列的制度措施，防止交易风险，保证交易安全。

（1）"计划生育"

一个自然人只能投资设立一个一人有限责任公司，不能"撒豆成兵"创办多家。该一人有限责任公司不能投资设立新的一人有限责任公司，必须"断子绝孙"。这种限制只针对股东是一个自然人的情况，因为自然人财力有限；如果股东是法人则不受此限。

（2）身份公示

一人有限责任公司应当在公司登记中注明自然人独资或者法人独资，并在公司营业执照中载明。这是为了保护交易对方，如果厌恶与一人公司进行交易就能躲得开。

（3）重大决定公示

一人有限责任公司不设股东会。股东作出决定时，应当采用书面形式，并由股东签名后置备于公司。

（4）强制审计

一人有限责任公司应当在每一会计年度终了时编制财务会计报告，并经会计师事务所审计。这一点与普通有限公司相同，只是进行强调而已，因为一人公司缺乏有效的内部监督机制，所以外部监督尤显重要。

（5）推定混同

在发生债务纠纷时，一人公司的股东有责任证明公司的财产与股东自己财产是相互独立的，否则股东即丧失只以其对公司的出资承担有限责任的权利，必须对公司的债务承担连带清偿责任。这其实是举证责任倒置的法人人格否认制度。当一人公司无法清偿债务时，债权人可以直接要求该公司的股东进行清偿，股东如欲免责就要证明自己的财产与公司的财产是互相独立的，如未将公司财产进行私用、公司账簿独立且规范等。可以说，公司吸引股东投资的最大魅力就是赋予股东承担有限责任的优惠和特权，推定混同制度则将其剥夺殆尽。所以，一人公司在我国现实生活中很难有广阔的发展前景。如果一个人不希望与他人合作共事，非常希望能在公司中大权独揽、独断专行，那就有可能成立名义上的普通有限责任公司。在此公司中，投资者只需找几位亲朋好友象征性出资当"挂名"股东即可，这样既可以享受到有限责任和少出资等好处，又可以实现事实上的独裁。尽管债权人可以对这种实质上的一人公司请求否认其法人人格，但由于要承担举证责任，自然困难重重。

（二）国有独资公司

1. 概念

国有独资公司，是指国家单独出资、由国务院或者地方人民政府授权本级人民政府国有资产监督管理机构履行出资人职责的有限责任公司。

2. 组织机构

（1）权力机关

国有独资公司不设股东会，其唯一股东就是公司的权力机关，即国有资产监督管理机构以唯一股东的身份行使股东会的职权。主要职权有：①委派或更换董事会成员，从董事会成员中指定董事长、副董事长；②授权董事会行使股东会部分职权；③依照法律、行政法规的规定，对公司的国有资产实施监督管理；④对公司资产的转让，依照法律、行政法规的规定，办理审批和财产权转移手续；⑤决定公司的合并、分立、解散、增减资本和发行公司债券。

（2）董事会与经理

国有独资公司设董事会，为公司的执行机关。董事的人选来自两个方面：①由国有资产监督管理机构委派；②公司职工代表，由公司职工通过职工代表大会民主选举产生。董事会成员中应当有公司职工代表。董事会的任期每届任期不得超过3年。

国有独资公司董事会的职权比一般有限责任公司董事会的职权要多。国有独资公司董事会的职权包括两部分：一部分是法定职权，即行使一般有限责任公司董事会的职权；另一部分是因授权而行使的职权，即由国有资产监督管理机构授权行使一般有限责任公司股东会的部分职权。根据法律的规定，国有独资公司的董事会有权决定公司的重大事项，但下列事项必须由国有资产监督管理机构决定：①公司的合并或分立；②公司的解散；③公司增加或减少注册资本；④发行公司债券。其中，重要的国有独资公司的合并、分立、解散、申请破产的，应当由国有资产监督管理机构审核后报本级人民政府批准。

国有独资公司设经理，履行公司法规定的经理的职责。经理由董事会聘任或者解聘。经国有资产监督管理机构同意，董事会成员可以兼任经理。

国有独资公司的董事长、副董事长、董事、高级管理人员，未经国有资产监督管理机构同意，不得在其他有限责任公司、股份有限公司或者其他经济组织兼职。这种禁止性规定由于不考虑行业的相似性，限制的范围比一般公司存在的"竞业禁止"要宽泛很多。

（3）监事会

国有独资公司设监事会，作为公司的监督机构。监事会主要由国务院或者国务院授权的机构、部门委派的人员组成，并有公司职工代表参加。监事会的成员不得少于5人，其中职工代表的比例不得少于1/3。监事列席董事会会议。董事、高级管理人员及财务负责人不得兼任监事。

第八节　股份有限公司

一、股份有限公司的概念

股份有限公司，简称股份公司，是指其全部资本分为等额股份，股东以其所持股份为限对公司承担责任，公司以其全部资产对公司的债务承担责任的企业法人。

二、股份有限公司的设立

（一）设立条件

1. 发起人符合法定人数

为设立公司而签署公司章程、向公司认购出资或者股份并履行公司设立职责的人，应当认定为公司的发起人，包括有限责任公司设立时的股东。发起人之间在公司成立之前是民事合伙关系。设立股份有限公司，应当有 2 人以上 200 人以下发起人，其中须有半数以上的发起人在中国境内有住所。显然，一个股东不能设立一人股份有限公司，对发起人只有住所限制而非国籍限制。

2. 发起人根据章程认缴或募集股本

法律、行政法规对股份有限公司注册资本的最低限额有较高规定的，从其规定。《商业银行法》对于商业银行、《证券法》对于证券公司、《保险法》对于保险公司等都有特殊的最低注册资本要求。

发起设立的股份有限公司可以分期缴纳出资。发起人在缴足前，不得向他人募集股份。募集设立的股份有限公司则不允许分期缴纳出资。

3. 股份发行、筹办事项符合法律规定。

4. 发起人制定公司章程。

5. 有公司名称，建立符合股份有限公司要求的组织机构。

6. 有公司住所。

（二）发起人的义务与责任

1. 关于出资

（1）以发起设立方式设立股份有限公司的，发起人应当书面认足公司章程规定其认购的股份；一次缴纳的，应即缴纳全部出资；分期缴纳的，应即缴纳首期出资。以非货币财产出资的，应当依法办理其财产权的转移手续。发起人不按照上述规定缴纳出资的，应当按照发起人协议的约定承担违约责任。

（2）以募集设立方式设立股份有限公司的，发起人认购的股份不得少于公司股份总数的 35%；但是，法律、行政法规另有规定的，从其规定。

（3）股份有限公司成立后，发起人未按照公司章程的规定缴足出资的，应当补缴；其他发起人承担连带责任。股份有限公司成立后，发现作为设立公司出资的非货币财产的实际价额显著低于公司章程所定价额的，应当由交付该出资的发起人补足其差额；其他发起人承担连带责任。

2. 关于设立

（1）公司不能成立时，对设立行为所产生的债务和费用负连带责任。

（2）公司不能成立时，对认股人已缴纳的股款，负返还股款并加算银行同期存款利息的连带责任。

（3）在公司设立过程中，由于发起人的过失致使公司利益受到损害的，应当对公司承担赔偿责任。

三、股份有限公司的组织机构

股份有限公司的组织机构包括股东大会、董事会、监事会。

(一) 股东大会

1. 组成和职权

股份有限公司股东大会由全体股东组成，股东大会是公司的权力机构，股份有限公司股东大会的职权同有限责任公司股东会。

2. 召开

股东大会会议可分为年会和临时会议。年会每年 1 次，通常在每个会计年度终了后 6 个月内召开。临时股东大会在有下列情形之一时，应当在 2 个月内召开：

(1) 董事人数不足公司法规定人数或者公司章程所定人数的 2/3 时。

(2) 公司未弥补的亏损达实收股本总额 1/3 时。

(3) 单独或者合计持有公司 10% 以上股份的股东请求时。

(4) 董事会认为必要时。

(5) 监事会提议召开时。

(6) 公司章程规定的其他情形。

3. 召集和主持——"三步走"程序

其规则与上述有限公司股东会相同，唯一区别是：自行召集和主持会议的股东（单独或者合计持有公司 10% 以上股份）必须连续 90 日以上持股，有限公司没有持股时间的要求。

4. 程序保障

召开股东大会会议，应当将会议召开的时间、地点和审议的事项于会议召开 20 日前通知各股东；临时股东大会应当于会议召开 15 日前通知各股东；发行无记名股票的，应当于会议召开 30 日前公告会议召开的时间、地点和审议事项。

为了防止突然袭击使股东缺乏充足的考虑和准备，股东大会不得对上述通知中未列明的事项作出决议。

无记名股票持有人出席股东大会会议的，应当于会议召开 5 日前至股东大会闭会时将股票交存于公司。

5. 表决规则

股东出席股东大会会议，所持每一股份有一表决权，即"一股一权"，体现了"资本多数决"。但是，公司持有的本公司股份没有表决权。由于公司回购等原因，公司可能暂时持有本公司股票，成为"库存股"。"库存股"由董事掌握，如果允许其参加表决，董事就可以利用其来操纵公司。

股东大会作出决议，必须经出席会议的股东所持表决权过半数通过。但是，股东大会作出修改公司章程、增加或者减少注册资本的决议，以及公司合并、分立、解散或者变更公司形式的决议，必须经出席会议的股东所持表决权的 2/3 以上通过。这些特别决议事项的范围同有限责任公司完全相同。

股东可以委托代理人出席股东大会会议，代理人应当向公司提交股东授权委托书，并在授权范围内行使表决权。

股东大会应当对所议事项的决定作成会议记录，主持人、出席会议的董事应当在会议记录上签名。

6. 股东的累积投票权

根据《公司法》的规定，股东大会选举董事、监事，可以依照公司章程的规定或者股东大会的决议，实行累积投票制，即股东大会选举董事、监事时，每一股份拥有与应选董事或者监事人数相同的表决权。股东拥有的表决权可以集中使用。

累积投票制产生于美国，是一种保护小股东利益的特殊表决规则，和"资本多数决"与"人头决"都有所不同。这种规则只能适用于股份有限公司股东大会投票选举董事或监事的场合，范围有限，目的就在于防止大股东通过控制董事会或监事会的组成从而全盘操纵公司损害小股东利益。

[例] 东方红公司大股东一方持股总数占总股本的60%，小股东一方持股总数占总股本的40%。该公司决定在候选人10人中选举董事会成员5人，此时大小股东双方立场对立，各自心仪的候选人完全不同。如果采取资本多数决，那么大股东心仪的5名候选人各自都能得到60%的选票，小股东心仪的另5名候选人则各自都得到40%的选票，PK结果就是大股东的心腹全部当选，小股东的亲信全部落选，董事会被大股东完全控制，小股东被边缘化。

为防止出现这种一边倒的结果，平衡大小股东之间的利益，就可以采取累积投票制。此时，股东的每一股份都拥有与应选董事人数相同的表决票数。也就是说，东方红公司每一股份都对应5票（因为应选董事为5人），大股东一方共拥有300票（5×60＝300），小股东一方共拥有200票（5×40＝200），股东总票数为500票（300＋200＝500），大小股东的选票都可以集中使用。此时读者不妨思考一下，一名候选人至少获得多少票就可以高枕无忧保证自己一定能当选呢？提示：保证能当选意味着得票数能排名第五即可。

谜底揭晓：假设保证当选的最低票数为X，股东总票数为S，应选董事（或监事）人数为N，则计算公式为：$X > S / (N+1)$。将东方红公司相应数值代入公式将结果取整数可以得知，一名候选人至少获得84票即可保证当选。也就意味着，小股东一方至少可以选出2名亲信担任董事，大股东一方至少可以选出3名心腹担任董事，实现了董事会组成的均衡。

应当指出，根据《公司法》的规定，累积投票制在我国只能由公司决定是否采用，并不是强制采用，因为此制度也非尽善尽美。首先，累积投票制需要众多小股东采取联合行动，由于小股东之间的利益也有分歧并且合作成本较高，所以很难实现。其次，累积投票制要求大小股东之间的股份比例不能过分悬殊，如果小股东股份过少，即使累积投票也没意义。因为大股东出资多风险高，由其在董事会中占据优势地位是合乎情理的，立法者设立累积投票制只是希望对资本多数决产生的弊端进行适当修正而非彻底颠覆。最后，即使一个公司决定采取累积投票制，大股东也可以利用一些技术手段来削弱其威力。读者应当发现，在上述公式中，N越小就越需要较多的票数，所以大股东就千方百计来缩减每次董事或监事的改选人数。例如，采取交叉任期制，使董事会（或监事会）每年都只有部分成员任期届满需要改选等。当然，我国《公司法》未规定董事交叉任期制，所有董事都是一起上一起下的。

7. 股东的提案权与质询权

（1）提案权。单独或者合计持有公司3%以上股份的股东，可以在股东大会召开10日前提出临时提案并书面提交董事会；董事会应当在收到提案后2日内通知其他股东，并将该临时提案提交股东大会审议。临时提案的内容应当属于股东大会职权范围，并有明确议题和具体决议事项。此项权利有助于提高广大小股东对公司的关注和参与会议的热情。

（2）质询权。股东会或者股东大会要求董事、监事、高级管理人员列席会议的，董事、监事、高级管理人员应当列席并接受股东的质询。

（二）董事会及经理

1. 组成、任期和职权

股份有限公司设董事会，其成员为5~19人。董事会成员中可以有公司职工代表。董事会中的职工代表由公司职工通过职工代表大会、职工大会或者其他形式民主选举产生。股份有限公司董事任期的规定和董事会职权的规定同有限责任公司。

董事会设董事长1人，可以设副董事长。董事长和副董事长由董事会以全体董事的过半数选举产生。

董事长召集和主持董事会会议，检查董事会决议的实施情况。副董事长协助董事长工作，董事长不能履行职务或者不履行职务的，由副董事长履行职务；副董事长不能履行职务或者不履行职务的，由半数以上董事共同推举1名董事履行职务。

2. 会议的召开

董事会每年度至少召开两次会议，每次会议应当于会议召开10日前通知全体董事和监事。代表1/10以上表决权的股东、1/3以上董事或者监事会，可以提议召开董事会临时会议。董事长应当自接到提议后10日内，召集和主持董事会会议。董事会召开临时会议，可以另定召集董事会的通知方式和通知时限。

3. 议事规则

（1）举行与表决。董事会会议应有过半数的董事出席方可举行。董事会作出决议，必须经全体董事的过半数通过。

[例] 某公司董事会一共有董事11人，则至少6人出席方可举行会议，同样至少6人同意才能通过决议。如果没达到法定人数就产生决议，则股东可以起诉要求进行撤销。

董事会决议的表决，实行一人一票。

（2）责任。董事会会议，应由董事本人出席；董事因故不能出席，可以书面委托其他董事代为出席，委托书中应载明授权范围。由于董事会决议涉及公司商业秘密，所以被委托者不能为非董事的其他人。

董事会应当对会议所议事项的决定作成会议记录，出席会议的董事应当在会议记录上签名。董事应当对董事会的决议承担责任。董事会的决议违反法律、行政法规或者公司章程、股东大会决议，致使公司遭受严重损失的，参与决议的董事对公司负赔偿责任。但经证明在表决时曾表明异议并记载于会议记录的，该董事可以免除责任。

4. 经理

由于股份有限公司一般规模较大，所以与有限责任公司不同的是必须要设经理，由董事会决定聘任或者解聘。《公司法》关于有限责任公司经理职权的规定，适用于股份有限公司经理。

公司董事会可以决定由董事会成员兼任经理。

（三）监事会

1. 组成、任期与职权

同有限责任公司，只是监事会在此为必设机构。

2. 监事会会议

监事会每6个月至少召开一次会议。监事可以提议召开临时监事会会议。

监事会的议事方式和表决程序，除《公司法》有规定的外，由公司章程规定。监事会应当对所议事项的决定作成会议记录，出席会议的监事应当在会议记录上签名。

（四）上市公司组织机构的特别规定

上市公司，是指其股票在证券交易所上市交易的股份有限公司。因为上市公司已经向公众公开发行股票并上市交易，为了防范风险保证投资者的安全，《公司法》对上市公司治理规定了若干特别制度。

1. 上市公司重大事项决策制度

上市公司在1年内购买、出售重大资产或者担保金额超过公司资产总额30%的，应当由股东大会作出决议，并经出席会议的股东所持表决权的2/3以上通过。

2. 独立董事制度

上市公司设独立董事，所谓独立董事，是指不在公司担任除董事外的其他职务，并与其所受聘的上市公司及其主要股东不存在可能妨碍其进行独立客观判断的关系的董事。上市公司董事会成员中应当至少包括1/3独立董事。一人原则上最多在5家上市公司兼任独立董事，独立董事至少包括1名会计专业人士（会计专业人士是指具有高级职称或注册会计师资格的人士）。下列人员不得担任独立董事：

（1）在上市公司或者其附属企业任职的人员及其直系亲属、主要社会关系（直系亲属是指配偶、父母、子女等；主要社会关系是指兄弟姐妹、岳父母、儿媳女婿、兄弟姐妹的配偶、配偶的兄弟姐妹等）。

（2）直接或间接持有上市公司已发行股份1%以上或者是上市公司前10名股东中的自然人股东及其直系亲属。

（3）在直接或间接持有上市公司已发行股份5%以上的股东单位或者在上市公司前5名股东单位任职的人员及其直系亲属。

（4）最近1年内曾经具有前3项所列举情形的人员。

（5）为上市公司或者其附属企业提供财务、法律、咨询等服务的人员。

（6）公司章程规定的其他人员。

（7）中国证监会认定的其他人员。

3．董事会秘书制度

上市公司设立董事会秘书。董事会秘书是公司高级管理人员，由董事会委任，对董事会负责。董事会秘书的主要职责相当于公司的"办公室主任"兼"新闻发言人"，具体包括：

（1）负责公司股东大会和董事会会议的筹备、文件保管，即按照法定程序筹备股东大会和董事会会议，准备和提交有关会议文件和资料。负责保管公司股东名册、董事名册，大股东及董事、监事和高级管理人员持有本公司股票的资料，股东大会、董事会会议文件和会议记录等。

（2）负责公司股权管理，如协调公司与投资者之间的关系，接待投资者来访，回答投资者咨询，向投资者提供公司披露的资料。

（3）负责办理公司信息披露事务，保证公司信息披露的及时、准确、合法、真实和完整。

4．"关联董事"的回避制度

上市公司董事与董事会会议决议事项所涉及的企业有关联关系的，不得对该项决议行使表决权，也不得代理其他董事行使表决权。

该董事会会议由过半数的无关联关系董事出席即可举行，董事会会议所作决议须经无关联关系董事过半数通过。出席董事会的无关联关系董事人数不足 3 人的，应将该事项提交上市公司股东大会审议。

四、股份有限公司的股份发行与转让

（一）股份与股票

1．股份的概念与分类

股份是股份有限公司特有的概念，它是股份有限公司资本最基本的构成单位。股份有限公司的股份依据不同的标准，可以划分为不同的种类：

（1）普通股和优先股

❶普通股股东有权在公司提取完公积金、公益金以及支付了优先股股利后，参与公司的盈余分配，其股利不固定。公司终止清算时，普通股股东在优先股股东之后取得公司剩余财产。普通股股东有出席或委托代理人出席股东大会并行使表决权的权利。

❷优先股股东在公司盈余或剩余财产的分配上享有比普通股股东优先的权利。如优先股的优先权事先约定，优先股先于普通股分配红利，公司终止清算时，优先股先于普通股收回投资。但优先股股东没有表决权。

（2）表决权股、限制表决权股和无表决权股

❶表决权股。持有表决权股的股东享有表决权。表决权股又可分为三种：一是普通表决权股，即一股拥有一票表决权。二是多数表决权股，即该股东享有超过其拥有股份数的表决权，持有多数表决权股的股东为特定股东，一般都是公司的董事或监事。但通常各国公司法对发行多数表决权股限制较为严格。三是特别表决权股，即只对公司的某些特定事项享有表决权。

❷ 限制表决权股。持有该种股份的股东，其表决权受到公司章程的限制。通常应在公司章程中载明限制表决权股，而且不得对个别股东分别实行。

❸ 无表决权股。持有该种股份的股东，不享有表决权。通常，对无表决权的股份，必须给予其利益分配的优先权，即以盈余分配方面的优先作为无表决权的补偿。

（3）记名股和无记名股

❶ 记名股。这是指将股东姓名记载于股票之上的股份。记名股不仅要求在股票上记载股东姓名，而且要求记载于公司的股东名册上。记名股的股东权利并不完全依附于股票。记名股转让时，应作记名背书，并在移交股票后，变更公司股东名册上之记载。

❷ 无记名股。这是指发行的不将股东姓名记载于股票之上的股份。这种股份的股东权利完全依附于股票，凡持票人均可主张其股东权利。无记名股在转让时，只需在合法场所交付于受让人，即可发生股权转移的效力。无记名股票通常是向自然人股东发行的股票。

公司发行的股票可以为记名股票，也可以为无记名股票。所以，记名股票和无记名股票都是可以发行的。但公司向发起人、法人发行的股票，应当为记名股票，并应当记载该发起人、法人的名称或者姓名，不得另立户名或者以代表人姓名记名。

（4）额面股和无额面股

❶ 额面股，又称面值股，是指股票票面标明一定金额的股份。

❷ 无额面股，又称比例股，是指股票不标明金额，只标明每股占公司资本的比例。我国禁止发行无额面股，实践中发行的股票都标有"1元"的面值。例外是2008年上市的"紫金矿业"和2012年上市的"洛阳钼业"，前者发行的股票每股面值均为人民币0.1元，后者发行的股票每股面值均为人民币0.2元。

（5）国家股、法人股、个人股和外资股

这是我国目前特有的股份种类之一：

❶ 国家股。这是指由国家授权投资的机构或者国家授权的部门，以国有资产向公司投资形成的股份。

❷ 法人股。这是指由具有法人资格的组织以其可支配的财产向公司投资形成的股份。

❸ 个人股。这是指以个人合法取得的财产向公司投资形成的股份。

❹ 外资股。这是指外国和中国港、澳、台地区的投资者，以购买人民币特种股票的形式，向公司投资形成的股份。

2. 股票的概念和特征

股票是股份有限公司股份证券化的形式，是股份有限公司签发的证明股东所持股份的凭证。股份有限公司的股份采取股票的形式。股票具有以下特征：

首先，股票是一种要式证券，它的制作和记载事项必须按照法定的方式进行。我国《公司法》规定，股票必须载明下列主要事项：①公司名称；②公司登记成立的日期；③股票种类、票面金额及代表的股份数；④股票的编号。股票由董事长签名，公司盖章。发起人的股票，应当标明发起人股票字样。

其次，股票是一种非设权证券，即它仅是一种表彰股东权的证券，而非创设股东权的证券。换言之，股票仅仅是把已经存在着的股东权表现为证券形式，而不是创设股东权。股东遗失股票，并不因此丧失股东权和股东资格。

最后，股票是一种有价证券，它以证券的持有为权利存在的条件。股票作为一种有价证券，所表示的是股东的财产权。由此，股票持有者可享有分配股息的权利；公司终止清算时，有取得公司剩余财产的权利等。同时，股东权的存在要以股票的持有为条件。也就是说，股票的合法持有者就是股东权的享有者。

（二）股份发行

1. 股份发行的原则

股份的发行，实行公平、公正的原则。具体而言，股份有限公司发行股份时应当做到：

（1）当公司向社会公开募集股份时，应将有关股份发行的信息依法公开披露。其中，包括公告招股说明书、财务会计报告等。

（2）同次发行的股份，每股的发行条件和价格应当相同。任何单位或者个人所认购的股份，每股应当支付相同价额。

（3）发行的同种股份，股东所享有的权利和利益应当是相同的。

2. 股票的发行价格

股票发行价格可以按票面金额，也可以超过票面金额即股票溢价发行，但不得低于票面金额发行股票。以超过票面金额发行股票所得溢价款，应列入公司资本公积金。股票发行采取溢价发行的，其发行价格由发行人与承销的证券公司协商确定。

（三）股份的转让

根据《公司法》的规定，股份有限公司股东持有的股份一般可以依法自由转让。但是，为了保护公司、股东及债权人的利益，我国《公司法》对股份转让作了必要的限制。

1. 转让场所

股东转让其股份，应当在依法设立的证券交易场所进行或者按照国务院规定的其他方式进行。

2. 对特殊主体转让股份的限制

（1）发起人。发起人持有的本公司股份，自公司成立之日起1年内不得转让。发起人作为公司的元老和开创者，应该真心实意做生意，要将公司"扶上马再送一程"，防止炒作公司进行职业发起。

（2）"原始股"。公司公开发行股份前已发行的股份，自公司股票在证券交易所上市交易之日起1年内不得转让。这种股票被称为原始股，一旦上市价格往往会暴涨数倍，为了防止炒作原始股进行投机牟取暴利所以进行了限制。

　　[例] 华谊兄弟传媒股份有限公司于2009年10月30日在创业板上市，当天收盘价为每股70.81元。自成立以来，华谊兄弟只在2007年和2008年进行过两次增资扩股。第一次每股价格为0.53元，第二次每股价格3元。冯小刚、张纪中、李冰冰持有的股票是在2007年以每股0.53元的价格购入的；而黄晓明、张涵予、罗海琼等人的股票是在2008年以每股3元的价格购入的。这些明星股东大多持有数百万股，由此可以计算得出他们都是赚得盆满钵满。

（3）"董、监、高"。①公司董事、监事、高级管理人员应当向公司申报所持有的本公司的股份及其变动情况，在任职期间每年转让的股份不得超过其所持有本公司股份总数的25%。因为他们一般掌握公司的内幕消息，要防止发生内幕交易；②所持本公司股份自公司股票上市交易之日起1年内不得转让；③上述人员离职后半年内，仍然不得转让其所持有的本公司股份。这是为了防止他们通过提前辞职而尽早高位套现股票。但实际上，这种规定的约束力并不强，我国中小型上市公司中的高管们一旦发现本公司股票价格高涨经常辞职以图抛售获利，这显然表明股票价格过高，有严重的泡沫了。

公司章程可以对公司董事、监事、高级管理人员转让其所持有的本公司股份作出其他限制性规定，但只能规定的更严格而不能变得更宽松。

五、公司法重要知识点归纳

（一）公司自治

1. 由公司章程（或"约定"）"决定"或"优先"之事项

（1）针对所有公司的

❶公司的经营范围由公司章程规定，并依法登记。

❷公司分立前的债务由分立后的公司承担连带责任。但是，公司在分立前与债权人就债务清偿达成的书面协议另有约定的除外。

（2）针对有限责任公司的

❶股东会定期会议应当依照公司章程的规定按时召开。

❷股东会会议由股东按照出资比例行使表决权；但是，公司章程另有规定的除外。

❸董事长、副董事长的产生办法由公司章程规定。

❹董事任期由公司章程规定，但每届任期不得超过3年。

❺执行董事的职权由公司章程规定。

❻监事会应当包括股东代表和适当比例的公司职工代表，其中职工代表的比例不得低于1/3，具体比例由公司章程规定。

❼国有独资公司监事会成员不得少于5人，其中职工代表的比例不得低于1/3，具体比例由公司章程规定。

❽章程对股权转让另有规定的，从其规定。

❾自然人股东死亡后，其合法继承人可以继承股东资格；但是，公司章程另有规定的除外。

❿股东按照实缴的出资比例分取红利；公司新增资本时，股东有权优先按照实缴的出资比例认缴出资。但是，全体股东约定不按照出资比例分取红利或者不按照出资比例优先认缴出资的除外。

（3）针对股份有限公司的

❶监事会应当包括股东代表和适当比例的公司职工代表，其中职工代表的比例不得低于1/3，具体比例由公司章程规定。

❷章程可以对公司董事、监事、高级管理人员转让其所持有的本公司股份作出其他限制性规定。

❸股份有限公司按照股东持有的股份比例分配税后利润，但章程规定不按持股比例分

配的除外。

提　示

这里的章程只能在法律规定外增加限制，而不能与现有法律规定相抵触。

2. 由章程在法定范围内"选择"之事项

（1）公司法定代表人依照公司章程的规定，由董事长、执行董事或者经理担任，并依法登记。

提　示

章程"三选一"产生法定代表人。

（2）公司向其他企业投资或者为他人提供担保，依照公司章程的规定，由董事会或者股东会、股东大会决议；公司章程对投资或者担保的总额及单项投资或者担保的数额有限额规定的，不得超过规定的限额。

提　示

章程"二选一"产生有权决议的机构。

（二）股东诉讼

1. 股东直接诉讼

（1）诉因：股东自身利益受害。

（2）前提条件：无。

（3）原告：任一股东。

（4）被告：侵害该股东利益之任何人。

2. 股东代表诉讼

（1）诉因：公司利益受害。

（2）前提条件：用尽公司内部救济，即公司自身无意起诉。

（3）原告：有限责任公司中任一股东、股份有限公司中单独或合计持股达 1%以上且持股时间连续 180 日以上之股东。

（4）被告：侵害公司利益之任何人。

3. 两会（股东会或董事会）决议无效之诉

（1）诉因：两会决议内容违反法律、法规。

（2）前提条件：可在任何时间提起。

（3）原告：公司的股东、董事、监事等利害关系人。

（4）被告：公司。

4. 两会（股东会或董事会）决议撤销之诉

（1）诉因：两会召集程序、表决方式违反法律、行政法规或者公司章程，或者决议内容违反公司章程。

（2）前提条件：①诉讼必须在决议作出后 60 日内提起；②法院可以应公司的请求，要求起诉的股东提供相应担保。

（3）原告：任一股东。

（4）被告：公司。

5. 解散公司之诉

（1）诉因：公司出现僵局，即两会（股东会或董事会）持续 2 年以上无法召开或无法作出决议。

（2）前提条件：用尽公司内部救济，即除解散公司外无法消除僵局。

（3）原告：单独或合计持有公司全部股东表决权 10% 以上的股东。

（4）被告：公司。

本章复习重点提示 ▶▶▶

1. 重要知识点

公司人格否认制度；设立中公司的责任；公司资本的含义与表现；股东出资的要求；股东代表诉讼的构成要件和法律后果；董事、监事、高级管理人员忠实义务的具体要求和违反此种义务的法律后果；公司合并、分立的程序要求和法律后果；公司司法解散、清算组织、清算职责；有限责任公司的人合性；有限责任公司的设立条件和组织机构、股权转让；股份有限公司的设立条件和设立程序、组织机构、股份转让限制。

2. 实例解析

2006 年 3 月 10 日张某、赵某和薛某签订出资协议书，约定三方出资建立北京奥运之星公司，张某出资 400 万享有公司 40% 的股权，赵某出资 500 万享有公司 50% 的股权，薛某出资 100 万享有公司 10% 的股权。当日张某和赵某又签订一份借款协议书，约定赵某出借 400 万给张某用于北京奥运之星出资，出借时间与公司注册交纳出资时间相同。2006 年 3 月 20 日北京方石公司垫资 1000 万作为北京奥运之星公司注册资金，大成会计师事务所对该出资进行了验资，北京奥运之星公司经工商登记依法成立。2006 年 3 月 25 日赵某将注册资金 1000 万全部退还方石公司。截至 2006 年 12 月，赵某共实际出资 500 万，但未替代张某履行出资义务，张某也未实际缴纳出资，薛某已完成出资。公司成立以后，三位股东组成了公司董事会，其中赵某为董事长，薛某兼任监事。

2007 年 5 月，薛某因为搬家到外地不再参与公司的事务也不再担任公司的职务。其后不久，赵某代表公司书面通知薛某，因为他已经离开公司所以其股权应转让给其他股东，并要求其领取相应的转让款。

（1）奥运之星公司是否已经有效成立？为什么？[1]

（2）奥运之星的董事会组成是否有违法之处？为什么？[2]

（3）薛某的股权是否已经转让？为什么？[3]

---

[1] 公司已经有效成立，因为公司成立与否只以是否进行工商登记为准，股东出资有瑕疵不构成影响。

[2] 薛某兼任监事是违法的，因为公司董事不能兼任监事。

[3] 股权没有转让，因为股权的享有不以参与公司事务为前提，股权作为私权其转让应尊重股东意思自治。

合伙企业法

合伙企业，是指自然人、法人和其他组织依法在中国境内设立的普通合伙企业和有限合伙企业。普通合伙企业由普通合伙人组成，合伙人对合伙企业债务承担无限连带责任。有限合伙企业由普通合伙人和有限合伙人组成，普通合伙人对合伙企业债务承担无限连带责任，有限合伙人以其认缴的出资额为限对合伙企业债务承担责任。

合伙企业同公司企业并列，也是企业的一种类型。合伙企业没有法人资格，企业的债务要由合伙人承担最终的清偿责任。《合伙企业法》所规定的合伙属于商事合伙，不同于民法中的民事合伙。合伙企业不缴纳企业所得税是其相对于公司的优点。公司与合伙企业经营模式的比较可见如下归纳：

经营模式比较
- 公司：老板（指股东）雇伙计（指董事和高管）
- 普通合伙企业：兄弟（指各普通合伙人）一起干
- 有限合伙企业：有限合伙人出钱，普通合伙人出力，双方合作

国有独资公司、国有企业、上市公司以及公益性的事业单位、社会团体不得成为普通合伙人。

第一节 合伙制度概述

一、合伙的起源

合伙具有悠久的历史，它起源于人类需要合作——共同生产劳动这一简单事实。在一定意义上家庭就是一种合伙形式。因为在古代，家庭是一个重要的生产单位，家庭成员共同劳动、分享劳动收益。但家庭不是现代意义上的合伙。现代意义上的合伙是一种契约联结，而家庭则是以血缘关系为基础的。不过在大的家族中也已存在了合伙因素，他们可能对家庭财产、劳动所得的分配等作出某种约定。因此，人们一般认为合伙起源于家族共有制。

合伙作为一种营利性安排，可以追溯到古巴比伦的共耕制度，而且也正是古巴比伦的《汉谟拉比法典》第一次规定了合伙原则，即"某人按合伙的方式将银子交给他人，则以后不论盈亏，他们在神面前均分"。在罗马共和国时期，法律对合伙的性质和合伙人的权利与义务已有相当明确的规定。他们将合伙定义为：二人以上互约出资共同经营事业并共同分配其损益结果的契约。并且在当时出现了共有合伙、贸易合伙、单项合伙等合伙类型。据学者考证，在罗马人与被征服地区的人民进行贸易的过程中，他们将合伙制度传到了欧洲。

在中世纪，为了调动资金用于长距离的海上贸易，在资本家和从事海上贸易的商人之间出现了一种合伙安排，被称为康枚达，这是最早的有限合伙形式。19世纪中期，随着公司由严格特许走向普遍认可，公司得到了充分的发展。但公司并没有完全取代合伙，合伙也并没有因此而变得无足轻重。由于具有组织简便、灵活等优点，合伙始终是许多中小企业普遍采取的企业组织形式。[1]

二、合伙的概念

合伙的概念既可以从法律行为的角度给出，也可以从组织形态的角度给出。就法律行为的角度而言，合伙是指两个以上的民事主体共同出资、共同经营、共负盈亏的协议，此为民事合伙，由民法调整；就组织形态的角度而言，合伙是指两个以上的民事主体共同出资、共同经营、共负盈亏的企业组织形态，此为商事合伙，由商法调整。民事合伙和商事合伙有诸多区别：民事合伙是契约，商事合伙是企业组织；民事合伙组成较松散，持续时间短，商事合伙组成较稳定，持续时间长；民事合伙登记为个体工商户，商事合伙登记为合伙企业。这里所讲解的《合伙企业法》只调整商事合伙。必须认识到，合伙企业具有极强的人合性，一般都是亲朋好友组成的小企业，彼此非常熟悉信任，"合伙"二字也隐含着合伙人必然是两人以上。

三、合伙的特征

与单个的自然人和公司法人相比，合伙具有以下特征：

（一）合伙协议是合伙得以成立的法律基础

如果说公司是以公司章程为成立基础，那么合伙就是以合伙协议为成立基础。根据《合伙企业法》的规定，合伙企业的合伙协议应当采用书面形式。如果合伙人之间未订立书面形式的合伙协议，但事实上存在合伙人之间的权利义务关系，进行了事实上的合伙营业，仍然视为合伙。

鉴于合伙企业的高度人合性，《合伙企业法》充分体现了合伙企业的自治性，本着"只要不损害他人利益随便你怎么玩"的精神突出了合伙协议的作用，大部分的规则都只在合伙协议没有约定时才适用，如果合伙协议有不同或相反约定，均优先适用合伙协议的约定。

---

[1] 高富平、苏号朋、刘智慧：《合伙企业法原理与实务》，中国法制出版社1997年版，第2页。

（二）合伙须由全体合伙人共同出资、共同经营

1. 出资是合伙人的基本义务，也是其取得合伙人资格的前提。与公司不同的是，普通合伙人出资的形式丰富多样，比公司灵活。公司股东主要以现金、实物、土地使用权和知识产权四种方式出资，而普通合伙人除了可以上述四种方式出资外，还可以其他财产权利出资，如债权、技术等，也可以劳务的方式出资，只要其他合伙人同意即可。原因很简单，既然普通合伙人承担的是无限连带责任，自然可以对其"抄家"讨债，又何必计较交给企业多少钱呢？

2. 合伙人共同经营是合伙不同于公司的又一特征，公司的股东不一定都参与公司的经营管理，甚至不从事公司的任何营业行为，往往是所有权与经营权分离。而普通合伙人必须共同从事经营活动，既当老板又当伙计。合伙人之间是风雨同舟、荣辱与共的关系。当然，有限合伙人是例外，可以不参加合伙企业的营业，不执行合伙事务。

（三）合伙人共负盈亏、共担风险，对外承担无限连带责任

这也是合伙与公司的主要区别之一。合伙人既可按对合伙企业的出资比例分享合伙赢利，也可按合伙人约定的其他办法来分配合伙赢利，当普通合伙企业的合伙财产不足以清偿合伙债务时，合伙人还需以其个人财产来清偿债务，即承担无限责任，而且任何一个合伙人都有义务清偿全部合伙债务（不管其出资比例如何），即承担连带责任。在有限合伙企业中，普通合伙人对合伙企业债务承担无限连带责任，有限合伙人则仅以其出资额为限承担有限责任。显然，普通合伙人承担的投资风险比公司股东大得多，有限合伙人则和公司股东相似。

第二节　普通合伙企业

一、设立条件

（一）有两个以上合伙人

1. 合伙人的数量和范围

《合伙企业法》未规定合伙企业合伙人的人数上限，即合伙人人数没有上限限制。当然，由于合伙的人合性质，合伙人相互之间的信任尤为重要，所以实践中合伙人人数一般不会太多。企业法人也可以成为合伙人，此种情况不会导致企业法人的出资人包括公司股东承担无限连带责任。因为，法律确认所有企业法人（包括公司）均以自己的全部财产独立承担民事责任。而企业法人的出资人包括公司股东，其财产是与企业法人的财产分离的，他们仅以出资额为限对企业法人（包括公司）负责，不对企业法人（包括公司）的债权人直接承担责任，因而不存在引发企业法人与出资人双层连带责任的问题。

　　[例] 张三是甲公司的股东，甲公司有资本100万元。现在甲公司投资50万元成为乙普通合伙企业的普通合伙人。如果乙企业负债无力清偿，则甲公司应用自己全部的100万元来承担无限连带责任，仍不足清偿时就会破产，股东张三则不会受到任何牵连，照样受到有限责任的保护。

但是，为了保护国有资产不流失以及防止公共利益受损，国有独资公司、国有企业、上市公司以及公益性的事业单位、社会团体不得成为普通合伙人。言外之意，上述五类组织只能做有限合伙人，其他的公司企业则都是可以成为普通合伙人的。

2. 合伙人的能力

合伙人为自然人的，应当具有完全民事行为能力，因为他必须进行经营管理。

但须注意的是：其一，根据《合伙企业法》第48条第2款的规定，普通合伙人被依法认定为无民事行为能力或限制民事行为能力人的，经其他合伙人一致同意，可以依法转为有限合伙人，此时普通合伙企业转为有限合伙企业。其二，根据《合伙企业法》第50条第1、3款的规定，合伙人死亡或被宣告死亡的，其继承人根据合伙协议的约定或经全体合伙人一致同意，可取得合伙人资格；继承人为无民事行为能力或限制民事行为能力人的，经合伙人一致同意，可以依法成为有限合伙人，普通合伙企业转为有限合伙企业。这意味着：①无民事行为能力人或限制民事行为能力人不能成为合伙企业设立时的创始合伙人；②无民事行为能力人或限制行为能力人可以且只能成为有限合伙人，而不能成为普通合伙人。

3. 合伙人的身份

法律、行政法规禁止从事营利性活动的人，不得成为合伙企业的合伙人，具体包括国家公务员、法官、检察官及警察等各种公职人员。这是《公务员法》的禁止性规定。

（二）有书面合伙协议

合伙协议是合伙成立的法律基础，它是调整合伙人相互之间的权利义务关系的内部法律文件，仅具有对内的效力，只能约束合伙人。

合伙协议具有普通合同的基本特征：

（1）以当事人地位平等、意思自治为基本原则。

（2）合伙协议的订立包括要约和承诺两个阶段。

（3）合伙协议生效后，对当事人而言就具有了相当于法律的效力。

但是，合伙协议又与普通合同有重大区别：

（1）当事人所追求的利益是一致的、共同的，而非相对的。这使合伙协议与一般的双务合同具有实质性的差异。

（2）合伙协议是设立合伙企业的前提条件和必要条件，而合伙企业是合伙协议的预计结果。

（3）虽然合伙协议是一种双务有偿合同，但由于它具有团体性，所以民法中有关双务有偿合同的诸多规定并不适用于合伙协议。所以我国《合伙企业法》采用了"合伙协议"而非合伙合同的术语。

合伙协议必须采用书面形式，并载明以下内容：①合伙企业的名称和主要经营场所的地点；②合伙目的和合伙企业的经营范围；③合伙人的姓名或者名称及其住所；④合伙人出资的方式、数额和缴付出资的期限；⑤利润分配和亏损分担办法；⑥合伙企业事务的执行；⑦入伙与退伙；⑧争议解决办法；⑨合伙企业的解散与清算；⑩违约责任。

合伙协议经全体合伙人签名、盖章后生效。合伙人按照合伙协议享有权利、履行义务。修改或者补充合伙协议，应当经全体合伙人一致同意；但是，合伙协议另有约定的除外。

（三）有合伙人认缴或者实际缴付的出资

1. 出资形式

合伙人可以用货币、实物、知识产权、土地使用权或者其他财产权利出资，也可以用劳务出资。合伙人以实物、知识产权、土地使用权或者其他财产权利出资，需要评估作价的，可以由全体合伙人协商确定，也可以由全体合伙人委托法定评估机构评估。合伙人以劳务出资的，其评估办法由全体合伙人协商确定，并在合伙协议中载明。

2. 出资后果

合伙人以现金或以财产所有权出资的，财产的所有权由全体合伙人共有，出资人不再享有财产的所有权。合伙人退伙或合伙解散时，合伙人只能以分割共有财产的方式收回出资的价值量。合伙人以土地、房屋、商标、专利等使用权出资的，出资人对以上物仍可以享有所有权，合伙企业只享有使用权和管理权。合伙人退伙或合伙解散时，合伙人有权要求返还原物。

3. 出资数额

与公司不同，合伙企业没有注册资本制度，设立门槛要低得多。

（四）有合伙企业的名称和生产经营场所

合伙企业名称中应当标明"普通合伙"字样。由于法律不存在禁止性规定，合伙企业可以在其企业名称中使用"公司"字样。

（五）有经营场所和从事合伙经营的必要条件

二、财产

（一）范围和性质

1. 范围

合伙人的出资、以合伙企业名义取得的收益和依法取得的其他财产，均为合伙企业的财产。

2. 性质

合伙企业积累的财产由全体合伙人按份共有。只不过，这种按份共有比较特殊，表现为一种潜在的份额，即在合伙企业存续期间合伙人不得以份额比例要求分割财产，也不得以份额大小来决定合伙人对合伙财产的使用和管理方面的权利以及合伙事务执行方面的权利，只有在分配合伙企业利润、退伙以及合伙企业解散时，份额比例才具有实际意义，作为各合伙人分配利润和分割财产的依据。

（二）合伙企业财产的处分

合伙人在合伙企业清算前，不得请求分割合伙企业的财产。合伙人在合伙企业清算前私自转移或者处分合伙企业财产的，合伙企业不得以此对抗善意第三人。

（三）合伙企业财产份额的处分

合伙企业财产份额不同于合伙企业的财产，份额是抽象的，财产是具体的，所谓"份额"是指合伙人拥有的全部财产权，这意味着份额的处分可能会导致合伙人的变更。读者应注意，一个企业的人合性越强就越不喜欢外人加入其中，具体表现为其财产权转让就会越不自由。股份公司是资合性的，权利转让很自由；有限公司是人合为主兼有资合的，权利转让有一定限制；合伙企业是完全人合的，所以权利转让自然要受到更多的限制。

1. 财产份额的转让

（1）内部转让

合伙人之间转让在合伙企业中的全部或者部分财产份额时，应当通知其他合伙人。

（2）外部转让

除合伙协议另有约定外，合伙人向合伙人以外的人转让其在合伙企业中的全部或者部分财产份额时，须经其他合伙人一致同意。合伙人向合伙人以外的人转让其在合伙企业中的财产份额的，在同等条件下，其他合伙人有优先购买权；但是，合伙协议另有约定的除外。优先购买权的存在都是为了维护企业的人合性，所以合伙企业和有限责任公司均规定有优先购买权，股份有限公司则没有这种规定。

2. 财产份额的出质

合伙人以其在合伙企业中的财产份额出质的，须经其他合伙人一致同意；未经其他合伙人一致同意，其行为无效，由此给善意第三人造成损失的，由行为人依法承担赔偿责任。

财产份额的出质是一种权利质押，自然不存在善意取得的情况，所以擅自出质的后果必然是行为无效。

三、合伙事务的执行

（一）合伙事务执行方式

合伙人，不论其出资多少，对合伙事务享有同等的权利。合伙事务的执行可以采取灵活的方式，只要全体合伙人同意即可。

我国合伙企业事务的执行方式有四种：①全体合伙人共同执行；②委托数名合伙人共同执行；③委托1名合伙人单独执行；④各合伙人分别执行。

如果采用上述第2、3种方式，执行事务合伙人应当定期向其他合伙人报告事务执行情况以及合伙企业的经营和财务状况，其执行合伙事务所产生的收益归合伙企业，所产生的费用和亏损由合伙企业承担。其他合伙人尽管不执行合伙事务，但有权监督执行事务合伙人执行合伙事务的情况并查阅合伙企业会计账簿等财务资料。受委托执行合伙事务的合伙人不按照合伙协议或者全体合伙人的决定执行事务的，其他合伙人可以决定撤销该委托。

如果采用上述第4种方式，执行事务合伙人可以对其他合伙人执行的事务提出异议。提出异议时，应当暂停该项事务的执行。

（二）合伙事务的决议

合伙人对合伙企业有关事项作出决议，按照合伙协议约定的表决办法办理。合伙协议未约定或者约定不明确的，除法律另有规定外，实行合伙人一人一票并经全体合伙人过半数通过的表决办法。

读者应注意，一个企业究竟采取何种表决方法也是和"人合"或"资合"密切相关的。一般来说，企业的人合性越强就越倾向采用人头决，平等尊重每一个出资人的意愿，认人不认钱；企业的资合性越强就越倾向使用资本多数决，靠财产实力说话，认钱不认人。

（三）合伙事务的决定

合伙事务的决定不同于合伙事务的执行，先有决定再有执行。一般情况下，合伙事务的决定需由全体合伙人同意才可以。除合伙协议另有约定外，合伙企业的下列重大事项应当经全体合伙人一致同意，这也叫做"全票决"：

（1）改变合伙企业的名称。

（2）改变合伙企业的经营范围、主要经营场所的地点。

（3）修改或者补充合伙协议。

（4）吸收新的合伙人。

（5）处分合伙企业的不动产。

（6）转让或者处分合伙企业的知识产权和其他财产权利。

（7）合伙人向第三人转让其在合伙企业中的全部或者部分财产份额。

（8）以合伙企业名义为他人提供担保。

（9）聘任合伙人以外的人担任合伙企业的经营管理人员。

以上事项在合伙协议有约定时也可以不经全体一致同意，这意味着如果某合伙人擅自就上述事项同第三人进行交易，则也可推定第三人是善意的。如转让合伙企业的不动产必须经全体合伙人决定，但作为合伙企业事务执行人的甲以合伙企业的名义将合伙企业的不动产转让给第三人，而甲的这一行为并没有事先征得全体合伙人的同意，作为受让方的第三人不知道或不能知道甲的行为超出了限制范围，则合伙企业不能以甲的行为超越了限制范围为理由而对抗善意第三人，即合伙企业仍须承担甲的行为后果。

我国《合伙企业法》对合伙企业中须经全体一致同意方能作出决定的事项规定的范围较广，其优势是有利于保障各合伙人之间的平等地位，增强彼此的信任感；其缺陷则是某些情况下可能影响合伙企业决策的效率，进而对合伙企业的经营管理产生一定的负面影响。

（四）合伙人的义务

1. 竞业禁止

合伙人不得自营或者同他人合作经营与本合伙企业相竞争的业务。

2. 自我交易禁止

除合伙协议另有约定或者经全体合伙人一致同意外，合伙人不得同本合伙企业进行交易。

3. 合伙人不得从事损害本合伙企业利益的活动

普通合伙人必须参与企业的经营管理，其身份类似于公司董事、高管，所以为了防止其以权谋私，他也同样负有以上的忠实义务。

（五）合伙企业的利润分配和亏损分担

合伙企业的利润分配、亏损分担，按照合伙协议的约定办理；合伙协议未约定或者约定不明确的，由合伙人协商决定；协商不成的，由合伙人按照实缴出资比例分配、分担；无法确定出资比例的，由合伙人平均分配、分担。

约定 ——→ 协商 ——→ 实缴出资比例 ——→ 平均

合伙企业利润分配和亏损分担适用顺序

合伙企业的利润分配和亏损分担必须坚持全体合伙人共担风险、共享收益的原则。合伙协议不得约定将全部利润分配给部分合伙人或者由部分合伙人承担全部亏损。

四、合伙企业与第三人的关系

（一）合伙人的对外代表权

每一个合伙人都当然有权利对外代表合伙企业，企业在内部可以对合伙人的这种对外代表权作出限制，但这些限制不得对抗善意第三人。可以说，每一个合伙人都类似于公司中的法定代表人，这种对外代表权尽管可以在内部被限制，但对外交易时即使越权也应推定第三人为善意而使交易有效。因为内部的限制第三人在外部是无法知晓的。

（二）合伙企业债务的清偿

1. 合伙企业对其债务，应先以其全部财产进行清偿。这表明合伙人对企业债务承担的是补充责任，企业的债权人只有在合伙企业自身财产无法清偿时才能再向合伙人追讨，不能直接向合伙人讨债。

2. 合伙企业不能清偿到期债务的，合伙人承担无限连带责任。

所谓无限责任：各合伙人对于合伙财产不足以清偿的债务，负无限清偿责任，而不以出资额为限。

所谓连带责任：①每个合伙人均须对全部合伙债务负责，债权人可以依其选择，请求全体、部分或者个别合伙人清偿债务，被请求的合伙人即须清偿全部的合伙债务，不得以自己承担的份额为由拒绝；②每个合伙人对合伙债务的清偿，均对其他合伙人发生清偿的效力；③合伙人由于承担连带责任所清偿债务数额超过其应当承担的数额时，有权向其他合伙人追偿以实现公平。也就是"对外没份额，对内有份额"。

（三）合伙人个人债务的清偿

1. 清偿方式

合伙人的自有财产不足以清偿其与合伙企业无关的债务（即个人债务）的，该合伙人可以以其从合伙企业中分取的收益用于清偿；债权人也可以依法请求法院强制执行该合伙人在合伙企业中的财产份额用于清偿。

法院强制执行合伙人的财产份额时，应当通知全体合伙人，其他合伙人有优先购买权；其他合伙人未购买，又不同意将该财产份额转让给他人的，为该合伙人办理退伙结算，或者办理削减该合伙人相应财产份额的结算。

2. 禁止抵销与禁止代位

合伙人发生与合伙企业无关的债务，相关债权人不得以其债权抵销其对合伙企业的债务；也不得代位行使合伙人在合伙企业中的权利。

债务人　　　　A合伙企业（债权人）

乙

债权人　　　　甲合伙人（债务人）

禁止抵销

根据上图可知，乙和 A 合伙企业的债权债务同乙和甲合伙人的债权债务是不能抵销的，否则就等于用 A 合伙企业的财产清偿了甲的个人债务，这对其他合伙人是不公平的。

同样，禁止合伙人个人的债权人代位行使该合伙人在合伙企业中的权利，这是因为所谓代位就是"顶替"做新合伙人。基于合伙企业的人合性，新人入伙是要经过全票决的，自然不能仅通过双方合意就实现。

3. 双重优先原则的适用

由于无限连带责任的存在，在合伙的债务清偿中，若同时存在对合伙企业和合伙人的两个债权，或者说，同时存在合伙企业债务和合伙人个人债务，当合伙人与合伙企业都处于资不抵债的境地时，如何确定清偿这两种债务的先后顺序是立法和司法实际中须面对和解决的问题。对此两种债权行使冲突的解决方法叫做双重优先原则，是指合伙财产优先用于清偿合伙债务，个人财产优先用于清偿个人债务，即合伙人个人的债权人优先于合伙企业的债权人从合伙人的个人财产中得到清偿，合伙企业的债权人优先于合伙人个人的债权人从合伙财产中得到清偿。这种原则公平合理地维护了合伙债权人和合伙人个人债权人双方的利益，使二者都有均等的机会从合伙财产和合伙人个人财产中得到清偿。如下图所示，A 的财产优先满足 B，甲的财产优先满足乙。

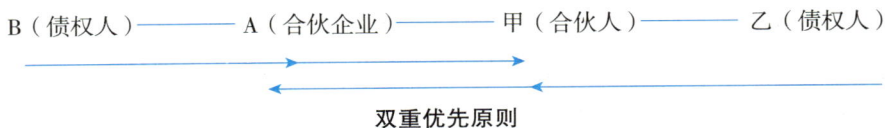

B（债权人）————A（合伙企业）————甲（合伙人）————乙（债权人）

双重优先原则

五、入伙、退伙

（一）入伙

1. 入伙的条件与程序

（1）全体合伙人的同意。

（2）新入伙人与原合伙人订立书面入伙协议。

（3）订立入伙协议时，原合伙人应向新入伙人告知合伙企业的经营状况和财务状况。这是原合伙人的告知义务，也是新合伙人的知情权。

2. 入伙的法律后果

新入伙人取得合伙人的资格，即意味着：

（1）除入伙协议另有约定外，新入伙人与合伙人享有同等权利，承担同等责任。合伙协议可以约定新合伙人对旧债不承担清偿责任，但这种约定对外无效，不能对债权人主张；对内有效，可以对外清偿后再向其他合伙人追偿。

（2）新入伙人对入伙前合伙企业的债务承担无限连带责任。之所以要求新合伙人也对旧债承担责任，原因在于新人入伙时已经被告知企业的负债情况，所以是公平的。当然，如果原合伙人隐瞒负债情况未告知，则新合伙人仍然要对旧债负责，优先保护债权人利益，只不过新合伙人清偿后可以再向原合伙人追偿以实现公平。

（二）退伙

1. 退伙的形式

（1）声明退伙

声明退伙又称自愿退伙，可分为协议退伙和通知退伙。

协议退伙，是指合伙协议约定合伙期限的，在合伙企业存续期间，有下列情形之一的，合伙人可以退伙：①合伙协议约定的退伙事由出现；②经全体合伙人一致同意；③发生合伙人难以继续参加合伙的事由；④其他合伙人严重违反合伙协议约定的义务。

通知退伙，是指合伙协议未约定合伙期限的，在不给合伙事务执行造成不利影响的前提下，合伙人可以不经其他合伙人同意而退伙，但应当提前 30 日通知其他合伙人。

（2）法定退伙

法定退伙是指直接根据法律的规定而退伙，可以分为当然退伙和除名退伙。

当然退伙（即客观原因导致的无过错退伙）。合伙人有下列情形之一的，当然退伙：①作为合伙人的自然人死亡或者被依法宣告死亡；②个人丧失偿债能力；③作为合伙人的法人或者其他组织依法被吊销营业执照、责令关闭、撤销或者被宣告破产；④法律规定或者合伙协议约定合伙人必须具有相关资格而丧失该资格的；⑤合伙人在合伙企业中的全部财产份额被法院强制执行。

合伙人被依法认定为无民事行为能力人或者限制民事行为能力人的，经其他合伙人一致同意，可以依法转为有限合伙人，普通合伙企业依法转为有限合伙企业。其他合伙人未能一致同意的，该无民事行为能力或者限制民事行为能力的合伙人退伙。

退伙事由实际发生之日为退伙生效日。

除名退伙（即主观原因导致的过错退伙）。合伙人有下列情形之一的，经其他合伙人一致同意，可以决议将其除名：①未履行出资义务；②因故意或重大过失给合伙企业造成损失；③执行合伙事务时有不正当行为；④发生合伙协议约定的事由。

决议后应以书面形式通知被除名人。自被除名人接到除名通知之日起，除名生效，被除名人退伙。被除名人对除名决议有异议的，可以自接到除名通知之日起 30 日内，向法院起诉。

2. 退伙的效力

（1）合伙人退伙，其他合伙人应当与该退伙人按照退伙时的合伙企业财产状况进行结算，退还退伙人的财产份额。退伙人对给合伙企业造成的损失负有赔偿责任的，相应扣减其应当赔偿的数额。退伙时有未了结的合伙企业事务的，待该事务了结后进行结算。

（2）退伙人对基于其退伙前的原因发生的合伙企业债务，承担无限连带责任。之所以要求退伙人对旧债仍然要负责，是因为企业的人合性导致债权人对原有的合伙人队伍极为信赖。

　　［例］假设某合伙企业的合伙人是巴菲特、段波和段庆喜，三人共同出资 100 万

元人民币。该合伙企业曾负债高达 10 亿美元，因为债权人都相信凭借巴老的实力是有能力清偿这笔债务的，自然高枕无忧。设想如果巴老突然退伙，只让两位段老师来清偿这笔债务，那么即使二人倾家荡产也是杯水车薪，债权人就倒大霉了。

（3）合伙人退伙时，合伙企业财产少于合伙企业债务的，退伙人应当依照合伙协议的约定分担亏损。

3. 合伙人资格的继承

合伙人死亡或者被依法宣告死亡的，对该合伙人在合伙企业中的财产份额享有合法继承权的继承人，按照合伙协议的约定或者经全体合伙人一致同意，从继承开始之日起，取得该合伙企业的合伙人资格。

有下列情形之一的，合伙企业应当向合伙人的继承人退还被继承合伙人的财产份额：

（1）继承人不愿意成为合伙人。

（2）法律规定或者合伙协议约定合伙人必须具有相关资格，而该继承人未取得该资格。

（3）合伙协议约定不能成为合伙人的其他情形。

合伙人的继承人为无民事行为能力人或者限制民事行为能力人的，经全体合伙人一致同意，可以依法成为有限合伙人，普通合伙企业依法转为有限合伙企业。全体合伙人未能一致同意的，合伙企业应当将被继承合伙人的财产份额退还该继承人。

根据上述规定可以看出，基于合伙企业的人合性，在继承问题上法律采取了财产权利和身份权利分别处理的方法。财产权利当然可以继承，身份权利（子承父业接班当新合伙人）则必须尊重合伙人们的意愿。

六、特殊的普通合伙企业

（一）存在范围

为了减轻专业服务机构中普通合伙人的风险并促进专业服务机构的发展，根据《合伙企业法》第 55 条第 1 款的规定，以专业知识和专门技能为客户提供有偿服务的专业服务机构（如合伙制的会计师事务所和资产评估师事务所等），可以设立为特殊的普通合伙企业。特殊的普通合伙企业也叫"有限责任合伙"。

（二）特殊之处

特殊的普通合伙企业的特殊之处在于其合伙人承担责任的方式特殊。就本质而言，特殊的普通合伙企业不是一种独立的合伙企业形式，它仍属于普通合伙企业。因此，合伙人对合伙企业债务承担无限连带责任是根本。在此前提下，出于公平的考虑，在特定的合伙企业债务上对无过错合伙人给予有限责任保护。《合伙企业法》对此采取了分类、分层的方式确定合伙人的责任。

1. 分类

所谓"分类"，以是否对企业的债务有主观故意或重大过失，或者企业债务是否发生于合伙人执业之中，将对合伙企业债务承担的责任区别为三类：

第一类是指一个合伙人或者数个合伙人在执业活动中因故意或者重大过失造成合伙企

业债务的，应当承担无限责任或者无限连带责任，其他合伙人以其在合伙企业中的财产份额为限承担责任。

第二类是指合伙人在执业活动中非因故意或者重大过失造成的合伙企业债务，由全体合伙人承担无限连带责任。

第三类是指合伙企业的其他债务，即合伙企业债务并非发生在执业中，也应由全体合伙人承担无限连带责任。

2. 分层

所谓"分层"，即合伙人执业活动中因故意或者重大过失造成的合伙企业债务，以合伙企业财产对外承担责任，之后，该合伙人应当按照合伙协议的约定对给合伙企业造成的损失承担赔偿责任。

以上表明：

（1）在特殊的普通合伙企业中，并不是合伙人总受有限责任保护，而仅仅是一个或数个合伙人在执业活动中有主观故意或重大过失导致合伙企业债务时其他合伙人才受有限责任保护。

（2）非因一个或数个合伙人在执业活动中的故意或者重大过失所致合伙企业债务或合伙企业其他债务，全体合伙人都应承担无限连带责任。

（3）即使受有限责任保护，其责任承担范围不是"以认缴的出资额为限"，而是"以其在合伙企业中的财产份额为限"。

这种合伙企业的设计主要是为了解决大企业设立异地分支机构所产生的风险问题。

[例] 假设一个普通合伙企业把总部设在北京，现在为了发展业务打算在乌鲁木齐设立一个分所。根据法律规定，如果分所负债，则北京总部的全体合伙人都要对此承担无限连带责任。由于路途遥远、交通不便，总部是很难有效地对各地分所进行监控的，当面临这种受无辜牵连的可能时，不设立分所就是明智之举了。为了打消这种顾虑，立法者就允许设立特殊的普通合伙企业。在上例中，一旦乌鲁木齐分所背着北京总部干出违法乱纪的事情导致负债，那么是不会牵连无辜的北京总部合伙人承担无限连带责任的。这样风险就降低了，企业也就有了对外扩张、做大做强的动力。

第三节　有限合伙企业

一、概念

有限合伙企业由普通合伙人和有限合伙人组成，普通合伙人对合伙企业债务承担无限连带责任，有限合伙人以其认缴的出资额为限对合伙企业债务承担责任。

有限合伙企业允许投资者以承担有限责任的方式参加合伙成为有限合伙人，有利于刺激投资者的积极性。并且，可以使资本与智力实现有效的结合，即拥有财力的人作为有限合伙人，拥有专业知识和技能的人作为普通合伙人，从而建立以有限合伙为组织形式的风险投资机构，从事高科技项目的投资。

从历史上看，有限合伙最早产生于美国的硅谷地区。当地的很多大学生在毕业后凭借一身本领纷纷筹划自主创业，但苦于资金短缺。巧合的是，美国有许多富翁，他们手握重金不停地在寻找合适的投资机会。于是两者一拍即合，大学生就找到富翁取长补短进行合作创业并设立了有限合伙的组织形式。在有限合伙里，大学生充当普通合伙人，他们投资有限，主要给企业带来技术和新思维。他们全力以赴负责经营管理并承担无限连带责任。相反，富翁充当有限合伙人，他们投资巨大，但既没有兴趣也没有精力参与经营管理，他们只关注自己的资本回报，躲在幕后谨慎地承担有限责任。

二、设立

有限合伙企业的设立条件包括如下几个方面：

1. 合伙人。有限合伙企业由 2 个以上 50 个以下合伙人设立。有限合伙企业至少应当有 1 个普通合伙人。

2. 合法的名称。有限合伙企业名称中应当标明"有限合伙"字样。

3. 有书面合伙协议。

4. 合伙人的出资。有限合伙人可以用货币、实物、知识产权、土地使用权或者其他财产权利作价出资。有限合伙人不得以劳务出资。有限合伙人由于只承担有限责任，不能对其"抄家"，所以出资方式和股东相似，必须是真金白银，远不如可以被抄家的普通合伙人来的宽松。

有限合伙人应当按照合伙协议的约定按期足额缴纳出资；未按期足额缴纳的，应当承担补缴义务，并对其他合伙人承担违约责任。

三、事务执行

（一）执行方式

1. 有限合伙企业由普通合伙人执行合伙事务。

2. 有限合伙人不执行合伙事务，不得"对外"代表有限合伙企业。

有限合伙人的下列"对内"管理行为，不视为执行合伙事务：

（1）参与决定普通合伙人入伙、退伙。

（2）对企业的经营管理提出建议。

（3）参与选择承办有限合伙企业审计业务的会计师事务所。

（4）获取经审计的有限合伙企业财务会计报告。

（5）对涉及自身利益的情况，查阅有限合伙企业财务会计账簿等财务资料。

（6）在有限合伙企业中的利益受到侵害时，向有责任的合伙人主张权利或者提起诉讼。

（7）执行事务合伙人怠于行使权利时，督促其行使权利或者为了本企业的利益以自己的名义提起诉讼。

（8）依法为本企业提供担保。

3. 表见合伙。第三人有理由相信有限合伙人为普通合伙人并与其交易的，该有限合伙人对该笔交易承担与普通合伙人同样的责任。有限合伙人未经授权以有限合伙企业名义与他人进行交易，给有限合伙企业或者其他合伙人造成损失的，该有限合伙人应当承担赔偿责任。

这一规定的原理同民法中的"表见代理"基本相同。此外，它明确表见的普通合伙仅适用于该种特定的情形，而非从合伙人地位上完全否认有限合伙人的身份，对其他不构成表见普通合伙的情形，有限合伙人仍旧承担有限责任。

（二）利润分配方式

有限合伙企业不得将全部利润分配给部分合伙人；但是，合伙协议另有约定的除外。这是由于在实践中，创业的大学生们为了吸引富翁投资，往往愿意在合伙协议中约定在创业的最初几年将全部利润都分配给富翁们（一般为有限合伙人），这样可以更容易地获得信任。但显然，合伙协议不能约定只由部分合伙人承担亏损，因为这涉及债权人的利益，要防止通过这种约定来免责。

（三）有限合伙人的"特权"

所谓有限合伙人的特权，就是和普通合伙人相比的不同之处，这些特权可以用有限责任公司的股东来进行类比记忆。

1. 没有忠实义务

这是由于有限合伙人和公司股东相似，不参与经营管理，也就没有机会、没有可能以权谋私。

（1）没有自我交易禁止义务。有限合伙人可以同本有限合伙企业进行交易；但是，合伙协议另有约定的除外。

（2）没有竞业禁止义务。有限合伙人可以自营或者同他人合作经营与本有限合伙企业相竞争的业务；但是，合伙协议另有约定的除外。

2. 自由处分财产份额

这是由于财产份额的处分尽管会导致合伙人的变更，但由于合伙人承担的是有限责任，只要出资还留在企业里没有变化，合伙人的变更对债权人利益是没有影响的。普通合伙人则不同，由于他们承担无限连带责任，一旦合伙人变更就会严重影响企业的偿债能力，所以不能自由处分财产份额。

（1）有限合伙人可以将其在有限合伙企业中的财产份额出质；但是，合伙协议另有约定的除外。

（2）有限合伙人可以按照合伙协议的约定向合伙人以外的人转让其在有限合伙企业中的财产份额，但应当提前30日通知其他合伙人。

3. 不退伙

作为有限合伙人的自然人在合伙企业存续期间丧失民事行为能力的，其他合伙人不得因此要求其退伙。

4. 有限责任

新入伙的有限合伙人对入伙前有限合伙企业的债务，以其认缴的出资额为限承担责任。

四、形式变更

（一）合伙企业形式的转换

有限合伙企业仅剩有限合伙人的，应当解散；有限合伙企业仅剩普通合伙人的，转为普通合伙企业。

（二）合伙人身份的转换

除合伙协议另有约定外，普通合伙人转变为有限合伙人，或者有限合伙人转变为普通合伙人，应当经全体合伙人一致同意。

1. 有限变普通

有限合伙人转变为普通合伙人的，对其作为有限合伙人期间有限合伙企业发生的债务承担无限连带责任。

2. 普通变有限

普通合伙人转变为有限合伙人的，对其作为普通合伙人期间有限合伙企业发生的债务承担无限连带责任。

第四节 合伙企业的解散、清算与破产

一、解散

合伙的解散是指合伙因某些法律事实的发生而使合伙归于消灭的行为。合伙企业有下列情形之一的，应当解散：

1. 合伙期限届满，合伙人决定不再经营。
2. 合伙协议约定的解散事由出现。
3. 全体合伙人决定解散。
4. 合伙人已不具备法定人数满 30 天。
5. 合伙协议约定的合伙目的已经实现或者无法实现。
6. 依法被吊销营业执照、责令关闭或者被撤销。

二、清算

合伙解散的结果是合伙的终止，但合伙宣布解散到终止有一个过程，中间过程就是要对合伙的债权、债务进行清算，解决合伙与债权人、债务人的关系及合伙人内部的关系。

1. 清算人的产生

合伙企业解散，应当由清算人进行清算。

清算人由全体合伙人担任；经全体合伙人过半数同意，可以自合伙企业解散事由出现后 15 日内指定一个或者数个合伙人，或者委托第三人担任清算人；自合伙企业解散事由出现之日起 15 日内未确定清算人的，合伙人或者其他利害关系人可以申请法院指定清算人。

2. 清算的后果

清算结束，清算人应当申请办理合伙企业注销登记。合伙企业注销后，原普通合伙人对合伙企业存续期间的债务仍应承担无限连带责任。

三、破产

合伙企业不能清偿到期债务的，债权人可以依法向法院提出破产清算申请，也可以要求普通合伙人清偿。依此规定，当合伙企业不能清偿到期债务时，债权人可以选择以下两种途径中的任何一种以保护自己的债权：①根据《企业破产法》的规定，向人民法院提出破产清算的申请，通过破产清算程序实现自己的债权；②直接要求普通合伙人按照无限连带责任的规定偿还债务。如果选择破产清算程序，合伙企业在依法被宣告破产后，普通合伙人对合伙企业的债务仍然需要承担无限连带责任。

根据《企业破产法》，只有法人企业才适用破产制度，此处规定显然是一例外。合伙企业的债权人选择破产清算程序来实现债权有其优势，即可根据《企业破产法》规定的"破产程序前行为的撤销"来获得更多的可进行清偿的财产。

本章复习重点提示

1. 重要知识点

普通合伙的设立条件；财产性质；合伙事务的执行；合伙与第三人的关系；入伙与退伙的条件和法律效力；特殊普通合伙和有限合伙的特殊法律规则。

2. 实例解析

[例1] 国有独资公司甲、自然人乙和一人公司丙可以共同设立何种合伙企业？[1]

[例2] 李刚为某普通合伙企业合伙人，如其突然死亡，其子李飙可否顶替其父的合伙人资格？[2]

[例3] 钟某为某有限合伙企业的有限合伙人，他未经其他合伙人同意将其财产份额进行了出质，同时还购买了合伙企业的一栋房屋。这些行为合法吗？[3]

---

〔1〕 由于国有独资公司不能成为普通合伙人，所以题中三人只可以共同设立有限合伙企业。

〔2〕 由于合伙企业具有人合性，当自然人死亡时其继承只有在合伙协议有约定或全体合伙人都同意的情况下才能接班成为新合伙人，否则只能向继承人退还财产份额。

〔3〕 有限合伙人由于不参与企业的经营管理，所以和普通合伙人不同，他可以自由地将财产份额进行出质，也可以同本合伙企业进行交易。钟某的行为都合法。

第3章

个人独资企业法

▶本章导读

　　个人独资企业同公司企业、合伙企业并列，也是企业的一种类型。个人独资企业没有法人资格，企业的债务要由投资人承担无限的清偿责任。在现代社会，自然人的法律主体资格或地位是与生俱来的，除了个别禁止性规定的例外，其经商的权利能力也是普遍的。所以，在发达国家和地区，凡自然人独资经营企业，均只需依商事登记法，经登记领取营业执照即可。《个人独资企业法》因而成为中国特色。《个人独资企业法》中企业的设立和清算是常考重点，个人独资企业和其他类似企业形态的区别具有一定难度。

第一节 个人独资企业概述

一、概念与特征

　　个人独资企业，是指依照《个人独资企业法》在中国境内设立，由一个自然人投资，财产为投资人个人所有，投资人以其个人财产对企业债务承担无限责任的经营实体。

　　个人独资企业具有以下特征：

　　1. 投资主体

　　个人独资企业仅由一个自然人投资设立。此自然人必须为中国的自然人，外国自然人只能依据《外资企业法》设立独资企业。

　　2. 企业财产

　　个人独资企业的全部财产为投资人个人所有，投资人是企业财产（包括企业成立时投入的初始出资财产与企业存续期间积累的财产）的唯一所有者。

　　3. 责任承担

　　个人独资企业的投资人以其个人财产对企业债务承担无限责任。

二、和一人公司的区别

　　一人公司是指只有一个股东的有限责任形式的公司，即公司的投资人为 1 人，由投资人独资经营，但投资人对公司债务仅负有限责任。我国现行《公司法》规定了一人有限责任公司，自然人和法人都可以出资设立一人有限责任公司。除自然人和法人出资设立的一人公司外，我国《公司法》上的国有独资公司也属于一人有限责任公司，只是其股东地位特殊而已。个人独资企业和一人公司都是一个主体出资建立的企业，但两者性质是完全不同的，体现在：

1. 出资人不同

个人独资企业只能由自然人出资设立；一人公司既可以由自然人出资设立，也可以由法人出资设立，还可以由国家出资设立。

2. 主体资格不同

个人独资企业属于非法人组织，不具有法人资格；一人公司作为公司的一种，是企业法人，在公司成立时取得法人资格。

3. 责任承担不同

个人独资企业的投资人对企业的债务承担无限责任；一人公司的投资人（股东）仅以出资额为限对公司负责，即负有限责任。

第二节　个人独资企业的设立与管理

一、设立条件

1. 投资人为一个自然人。法律、行政法规禁止从事营利性活动的人，不得作为投资人申请设立个人独资企业。包括各种国家公职人员：①法官，即取得法官任职资格、依法行使国家审判权的审判人员；②检察官，即取得检察官任职资格、依法行使国家检察权的检察人员；③人民警察；④其他国家公务员。投资人应具有完全民事行为能力。

2. 有合法的企业名称。独资企业的名称中不得使用"有限""有限责任"字样。根据国家工商总局发布的《个人独资企业登记管理办法》，也不能叫"公司"，可以使用"店、铺、中心、工作室"之类的称谓。

3. 有投资人申报的出资。个人独资企业没有验资程序，条件宽松到了极点，媒体上曾宣扬的"一元办企业"就是针对它说的。投资人申报出资具有可选择性，如果个人独资企业投资人在申请企业设立登记时明确以其家庭共有财产作为个人出资的，应当依法以家庭共有财产对企业债务承担无限责任；如果个人独资企业投资人在申请企业设立登记时明确以个人财产作为出资的，则应当依法以个人财产对企业债务承担无限责任。

4. 有固定的生产经营场所和必要的生产经营条件。

5. 有必要的从业人员。

二、事务管理

（一）个人独资企业事务管理的方式

1. 投资人有权自主选择企业事务的管理形式。根据企业的规模和实际需要，个人独资企业事务管理主要有三种模式：

（1）自行管理

由个人独资企业投资人本人对本企业的经营事务直接进行管理。

（2）委托管理

由个人独资企业的投资人委托其他具有民事行为能力的人负责企业的事务管理。

（3）聘任管理

个人独资企业的投资人聘用其他具有民事行为能力的人负责企业的事务管理。

2. 委托或聘用管理应签订书面合同，明确委托的具体内容和授予的权利范围。投资人对受托人或者被聘用的人员职权的限制，不得对抗善意第三人。也就是说，受托人或者被聘用的人员进行的越权行为对善意第三人也是有效的。

（二）受托人或者被聘用的管理人的义务

受托人或者被聘用人类似于公司的董事、高管，应当履行诚信、勤勉义务，按照与投资人签订的合同负责个人独资企业的事务管理。

投资人委托或者聘用的管理个人独资企业事务的人员不得有下列行为：

1. 利用职务上的便利，索取或者收受贿赂。

2. 利用职务或者工作上的便利侵占企业财产。

3. 挪用企业的资金归个人使用或者借贷给他人。

4. 擅自将企业资金以个人名义或者以他人名义开立账户储存。

5. 擅自以企业财产提供担保。

6. 未经投资人同意，从事与本企业相竞争的业务。

7. 未经投资人同意，同本企业订立合同或者进行交易。

8. 未经投资人同意，擅自将企业商标或者其他知识产权转让给他人使用。

9. 泄露本企业的商业秘密。

10. 法律、行政法规禁止的其他行为。

投资人委托或者聘用的人员违反上述规定，侵犯个人独资企业财产权益的，责令其退还侵占的财产；给企业造成损失的，依法承担赔偿责任；有违法所得的，没收违法所得；构成犯罪的，依法追究刑事责任。

第三节 个人独资企业的解散与清算

一、解散

个人独资企业的解散是指独资企业因出现某些法律事由而导致其民事主体资格消灭的行为。解散仅仅是个人独资企业消灭的原因，企业并非因解散的事实发生而立即消灭。个人独资企业有下列情形之一时，应当解散：

1. 投资人决定解散。

2. 投资人死亡或者被宣告死亡，无继承人或者继承人放弃继承。

3. 被依法吊销营业执照。

4. 法律、行政法规规定的其他解散情形。

二、个人独资企业的清算

独资企业的清算是处理解散企业未了结的法律关系的程序。清算结束，进行注销登记，独资企业才最终消灭。

1. 清算人的产生

清算人是指清算企业中执行清算事务及对外代表者。个人独资企业解散，由投资人自行清算或者由债权人申请人民法院指定清算人进行清算，只有这两种模式可供选择。

2. 责任消灭制度

个人独资企业解散后，原投资人对个人独资企业存续期间的债务仍应承担偿还责任，但债权人自独资企业解散后 5 年内未向债务人提出偿债请求的，该责任消灭。此处的 5 年是除斥期间，只要企业解散时债务没有超过诉讼时效，就适用 5 年。5 年内债权人上门讨债就必须清偿，满 5 年无人过问则债务消灭。

本章复习重点提示

1. 重要知识点

个人独资企业的设立条件；聘请人员的忠实义务；个人独资企业与其他企业形态的区别；个人独资企业的事务管理、解散和清算的法律规则。

2. 实例解析

[例1] 李四和东方红公司都能各自成立个人独资企业吗?[1]

[例2] 某个人独资企业解散后，投资者是否还要永远对企业的债务承担清偿责任?[2]

---

〔1〕　由于个人独资企业的投资者只能是一个自然人，所以李四能成立而东方红公司不可以。当然，一个自然人或一个法人都是可以成立一人有限责任公司的。

〔2〕　不是。个人独资企业解散后，原投资人对个人独资企业存续期间的债务仍应承担偿还责任，但债权人自独资企业解散后 5 年内未向债务人提出偿债请求的，该责任消灭。合伙企业则不同，合伙企业注销后，原普通合伙人对合伙企业存续期间的债务仍应承担无限连带责任，这里的责任就应当适用诉讼时效了。

外商投资企业法

本章导读

外商投资企业，是指依照中华人民共和国法律的规定，在中国境内设立的，由中国投资者和外国投资者共同投资或者仅由外国投资者投资的企业。其所称的中国投资者包括中国的公司、企业或者其他经济组织，外国投资者包括外国的公司、企业和其他经济组织或者个人。显然，外方投资者包括个人而中方投资者不包括个人是一大区别。

外商投资企业俗称"三资企业"，依照外商在企业注册资本和资产中所占股份和份额的比例不同以及其他法律特征的不同，可分为三种类型：中外合资企业、中外合作企业以及外资企业。外商投资企业如果采用了公司的组织形式，外商投资企业法就被视为《公司法》的特别法，本法规定优先适用，没有规定的适用《公司法》的一般规定。其实，外商投资企业的组织形式或为公司，或为合伙，或为独资企业，完全可以被现有的《公司法》、《合伙企业法》和《个人独资企业法》吸收。所以目前本法的考试地位不高。

第一节 中外合资经营企业法

一、中外合资经营企业的概念和特征

（一）概念

中外合资经营企业，是指中国合营者与外国合营者依照中华人民共和国法律的规定，在中国境内共同投资、共同经营，并按投资比例分享利润、分担风险及亏损的企业。

（二）特征

1. 在中外合资经营企业的股东中，外方合营者包括外国的公司、企业、其他经济组织或者个人，中方合营者则为中国的公司、企业或者其他经济组织，不包括中国公民个人。

2. 中外合资经营企业的组织形式为有限责任公司，具有法人资格。

3. 在中外合资经营企业的注册资本中，外方合营者的出资比例一般不得低于25%。

4. 中外各方依照出资比例分享利润、分担亏损、回收投资，即为"股权式合营"。

5. 合资企业不设股东会，其最高权力机构为董事会，董事会成员由合营各方按投资比例协商分配，并载明于合营企业合同和章程。

二、中外合资经营企业的设立

（一）申请

申请设立合资企业，应向审批机关报送下列正式文件：

1. 设立合资企业的申请书。

2. 合资各方共同编制的可行性研究报告。

3. 由合资各方授权代表签署的合资企业协议、合同和章程。

4. 由合资各方委派的合资企业的董事长、副董事长、董事人选名单。

5. 审批机构规定的其他文件。

合资企业协议，是指合资各方对设立合资企业的某些要点和原则达成一致意见而订立的文件。合资企业合同，是指合资各方为设立合资企业就相互权利、义务关系达成一致意见而订立的文件。合资企业章程，是按照合资企业合同规定的原则，经合资各方一致同意，规定合资企业的宗旨、组织原则和经营管理方法等事项的文件。合资企业协议与合资企业合同有抵触时，以合资企业合同为准。经合资各方同意，也可以不订立合资企业协议而只订立合资企业合同、章程。在上述各文件中，合资企业合同是最主要的法律文件。有关合资企业合同的订立、效力、解释、执行及其争议的解决，均应适用中国的法律。

（二）审批

1. 审批机关

在中国境内设立合营企业，必须经国务院对外经济贸易主管部门即商务部审查批准，发给批准证书。但具备以下两个条件的，国务院授权省、自治区、直辖市人民政府或国务院有关部门审批：

（1）投资总额在国务院规定的投资审批权限以内，中国合营者的资金来源已落实的。

（2）不需要国家增拨原材料，不影响燃料、动力、交通运输、外贸出口配额等的全国平衡的。

后一类审批机关批准设立的合营企业，应报国务院对外经济贸易主管部门即商务部备案。

2. 审批期限

审批机关自接到报送的全部文件之日起90天内决定批准或不批准。

（三）登记

合资企业办理开业登记，应当在收到审批机关发给的批准证书后30天内，持批准证书、合同、章程、场地使用文件等，依据《企业法人登记管理条例》第3条的规定，向登记主管机关即工商行政管理机关办理登记手续。

三、中外合资经营企业的组织形式与注册资本

（一）组织形式

合资企业的组织形式为有限责任公司。合资各方对合营企业的责任以各自认缴的出资额为限。合资各方缴付出资额后，应由中国的注册会计师验证，出具验资报告。然后，由合资企业根据验资报告发给合资各方证明其出资数额的出资证明书。

（二）注册资本与投资总额

1. 注册资本

（1）合资企业的注册资本是指为设立合资企业在登记管理机构登记的资本总额。它是合资各方认缴的出资额之和。

（2）合资企业的注册资本在该企业合资期内不得减少。因投资总额和生产经营规模发生变化而确需减少的，须经审批机关批准。注册资本的增加或减少应由合资企业董事会会议通过，并报原审批机关批准，向原登记管理机构办理变更登记手续。

（3）在合资企业的注册资本中，外国合资者的投资比例一般不低于25%。

（4）合资各方的投资比例在一定条件下也是可以变化的。经合资他方同意和审批机关批准，合资一方可以向第三者转让其全部或部分出资额；合资一方转让其全部或部分出资额时，合资他方有优先购买权。合资一方向第三者转让股权的条件，不得比向合资他方转让的条件优惠。违反上述规定的，其转让无效。

2. 投资总额

合资企业的投资总额是按照合资企业合同、章程规定的生产规模需要投入的基本建设资金和生产流动资金的总和。如果合资各方的出资额之和达不到投资总额，可以以合资企业的名义进行借款，在这种情况下，投资总额包括注册资本和企业借款。

四、中外合资经营企业合资各方的出资方式与出资期限

（一）出资方式

1. 货币。即以现金出资。
2. 实物。即以建筑物、厂房、机器设备或其他物料作价出资。
3. 工业产权、专有技术。
4. 场地使用权。

以实物、工业产权、专有技术、场地使用权作为出资的，其作价由合资各方按照公平合理的原则协商确定，或者聘请合资各方同意的第三者评定。

（二）出资期限

合资各方应当在合资合同中订明出资期限，并且应当按照合资合同规定的期限缴清各自的出资。

1. 合资合同中规定一次缴清出资的，合资各方应当自营业执照签发之日起6个月内缴清。

2. 合资合同中规定分期缴付出资的，合资各方的第一期出资不得低于各自认缴出资

额的 15%，并且应当在营业执照签发之日起 3 个月内缴清。

3. 合资各方未能在合资合同规定的上述期限内缴付出资的，视同合资企业自动解散，合资企业批准证书自动失效。

4. 合资各方缴付第一期出资后，超过合资合同规定的其他任何一期出资期限 3 个月，仍未出资或者出资不足时，工商行政管理机关应当会同原审批机关发出通知，要求合资各方在 1 个月内缴清出资。未按上述通知期限缴清出资的，原审批机关有权撤销对该合资企业的批准证书。

合资一方未按照合资合同的规定如期缴付或者缴清其出资的，即构成违约，应当按照合同规定支付迟延利息或者赔偿损失。

五、中外合资经营企业的组织机构

（一）权力机构

合资企业的董事会是合资企业的最高权力机构。董事会的人数，由合资各方协商，在合资企业合同、章程中确定，但不得少于 3 人。

董事名额的分配，由合资各方参照出资比例协商确定。然后，由合资各方按照分配的名额分别委派董事。董事的任期为 4 年，经合资者继续委派可以连任。

董事长和副董事长由合资各方协商确定或由董事会选举产生。中外合资者的一方担任董事长的，由他方担任副董事长。董事长是合资企业的法人代表。董事长不能履行职责时，应授权副董事长或其他董事代表合资企业。

董事会会议每年至少召开一次。经 1/3 以上的董事提议，可召开董事会临时会议。董事会会议应有 2/3 以上董事出席方能举行。

下列事项由出席董事会会议的董事一致通过方可作出决议：

（1）合资企业章程的修改。

（2）合资企业的中止、解散。

（3）合资企业注册资本的增加、减少。

（4）合资企业的合并、分立。

其他事项，可以根据合资企业章程载明的议事规则作出决议。

（二）经营管理机构

合资企业的经营管理机构负责企业的日常经营管理工作。

经营管理机构设总经理 1 人，副总经理若干人，其他高级管理人员若干人。总经理、副总经理可以由中国公民担任，也可以由外国公民担任。总经理或者副总经理不得兼任其他经济组织的总经理或者副总经理，不得参与其他经济组织对本企业的商业竞争。

六、中外合资经营企业的合资期限与解散

（一）合资期限

有的行业的合资企业，应当约定合资期限；有的行业的合资企业，可以约定合资期限，也可以不约定合资期限。约定合资期限的合资企业，合资各方同意延长合资期限的，

应在距合资期满 6 个月前向审批机关提出申请。审批机关应自接到申请之日起 1 个月内决定批准或不批准。

（二）解散

已经开业的合资企业，具有下列情况之一时解散：

1. 合资期限届满。

2. 企业发生严重亏损，无力继续经营。

3. 合资一方不履行合资企业协议、合同、章程规定的义务，致使企业无法继续经营。

4. 合资企业因自然灾害、战争等不可抗力遭受严重损失，无法继续经营。

5. 合资企业未达到其经营目的，同时又无发展前途。

6. 合资企业合同、章程所规定的其他解散原因已经出现。

在发生上述第 2~6 种情况时，应由董事会提出解散申请书，报审批机关批准。

在上述第 3 种情况下，不履行合资企业协议、合同、章程规定的义务一方，应对合资企业由此造成的损失负赔偿责任。

第二节 中外合作经营企业法

一、中外合作经营企业的概念与特征

中外合作经营企业，是指中国合作者与外国合作者依照中华人民共和国法律的规定，在中国境内共同举办的，按合作企业合同的约定分配收益或者产品、分担风险和亏损的企业。其特点是：

1. 中外合作经营企业中，各方按照合同约定（与出资无关）享有权利承担义务，即为"契约式合营"。

2. 中外合作经营企业的组织形式具有多样化的特点，是否具有法人资格均可。

3. 中外合作经营企业的组织机构与管理方式具有灵活多样的特征，既可以是董事会制，也可以是联合管理委员会制，还可以委托第三方管理。

4. 中外合作经营企业一般采取让外方先行回收投资的做法，外方承担的风险相对较小，但合作期满，企业的资产均归中方所有。这种做法有利于中方获得外国的先进技术和设备，做到了互惠互利。

二、中外合作经营企业的设立

申请设立中外合作企业，应当将中外合作者签订的协议、合同、章程等文件报国家对外经济贸易主管部门或者国务院授权的部门和地方人民政府批准。审批机关应当自接到申请之日起 45 日内决定批准或者不批准。设立中外合作企业的申请经批准后，应当自接到批准之日起 30 日内向工商行政管理机关申请登记，领取营业执照。营业执照签发日期为企业的成立日期。合作企业自成立之日起 30 日内向税务机关办理税务登记。

三、中外合作经营企业的组织形式与注册资本

（一）组织形式

可以申请设立具有法人资格的合作企业，也可以申请设立不具有法人资格的合作企业。具有法人资格的合作企业，其组织形式为有限责任公司。不具有法人资格的合作企业，合作各方之间是一种合伙关系。

（二）注册资本

合作企业的注册资本，是指为设立合作企业，在工商行政机关登记的合作各方认缴的出资额之和。注册资本可以用人民币表示，也可以用合作各方约定的一种可自由兑换的外币表示。注册资本与投资总额不同。投资总额包括注册资本和借贷资本。

合作企业注册资本在合作期限内不得减少。因投资总额和生产规模等变化，确需减少的，须经审查批准机关批准。

四、中外合作经营企业的投资与合作条件

（一）出资方式

合作各方应依法和依合作企业合同的约定向合作企业投资或提供合作条件。合作各方投资或提供合作条件的方式可以是货币，也可以是实物或者工业产权、专有技术、土地使用权等财产权利。合作各方以自有的财产或财产权利作为投资或合作条件，对该投资或合作条件不得设立抵押或其他形式的担保。合作各方缴纳投资或提供合作条件后，应当由中国注册会计师验证，合作企业据此发给合作各方出资证明书。

（二）出资比例

依法取得法人资格的中外合作企业，外方合作者的投资一般不低于合作企业注册资本的25%。不具备法人资格的中外合作企业，对合作各方向合作企业投资或者提供合作条件的具体要求，由商务部确定。

（三）出资期限

中外合作企业的合作各方应当根据合作企业的生产经营需要，在合作企业合同中约定合作各方向合作企业投资或提供合作条件的期限。合作各方未按期缴纳投资、提供合作条件的，工商行政管理部门应当要求其限期履行；期限届满仍未履行的，审查批准机关应当撤销批准证书，工商行政管理机关应当吊销营业执照，并予以公告。未按合作企业合同缴纳投资或提供合作条件的一方，应当向已经缴纳投资或提供合作条件的他方承担违约责任。

五、中外合作经营企业的组织机构与议事规则

（一）管理形式

1. 董事会制

具有法人资格的合作企业，一般实行董事会制。董事会是合作企业的最高权力机构，决定合作企业的重大问题。董事长、副董事长由合作各方协商产生；中外合作者的一方担

任董事长的，由他方担任副董事长。

董事会可以决定任命或者聘请总经理负责合作企业的日常经营管理工作。总经理对董事会负责。合作企业的经营管理机构可以设副总经理1人或若干人，副总经理协助总经理工作。

2. 联合管理制

不具有法人资格的合作企业，一般实行联合管理制。联合管理机构由合作各方代表组成，是合作企业的最高权力机构，决定合作企业的重大问题。中外合作者的一方担任联合管理机构主任的，由他方担任副主任。

3. 委托管理制

经合作各方一致同意，合作企业可以委托中外合作一方进行经营管理，另一方不参加管理；也可以委托合作方以外的第三方经营管理企业。

（二）合作企业的议事规则

合作企业的董事会会议或者联合管理委员会会议每年至少召开一次，由董事长或主任召集并主持。董事长或者主任因特殊原因不能履行职务时，由副董事长、副主任或者其他董事、委员召集并主持。1/3以上董事或委员可以提议召开董事会会议或联合管理委员会会议。

董事会会议或者联合管理委员会会议应当有2/3以上董事或者委员出席方能举行，不能出席董事会会议或者联合管理委员会会议的董事或委员应当书面委托他人代表其出席和表决。董事会会议或者联合管理委员会会议作出决议，须经全体董事或者委员的过半数通过。董事或者委员无正当理由不参加又不委托他人代表其参加董事会会议或者管理委员会会议的，视为出席董事会会议或者管理委员会会议并在表决中弃权。

召开董事会会议或者联合管理委员会会议，应当在会议召开的10天前通知全体董事或者委员。董事会或联合管理委员会也可以用通讯方式作出决议。

董事会或联合管理委员会作出决议一般由出席会议董事或委员的过半数同意。但合作企业章程的修改，合作企业注册资本的增加和减少，合作企业的解散，合作企业的资产抵押，合作企业的合并、分立和变更组织形式，合作各方约定由董事会会议或联合管理委员会会议一致通过方可作出决议的其他事项，应由出席董事会会议的董事或者管理委员会的委员一致通过，方可作出决议。

六、中外合作经营企业的期限和解散

（一）期限

中外合作企业的期限由中外合作者协商并在合作企业合同中规定。合作企业期限届满，合作各方同意延长合作期限的，应当在期限届满180天前向审查批准机关提出申请，说明原合作企业合同执行情况，延长合作期限的原因，报送合作各方就延长期间权利、义务等事项达成的协议。审批机关自接到申请之日起30日内作出批准或不批准的决定。

合作企业中，外方先行收回投资的，并且已经收回完毕的，不再延长合作期限。但外国合作者增加投资，合作各方协商同意延长的，可向审查批准机关申请延长合作期限。合作延长期限一经批准，合作企业应到工商行政管理部门办理变更登记手续。

（二）解散

中外合作企业解散的原因有：合作期限届满；合作企业发生严重亏损或者因不可抗力遭受严重损失，无力继续经营；中外合作者一方或数方不履行合作企业合同、章程规定的义务，致使合作企业无法继续经营；合作企业合同、章程规定的解散原因已经出现；合作企业因违反法律而被依法责令关闭。

第三节　外资企业法

一、外资企业的概念与特征

外资企业，是指依照中华人民共和国法律的规定，在中国境内设立的，全部资本由外国投资者投资的企业。其特征是：

1. 外资企业的全部资本是由外国投资者投资的，没有中方出资者。

2. 外资企业是外国投资者根据中国法律在中国境内设立的，是具有中国国籍的企业而不是外国企业。

二、外资企业的组织形式与注册资本

（一）组织形式

外资企业的组织形式为有限责任公司，经批准也可为其他责任形式，即指合伙形式和独资形式。

（二）注册资本

外资企业的注册资本，是指为设立外资企业在工商行政管理机关登记的资本总额，即外国投资者认缴的全部出资额。

外资企业在经营期内不得减少其注册资本。外资企业注册资本的增加、转让，须经审批机关批准，并向工商行政管理机关办理变更登记手续。

外资企业将其财产或者权益对外抵押、转让，须经审批机关批准，并向工商行政管理机关备案。

三、外国投资者的出资方式与出资期限

（一）出资方式

外国投资者可以用可自由兑换的外币出资，也可以用机器设备、工业产权、专有技术等作价出资。经审批机关批准，外国投资者还可以用其从中国境内兴办的其他外商投资企业获得的人民币利润出资。以工业产权、专有技术作价出资的，该工业产权、专有技术应当为外国投资者所有，其作价应当与国际上通常的作价原则相一致，作价金额不得超过外资企业注册资本的20%。

（二）出资期限

外国投资者缴付出资的期限应当在设立外资企业申请书和外资企业章程中载明。外国

投资者可以分期缴付出资，但最后一期出资应当在营业执照签发之日起 3 年内缴清。其第一期出资不得少于外国投资者认缴的出资额的 15%，并应当在外资企业营业执照签发之日起 90 日内缴清。

外国投资者未能在外资企业营业执照签发之日起 90 日内缴付第一期出资的，或者无正当理由逾期 30 日不缴付其他各期出资的，外资企业批准证书即自动失效。外资企业应当向工商行政管理机关办理注销登记手续，缴销营业执照；不办理注销登记手续和缴销营业执照的，由工商行政管理机关吊销其营业执照，并予以公告。

四、外资企业的经营管理

（一）物资购买

外资企业有权自行决定购买本企业自用的机器设备、原材料、燃料、零部件、配套件、元器件、运输工具和办公用品等。外资企业在批准的经营范围内所需的原材料、燃料等物资，按照公平、合理的原则，可以在国内市场或者国际市场购买。外资企业在中国购买物资，在同等条件下，享受与中国其他企业同等待遇。

（二）产品销售

外资企业可以在中国市场销售其产品。外资企业可以自行在中国销售本企业生产的产品，也可以委托商业机构代理销售。

五、外资企业的经营期限、终止与清算

（一）经营期限

外资企业的经营期限由外国投资者申报，由审查批准机关批准。期满需要延长的，应当在期满 180 日以前向审查批准机关提出申请。审查批准机关应当在接到申请之日起 30 日内决定批准或者不批准。

（二）终止

外资企业有下列情形之一的应予终止：

1. 经营期限届满。
2. 经营不善，严重亏损，外国投资者决定解散。
3. 因自然灾害、战争等不可抗力而遭受严重损失，无法继续经营。
4. 破产。
5. 违反中国法律、法规，危害社会公共利益被依法撤销。
6. 外资企业章程规定的其他解散事由已经出现。

外资企业如存在上述第 2~4 项所列情形，应当自行提交终止申请书，报审批机关批准。

（三）清算

外资企业如果是由于前述第 1、2、3、6 项所列的情形终止的，应当在终止之日起 15 日内对外公告并通知债权人，并在终止公告发出之日起 15 日内，提出清算程序、原则和清算委员会人选，报审批机关审核后进行清算。清算委员会应由外资企业的法定代表人、债权人代表以及有关主管机关的代表组成，并聘请中国的注册会计师、律师等参加。清算

委员会的职权包括：召集债权人会议；接管并清理企业财产，编制资产负债表和财产目录；提出财产作价和计算依据；制订清算方案；收回债权和清偿债务；追回股东应缴而未缴的款项；分配剩余财产；代表外资企业起诉和应诉。

不同之处——三资企业重要考点对比汇总

	中外合资经营企业	中外合作经营企业	外资企业
特　征	股权式合营—各方出资折合为股份比例，按照股份比例享有权利、承担义务。	契约式合营—各方出资不折合为股份比例，按照合作契约享有权利、承担义务。	外资企业是指依照中国有关法律在中国境内设立的全部资本由外国投资者投资的企业。
组织形式	只能为有限责任公司	有限责任公司或合伙	有限责任公司、合伙或独资企业
出　资	外方出资一般不低于注册资本的25%。	（1）外方出资一般不低于注册资本的25%，应为自有财产，不得用合作企业财产为出资设立担保。 （2）外国合作者可以先收回投资，合作期满企业固定资产全归中方所有。	（1）以工业产权和专有技术出资须归自己所有，不超过注册资本的20%。 （2）企业财产的转让和抵押须审批机构批准并在工商机关备案。
组织机构或清算	（1）董事会为最高权力机构。 （2）需要出席董事会的董事一致通过的事项：①章程的修改；②企业的中止、解散；③注册资本的增减；④合并、分立。 （3）董事人数3人以上、任期每届4年。 （4）董事长为法定代表人。	（1）董事会制。 （2）联合管理制。 （3）委托管理制。	（1）清算委员会应当聘请中国的注册会计师、律师等参加。清算费用从外资企业现存财产中优先支付。 （2）清算结束之前，外国投资者不得将该企业的资金汇出或者携出中国境外，不得自行处理企业的财产。 （3）清算处理财产时，在同等条件下，中国的企业或者其他经济组织有优先购买权。

三资企业相同之处

（1）	外方投资者可以为个人，中方则否。
（2）	各方出资均由中国的注册会计师验资。
（3）	企业只能向中国境内的保险公司投保。
（4）	企业的正副董事长或正副主任应由中方和外方分别担任。
（5）	股权转让须经他方同意并由审批机构批准，他方在同等条件下有优先购买权。
（6）	企业均实行分期缴纳资本制。
（7）	企业均可以进行境外融资。
（8）	纠纷的解决可以自由选择境内外仲裁机构。

本章复习重点提示 ▶▶▶

1. 重要知识点

关于三类外商投资企业的设立条件、注册资本、出资要求、出资责任、组织机构及其议事规则的法律规定，外商投资企业设立和经营行为的法律效力。

2. 实例解析

[例1] 中国人陈阿大是否可以和某外国公司共同出资在中国设立中外合资经营企业?[1]

[例2] 某中外合作经营企业规定正副董事长均由外方担任是否合法?[2]

[例3] 某外资企业向中国境外的保险公司投保是否合法?[3]

---

[1] 由于中方投资者不能为自然人，所以上述合资企业不能设立。

[2] 中外合作经营企业中的正副董事长应由中方和外方分别担任，不能一方独揽，所以上述做法违法。

[3] 外商投资企业都应遵守"本国投保原则"，即只能向中国境内（而非中资）的保险公司投保，所以上述做法违法。

第5章 企业破产法

本章导读

　　《企业破产法》是企业法的组成部分，它解决的是竞争失败的企业如何退出市场的问题。企业一旦竞争失败，一般都面临资产不足以清偿负债的困局，破产法则提供司法程序来加以解决。这里所说的司法程序包括三种：和解、重整和破产清算。和解和重整程序都不会导致企业消亡。清算程序则是让企业用现有全部财产还债后消灭，剩余债务一笔勾销，不再清偿，保护了企业出资人的利益。《企业破产法》本质上是程序法，但考试的重心在实体部分（本章第一节），程序部分（本章第二节）主要考查重整程序。

第一节　破产准备

一、破产受案的范围和破产原因

（一）受案范围

　　企业法人具有破产原因可以适用《企业破产法》。公司都具有法人资格，都可以适用《企业破产法》。一般而言，不具有法人资格的企业（如合伙企业、个人独资企业）以及非企业组织（如律师事务所）不适用《企业破产法》。这是由于法人都有独立财产，也都独立承担责任，当自有财产无法清偿负债时，当然只能自己承担责任，即"杀身成仁"。非法人企业没有独立的财产也不会独立承担责任，它的出资人站在背后为其"兜底"撑腰，所以非法人企业的债务清偿责任最终要落在出资人身上。又由于出资人往往是自然人，我国目前缺乏对自然人财产的有效监管机制，在无法确立自然人破产的情况下也就无法规定非法人企业的破产制度。

（二）破产原因

　　破产原因即破产界限，是指债权人和债务人向法院提出债务人破产申请，从而得以启动破产程序的法定原因或界限。《企业破产法》规定的破产原因有如下两种：

　　1. 不能清偿到期债务，即债务人所欠债权人债务的期限已经届满，债务人并未实际履行该债务的情形。并且，资产不足以清偿全部债务，即资不抵债。

这是一种复合性的条件，不能清偿到期债务和资不抵债必须同时满足，缺一不可。如果只是不能清偿到期债务而资足以抵债，则表明企业资金周转出现了暂时困难，不必破产；如果只是资不抵债而能够清偿到期债务，则表明企业能够及时地"拆东墙补西墙"，没有损害债权人利益，不必破产。

2. 不能清偿到期债务，即债务人所欠债权人债务的期限已经届满，并未实际履行该债务的情形。并且，明显缺乏清偿能力，即债务人的资产状况表明其明显不具有清偿全部债务的能力。就此，若存在下列情形之一的，法院应当认定债务人明显缺乏清偿能力：

（1）因资金严重不足或者财产不能变现等原因，无法清偿债务。

（2）法定代表人下落不明且无其他人员负责管理财产，无法清偿债务。

（3）经人民法院强制执行，无法清偿债务。

（4）长期亏损且经营扭亏困难，无法清偿债务。

请注意，相关当事人以对债务人的债务负有连带责任的人未丧失清偿能力为由，主张债务人不具备破产原因的，人民法院应不予支持。

二、破产的申请和受理

（一）破产申请

破产申请是破产申请人请求法院受理破产案件的意思表示。在我国，破产程序的开始不以申请为准而以受理为准。因此，破产申请不是破产程序开始的标志，而是破产程序开始的条件。破产申请包括以下方式：

1. 债务人申请

债务人具有《企业破产法》规定的破产原因，可以向法院提出重整、和解或者破产清算申请。债务人依法有权发起对自己的破产程序，该行为在性质上属于债务人自愿清算。其中，要特别注意，只有债务人能申请和解，因为和解的本质是债务人与债权人谈判妥协，双方同意用优惠的条件来偿债，如果债权人主动提出谈判条件自然就被动了。

2. 债权人申请

债务人不能清偿到期债务，债权人可以向法院提出对债务人进行重整或者破产清算的申请。债权人不能直接向法院申请与债务人破产和解，这意味着债权人没有破产和解的申请权，而不是被禁止向债务人提出和解。如果债权人有意和解，它可以知会债务人让其向法院提出和解申请。

在这里，法律对债权人申请的实质条件只规定了"债务人不能清偿到期债务"。法律之所以这样规定，是因为债务人"资产不足以清偿全部债务或者明显缺乏清偿能力"的事实属于企业内部情况，债权人通常无法确知，因而不应要求债权人在提出破产申请时加以证明。

3. 对债务人负有清算责任的人的申请

企业法人已解散但未清算或者未清算完毕，资产不足以清偿债务的，依法负有清算责任的人应当向法院申请破产清算。

所谓"依法负有清算责任的人"，依照相关的法律确定。例如，在公司清算的场合，根据《公司法》的规定，包括有限责任公司的股东、股份有限公司的董事或者股东大会确定的人员以及特定情形下人民法院指定有关人员组成的清算组。在合伙企业的场合，根据《合伙企业法》的规定，包括全体合伙人、经全体合伙人过半数同意指定的一个或者数个合伙人以及特定情形下人民法院指定的清算人。这种申请是他们的一项义务。所以，尽管法院受理破产申请前，申请人一般可以请求撤回申请，但这种申请是不能撤回的。

（二）受理

1. 意义

受理就是法院立案，是破产程序开始的标志。

债权人提出破产申请的，人民法院应当自收到申请之日起 5 日内通知债务人。债务人对申请有异议的，应当自收到人民法院的通知之日起 7 日内向人民法院提出。人民法院应当自异议期满之日起 10 日内裁定是否受理。

除上述规定的情形外，人民法院应当自收到破产申请之日起 15 日内裁定是否受理。

有特殊情况需要延长上述规定的裁定受理期限的，经上一级人民法院批准，可以延长 15 日。

2. 后果

（1）指定管理人

法院裁定受理破产申请的，应当同时指定管理人。管理人就是看管破产企业财产的"管家"。实践中，从案件受理到破产宣告，往往需要经过一定的审理期间。在此期间，由于破产企业的财产和事务仍然掌握在企业原领导班子的手中，他们有充分的机会转移、私分或者浪费企业财产，以及隐匿、销毁或篡改企业账目以掩盖罪行。这里的"同时指定"就可以消除时间差，有利于保护债权人合法权益和保障破产程序的公正有效。

（2）通知债权人并公告

为了保证债权人能够及时行使权利，法院应当自裁定受理破产申请之日起 25 日内通知已知债权人，并予以公告。

（3）债务人有关人员的义务

自法院受理破产申请的裁定送达债务人之日起至破产程序终结之日，债务人的有关人员承担下列义务：

❶ 妥善保管其占有和管理的财产、印章和账簿、文书等资料。

❷ 根据法院、管理人的要求进行工作，并如实回答询问。

❸ 列席债权人会议并如实回答债权人的询问。

❹ 未经法院许可，不得离开住所地。

❺ 不得新任其他企业的董事、监事、高级管理人员。

上述所称有关人员，是指企业的法定代表人；经法院决定，可以包括企业的财务管理人员和其他经营管理人员。

（4）破产冻结

破产冻结的本意就是债务人的个别清偿行为都当然无效。这是因为，债务人面临破产困局就意味着资不抵债，钱少债多，如果允许对债权人进行个别清偿就会破坏债权的平等性。

❶清偿冻结：为保护全体债权人的共同利益，法院受理破产申请后，债务人对个别债权人的债务清偿无效。

❷执行冻结：法院受理破产申请后，有关债务人财产的保全措施应当解除，执行程序应当中止。

❸诉讼冻结：法院受理破产申请后，已经开始而尚未终结的有关债务人的民事诉讼或者仲裁应当中止；在管理人接管债务人的财产后，该诉讼或者仲裁继续进行。

（5）对管理人为给付

法院受理破产申请后，债务人的债务人或者财产持有人应当向管理人清偿债务或者交付财产。因为债务人的财产此时都应由管理人控制，保障对所有债权能公平清偿，如果给付给债务人，其管理人员有可能进行私分或隐匿。债务人的债务人或者财产持有人故意违反此项规定向债务人清偿债务或者交付财产，使债权人受到损失的，不免除其清偿债务或者交付财产的义务。所谓"故意"，是指明知法院受理破产申请的事实。按照"公告之事实，利害关系人视为已知"的法理，应当认定，在法院受理公告以后实施的向债务人清偿债务或者交付财产的行为，为故意行为；行为人不得以不知该公告作为抗辩事由。

（6）未履行完毕合同的处理

法院受理破产申请后，管理人对破产申请受理前成立而债务人和对方当事人均未履行完毕的合同有权决定解除或者继续履行，并通知对方当事人。管理人自破产申请受理之日起2个月内未通知对方当事人，或者自收到对方当事人催告之日起30日内未答复的，视为解除合同。

管理人决定继续履行合同的，对方当事人应当履行；但是，对方当事人有权要求管理人提供担保。管理人不提供担保的，视为解除合同。

破产程序中管理人的待履行合同选择权是一项法定权利，其目的在于实现公共政策和破产目标以及优先保护多数债权人的利益。因为如果强迫管理人履行一个无利可图甚至会赔钱的合同，就会造成债务人财产的减少，进而损害所有债权人的利益。立法者为了保护多数债权人赋予了管理人选择权，即赚钱的合同就选择履行，赔钱的合同就选择解除。为了公平保护合同的相对方，法律也赋予相对方催告权（防止久拖不决）和请求担保权（防止债务人无力清偿）。

三、管理人与债务人财产

破产程序一旦启动，就意味着债务人的现有财产已不足以清偿全部债务，根据债权平等的原则，法律规定了各种措施对债务人的财产进行整理，保护全体债权人的利益。

（一）管理人

破产程序开始后，无论是进行重整、清算还是和解，都需要对企业法人进行持续的管理。这其中包括必要的财产清理、营业维持、权利行使和财产处分。由于在破产清算的预期下，债务人及其管理层存在着较高的道德风险，不能被信任，各种当事人之间也存在着较尖锐的利益冲突，有必要设立中立的专门机构来执行破产程序管理，特别是破产财产和事务的管理。这种专门机构就是破产管理人。

1. 管理人的产生与解任

（1）管理人由法院指定

因为破产案件涉及众多当事人的不同利益，诸如债权人、企业职工等，往往有较大利益冲突，而只有法院地位中立，所以其享有指定管理人的权力。

（2）债权人会议认为管理人不能依法、公正执行职务或者有其他不能胜任职务情形的，可以申请法院予以更换。

破产案件的审理对债权人利益影响最大，又由于法官也可能出现渎职受贿情形，债权人会议享有更换请求权就可以进行监督。2006年深圳中院多名法官因为在审理破产案件中受贿而被追究刑事责任，立法者由此深感不能对法官授权过大，所以《企业破产法》更强调权力的制衡。

2. 对管理人的监督

（1）管理人依法执行职务，向法院报告工作。

（2）管理人应当列席债权人会议，向债权人会议报告职务执行情况，并回答询问，接受债权人会议和债权人委员会的监督。

3. 管理人的人选

管理人既可以是单位，也可以是个人。①管理人可以由有关部门、机构的人员组成的清算组或者依法设立的律师事务所、会计师事务所、破产清算事务所等社会中介机构担任；②法院根据债务人的实际情况，例如争议较少、金额不大，可以在征询有关社会中介机构的意见后，指定该机构具备相关专业知识并取得执业资格的人员担任管理人。

有下列情形之一的，不得担任管理人：

（1）因故意犯罪受过刑事处罚。

（2）曾被吊销相关专业执业证书。

（3）与本案有利害关系。

（4）法院认为不宜担任管理人的其他情形。

4. 管理人的职责

（1）接管债务人的财产、印章和账簿、文书等资料。

（2）调查债务人财产状况，制作财产状况报告。

（3）决定债务人的内部管理事务。

（4）决定债务人的日常开支和其他必要开支。

（5）在第一次债权人会议召开之前，决定继续或者停止债务人的营业。

（6）管理和处分债务人的财产。

（7）代表债务人参加诉讼、仲裁或者其他法律程序。

（8）提议召开债权人会议。

（9）人民法院认为管理人应当履行的其他职责。

5. 管理人的辞职

管理人没有正当理由不得辞去职务。管理人辞去职务应当经法院许可。之所以管理人要从一而终地处理一项破产案件，是由于管理人的更换会造成过多的支出。管理人是有偿服务，每一次换人都会导致以前的程序推倒重来，为了节约有限的债务人财产用来还债，管理人不能随意"撂挑子"。

（二）债务人财产

1. 概念与范围

债务人财产是供破产债权人分配的破产企业的财产，破产企业对其应享有所有权，包括设定担保的财产。破产申请受理时属于债务人的全部财产，以及破产申请受理后至破产程序终结前债务人取得的财产，均为债务人财产。

（1）认定范围

❶债务人已依法设定担保物权的特定财产，人民法院应当认定为债务人财产。

❷债务人对按份享有所有权的共有财产的相关份额，或者共同享有所有权的共有财产的相应财产权利，以及依法分割共有财产所得部分，人民法院均应认定为债务人财产。

❸破产申请受理后，有关债务人财产的执行程序未依照《企业破产法》第19条的规定中止的，采取执行措施的相关单位应当依法予以纠正。依法执行回转的财产，人民法院应当认定为债务人财产。

❹管理人依据公司法的相关规定代表债务人提起诉讼，主张公司的发起人和负有监督股东履行出资义务的董事、高级管理人员，或者协助抽逃出资的其他股东、董事、高级管理人员、实际控制人等，对股东违反出资义务或者抽逃出资承担相应责任，并将财产归入债务人财产的，人民法院应予支持。

（2）排除范围

下列财产不应认定为债务人财产：

❶债务人基于仓储、保管、承揽、代销、借用、寄存、租赁等合同或者其他法律关系占有、使用的他人财产。

❷债务人在所有权保留买卖中尚未取得所有权的财产。

❸所有权专属于国家且不得转让的财产。

❹其他依照法律、行政法规不属于债务人的财产。

2. 对债务人财产的保护

（1）破产程序前行为的撤销

撤销权又称否认权，是指管理人对于债务人在法院受理破产申请前一定期限内所为的有损于债务人财产从而损害破产债权人利益的行为，有权请求法院撤销，使其归于无效的权利。其目的在于打击"假破产真逃债"现象。之所以针对破产程序"前"行为具有追溯力，是因为"冰冻三尺非一日之寒"，债务人逃债的行为往往发生在破产案件受理前一段时间。具体来说，法院受理破产申请前1年内，涉及债务人财产的下列行为，管理人有权请求法院予以撤销：

❶无偿转让财产的。

❷以明显不合理的价格进行交易的。

❸对没有财产担保的债务提供财产担保的。

❹对未到期的债务提前清偿的。

❺放弃债权的。

这类行为的特点是，在正常情况下，它们是法律许可的财产处分行为。而在企业出现困境的情况下，实施这些行为具有恶意减少破产财产从而损害债权人利益的性质，因此法律将其"推定违法"。

法院受理破产申请前6个月内，债务人存在破产原因，仍对个别债权人进行清偿的，管理人有权请求法院予以撤销。但是，以下个别清偿不可撤销：①使债务人财产受益的个别清偿。②债务人对以自有财产设定担保物权的债权进行的个别清偿。但是，债务清偿时担保财产的价值低于债权额的除外。③债务人经诉讼、仲裁、执行程序对债权人进行的个别清偿。但是，债务人与债权人恶意串通损害其他债权人利益的除外。④债务人为维系基本生产需要而支付水费、电费等的。⑤债务人支付劳动报酬、人身损害赔偿金的。

（2）破产无效行为

涉及债务人财产的下列行为无效：

❶为逃避债务而隐匿、转移财产的。

❷虚构债务或者承认不真实的债务的。

这些行为的特点是，在任何情况下均为法律所禁止，实质是"当然违法"。

（3）管理人的追回权

❶管理人对于因可撤销行为、个别优先清偿行为、破产无效行为而转移的财产有权追回。

❷法院受理破产申请后，债务人的出资人尚未完全履行出资义务的，管理人对于该出资人认缴而未缴的出资应当追回，而不受出资期限的限制。

❸管理人对于债务人的董事、监事和高级管理人员利用职权从企业获取的非正常收入和侵占的企业财产应当追回。其目的在于打击"穷庙富方丈"现象，当企业无力偿债时再放任高管拿高薪享受奢侈福利显然是不能让人接受的。债务人的董事、监事和高级管理人员利用职权获取的以下收入，人民法院应当认定为上述非正常收入：

a. 绩效奖金。

b. 普遍拖欠职工工资情况下获取的工资性收入。

c. 其他非正常收入。

债务人的董事、监事和高级管理人员拒不向管理人返还上述债务人财产，管理人主张上述人员予以返还的，人民法院应予支持。

（4）管理人取回担保物

法院受理破产申请后，管理人可以通过清偿债务或者提供为债权人接受的担保，取回质物、留置物。该债务清偿或者替代担保，在质物或者留置物的价值低于被担保的债权额时，以该质物或者留置物当时的市场价值为限。

（5）取回权

取回权，是指管理人占有不属于破产财产的他人财产，该财产的权利人可以不经破产清算程序，而经管理人同意将其直接取回的权利。取回权的本质就是所有物返还请求权，是"物归原主"，既针对被合法占有的财产（如租赁、保管）也针对被非法占有（如侵占、偷盗）的财产。被取回的财产自然不属于债务人财产。

❶一般取回权

法院受理破产申请后，债务人占有的不属于债务人的财产，该财产的权利人可以通过管理人取回。

❷赔偿取回权

债务人占有的他人财产毁损、灭失，因此获得的保险金、赔偿金、代偿物尚未交付给债务人，或者代偿物虽已交付给债务人但能与债务人财产予以区分的，权利人主张取回就此获得的保险金、赔偿金、代偿物的，法院应予支持。

❸特殊取回权

法院受理破产申请时，出卖人已将买卖标的物向作为买受人的债务人发运，债务人尚未收到且未付清全部价款的，出卖人可以取回在运送途中的标的物。但是，管理人可以支付全部价款，请求出卖人交付标的物。

这也叫"出卖人取回权"，应同时满足两项条件，一是货物在途尚未送达，二是价款没有付清。之所以特殊就在于一般的取回权都是针对所有权未转移的财产，而此项取回权是针对所有权已经转移（货交第一承运人所有权即转移）的财产。为了防止作为买受人的债务人取得标的物后无力清偿货款，不能强迫出卖人往火坑里跳。

（6）抵销权

破产法上的抵销，是指在破产案件受理前，破产债权人对破产人同时负有债务的，不论其债权同所负债务的种类是否相同，也不论其债权是否已经到期，破产债权人有权不依破产程序而以自己所享有的破产债权与其所负债务进行抵销。管理人不得主动抵销债务人与债权人的互负债务，但抵销使债务人财产受益的除外。

显然，破产抵销有如下特征：①抵销的债权和债务都应在破产案件受理前取得；②不同种类的债权和债务（如侵权之债和合同之债）可以抵销；③未到期债权可以抵销，扣除利息即可；④只有破产债权人有权主张抵销，债务人不能主张抵销。

在通常情况下，抵销免除双方的债务，双方是同等受益的。也就是说，以抵销的方法实现清偿的结果，与双方分别向对方履行给付的结果是一致的。但是在破产情况下，破产债权与破产财产由抵销所受的利益是不均等的。因为，债权人通过破产清算获得的清偿是不足额的，而债务人财产向它的有清偿能力的债务人获得的清偿则是足额的。所以，破产抵销所实现的清偿结果与各自分别清偿的结果并不一致；前者有利于主张抵销的债权人而不利于债务人财产，因而不利于全体破产债权人的一般清偿利益。拥有抵销权的债权人相较于其他债权人来说是占了便宜的。

债权人在破产申请受理前对债务人负有债务的，可以向管理人主张抵销。但是，有下列情形之一的，不得抵销：

❶债务人的债务人在破产申请受理后取得他人对债务人的债权的。

此种情形被禁止的原因在于破产申请受理后他人对债务人的债权会贬值，因为是不良资产，如果债务人的债务人低价购入贬值债权再和自己的债务抵销自然是占了大便宜，对债务人不利，进而损害了其他债权人的利益。

[例] 甲公司的破产申请已经被受理。乙公司是甲公司的债务人，负债100万元；丙公司是甲公司的债权人，享有债权100万元。由于丙公司的债权变成破产债权，通过清算程序往往只能获得低比例清偿（我国破产实践一般是清偿8%左右），所以丙公司很可能愿意以一个比清算受偿稍高的价格转让其债权。假设乙公司支付10万元

就从丙公司受让取得其对甲公司享有的 100 万债权，那么乙公司进行抵销自然是不公平的，甲公司从乙公司获得 100 万元清偿的预期就落空了。

❷ 债权人已知债务人有不能清偿到期债务或者破产申请的事实，对债务人负担债务的。但是，债权人因为法律规定或者有破产申请 1 年前所发生的原因而负担债务的除外。

债权人已知债务人即将破产的情况下，它又主动负债往往就是通过赊购的方式取得对方的实物财产进行替代清偿，结果是自己占了便宜而损害了其他债权人的利益，所以是禁止的。

[例] 甲汽车公司已经申请了破产。乙公司对甲公司原本享有债权 100 万元，一旦进入破产清算程序其债权只能获得低比例清偿，损失很多。为了防止损失，乙公司就向甲公司赊购一批价值 100 万元的汽车，主动负债，然后再同自己的债权抵销。此种做法无异于用实物进行替代清偿，自己不吃亏却损害了其他债权人的利益破坏了债权的平等性，自然是不公平的。

❸ 债务人的债务人已知债务人有不能清偿到期债务或者破产申请的事实，对债务人取得债权的。但是，债务人的债务人因为法律规定或者有破产申请 1 年前所发生的原因而取得债权的除外。

四、破产费用和共益债务

（一）破产费用的含义与范围

1. 含义

破产费用是破产事务中法院受理破产案件所收取的案件受理处理费用以及管理人在处理破产事务中所开支的费用与收取的报酬的总和。

2. 范围

法院受理破产申请后发生的下列费用，为破产费用：

（1）破产案件的诉讼费用。

（2）管理、变价和分配债务人财产的费用。

（3）管理人执行职务的费用、报酬和聘用工作人员的费用。

（二）共益债务的含义与范围

1. 含义

共益债务，是从债务人财产的角度作出的界定，指破产程序中为全体债权人的共同利益，由债务人财产及其管理人而产生的债务。

2. 范围

法院受理破产申请后发生的下列债务，为共益债务：

（1）因管理人或者债务人请求对方当事人履行双方均未履行完毕的合同所产生的债务。

（2）债务人财产受无因管理所产生的债务。

（3）因债务人不当得利所产生的债务。

（4）为债务人继续营业而应支付的劳动报酬和社会保险费用以及由此产生的其他

债务。

(5) 管理人或者相关人员执行职务致人损害所产生的债务。

(6) 债务人财产致人损害所产生的债务。

(三) 破产费用和共益债务的清偿

1. 清偿顺序

破产费用和共益债务由债务人财产随时清偿。债务人财产不足以清偿所有破产费用和共益债务的，先行清偿破产费用。债务人财产不足以清偿所有破产费用或者共益债务的，按照比例清偿。

> [例] 甲公司现有破产财产100万元，破产费用10万元，共益债务10万元，应由债务人财产随时清偿，不分先后；乙公司现有破产财产100万元，破产费用100万元，共益债务10万元，应先清偿破产费用，不再清偿共益债务；丙公司现有破产财产100万元，破产费用80万元，共益债务80万元，应先清偿破产费用，剩余的20万按比例清偿共益债务，即各项共益债务均清偿1/4。

2. 债务人财产不足以清偿破产费用时的处理

债务人财产不足以清偿破产费用的，管理人应当提请法院终结破产程序。法院应当自收到请求之日起15日内裁定终结破产程序，并予以公告。

五、破产债权

债权在破产程序中即为破产债权，指债权人对债务人享有的某种财产请求权，从程序法的角度说，是债权人依破产程序申报并依程序受偿的财产请求权；从实体法的角度看，是在破产程序开始前成立的对债务人享有的金钱债权或能以金钱评价的债权。

(一) 债权的申报

1. 申报期限

法院受理破产申请时对债务人享有债权的债权人，依照法定程序向管理人申报债权。

法院受理破产申请后，应当确定债权人申报债权的期限。债权申报期限自法院发布受理破产申请公告之日起计算，最短不得少于30日，最长不得超过3个月。

2. 可申报债权的特点

(1) 须为以财产给付为内容的请求权。给付标的为劳务或者不作为的请求权，不能申报，但是，因它们的不履行或者不适当履行而产生的赔偿请求权，为可以申报的债权。

(2) 须为以债务人财产为基础的请求权。

(3) 须为法院受理破产申请前成立的对债务人享有的债权，债权的到期时间在所不问。

(4) 须为平等民事主体之间的请求权。

因此，对债务人的罚款等财产性行政处罚，不得申报。在企业破产清算的情况下，债务人财产最终将归属于债权人；此时若执行对债务人的财产性行政处罚，事实上处罚的是债权人，打错了板子，罚错了对象，等于债务人的责任被转嫁给债权人承担。这样既不能达到行政处罚的目的，又损害了债权人的合法权益。但是，在破产程序终结后，如果债务人因重整或和解而继续存续，处罚机关可以根据情况，决定是否执行原来的处罚决定。

（5）须为合法有效的债权。

因此，以下债权不得申报：①存在合同法或者其他法律规定的无效原因的债权；②诉讼时效已经届满的债权；③无证据或者证据为虚假的债权、有相反证据证明为虚假的债权（申报人提供的证据材料不足以证明其真实性和有效性的债权，在补足证据前推定为不得申报）。

3．申报范围

（1）未到期债权。未到期的债权，在破产申请受理时视为到期。债权附利息的，自破产申请受理时起停止计息。

（2）附条件、附期限的债权和诉讼、仲裁未决的债权。

（3）劳动债权。

债务人所欠职工的工资和医疗、伤残补助、抚恤费用，所欠的应当划入职工个人账户的基本养老保险、基本医疗保险费用，以及法律、行政法规规定应当支付给职工的补偿金，不必申报，由管理人调查后列出清单并予以公示。职工对清单记载有异议的，可以要求管理人更正；管理人不予更正的，职工可以向法院提起诉讼。

（4）成立于破产程序开始前的无财产担保债权。

（5）连带债权。连带债权人可以由其中一人代表全体连带债权人申报债权，也可以共同申报债权。

（6）保证人或其他连带债务人的求偿权。债务人的保证人或者其他连带债务人已经代替债务人清偿债务的，以其对债务人的求偿权申报债权。

债务人的保证人或者其他连带债务人尚未代替债务人清偿债务的，除非债权人已经向管理人申报全部债权，以其对债务人的将来求偿权申报债权。

（7）因解除双务合同而产生的债权。管理人或者债务人依照《企业破产法》的规定解除合同的，对方当事人以因合同解除所产生的损害赔偿请求权申报债权。

（8）委托合同中受托人的请求权。债务人是委托合同的委托人，被裁定适用破产程序的，受托人不知该事实，继续处理委托事务的，受托人以由此产生的请求权申报债权。

（9）因票据关系产生的债权。债务人是票据的出票人，被裁定适用破产程序的，该票据的付款人继续付款或者承兑的，付款人以由此产生的请求权申报债权。

（二）未按期申报债权的处理

在法院确定的债权申报期限内，债权人未申报债权的，可以在破产财产最后分配前补充申报；但是，此前已进行的分配，不再对其补充分配。为审查和确认补充申报债权的费用，由补充申报人承担。

债权人未依照《企业破产法》的规定申报债权的，不得依照《企业破产法》规定的程序行使权利。

六、债权人会议和债权人委员会

（一）债权人会议

1．含义

在破产程序中，债权人会议不是一个独立的民事权利主体，只是临时性的具有自治性质的机构。债权人会议以召集会议的方式进行活动，不是常设机构，只负责进行决议，其所作出的相关决议一般由管理人负责执行。

2. 债权人会议的组成和成员的权利

依法申报债权的债权人为债权人会议的成员，有权参加债权人会议，享有表决权。债权尚未确定的债权人，除法院能够为其行使表决权而临时确定债权额的以外，不得行使表决权。债权人可以委托代理人出席债权人会议，行使表决权。代理人出席债权人会议，应当向法院或者债权人会议主席提交债权人的授权委托书。

债权人会议应当有债务人的职工和工会的代表参加，对有关事项发表意见。

3. 债权人会议主席

债权人会议设主席一人，由法院从有表决权的债权人中指定。债权人会议主席主持债权人会议。

4. 债权人会议的职权

(1) 核查债权。

(2) 申请法院更换管理人，审查管理人的费用和报酬。

(3) 监督管理人。

(4) 选任和更换债权人委员会成员。

(5) 决定继续或者停止债务人的营业。

(6) 通过重整计划。

(7) 通过和解协议。

(8) 通过债务人财产的管理方案。

(9) 通过破产财产的变价方案。

(10) 通过破产财产的分配方案。

(11) 法院认为应当由债权人会议行使的其他职权。

5. 债权人会议的召集和通知

(1) 第一次债权人会议由法院召集，自债权申报期限届满之日起 15 日内召开。

(2) 以后的债权人会议，在法院认为必要时，或者管理人、债权人委员会、占债权总额 1/4 以上的债权人向债权人会议主席提议时召开。

(3) 召开债权人会议，管理人应当提前 15 日通知已知的债权人。

6. 债权人会议的决议

(1) 决议方式

债权人会议的决议，除法律另有规定外，由出席会议的有表决权的债权人过半数通过，并且其所代表的债权额占无财产担保债权总额的 1/2 以上。

(2) 救济途径

债权人认为债权人会议的决议违反法律规定，损害其利益的，可以自债权人会议作出决议之日起 15 日内，请求法院裁定撤销该决议，责令债权人会议依法重新作出决议。

(3) 决议的效力

债权人会议的决议，对于全体债权人均有约束力。

（二）债权人委员会

债权人委员会也叫破产监督人，是债权人会议的常设机构。

1. 组成

债权人会议可以决定设立债权人委员会。债权人委员会由债权人会议选任的债权人代表和1名债务人的职工代表或者工会代表组成。债权人委员会成员不得超过9人。债权人委员会成员应当经法院书面决定认可。

2. 职权

（1）监督债务人财产的管理和处分。

（2）监督破产财产分配。

（3）提议召开债权人会议。

（4）债权人会议委托的其他职权。

3. 管理人的报告义务

管理人实施对债权人利益有重大影响的财产处分行为，应当及时报告债权人委员会。未设立债权人委员会的，管理人应当及时报告法院。

第二节　破产程序

破产法从根本上讲是程序法，它主要囊括了三大程序，即重整程序——濒临破产企业的再生之路、和解程序——濒临破产企业的妥协之路、清算程序——濒临破产企业的消亡之路。它们彼此是并列关系，是债务人陷入债务危机后的三种出路和选择。

三种程序之间存在一定的可转换性，具体而言：债权人申请债务人破产清算的案件，在破产宣告前，债务人可以申请和解，债务人或者其出资人可以申请重整；债务人申请破产清算的案件，在破产宣告前，债权人或者债务人的出资人可以申请重整；债务人进入重整程序或者和解程序后，可以在具备特定事由时，经破产宣告转入破产清算程序；债务人一旦经破产宣告进入破产清算程序，则不得转入重整或者和解程序。这种转换可以用下图表示：

破产程序
（1）重整程序：企业的再生之路　▲申请清算可转入和解或者重整
（2）和解程序：企业的妥协之路　▲进入和解或者重整可转入清算
（3）清算程序：企业的消亡之路　▲进入清算无法转变

企业在资不抵债时的选择

一、重整程序

重整程序是挽救企业，希望其能东山再起防止破产的程序。本程序中各种规定的宗旨都是"拯救第一，还债第二"，具有双重目的。

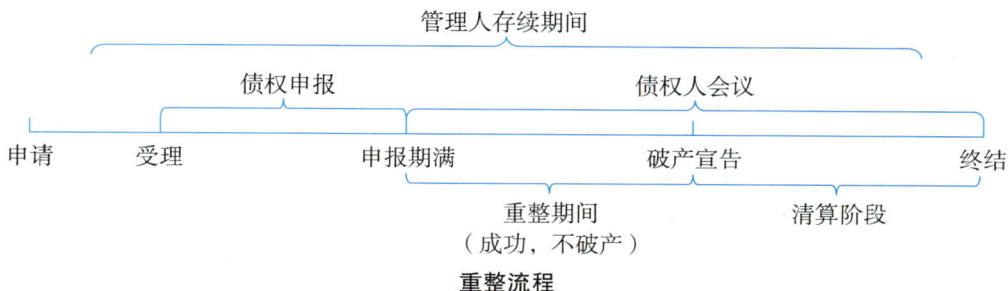

重整流程

（一）重整申请

1. 重整原因

如果债务人具有破产原因或者有明显丧失清偿能力可能的，可以依照《企业破产法》进行重整。这表明重整的门槛较低，只要有明显丧失清偿能力的可能性而非现实性即可申请。因为有病趁早治，效果才会更好，轻伤也要下火线。

2. 重整申请

（1）债务人或者债权人可以依法直接向法院申请对债务人进行重整。

（2）债权人申请对债务人进行破产清算的，在法院受理破产申请后、宣告债务人破产前，债务人或者出资额占债务人注册资本 1/10 以上的出资人，可以向法院申请重整。

3. 重整期间

（1）重整期间的计算。自法院裁定债务人重整之日起至重整程序终止之日，为重整期间。

（2）重整期间的法律效果

❶在重整期间，经债务人申请，法院批准，债务人可以在管理人的监督下自行管理财产和营业事务。

❷在重整期间，对债务人的特定财产享有的担保权暂停行使。但是，担保物有损坏或者价值明显减少的可能，足以危害担保权人权利的，担保权人可以向法院请求恢复行使担保权。这是由于设定担保权的特定财产往往是债务人生产经营不可或缺的重要财产，如土地、厂房、机器设备等。一旦这些财产被拍卖、变卖，债务人的重整肯定无望。

在重整期间，债务人或者管理人为继续营业而借款的，可以为该借款设定担保。因为债务人的重整难免需要向银行借款来支付工资、水电费、原材料费等各种必要开支，但由于破产企业风险高、资信差，银行必然会要求其提供担保。立法者为了保证债务人能借到钱重整旗鼓，就允许其为新借款设定担保，尽管这种担保会损害其他债权人的利益也在所不惜了。

❸债务人合法占有的他人财产，该财产的权利人在重整期间要求取回的，应当符合事先约定的条件。

这是对取回权的限制，只针对合法占有，不涉及非法占有。取回权符合事先约定的条件仍然可以行使，例如租赁合同已经到期。

❹在重整期间，债务人的出资人不得请求投资收益分配。

在重整期间，债务人的董事、监事、高级管理人员不得向第三人转让其持有的债务人的股权。但是，经法院同意的除外。

之所以禁止出资人分红和董、监、高转股是为了防止他们撤离公司打击债权人的信心，在企业风雨飘摇的危急时刻，企业的内部人应该和债权人风雨同舟，共度患难。但是，董、监、高的转股行为有时对企业是有利的，例如引入新的有实力的投资者，所以法院裁量后可以允许这种行为。

（3）重整期间重整程序的终止。在重整期间，有下列情形之一的，经管理人或者利害关系人请求，法院应当裁定终止重整程序，并宣告债务人破产：①债务人的经营状况和财产状况继续恶化，缺乏挽救的可能性；②债务人有欺诈、恶意减少债务人财产或者其他显著不利于债权人的行为；③由于债务人的行为致使管理人无法执行职务。

（二）重整计划

1. 重整计划的制定和批准

重整计划，是指通过对债权债务关系的重新安排和对企业经营方略的重新设定，力求达到债务人企业的重新振作，从而避免破产的一个具有实质内容和约束力的法律文件。

（1）重整计划草案的提出

债务人或者管理人应当自法院裁定债务人重整之日起6个月内，同时向法院和债权人会议提交重整计划草案。期限届满，经债务人或者管理人请求，有正当理由的，法院可以裁定延期3个月。

债务人或者管理人未按期提出重整计划草案的，法院应当裁定终止重整程序，并宣告债务人破产。

（2）重整计划草案的制作：①债务人自行管理财产和营业事务的，由债务人制作重整计划草案；②管理人负责管理财产和营业事务的，由管理人制作重整计划草案。

（3）重整计划草案的内容：①债务人的经营方案；②债权分类；③债权调整方案；④债权受偿方案；⑤重整计划的执行期限；⑥重整计划执行的监督期限；⑦有利于债务人重整的其他方案。

（4）对重整计划草案的分类分组表决

下列各类债权的债权人参加讨论重整计划草案的债权人会议，依照下列债权分类，分组对重整计划草案进行表决：①对债务人的特定财产享有担保权的债权；②债务人所欠职工的工资和医疗、伤残补助、抚恤费用，所欠的应当划入职工个人账户的基本养老保险、基本医疗保险费用，以及法律、行政法规规定应当支付给职工的补偿金；③债务人所欠税款；④普通债权。

法院在必要时可以决定在普通债权组中设小额债权组对重整计划草案进行表决。

分组表决的目的就是要各个击破，防止个别债权人恶意阻挠，将全体债权人都拖下水。例如，担保债权人一般是不愿意重整的，职工债权人是最希望重整的，利益冲突很明显。立法者认为重整是利大于弊的事，要尽力促其成功。

（5）债权人会议表决重整计划草案

法院应当自收到重整计划草案之日起30日内召开债权人会议，对重整计划草案进行表决。

出席会议的同一表决组的债权人过半数同意重整计划草案，并且其所代表的债权额占该组债权总额的 2/3 以上的，即为该组通过重整计划草案。

（6）重整计划草案的通过

各表决组均通过重整计划草案时，重整计划即为通过。

自重整计划通过之日起 10 日内，债务人或者管理人应当向法院提出批准重整计划的申请。法院经审查认为符合《企业破产法》规定的，应当自收到申请之日起 30 日内裁定批准，终止重整程序，并予以公告。

（7）重整计划草案未获通过而由法院裁定批准。部分表决组未通过重整计划草案的，债务人或者管理人可以同未通过重整计划草案的表决组协商。该表决组可以在协商后再表决一次。双方协商的结果不得损害其他表决组的利益。

未通过重整计划草案的表决组拒绝再次表决或者再次表决仍未通过重整计划草案，但重整计划草案符合下列条件的，债务人或者管理人可以申请法院批准重整计划草案：①按照重整计划草案，对债务人的特定财产享有担保权的债权就该特定财产将获得全额清偿，其因延期清偿所受的损失将得到公平补偿，并且其担保权未受到实质性损害，或者该表决组已经通过重整计划草案；②按照重整计划草案，债务人所欠职工的工资和医疗、伤残补助、抚恤费用，所欠的应当划入职工个人账户的基本养老保险、基本医疗保险费用，以及法律、行政法规规定应当支付给职工的补偿金和债务人所欠税款将获得全额清偿，或者相应表决组已经通过重整计划草案；③按照重整计划草案，普通债权所获得的清偿比例，不低于其在重整计划草案被提请批准时依照破产清算程序所能获得的清偿比例，或者该表决组已经通过重整计划草案；④重整计划草案对出资人权益的调整公平、公正，或者出资人组已经通过重整计划草案；⑤重整计划草案公平对待同一表决组的成员，并且所规定的债权清偿顺序不违反《企业破产法》的规定；⑥债务人的经营方案具有可行性。

法院经审查认为重整计划草案符合上述规定的，应当自收到申请之日起 30 日内裁定批准，终止重整程序，并予以公告。

（8）重整计划草案未被批准的后果。重整计划草案未获得通过且未获得批准，或者已通过的重整计划未获得批准的，法院应当裁定终止重整程序，并宣告债务人破产。

2. 重整计划的执行

（1）执行人。重整计划由债务人负责执行，由管理人监督重整计划的执行。

（2）重整计划的效力。经法院裁定批准的重整计划，对债务人和全体债权人均有约束力。

债权人未依照《企业破产法》的规定申报债权的，在重整计划执行期间不得行使权利；在重整计划执行完毕后，可以按照重整计划规定的同类债权的清偿条件行使权利。

债权人对债务人的保证人和其他连带债务人所享有的权利，不受重整计划的影响。

（3）债务人不能执行重整计划的后果

❶债务人不能执行或者不执行重整计划的，法院经管理人或者利害关系人请求，应当裁定终止重整计划的执行，并宣告债务人破产。但为重整计划的执行提供的担保继续有效。

❷法院裁定终止重整计划执行的，债权人在重整计划中作出的债权调整的承诺将失去效力。债权人因执行重整计划所受的清偿仍然有效，但只有在其他同顺位债权人同自己所

受的清偿达到同一比例时，才能继续接受分配。债权未受清偿的部分作为破产债权。

二、和解程序

和解程序是债务人同债权人通过谈判、讨价还价，双方同意用优惠条件还债而不解散企业的程序。

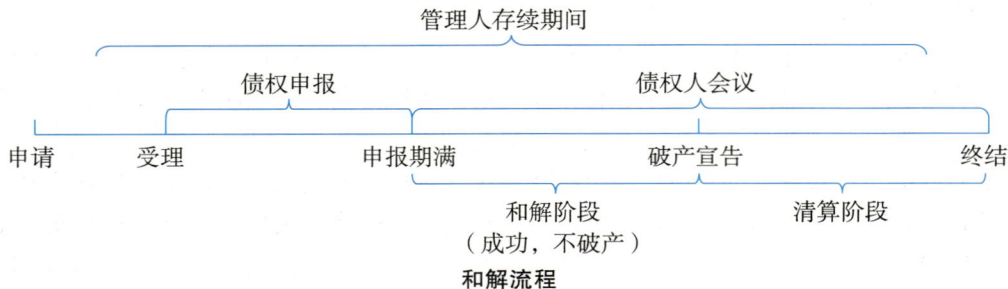

和解流程

（一）特点与程序

1. 特点

和解制度是为了克服和避免破产清算制度的弊端而创设的一项程序制度。它是在债务人不能清偿债务时，为避免破产宣告或者破产分配，而通过法院组织，经与债权人会议磋商谈判，达成相互间的谅解、协商一揽子解决债务危机以图复苏的制度。特点如下：

（1）和解以债务人向法院提出和解申请为必要。

（2）和解的成立以债权人的双重多数表决通过为基础。

（3）和解的成立须经法院裁定认可。

（4）和解有优先于破产清算程序的相对效力。

（5）债务人和债权人会议达成的和解协议无强制执行力。

2. 程序

（1）申请

债务人可以依法直接向法院申请和解，也可以在法院受理破产申请后、宣告债务人破产前，向法院申请和解。债务人申请和解，应当提出和解协议草案。

（2）许可

法院经审查认为和解申请符合《企业破产法》规定的，应当裁定和解，予以公告，并召集债权人会议讨论和解协议草案。对债务人的特定财产享有担保权的权利人，自法院裁定和解之日起可以行使权利。

（二）和解协议

1. 和解协议的表决

（1）债权人会议通过和解协议的决议，其通过必须由出席会议的有表决权的债权人过半数同意，并且其所代表的债权额占无财产担保债权总额的 2/3 以上。债权人会议通过和解协议的，由法院裁定认可，终止和解程序，并予以公告。

（2）和解协议草案经债权人会议表决未获得通过，或者已经债权人会议通过的和解协议未获得法院认可的，法院应当裁定终止和解程序，并宣告债务人破产。

2. 和解协议的效力

（1）经法院裁定认可的和解协议，对债务人和全体和解债权人均有约束力。和解债权人是指法院受理破产申请时对债务人享有无财产担保债权的人。

（2）和解债权人对债务人的保证人和其他连带债务人所享有的权利，不受和解协议的影响。

（3）债务人应当按照和解协议规定的条件清偿债务。

（4）因债务人的欺诈或者其他违法行为而成立的和解协议，法院应当裁定无效，并宣告债务人破产。和解债权人因执行和解协议所受的清偿，在其他债权人所受清偿同等比例的范围内，不予返还。

（5）债务人不能执行或者不执行和解协议的，法院经和解债权人请求，应当裁定终止和解协议的执行，并宣告债务人破产。但为和解协议的执行提供的担保继续有效。

法院裁定终止和解协议执行的，和解债权人在和解协议中作出的债权调整的承诺失去效力。和解债权人因执行和解协议所受的清偿仍然有效，但只有在其他债权人同自己所受的清偿达到同一比例时，才能继续接受分配。和解债权未受清偿的部分作为破产债权。

（三）自行和解

自行和解也叫庭外和解，是指在法院受理破产申请后，债务人和债权人全体自行协商就清理债权债务并终结破产程序而达成协议的方式。自行和解并非是在法院主导下进行的破产程序中的和解，自行和解没有特定的程序要求，只要债务人和全体债权人有自行和解的愿望，均可以协商自行和解。庭外和解协议只要经过法院裁定认可，其效力同庭内和解。

三、清算程序

清算程序是针对病入膏肓、挽救无望的企业的消灭程序。

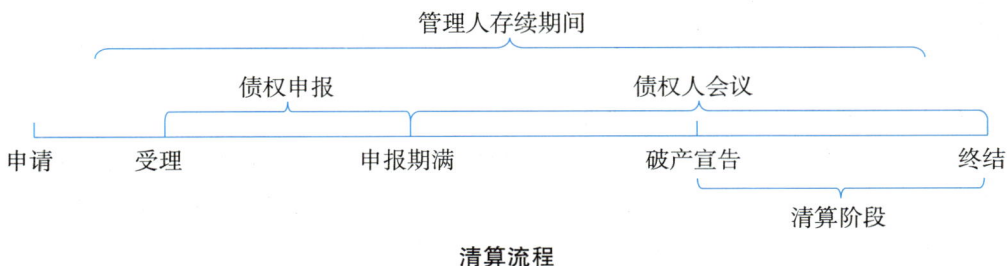

清算流程

（一）普通企业的破产清算

1. 破产宣告

（1）含义与意义

破产宣告，就是指法院对债务人具备破产原因的事实作出有法律效力的认定。法院依照《企业破产法》的规定宣告债务人破产的，应当自裁定作出之日起 5 日内送达债务人和管理人，自裁定作出之日起 10 日内通知已知债权人，并予以公告。

债务人被宣告破产后，债务人称为破产人，债务人财产称为破产财产，法院受理破产申请时对债务人享有的债权称为破产债权。

（2）破产宣告前终结破产程序

破产宣告前，有下列情形之一的，法院应当裁定终结破产程序，并予以公告：①第三人为债务人提供足额担保或者为债务人清偿全部到期债务的；②债务人已清偿全部到期债务的。

（3）别除权

❶含义。对破产人的特定财产享有担保权的权利人，对该特定财产享有优先受偿的权利。这里所说的担保权，是指物的担保意义上的担保权，即所谓担保物权。

❷转化。享有别除权的债权人行使优先受偿权利未能完全受偿的，其未受偿的债权作为普通债权。放弃优先受偿权利的，其债权作为普通债权。

别除权的行使不参加集体清偿程序。享有别除权的债权人，称作别除权人。别除权的权利内容，就是别除权人有权就担保物单独优先受偿。所谓优先受偿，就是在全体债权人的集体清偿程序以外个别地和排他地接受清偿。所以，别除权制度是破产法集体清偿原则的一个例外。破产宣告后，别除权人即可对标的物实施处分并由此获得清偿，而不受破产清算程序进展情况的影响。

2. 清偿

（1）破产财产的清偿顺序

破产财产在优先清偿破产费用和共益债务后，依照下列顺序清偿：①破产人所欠职工的工资和医疗、伤残补助、抚恤费用，所欠的应当划入职工个人账户的基本养老保险、基本医疗保险费用，以及法律、行政法规规定应当支付给职工的补偿金；②破产人欠缴的除前项规定以外的社会保险费用和破产人所欠税款；③普通破产债权。

破产财产不足以清偿同一顺序的清偿要求的，按照比例分配。

破产企业的董事、监事和高级管理人员的工资按照该企业职工的平均工资计算。

（2）破产财产的分配方式

破产财产的分配应当以货币分配方式进行。但是，债权人会议另有决议的除外。

（3）特殊情况下的提存

❶附生效条件或者解除条件的债权

对于附生效条件或者解除条件的债权，管理人应当将其分配额提存。在最后分配公告日，生效条件未成就或者解除条件成就的，应当分配给其他债权人；在最后分配公告日，生效条件成就或者解除条件未成就的，应当交付给债权人。

❷债权人未受领的破产财产分配额

债权人未受领的破产财产分配额，管理人应当提存。债权人自最后分配公告之日起满2个月仍不领取的，视为放弃受领分配的权利，管理人或者法院应当将提存的分配额分配给其他债权人。

❸诉讼或者仲裁未决的债权

破产财产分配时，对于诉讼或者仲裁未决的债权，管理人应当将其分配额提存。自破产程序终结之日起满2年仍不能受领分配的，法院应当将提存的分配额分配给其他债权人。

3. 破产程序的终结

（1）终结原因

❶破产人无财产可供分配的，管理人应当请求法院裁定终结破产程序。

❷管理人在最后分配完结后，应当及时向法院提交破产财产分配报告，并提请法院裁定终结破产程序。

法院应当自收到管理人终结破产程序的请求之日起 15 日内作出是否终结破产程序的裁定。裁定终结的，应当予以公告。

（2）管理人的职责

❶管理人应当自破产程序终结之日起 10 日内，持法院终结破产程序的裁定，向破产人的原登记机关办理注销登记。

❷管理人于办理注销登记完毕的次日起终止执行职务。但是，存在诉讼或者仲裁未决情况的除外。

（3）破产财产的追加分配

自破产程序依法终结之日起 2 年内，有下列情形之一的，债权人可以请求法院按照破产财产分配方案进行追加分配：①发现有依法应当追回的财产的；②发现破产人有应当供分配的其他财产的。

有上述规定情形，但财产数量不足以支付分配费用的，不再进行追加分配，由法院将其上交国库。

（4）破产人的保证人和其他连带债务人在破产程序终结后的责任

破产人的保证人和其他连带债务人，在破产程序终结后，对债权人依照破产清算程序未受清偿的债权，依法继续承担清偿责任。

（二）金融企业破产清算的特殊规定

1. 保险公司

（1）破产原因

保险公司不能支付到期债务，经保险监督管理机构同意后，由法院依法宣告破产。

（2）清算组的组成

保险公司被宣告破产的，由法院组织保险监督管理机构等有关部门和有关人员成立清算组，进行清算。

（3）破产财产分配顺序：①所欠职工工资和劳动保险费用；②赔偿或者给付保险金；③所欠税款；④清偿公司债务。

2. 证券公司

（1）破产审批

证券公司破产必须经国务院证券监督管理机构批准。

（2）破产财产的范围

证券公司破产或者清算时，客户的交易结算资金和证券不属于其破产财产或者清算财产。

3. 商业银行

（1）破产原因

商业银行不能支付到期债务，经国务院银行业监督管理机构同意，由法院依法宣告其破产。

（2）清算组的组成

商业银行被宣告破产的，由法院组织国务院银行业监督管理机构等有关部门和有关人员成立清算组，进行清算。

（3）破产财产分配顺序

商业银行破产清算时，在支付清算费用、所欠职工工资和劳动保险费用后，应当优先支付个人储蓄存款的本金和利息。

本章复习重点提示

1. 重要知识点

破产申请方式；破产程序间的转化；破产财产的范围；破产债权申报范围；撤销权、抵销权和取回权。

2. 实例解析

[例1] 企业法人不能清偿到期债务，并且资产不足以清偿全部债务或者明显缺乏清偿能力的，可否决议解散并进行清算？[1]

[例2] 如果管理人不能胜任职务，债权人会议有权罢免其管理人资格吗？[2]

[例3] 甲公司严重资不抵债，因不能清偿到期债务向法院申请破产。属于甲公司但已抵押给银行的一处厂房是否属于债务人财产？[3]

---

〔1〕 不可以。应当通过《企业破产法》规定的重整、和解或清算程序来处理其与债权人之间的债权债务关系。

〔2〕 不可以，债权人会议只能申请法院更换管理人。

〔3〕 属于。

票据法

▣本章导读

票据，是指出票人依《票据法》签发的，由本人或委托他人在见票时或者在票载日期无条件支付确定的金额给收款人或持票人的一种有价证券。票据是债权证券、设权证券、文义证券、要式证券、无因证券、提示证券、缴回证券、流通证券。票据具有汇兑功能，可以将款项汇往异地；票据具有信用功能，可以将未来可取得的金钱作为现在的金钱使用；票据具有支付功能，可以代替现金进行支付；票据具有结算功能，互负债务的双方当事人可以分别签发票据抵销债务；票据具有融资功能，持票人可以在到期日前通过法定程序和条件得到资金，以解决只能用现金方能解决的问题。从根本上来说，票据就是金钱债权凭证，持有票据者可向银行请求支付现金。交付票据可以代替现金支付，更为方便安全。《票据法》技术性很强，加之离日常生活较远所以不好理解。在考试中主要是全面考核汇票知识，其次是考核支票的基本特征。

第一节 票据法概述

一、票据的起源

票据的产生和人类经济活动的繁荣过程密不可分。在自给自足的小农经济时代，人们很少远足异地进行经济活动，限于本地的贸易往来一般也不需要太多现金，甚至直接采取以货易货的形式，票据没有产生的必要。随着商品经济的繁荣，人们越来越频繁地到遥远的地方进行贸易，需要的现金量也越来越大，这就产生两个困扰：①大量现金，尤其是金属铸币的长途搬运是非常不方便的；②随身携带大量现金是非常不安全的。为克服这些困难，一些聪明的商人就开始从事汇兑业务，成为早期的兑换商。"汇"指寄钱，"兑"指给钱，其基本做法演示如下：如果茶商某甲计划从山西平遥出发去福建福州购买1万两白银的茶叶，那么他可以把1万两白银存入平遥著名的"日升昌"票号，日升昌则交给他一张兑银票作为取款凭证，上面书写"凭票支付白银壹万两"。某甲怀揣兑银票就可以轻车简从前往福州，到福州后将该兑银票提交给日升昌的福州分号，分号查验兑银票真实无误，就将1万两白银交给某甲，某甲就可以拿钱去采购茶叶了。显然，票据的使用对商人某甲来说确实既方便又安全。据史料记载，我国最早具有票据性质的文书出现在隋末唐初，当时叫"帖子"。完整意义上的票据出现在唐宪宗时期，用"飞钱"来代替现金进行输送。到宋代，票据得到进一步的发展，相继出现了"交子""便钱""关子"等新的票据形式。进入明代，随着商品经济的发达，票据的使用更加广泛和普遍。17世纪前后，山西地区出现了钱庄、银号、票号等金融组织，他们使用票据进行业务往来，票据的称谓有很多，比如汇券、汇兑票、汇兑信、汇条、庄票、期票等。清末，西方的票据制度伴随其银行制度进入了中国并逐渐取代了我国传统的票据形式和钱庄。1929年，民国政府颁行我国第一部《票据法》，确定了"汇票""本票""支票"这三种由西方传进来的票据形式。[1]

在当代社会，票据的功能主要有以下几项：

1. 汇兑。如上文所示茶商某甲的行为即是，这可以解决资金在空间上使用的不便。这种功能在汇票上体现得最为明显，当前主要发生在国际贸易领域。

2. 信用。这是指票据当事人可以把将来能取得的钱用于当前的消费，相当于可以赊购。例如，茶商某甲从茶农某乙处收取一批茶叶，某甲正巧手头资金不足，他就利用自己的信用签发一张以某乙为收款人，以自己的开户银行为付款人，在3个月后付款的商业汇票。茶农某乙如果在票据到期日前急需现金，可以将未到期的票据提交银行进行贴现；如果在票据到期日前需要履行债务，可以通过背书的方法转让票据给债权人以达到履行债务的目的。显然，信用功能可以解决资金在时间上使用的不便。这种功能在汇票和本票上体现得最为明显。

3. 支付。支付功能就是代替现金进行使用，这种功能在支票上体现得最为明显。现代社会，随身携带大量现金进行交易是非常不方便和不安全的行为。当事人可以在银行存入一笔资金，开立一个支票存款账户，向银行领取支票簿，以后消费时向卖方签发支票就相当于支付了相应的现金。

4. 融资。融就是借，票据融资就是将调度以后才能取得的资金用于当前，基本方法是对未到期的票据进行贴现。贴现是指资金的需求者，将自己手中未到期的票据向银行要求变成现款，银行收进这些未到期的票据，按票面金额扣除贴现日至到期日的利息后给付现款，到票据到期时再向出票人收款。

二、票据概述

（一）票据的概念

票据，是指由出票人签发的、约定由自己或委托他人于见票时或确定的日期，向持票人或收款人无条件支付一定金额的有价证券。我国票据法上的票据仅指汇票、本票和支票三种。关于这三种票据的基本使用功能可通过如下实例了解：

---

〔1〕 王小能：《票据法教程》（第2版），北京大学出版社2001年版，第11、12页。

1. 汇票

汇票是出票人签发的，委托付款人在见票时或者在指定日期无条件支付确定的金额给收款人或者持票人的票据。汇票分为银行汇票和商业汇票。

[例] 李刚是一位家住广州的富商，其子李小刚在天津某高校读书。某日李小刚决议购买豪车一辆驰骋津门，购车费共需 100 万元。李小刚决定"啃老"，遂电告其父请求经济支援。李刚日理万机，自然无暇亲身北上送款，于是打算使用汇票的方式给儿子汇钱。李刚来到广州市工商银行，首先填写一张银行汇票申请书，写明汇款金额为人民币 100 万元整，收款人为李小刚，然后连同现金 100 万元共同交给银行。银行收款后就按照申请书的记载签发一张银行汇票交付李刚。该汇票上记载出票人为广州市工商银行（银行汇票的出票人必然为银行，李刚只是申请人），收款人为李小刚，票据金额为人民币 100 万元整。李刚将该汇票快递给李小刚，李小刚收到票据后可到天津工商银行提交票据收取现金 100 万元。这就是银行汇票最常见的异地汇兑功能。

2. 支票

支票是出票人签发的，委托办理支票存款业务的银行或者其他金融机构在见票时无条件支付确定的金额给收款人或者持票人的票据。出票人签发的支票金额超过其付款时在付款人处实有的存款金额的，为空头支票。禁止签发空头支票。

[例] 富二代金燕西凭仗家中财力一向奢侈无度，为方便日常开销，他在北京工商银行开立了一个支票存款账户，作为申请人，他必须使用其本名"金燕西"，不能使用乳名"金小狗"，还要提交证明其身份的合法证件。金燕西在账户中存入了 15 万元的资金。为便于付款银行在付款时进行审查，同时免除付款银行善意付款的责任，金燕西在银行留下了其本名的签名样式和印鉴样式。完成这些手续后工商银行就将一本支票簿交给他使用。某日，金燕西在"人间天上"大酒店宴请意中人冷清秋小姐，为显其大度以博芳心，金燕西一掷 10 万。餐毕，金燕西潇洒地拽出支票簿签发一张支票来付款。在这张支票上，出票人为金燕西，付款人为北京工商银行，收款人为人间天上大酒店，票据金额为人民币 10 万元整。酒店拿到这张支票后在 10 日内可到北京工商银行提交票据收取 10 万元现金。但是，假设金燕西得意忘形花销高达 20 万元，那么当他签发金额为 20 万元的支票给酒店后，酒店去银行取款就会发生存款不足支付的现象，此种支票就叫"空头支票"，就是透支了。我国不允许签发空头支票，银行对空头支票会退票，即拒绝付款（不会付一部分）。

3. 本票

本票是出票人签发的，承诺自己在见票时无条件支付确定的金额给收款人或者持票人的票据。票据法所称本票，是指银行本票。

[例] 万某家资颇丰，其在北京工商银行有存款 1000 万元。某日，万某决议在蒂凡尼珠宝店为妻子石某购买钻戒一枚，价值 50 万元。为了方便和安全，万某作为申请人请求北京工商银行为其签发一张银行本票使用（我国的本票只有银行本票一种，意为由银行担当出票人）。该本票上记载出票人为北京工商银行，收款人为蒂凡尼珠

宝店，金额为人民币 50 万元整。万某拿到本票后将其交给珠宝店即可买到钻戒，珠宝店则再向工商银行提交本票取得现金。显然，本票的功能相当于一张大额现金，相比货币进行支付方便得多，安全得多，这是我国本票的唯一功能。

（二）票据的特征

1. 票据是无因证券

票据上的法律关系是一种单纯的金钱支付关系，权利人享有票据权利只以持有符合票据法规定的有效票据为必要，至于票据赖以发生的原因则在所不问。即使原因关系无效或有瑕疵，也不影响票据的效力。也就是票据关系和原因关系互相分离，互不影响。所以，票据权利人在行使票据权利时，无须证明给付原因，票据债务人也不得以原因关系为由拒绝对善意第三人承担义务。票据发生的原因关系一般都是民事合同，可以说，票据权利就是民事权利的一种转化形式。民事关系是内在的本质，票据关系是外在的表象。

[例] 出票人 A 基于和收款人 B 之间的买卖关系，向 B 签发汇票。B 又基于和 C 之间的借贷关系，将该汇票背书转让给 C，则 C 在请求付款时，无须证明 A、B 间的买卖关系及 B、C 间借贷关系的存在。即使 A、B 间的买卖关系不存在了，或有瑕疵，C 亦可以背书连续的票据，当然地行使票据权利。这种做法是为了保护善意第三人 C 的利益，因为 C 是无法了解 A、B 间的买卖关系的，自然也不应受其影响，在无因性的保护下票据就可以安全顺利地流通了。

对于无因性可以打个比方，孩子都是母亲生出来的，没有母亲就没有孩子。但孩子出生后就有了独立的生命，即使母亲以后去世也不会再对孩子产生影响。

2. 票据是要式证券

票据法律法规严格地规定了票据的制作格式和记载事项。不按票据法及相关法规的规定进行票据事项的记载，就会影响票据的效力甚至会导致票据的无效。此外，在票据上所为的一切行为，如出票、背书、承兑、保证、付款、追索等，也必须严格按照票据法规定的程序和方式进行，否则无效。票据行为的做成一般都要求在票据上载有签章，即有章有责任，没章没责任。

3. 票据是文义证券

票据上所载权利义务的内容必须严格按照票据上所载文义确定，不允许依据票据记载以外的事实作出与票据所载文义相反的解释，或者对票据所载文义进行补充或变更。即使票据的书面记载内容与票据的事实相悖，也必须以该记载事项为准。例如，当票据上记载的出票日与实际出票日不一致时，必须以票据上记载的出票日为准。票据之所以如此教条和僵化，是为了保证流通的安全，任何接受票据的人只要审查票据表面的记载内容即可，无须审查票据背后的真实情况。

4. 票据是设权证券

票据权利的产生必须首先做成证券，在票据做成之前，票据权利是不存在的。票据权利是随着票据的做成同时发生的。没有票据，就没有票据权利。

5. 票据是流通证券

票据的一个基本功能就是流通。一般说来，无记名票据，可依单纯交付而转让；记名票据，须经背书交付才能转让。

三、票据法上的法律关系

票据法上的法律关系包括票据关系和票据法上的非票据关系。

（一）票据关系

票据关系是指票据当事人基于票据行为而发生的债权债务关系。其中，票据的持有人（持票人）享有票据权利，对于在票据上签章的人可以主张行使票据法规定的一切权利。在票据上签章的票据债务人负担票据义务，即依自己在票据上的签章和票据上记载的文义，承担相应的义务。

（二）票据法上的非票据关系

票据法上的非票据关系指由票据法直接规定的，不是基于票据行为而发生的法律关系。非票据关系也称票据基础关系，包括以下三种类型：

1. 原因关系

指票据当事人之间授受票据的理由。根据合同的相对性原理，原因关系只存在于授受票据的直接当事人之间，票据一经转让，其原因关系对票据效力的影响力即被切断。

2. 票据预约关系

指票据当事人在授受票据之前，就票据的种类、金额、到期日、付款地等事项达成协议而产生的法律关系，即当事人之间授受票据的合同所产生的法律关系。

3. 资金关系

指汇票出票人和付款人、支票出票人与付款银行或其他资金义务人之间所发生的法律关系，即出票人之所以委托付款人进行付款的原因。基于票据的无因性，一般说来，资金关系的存在或有效与否，均不影响票据的效力。

票据关系与非票据关系同时存在于一张票据之上，非票据关系是票据关系的基础，一般表现为民事合同。为了保证票据流通的安全，这两种关系是互不影响的。

[例]　东方公司与西方公司签订了一项买卖合同，东方公司向西方公司购买钢材1000吨。因为交易金额巨大，为了方便和安全，东方公司决定向西方公司签发一张商业汇票进行付款。该商业汇票的款项应由南方银行支付，因为东方公司在该银行已经存有资金数亿元并委托其向他人付款。

解析：在本案中，东方公司向西方公司签发商业汇票形成票据关系；钢材买卖合同是两家公司授受票据的原因关系；两家公司就签发的票据的种类、金额、到期日、付款地等事项达成协议而产生的是票据预约关系；东方公司将资金存入南方银行并委托其付款（一般表现为委托付款协议）产生的是资金关系。

四、票据关系的当事人

（一）基本当事人

票据关系的基本当事人是指票据一经成立即已存在的当事人，包括出票人、收款人、付款人。基本当事人在票据形式上不存在或不完全，票据法律关系就不能成立，票据也就无效。

（二）非基本当事人

非基本当事人是指票据已经成立，通过各种票据行为加入到票据关系中的当事人。如背书人、保证人、参加付款人、预备付款人等。非基本当事人存在与否对票据效力没有影响。

下面通过一个商业汇票的典型案例了解票据的产生与使用流程，涉及票据的当事人、原因关系、资金关系、流通方式、前手（债务人）、后手（债权人）等概念和理论。

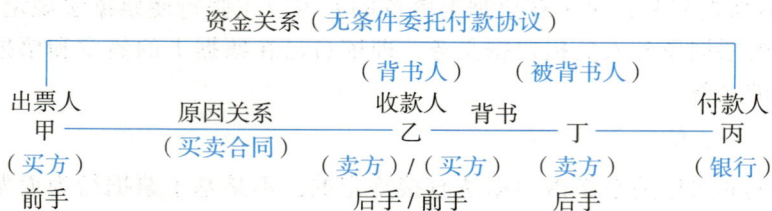

票据的产生与使用流程

在上图中，假设甲公司与乙公司签订了一份汽车买卖合同，甲为买方，乙为卖方。甲为了支付货款决定向乙公司签发一张商业汇票来代替现金支付。甲进行了出票行为所以为出票人，甲在丙银行开立了企业账户存有资金故把丙记载为付款人，甲欲将款项支付给乙所以把乙记载为收款人。甲之所以要把一张票据交付给乙，乙之所以要接受这张票据，原因是双方订有买卖合同，无合同无票据，所以买卖合同就是票据产生的原因关系。

乙持有票据就被叫做持票人，因为票据代表债权，所以持票人也就是债权人。他享有的债权（即票据权利）有两项：①付款请求权，即乙可以持票据请求丙付款的权利；②追索权，即乙可以持票据请求甲付款的权利。付款请求权应首先行使，追索权只有在付款请求权不能实现时作为补救再行使。

乙得到票据以后可以用背书方式将其转让，本质就是债权让与。例如，乙同丁又订立了买卖合同，乙为买方，丁为卖方，乙就将手中的票据背书转让给丁以代替现金支付。此时，乙叫做背书人，丁叫做被背书人。假设此时甲同乙的买卖合同被认定无效，即双方原因关系无效，是否会导致丁不能行使票据权利即不能向丙银行请求付款呢？否，丁可以正常行使票据权利向丙请求付款，这就是票据的无因性。再假设，如果乙没有转让票据而是打算自己行使权利，此时甲同乙的买卖合同被认定无效，即双方原因关系无效，是否会导致乙不能向丙请求付款呢？否，理由仍为上述的无因性。但是，乙却不能再向甲行使追索权，因为无因性的宗旨在于保护原因关系外的善意第三人，既然甲同乙是原因关系的双方当事人，自然应当知晓合同的情况，彼此之间就不能再主张无因性了，这是无因性的例外。

甲作为买方之所以会记载丙作为付款人自然应当有其原因，一般不会平白无故找个陌生人替自己给钱。所以，现实生活中出票人和付款人往往会在票据之外签订一个无条件委托付款协议，出票人将一笔资金存在付款人处再委托其替自己付款。此协议即为资金关系。所谓"无条件委托"是指，甲不能将原因关系写在票据上构成付款的条件。如甲在票据上记载"乙将货送至我处才能对本票据付款"，这种委托就是有条件的，会导致票据无效。因为它违背了票据的无因性理论，没有人敢接受这种票据。还要指出，出票人的付款委托是单方法律行为，无需付款人的意思表示即可成立。这意味着丙可以拒绝付款而不承担票据责任，因为没章没责任，丙在票据上未进行任何记载，不受票据约束，它只需承担违反委托付款协议的民事责任。

最后，票据上存在"前手"和"后手"的概念，前手为签章在前者，后手为签章在后者，这是相对而言的。例如，甲是乙的前手，乙是甲的后手，乙是丁的前手，丁是乙的后手。但无论如何，前手属于债务人，因为处于买方地位；后手属于债权人，因为处于卖方地位。

第二节 票据权利和票据行为

一、票据权利

（一）概念和种类

1. 概念

票据权利，是指持票人向票据债务人请求支付票据金额的权利，包括付款请求权和追索权。

2. 种类

（1）付款请求权

这是指持票人对主债务人所享有的、依票据而请求支付票据所载金额的权利。

（2）追索权

这是指在付款请求权未能实现时发生的、持票人对从债务人所享有的、请求偿还票据所载金额及其他有关金额的权利。

付款请求权是第一次请求权，具有主票据权利的性质，持票人必须首先向主债务人行使，而不能越过其直接行使追索权。追索权的行使以持票人第一次请求权未能实现为前提，相对于付款请求权来说，是第二次权利。追索权是付款请求权的补救。

（二）票据权利的取得条件

1. 取得方式合法。非法方式是不能取得票据权利的，如偷盗、抢劫、欺诈或拾得。

2. 主观为善意。

3. 支付对价

如果是继承、税收、赠与等原因取得票据是可以不支付对价的，但此时前手必须为权利人。例如，甲在公园拾得一本票，作为生日礼物背书赠与女友乙，乙对甲拾得本票之事并不知情。此时乙不能取得本票权利，因为甲无票据权利使其受到牵连。换而言之，如果乙对甲支付了对价，则不受甲的影响可以取得票据权利，即为票据的善意取得。

（三）票据权利的行使与保全

1. 行使

票据权利人行使票据权利必须向票据债务人进行票据提示，即出示票据。票据提示的处所通常为票据上载明的票据权利行使处所；票据上未指明处所的，则应在票据当事人的营业场所进行。

2. 保全

这是指票据权利人为防止票据权利丧失所进行的行为。

（1）按期提示票据

持票人必须在法定期间内提示票据人行使票据权利。

（2）做成拒绝证书

持票人行使追索权时，应当提供被拒绝承兑或被拒绝付款的有关证明。而在持票人提示承兑或者提示付款被拒绝时，承兑人或者付款人必须出具证明。在持票人通过票据交换所进行提示，并由承兑人或者付款人的代理银行代理承兑或代理付款时，应由相应的代理付款银行出具退票理由书，退票理由书与拒绝证书具有同一法律效力；此外，由有关机关出具的合法证明，包括医院或有关单位出具的承兑人、付款人死亡证明，司法机关出具的承兑人、付款人逃匿证明，公证机关出具的具有拒绝证明效力的文书，有关的司法文书和处罚决定，包括承兑人或付款人被人民法院依法宣告破产时的有关司法文书，有关行政主管部门的处罚决定等，都具有拒绝证书的效力。

3. 票据权利行使与保全的时间和地点

持票人对票据债务人行使票据权利或者保全票据权利，应当在票据当事人的营业场所和营业时间内进行。无营业场所的，在其住所进行。关于营业时间，如果期限的最后一日为非营业日，则以非营业日之后的第一个营业日为最后一日。

（四）票据权利的瑕疵

票据权利的瑕疵就是影响票据权利的行为，包括伪造、变造、更改和涂销。

1. 票据的伪造和变造

（1）伪造

票据的伪造，是指假借或冒用他人的名义，在票据上伪为一定的票据行为。伪造的对象只针对票据的签章。此种行为的法律后果可用下图分析：

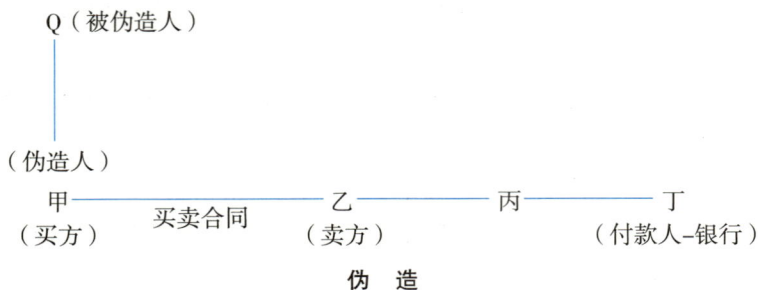

伪 造

假设甲与乙签订了一份买卖合同，甲为买方，乙为卖方。甲在出票时冒用 Q 的签章，则甲为伪造人，Q 为被伪造人。乙接受票据后又背书转让给丙，丙向丁银行请求付款时被发现票据经过了伪造而被拒绝付款。那么谁应当向丙承担票据责任呢？显然，乙的票据行为合法有效，不受其他票据行为的影响（此为票据行为的独立性），应当向丙承担票据责任。甲由于没有记载自己的签章，根据无章无责任的原则不承担票据责任，但应当向乙承担民事赔偿责任并可能被追究刑事责任。Q 在不知情的情况下被人假冒，不承担任何责任。

（2）变造

票据的变造，是指没有变更权限的人变更票据上除签章外其他记载事项的行为。变造的对象不包括签章，这是它和伪造的根本区别。

票据上其他记载事项被变造的，在变造之前签章的人，对原记载事项负责；在变造之后签章的人，对变造之后的记载事项负责；不能辨别是在被变造之前或之后签章的，视同在变造之前签章。票据是文义证券，票据变造前的效力显然与变造后的效力不同，对于变造前的票据签章人和变造后的票据签章人，要求依其签章时的票据文义承担责任才符合法律的公平和正义。由于变造一般都会导致持票人权利的增加，如把较小的金额改为较大的金额来占便宜，在不能辨别是在被变造之前或之后签章的时候，推定让后手对变造前的事项负责（也就是承担相对较轻的责任）是公平的，类似于刑事诉讼程序中的"疑罪从无"。

根据票据行为的独立性理论，票据上有伪造、变造的签章的，不影响票据上其他真实签章的效力。其他签章人仍需依其签章按照票据所载文义承担票据责任。

2. 票据的更改和涂销

票据的更改和涂销，是指将票据上的签名或其他记载事项加以更改或涂抹消除的行为。

票据金额、日期、收款人名称任何人不得更改，更改会导致票据无效。更改与变造不同，更改是同一主体进行的，变造是不同主体进行的。对票据上的其他记载事项如付款人名称、付款日期、付款地、出票地等，原记载人可以更改，更改时只需签章证明即可。涂销的法律后果是：

（1）权利人故意进行的涂销，根据票据的文义性，后果是被涂销者免除票据责任。

（2）权利人非故意进行的涂销，后果是涂销行为无效，票据依其未涂销时的记载事项发生法律效力。

（3）非权利人所为的票据涂销行为，后果是涂销行为无效，票据依其未涂销时的记载事项发生法律效力。

涂　销

被背书人名称　B	被背书人名称　C	被背书人名称　D	贴粘单处	被背书人名称　E
A 背书人签章 年　月　日	B 背书人签章 年　月　日	C 背书人签章 年　月　日		D 背书人签章 年　月　日

E 作为持票人即为权利人，如果 E 故意将 B 的签章涂销，则导致 B 被免除票据责任，不再受后手的追索；如果 E 非故意将 B 的签章涂销，则涂销行为无效；如果 E 之外的非权利人将 B 的签章涂销，后果也是涂销行为无效。

二、票据行为

（一）概念

票据行为，是指以行为人在票据上进行必备事项的记载、完成签章并予以交付为要件的要式法律行为。

（二）特征

票据行为除具有上述票据所具有的无因性、形式性（要式性和文义性）特征外，还具有独立性特征。票据行为的独立性是指就同一票据所为的若干票据行为互不牵连，都分别依各行为人在票据上记载的内容，独立地发生效力。票据行为的独立性要求在先票据行为无效，不影响后续票据行为的效力；某一票据行为无效，不影响其他票据行为的效力。

但必须注意，前一票据行为由于欠缺实质要件而无效才不对其后的票据行为产生影响；反之，如果前一票据行为由于欠缺形式要件而无效则会对其后的票据行为产生影响。

（三）种类

汇票包括出票、背书、承兑、保证；本票包括出票、背书、保证；支票包括出票和背书。

1. 出票

出票是创造票据的行为，是指出票人签发票据并将其交付收款人。它是基本的票据行为，其他票据行为必须在出票行为的基础上才能进行，是附属票据行为。

2. 背书

背书，是指票据流通转让的方式。持票人依背书连续证明自己的合法持票人身份。

3. 承兑

承兑，是指汇票付款人承诺在汇票到期日支付汇票金额的票据行为。

4. 保证

保证，是指行为人对特定票据债务人的票据债务承担连带责任的票据行为。

第三节　票据抗辩与补救

一、票据抗辩

（一）概念

票据抗辩，是指票据债务人根据票据法的规定对票据债权人拒绝履行义务的行为。

（二）种类

根据抗辩事由和抗辩效力的不同，可分为对物的抗辩和对人的抗辩。

1. 对物的抗辩

对物的抗辩是指因票据本身所存在的事由而发生的抗辩，它对任何持票人都可以主张。对物抗辩发生的具体原因有：

（1）票据欠缺法定必要记载事项，或者有法定禁止记载事项，因而导致票据无效时，票据债务人可以提出抗辩。

（2）背书不连续的情况下，持票人不能从形式上证明自己的合法持票人身份，票据债务人可以提出抗辩。

（3）票据变造的情况下，在变造前签章的票据债务人，可以对变造后的票据记载事项主张抗辩；而在变造后签章的票据债务人，可以对变造前的票据记载事项主张抗辩。

（4）票据尚未到期，票据债务人可以主张抗辩。但这种抗辩只是延缓权利主张的抗辩，并非否定权利主张的抗辩。

（5）票据上记载票据债权消灭的。

（6）票据遗失后，法院依票据权利人的公示催告请求作出除权判决后，票据就丧失了效力，任何人都不得依此票据主张权利，票据债务人可以提出抗辩。

（7）票据伪造的情况下，被伪造的签章人可以提出抗辩。

（8）无民事行为能力或限制民事行为能力人在票据上所为的签章无效。此时，无民事行为能力或限制民事行为能力人的监护人，可以主张无民事行为能力人或限制民事行为能力人所为的票据行为无效，据此提出抗辩。

（9）在无权代理或越权代理的情况下，本人可以提出非本人所为或非完全本人所为的抗辩。

（10）票据在因时效完成而消灭或因欠缺保全手续而消灭的情况下，票据债务人可以对时效完成或欠缺保全手续的票据权利人提出抗辩。

2. 对人的抗辩

对人的抗辩，是指因票据义务人与特定的票据权利人之间存在一定关系而发生的抗辩。这种抗辩来源于合同的相对性，所以仅能对特定的票据权利人主张。对人抗辩的发生原因有：

（1）在票据的原因关系无效、不存在或消灭的情况下，票据债务人可以对有直接原因关系的票据权利人提出抗辩。

（2）在直接当事人之间，如果存在票据义务人未受领对价或已经进行了相当于票据金额的给付时，票据债务人可以提出抗辩。

（3）在当事人就空白票据的补充、票据的支付条件等有特别约定的情况下，有关当事人违反相应的约定而要求票据债务人履行票据义务，票据债务人可以提出抗辩。

（4）在票据行为人因欺诈或胁迫而为票据行为的情况下，受欺诈或胁迫的票据债务人可以向因欺诈或胁迫行为而持有票据的人，以及就欺诈胁迫行为有恶意或重大过失的持票人，提出抗辩。

（5）在持票人所持有的票据是因盗窃、捡拾等非正当途径取得时，全体票据债务人可以向该持票人提出抗辩。

二、票据的丧失与补救

（一）概念

票据的丧失与补救，是指在票据权利人因某种原因丧失对票据的实际占有，使票据权利的行使遭遇一定障碍时，为使权利人的票据权利能够实现，而对其提供的特别的法律救济，包括挂失止付、公示催告和提起诉讼。

（二）挂失止付

1. 概念

挂失止付，是指票据权利人在丧失票据占有时，为防止可能发生的损害，保护自己的票据权利，通知票据上的付款人，请求其停止票据支付的行为。挂失止付由失票人向付款人或代理付款人提起。所以，无法确定付款人或代理付款人的票据如银行汇票，不能挂失止付。

2. 效力

挂失止付的效力，在于使收到止付通知的付款人承担暂停票据付款的义务。付款人在接到止付通知后，如果仍然对票据进行付款，则无论善意与否，都应当承担赔偿责任。挂失止付只是一种临时补救措施，它必须同公示催告或诉讼相结合才能最终起到确认票据权利的作用。具体来说，付款人或者代理付款人收到挂失止付通知书时，应当立即暂停支付。失票人应当在通知挂失止付后 3 日内，也可以在票据丧失后，依法向法院申请公示催告，或者向法院提起诉讼。付款人或者代理付款人自收到挂失止付通知书之日起 12 日内没有收到法院的止付通知书的，自第 13 日起，挂失止付通知书失效。

（三）公示催告

公示催告，是指在票据等有价证券丧失的场合，由法院依申请人的申请，向未知的利害关系人发出公告，告知其如果未在一定期间申报权利、提出证券，则法院会通过判决的形式宣告其无效，从而催促利害关系人申报权利、提出证券的一种特别诉讼程序。公示催告的申请人应是票据的合法权利人，包括票据上所载的收款人、能够以背书连续证明自己合法持票人身份的被背书人。

（四）普通诉讼程序

失票人在丧失票据后，可以直接向法院提起民事诉讼，请求法院判令票据债务人向其支付票据金额。

第四节 汇 票

一、汇票概述

（一）概念

汇票，是指出票人签发的、委托付款人在见票时或者在指定的日期无条件支付确定的金额给收款人或者持票人的票据。

（二）特征

1. 汇票关系中有三个基本当事人：出票人、付款人和收款人。其中出票人和付款人为票据义务人，收款人为票据权利人。

2. 汇票是委托他人进行支付的票据。汇票的出票人仅仅是签发票据的人，不是票据的付款人，其必须另行委托付款人支付票据金额。所以说汇票是委托证券，而非自付证券。

3. 汇票通常都需要由付款人进行承兑，以确认其愿意承担绝对的付款义务，承兑的本质就是付款人对出票人的单方委托行为表示接受。在付款人未承兑时，汇票上所载的付款人并无绝对的付款义务。

4. 汇票是在见票时或者指定的到期日无条件支付给持票人一定金额的票据。汇票不以见票即付为限，许多汇票都有一定的到期日。

5. 汇票对于出票人和付款人没有特别的限制，既可以是银行，也可以是公司、企业或个人。

（三）汇票的种类

汇票可以根据不同的标准进行分类。

1. 银行汇票和商业汇票

这是根据汇票出票人身份的不同划分的。

银行汇票，是指以银行为出票人，同时以银行为付款人的汇票。商业汇票是以银行以外的其他公司、企业为出票人，以银行或者其他公司、企业等为付款人的汇票。其中，如果付款人为银行并进行了承兑的，称为银行承兑汇票；当付款人为银行以外的公司、企业等并由其进行承兑的，称为商业承兑汇票。

2. 即期汇票和远期汇票

这是根据汇票付款期限的不同划分的。

即期汇票也称为见票即付的汇票，是指汇票上没有到期日的记载或者明确记载见票即付，收款人或者持票人一经向付款人提示汇票、请求付款，该汇票即为到期，付款人就应当承担付款责任的汇票，随到随付。

远期汇票，是指汇票上记载了到期日，付款人在到期时承担付款责任的汇票。根据记载到期日方式的不同，又可以分为定日付款的汇票、出票后定期付款的汇票、见票后定期付款的汇票。定日付款的汇票又称为定期汇票，是以确定的日期为到期日的汇票；出票后定期付款的汇票又称为约期汇票，是约定以出票日后一定期间届满为到期日的汇票；见票后定期付款的汇票又称为注期汇票，是收款人或者持票人向汇票上所记载的付款人提示见票并从付款人在汇票上注明见票日之后、一定期间届满时为到期日的汇票。

汇票既可以是即期汇票也可以是远期汇票，银行汇票均为即期汇票，商业汇票多为远期汇票。

（四）汇票的当事人

1. 出票人

出票人，是指签发汇票的人。出票人必须具有完全民事行为能力，无民事行为能力或限制民事行为能力人的出票行为应由其法定代理人或监护人代理。

2. 付款人

付款人，是指履行汇票支付责任的人。银行汇票的付款人是参加"全国联行往来"的银行；商业汇票的付款人是商品交易活动中接收货物的当事人或与出票人签订承兑委托协议的银行。

3. 收款人

收款人，是指汇票上记载的享有票据权利的人。

二、汇票的出票

（一）概念

出票，是指出票人签发票据并将其交付给收款人的票据行为。

（二）汇票的法定记载事项

汇票上必须记载下列事项，否则汇票无效：

1. 表明"汇票"的字样

通常情况下，该文句在统一印制好的票据用纸上事先就已印制好了，出票人无须自行记载，可以自行根据交易的需要进行选择。

2. 无条件支付的委托

汇票是出票人委托他人进行付款的票据，出票人不能把原因关系记载在票据上构成付款条件，如果是有条件支付，因为违背了无因性，就会导致票据无效。

同样，无条件支付的文句通常也无须出票人自行记载，而是事先印制在汇票的相应位置上。

3. 确定的金额

由于票据是以金钱的支付为标的的债权证券，因而，汇票金额的记载当然是绝对必要的。在汇票金额记载欠缺或更改时，汇票无效。

在记载汇票金额时，①应确定货币的种类，当汇票金额以外币为单位记载时，按照付款日的市场汇价，以人民币支付。但当事人另有约定的，从其约定。②在金额的记载上不得做选择性和浮动性的记载，如"人民币若干元""人民币1万元左右"等。③汇票上的中文和数码两种记载必须一致，否则票据无效。

4. 付款人名称

5. 收款人名称

收款人是票据上的第一背书人，从其开始可以进行票据的背书转让。收款人名称的记载必须用全称，不得使用简称或企业的代号。

6. 出票日期

由于票据是文义证券，所以汇票上记载的出票日，不必一定为实际出票日。但出票日期不得为公历上没有的日期（如2月31日），也不能晚于汇票的付款日期，否则汇票无效。

7. 出票人签章

（1）商业汇票上出票人的签章，为该法人或该单位的财务专用章加其法定代表人、单位负责人或者其授权的代理人的签名或盖章。

（2）银行汇票上出票人的签章和银行承兑汇票上承兑人的签章，为该银行汇票专用章及其法定代表人或者其授权的代理人的签名或盖章。

（3）银行汇票的出票人以及银行承兑汇票的承兑人在票据上未加盖规定的专用章而加盖该银行的公章，签章人应当承担票据责任。

（三）汇票未记载事项的认定

1. 汇票上未记载付款日期的，视为见票即付，付款人在持票人提示票据时，即应履行付款责任。

2. 汇票上未记载付款地的，以付款人的营业场所、住所或者经常居住地为付款地。

3. 汇票上未记载出票地的，以出票人的营业场所、住所或者经常居住地为出票地。

（四）汇票出票的效力

1. 对出票人

出票行为一经完成，对出票人来说，就产生了一定的票据债务。

（1）其要担保所签发的汇票能够在到期前获得承兑，在汇票上所载付款人拒绝承兑或因汇票上所载付款人下落不明、破产等原因无从承兑时，出票人必须承担汇票付款的责任。

（2）汇票的出票人还要承担担保付款的义务，在汇票到期不获付款的情况下，出票人必须承担付款责任，不管付款人对汇票承兑与否。

2. 对付款人

汇票出票时，由出票人在票据上载明委托付款人进行付款的意思。但这一委托并非票据上的委托关系，而仅仅是出票人与付款人之间的票据外原因关系。所以，出票行为的完成，对于付款人来说并未发生票据上的效力，付款委托可以看作是出票人一厢情愿的行为，而不是和付款人的双方合意。汇票上所载付款人可以依自己独立的意思，决定为该汇票进行承兑或拒绝承兑。

3. 对收款人

出票行为一经完成，即产生了收款人的票据权利。收款人从原因关系上的民事债权人变为票据债权人，享有付款请求权、追索权和依法转让票据的权利。但需注意的是，此时与其相对的票据义务人仅为出票人，并非票据上所载的付款人。

银行汇票（正面）

付款期限 壹个月		××银行 银 行 汇 票		汇票号码 第　　号							
出票日期　贰零　年　月　日 （大写）		代理付款行：　　　　行号：									
收款人：			账号：								
出票金额	人民币 （大写）				千	百	十	万	千	百	十 元 角 分
实际结算金额	人民币 （大写）				千	百	十	万	千	百	十 元 角 分

申请人：_____　账号或住址：_____

出票行：_____行号：____

备　注：_____

凭票付款

多余金额　千 百 十 万 千 百 十 元 角 分

科目（借）----------

对方科目（贷）------

兑付日期　年　月　日

复核　　　　记账

出票行签章

此联代理付款行付款后作联行往账借方凭证附件

商业汇票中的银行承兑汇票（正面）

| 银　行　承　兑　汇　票 | 汇票号码 |

出票日期　贰零　年　月　日
（大写）
第　号

此联收款人开户行随委托收款凭证寄付款行作借方

凭证附件

出票人全称		收款人	全称	
出票人账号			账号	
付款行全称	行号		开户行	行号
汇票金额	人民币（大写）			千 百 十 万 千 百 十 元 角 分
汇票到期日		本汇票已经承兑，到期日由本行付款	承兑协议编号	

本汇票请你行承兑，到期无条件付款

承兑行签章
承兑日期　年　月　日
备注：

出票人签章
年　月　日

备注：科目（借）_____
对方科目（贷）_____
转账　年　月　日
复核　　记账

三、汇票的背书转让

（一）概述

1. 概念

背书，是指持票人在票据的背面或者粘单上记载有关事项，完成签章，并将其交付相对人，从而将票据权利转让给他人或者将一定的票据权利授予他人行使的票据行为。

2. 方式

通常在票据的背面，都事先印制好若干背书栏的位置，载明表示将票据权利转让给被背书人的文句，而留出背书人及被背书人的空白，供背书人进行背书时填写。《票据法》一般并不限制背书的次数，在背书栏或票据背面写满时，可以在票据上粘贴"粘单"，进行背书。

背书应当由背书人签章并记载背书日期。如果未记载背书日期，视为在汇票到期日前背书。背书也必须记载被背书人名称。

3. 法律效力

背书转让具有与一般债权转让不同的法律效力：

（1）背书转让无须经票据债务人同意。

（2）背书转让的转让人不退出票据关系，而是由先前的票据权利人转变为票据义务人，并承担担保承兑和担保付款的责任。

（3）受让人只需以背书连续的票据，就可以证明自己的合法权利人身份，而无须提供其他证明。背书连续是指在票据转让中，转让汇票的背书人与受让汇票的被背书人在汇票上的签章依前后次序衔接（如下图斜线所示）。连续背书的第一背书人应当是票据上所载的收款人，持票人应当是最后一次背书的被背书人。如果背书不连续，但持票人能够证明自己是合法权利人，仍可行使票据权利。《票据法》规定的依背书连续而承认持票人为合法持票人的制度，不过是为权利人设计的最为便利的权利行使途径，而不是对权利人的特别限制。

银行汇票（背面）

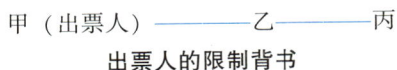

（二）背书转让的限制情形

在背书中进行特别内容的记载，对背书转让加以一定的限制，就构成限制背书，主要有：

1. 出票人的限制背书

汇票的出票人在票据上记载"不得转让"字样，汇票不得转让。这时，如果持票人背书转让的，背书行为无效。这并不意味着该汇票绝对不能再转让，而只是表明该票据不能再依《票据法》规定的背书方式进行转让，也不再可能发生背书转让的效力。这时的转让只是一般指名债权的转让。出票人记载禁止背书的意义，在于排除背书转让的效力，保持对受让人的抗辩权，并防止在受到追索时增加更多的偿还金额。如下图所示：

甲（出票人）————乙————丙

出票人的限制背书

假设甲和乙签订了买卖合同，甲作为买方向乙签发了一张商业汇票来付款。根据无因性理论，如果乙又将汇票背书转让给了丙，那么即使甲和乙的买卖合同无效，比如因乙存在欺诈，甲和乙的买卖合同被撤销，那么丙可以照常向甲行使追索权。但是，如果甲出票时在票据上记载"不得转让"字样，那么在甲和乙的合同无效时，乙是不能对甲主张无因性的，也就不能再对甲行使追索权。这样就保护了出票人甲的利益。

2. 背书人的限制背书

背书人可以在票据上记载"不得转让"字样，如果其后手再背书转让的，原背书人对后手的被背书人不承担保证责任。背书人记载的限制背书与出票人的限制背书都有避免对人抗辩切断、防止偿还金额增大的作用。不同之处在于，背书人的限制背书并不导致票据指示证券性的丧失，票据仍可背书转让，只是记载该限制背书的背书人将自己的担保责任限制在对其直接后手一个人上，对此后的后手受让人，不承担任何担保责任。对于持票人来说，背书人限制背书以外的各个背书，仍为普通背书，具有普通背书的一切效力。如下图所示：

X————甲（背书人）————乙————丙————Y

背书人的限制背书

假设甲为背书人，其将票据背书转让给乙时记载"不得转让"字样，如果乙仍然将票据背书转让给丙，那么后果是：丙以及丙的所有后手（如Y等）都对甲丧失追索权，只有乙能追索甲，甲只对乙负责，因为根据票据的□记载所有后手都是知晓的。此外，乙以及乙所有的后手仍然可以□（如X等），即记载"不得转让"字样者免责，未记载此字样者不□

3. 回头背书

回头背书，是指以先前已经在票据上签名的出票人、背书人等□的背书。回头背书具有一般背书的效力，并不因被背书人是先前的□权利归于消灭，只是在权利担保的效力上有所不同。被背书人是□的追索义务人，事实上是不能行使追索权的，只有在汇票已经□兑人行使追索权；回头背书的被背书人是先前的背书人的，□又是票据的权利人，他要对其后手承担担保责任，所以也就不□

（1）　　　　　　　　1号　　　　　　2号

A————B————A

出票人

（2）　　　　　　　　1号　　　　　　2号

Z————Y————X————A————B————A

背书人

回头背书

上图（1）所示：假设A（1号）为出票人，其将票据交付给B又因为某种原因（如买卖、借贷等民事法律关系）导致票据被背书给自己（2号），这种现象即为回头背书。回头背书会产生追索权循环往复的尴尬结果。根据追索权的行使方法，后手对前手可以追索，因为后手为债权人，前手为债务人。在本图中，B可以追A（1号），而A（2号）又可以追B。为了消除这种无意义的追索，法律规定此时的后果应当是：A（2号）的追索权完全消灭，对所有前手都不能追索。

这可以用民法理论加以解释：A（1号）在B之前，负有债务；B在A（1号）之后，享有债权。但同时，B又在A（2号）之前，负有债务；A（2号）又在B之后，享有债权。也就是说，A和B是互负债权和债务，可以抵销，这是债的消灭原因，也就导致A不能追索B。再者，A（1号）在A（2号）之前，负有债务；A（2号）又在A（1号）之后，享有债权。也就是说，A是债权和债务归于一身，发生混同，这也是债的消灭原因，所以 A（2号）不能追索 A（1号）。

上图（2）所示可以了解回头背书的另外一种情形：假设 A（1号）为一背书人，其将票据背书转让给 B 后又因为某种原因导致票据被背书给自己（2号）。此时的后果是：A（2号）的追索权要部分消灭，即 A（2号）对回头范围内的前手 [A（1号）和 B] 丧失追索权，但仍然可以越过回头范围再追索 X、Y、Z。

4. 附条件背书

背书不得附有条件，背书时附有条件的，所附条件不具有汇票上的效力。此时票据依然有效，背书也依然有效。

5. 分别背书和部分背书

分别背书，是指将票据金额分别转让给不同的被背书人的背书，部分背书是指将票据金额的一部分进行转让的背书。分别背书和部分背书，背书无效，票据权利不发生转移。所以背书人只能将全部票据金额转让给一个被背书人。

6. 期后背书

期后背书，是指在票据被拒绝承兑、被拒绝付款或者超过付款提示期限时所为的背书。期后背书应当属于无效背书，不能发生一般背书的效力，而只具有通常的债权转让的效力。原理在于期后背书是将有瑕疵的权利进行转让，是欺诈行为。但期后背书的背书人仍需承担票据责任。

7. 委托收款背书

委托收款背书，是指以委托他人代替自己行使票据权利、收取票据金额而进行的背书。委托收款背书不是实质上的票据权利转让，而是以背书形式进行的委托。背书人是委托人，被背书人是受托人。被背书人行使票据权利后，应将所得金额归于背书人。委托收款背书的背书人在进行背书时，必须记载"委托收款"字样。

8. 质押背书

汇票可以设定质押；质押时应当以背书记载"质押"字样。被背书人依法实现其质权时，可以行使汇票权利。

四、汇票的承兑

（一）概念

承兑，是指汇票付款人承诺在汇票到期日支付汇票金额的票据行为。承兑是汇票特有的一种制度。因为汇票的出票人在出票时，是委托他人（付款人）代替其支付票据金额，而该付款人在出票时并未在票上签章，并非票据债务人，无当然的支付义务。为使票据法律关系得以确定，就需要确认付款人能否进行付款，于是就产生了汇票的承兑制度。

（二）原则

1. 自由承兑原则

汇票的付款人可以依自己独立的意思，决定是否进行承兑，不受出票人指定其为付款人的限制。即使付款人与出票人存在一定的资金关系或依承兑协议应为汇票进行承兑而未承兑，也只承担票据外的民事责任。

2. 完全承兑原则

付款人必须在持票人提示付款的当日，足额付款，不允许部分承兑，付款人进行部分承兑的，应视为承兑附有条件，视为拒绝承兑。

3. 单纯承兑原则

付款人承兑汇票，不得附有条件；承兑如果附有条件，视为拒绝承兑，不发生承兑的效力。这是因为，所谓的承兑附条件是指付款人要求出票人必须履行和自己签订的委托付款协议才能承兑，这就违背了票据的无因性原理，因为委托付款协议作为票据外的一种民事合同应该和票据关系分离，二者无牵连。

（三）提示承兑

1. 概念

提示承兑，是指汇票的持票人，向汇票上所载的付款人出示汇票，请求其承诺付款的行为，目的在于请求付款人就是否承担到期付款义务加以确定。

2. 期间

（1）对于定日付款或者出票后定期付款的汇票，持票人应当在汇票到期日前向付款人提示承兑。

（2）见票后定期付款的汇票，持票人应当自出票日起 1 个月内，提示承兑。

3. 法律后果

汇票未按规定期限提示承兑的，持票人丧失对其前手的追索权。

4. 例外

见票即付的汇票无须承兑。银行汇票均为见票即付的汇票，因而无须承兑。

（四）付款人的承兑程序

1. 承兑时间

付款人对向其提示承兑的汇票，应当自收到提示承兑的汇票之日起 3 日内承兑或拒绝承兑。付款人在收到提示承兑汇票时，还应当向持票人签发收到汇票的回单。回单上应当记明汇票提示承兑日期并签章。

2. 承兑的记载事项

付款人承兑汇票的，应当在汇票正面记载"承兑"字样和承兑日期并签章；见票后定期付款的汇票，应当在承兑时记载付款日期。汇票上未记载承兑日期的，以付款人收到提示承兑汇票之日起第 3 日为承兑日期。

五、汇票的保证

（一）概念

汇票保证，是指汇票债务人以外的第三人，担保特定的票据债务人能够履行票据债务的票据行为。票据保证不同于民法中的保证，不适用《担保法》。

（二）汇票保证的成立

保证人必须在汇票或者粘单上记载下列事项：

1. 表明"保证"的字样

这是票据保证的绝对必要记载事项。"保证"文句一般并不事先印制在票据用纸上，需要保证人为保证行为时，特别加以记载。保证人未在票据或者粘单上记载"保证"文句而是另行签订保证合同或者保证条款的，不构成票据保证，只能为民法上的保证。

2. 保证人名称和住所

该项记载应属相对必要记载事项，欠缺该记载时，一般并不影响票据保证的有效成立，持票人可以依保证人的签章，推定其名称和住所。

3. 被保证人名称

该项记载亦为相对必要记载事项。保证人未记载被保证人名称的，已承兑的汇票，承兑人为被保证人；未承兑的汇票，出票人为被保证人。

4. 保证日期

该项记载为相对必要记载事项。保证人未记载保证日期的，以出票日期为保证日期。

5. 保证人签章

它使票据保证行为最终成立，是绝对必要记载事项。

（三）法律效力

1. 保证人的责任

保证人对合法取得汇票的持票人所享有的汇票权利承担保证责任。但是，被保证人的债务因汇票记载事项欠缺而无效的除外。被保证的汇票，保证人应当与被保证人对持票人承担连带责任。汇票到期后得不到付款的，持票人有权向保证人请求付款，保证人应当足额付款。这说明：

（1）保证人就票据债务来说，与被保证人承担的是同一责任，与被保证人的责任完全相同。

（2）保证人的责任是独立责任。即使被保证的票据债务因实质性原因而无效，已经完成的票据保证仍然有效。能够导致保证人保证行为无效的原因，一般来说只有三个：①被保证的票据债务自始不存在，也就是说被保证人并非票据债务人；②被保证的票据债务，因汇票绝对应当记载事项的欠缺而无效；③保证行为自身在形式上不完备，如保证人没有签章。

（3）保证人的责任是连带责任。而且票据保证人的连带责任是一种法定连带责任而非补充责任，所以，对于票据保证人来说，不享有一般保证中保证人的催告抗辩权或先诉抗辩权。在保证人为2人以上时，保证人之间亦需承担连带责任，对票据权利人来说，不分第一保证人或第二保证人，可以向任何一个保证人或全体保证人请求履行保证义务。

2. 保证人的代位权

保证人清偿汇票债务后，可以行使持票人对被保证人及其前手的追索权。

3. 附条件保证

保证不得附有条件；保证附有条件的，不影响对汇票的保证责任。即汇票保证如果附有条件，保证依然有效，所附条件视为无记载，无论条件成就与否，保证人均须承担保证责任。

六、付款

（一）概念

付款，是指付款人或承兑人在票据到期时，对持票人支付票据金额。

（二）程序

1. 提示付款的期限

持票人应当按照下列期限提示付款：

（1）见票即付的汇票，自出票日起1个月内向付款人提示付款。

（2）定日付款、出票后定期付款或者见票后定期付款的汇票，自到期日起10日内向承兑人提示付款。

持票人未按照《票据法》规定的期限提示付款的，在作出说明后，承兑人或者付款人仍应当继续对持票人承担付款责任。可以说，对于付款人和承兑人来说，持票人是否在《票据法》规定的提示付款期限内提示付款，其效力并无实质区别。只是对于背书人，持票人未在法定期限内提示付款，则会丧失对背书人的追索权。

2. 提示付款人

提示付款人应为合法持票人。持票人也可以委托代理人进行提示。通过委托收款银行或者通过票据交换系统向付款人提示付款的，视同持票人提示付款。

3. 付款程序

（1）持票人在《票据法》规定的提示期限内提示付款的，付款人必须在当日足额付款。

（2）持票人获得付款的，应当在汇票上签收，并将汇票交给付款人。持票人委托银行收款的，受委托的银行将代收的汇票金额转账收入持票人账户，视同签收。

（3）持票人委托的收款银行的责任，限于按照汇票上记载事项将汇票金额转入持票人账户。付款人委托的付款银行的责任，限于按照汇票上记载事项从付款人账户支付汇票金额。

（4）付款人及其代理付款人付款时，应当审查汇票背书的连续，并审查提示付款人的合法身份证明或者有效证件。

（5）汇票金额为外币的，按照付款日的市场汇价，以人民币支付。汇票当事人对汇票支付的货币种类另有约定的，从其约定。

（三）付款损失的承担

付款人在进行付款时，只需对所提示的票据进行形式审查，并无实质审查义务。付款人在履行法定审查义务后进行的付款是有效付款，即使发生错付，亦可善意免责。但在下列情况下，付款人须承担付款的损失：

1. 付款人或代理付款人以恶意或者重大过失付款的，如因恶意或重大过失欠缺对提示付款人的合法身份证明或有效证件的审查；欠缺对票据记载事项的审查包括绝对必要记载事项是否完备、是否有绝对有害的记载事项、背书是否连续等的审查；对在公示催告期间的票据进行付款的；收到止付通知后进行付款的。

2. 对定日付款、出票后定期付款或者见票后定期付款的汇票，付款人在到期日前付款的，发生错付的。

七、汇票的追索权

（一）概念

追索权，是指持票人在提示承兑或者提示付款而未获承兑或未获付款时，依法向其前手请求偿还票据金额及其他金额的权利。汇票到期被拒绝付款的，持票人可以对背书人、出票人以及汇票的其他债务人行使追索权。行使追索权的过程叫"追索"。

（二）追索权行使的原因

1. 期前追索原因

对于定日付款的汇票、出票后定期付款的汇票以及见票后定期付款的汇票，在汇票到期日前，发生下列情形之一时，持票人可以行使追索权：①汇票被拒绝承兑的；②承兑人或者付款人死亡、逃匿的；③承兑人或者付款人被依法宣告破产的或者因违法被责令终止业务活动的。

在我国票据实务中，承兑人或付款人不可能是自然人，所以上述第2种情形的规定并无实际意义。

2. 期后追索原因

汇票到期后，如果汇票的付款人、承兑人或者代理付款人拒绝支付，或者付款人提示付款时，汇票上所载的付款场所不存在、付款人不存在或下落不明，无法进行提示，因而无法获得付款时，持票人可以行使追索权。

（三）行使追索权的条件

1. 持票人行使追索权时，应当提供被拒绝承兑或被拒绝付款的有关证明。而持票人提示承兑或者提示付款被拒绝的，承兑人或者付款人必须出具拒绝证明，或者出具退票理由书。承兑人或者付款人出具的拒绝证明，是对拒绝承兑或者拒绝付款一事最直接、最便利的证明方式。出具拒绝证明是承兑人或付款人的一项义务，违反该义务时，应承担由此而产生的民事责任。

2. 因承兑人或者付款人死亡、逃匿或者其他原因，持票人不能取得拒绝证明的，其他有关的证明也可以作为拒绝证明。这种证明主要包括：①医院或者有关单位出具的承兑人、付款人死亡的证明；②司法机关出具的承兑人、付款人逃匿的证明；③公证机关出具的具有拒绝证明效力的文书。

3. 承兑人或者付款人被人民法院依法宣告破产的，人民法院的有关司法文书具有拒绝证明的效力。

4. 承兑人或者付款人因违法被责令终止业务活动的，有关行政主管部门的处罚决定具有拒绝证明的效力。

5. 持票人应当自收到被拒绝承兑或被拒绝付款的有关证明之日起3日内，将被拒绝事由书面通知其前手；其前手应当自收到通知之日起3日内书面通知其再前手。持票人也可以同时向各汇票债务人发出书面通知。这是追索权行使的附带条件。持票人未按规定期限进行通知的，仍可行使追索权，但是因延期通知给其前手或者出票人造成损失的，应负赔偿责任。只是赔偿金额以票据金额为限。而如果持票人将通知按照法定地址或约定地址邮寄的，无论追索义务人是否收到或是否按时收到，均视为已经发出通知，发出时间以邮寄时间为准。

（四）追索与再追索

1. 追索义务人的责任

汇票的出票人、背书人、承兑人和保证人对持票人承担连带责任。他们均为追索义务人，对持票人承担无条件给付汇票全部金额的责任。

2. 追索权利人的权利行使方式

在同时存在若干个追索义务人的情况下，持票人可以选择其中的任何一个人作为追索对象，此为选择性；也可以不限定一名追索对象，而向一个以上的追索义务人行使追索权；持票人还可以不受已经开始的追索权行使的限制，在未实现其追索权之前，再进行新的追索，此为变更性。

3. 再追索

被追索人清偿债务后，与持票人享有同一追索权利，可以再向其他汇票债务人行使追索权，直至汇票上的债权债务关系因履行或其他法定原因而消灭为止，此为代位性。

4. 追索金额的范围

（1）被拒绝付款的汇票金额。

（2）汇票金额自到期日或者提示付款日起至清偿日止，按照中国人民银行规定的利率计算的利息。

（3）取得有关拒绝证明和发出通知书的费用。

5. 再追索金额的范围

（1）已清偿的全部金额。

（2）前项金额自清偿日起至再追索清偿日止，按照中国人民银行规定的利率计算的利息。

（3）发出通知书的费用。

显然，再追索金额的范围一定会大于追索金额的范围，因为随着时间的延续，追索的金额及其利息会不断滚动增加。

第五节　本票和支票

一、本票

（一）概述

1. 概念

本票，是指出票人签发的，承诺自己在见票时无条件支付确定金额给收款人或者持票人的票据。我国《票据法》上的本票仅指银行本票，而且均为即期本票。

银行本票是银行签发的，承诺自己在见票时无条件支付确定的金额给收款人或者持票人的票据。

2. 特征

（1）本票是票据的一种，具有一切票据所共有的性质，是无因证券、设权证券、文义证券、要式证券、金钱债权证券、流通证券等。

（2）本票是自付证券，它是由出票人自己对收款人支付并承担绝对付款责任的票据。在本票法律关系中，基本当事人只有出票人和收款人，付款人由出票人兼任了。这是本票和汇票、支票最重要的区别。

（3）本票在很多方面可以适用汇票法律制度，但是由于本票是由出票人本人承担付款责任，无须委托他人付款，所以，本票没有承兑制度。

（二）本票的出票

1. 出票人资格

本票的出票人必须具有支付本票金额的可靠资金来源，并保证支付。在商业银行辖属营业机构开户的单位和个人需要在票据交换区域内支付各种款项时，可以申请使用银行本票。

2. 本票的法定记载事项

（1）表明"本票"的字样。定额本票由中国人民银行统一印制并发行，不定额本票由各银行按中国人民银行规定的同一格式印制和发行，出票人不得擅自印制本票，更不得以其他票据、单据或白纸书写有关事项代替本票。凡不符合格式的本票一律无效。

（2）无条件支付的承诺。

（3）确定的金额。

（4）收款人名称。

（5）出票日期。

（6）出票人签章。

这些事项是本票的法定绝对必要记载事项，本票上欠缺任何一项的记载，都会导致本票无效。

本票（正面）

付款期限 × 个月	×× 银 行 本 票	地名	本票号码	
出票日期 （大写） 贰零 年 月 日 第 号				此联出票行结清本票时作借方凭证
收款人：				
凭票即付	人民币 （大写）			
转 账 现 金 备注：		科目（借）----------- 对方科目（贷）-------- 付款日期 年 月 日 出纳 复核 经办 出票行签章		
（使用清分机的，此区域供打印磁性字码）				

（三）本票的付款

本票的出票人在持票人提示见票时，必须承担付款的责任。本票自出票日起，付款期限最长不超过 2 个月。

（四）本票适用汇票规定的情况

本票的背书、保证、付款行为和追索权的行使，除《票据法》本票一章规定的外，适用《票据法》有关汇票的规定。

二、支票

（一）概述

1. 概念

支票，是指出票人签发的，委托办理支票存款业务的银行或者其他金融机构在见票时无条件支付确定的金额给收款人或者持票人的票据。

2. 特征

（1）支票是票据的一种，和汇票、本票一样具有票据所具有的共同特征。

（2）《票据法》对支票付款人的资格有严格限制，仅限于银行或其他金融机构，不能是其他法人或自然人。

（3）支票是见票即付的票据，它的主要功能在于代替现金进行支付。

（4）支票的无因性受到一定限制。支票的出票人签发支票不得超过其付款时在付款人处实有的存款金额。超过其实有存款金额的，为空头支票，禁止签发空头支票。

（二）出票

1. 出票人资格的限制

支票的出票人只有符合下列条件，才能签发支票：

（1）建立账户。开立支票存款账户，申请人必须使用其本名，并提交证明其身份的合法证件。所以，作为支票的出票人首先要求在银行或其他金融机构开立一个存款账户，以建立和银行或其他金融机构的资金关系。

（2）存入足够支付的款项。开立支票存款账户和领用支票，应当有可靠的资信，并存入一定的资金。

（3）预留印鉴。为便于付款银行在付款时进行审查，同时免除付款银行善意付款的责任，票据法律法规均规定开立支票存款账户的申请人应该在银行留下其本名的签名样式和印鉴样式。

2. 支票的法定记载事项

（1）表明"支票"的字样。

（2）无条件支付的委托。

（3）确定的金额。《票据法》要求出票人就支票的金额填写清楚、准确。但出票人也可以将金额空白，待交易后再填写。但在提示付款时，金额的填写必须符合法律规定，否则无效。

（4）付款人名称。

（5）出票日期。

（6）出票人签章。支票上未记载上述事项的，支票无效。

3. 未记载事项的补救

（1）《票据法》第 85 条规定，支票上的金额可以由出票人授权补记，未补记前的支票，不得使用。

（2）支票上未记载收款人名称的，经出票人授权，可以补记。

（3）支票上未记载付款地的，付款人的营业场所为付款地。

（4）支票上未记载出票地的，出票人的营业场所、住所或经常居住地为出票地。

4. 效力

（1）出票人必须按照签发的支票金额承担向持票人付款的保证责任，包括保证自己在付款银行有足够的存款、未签发空头支票等。

（2）出票人在付款银行的存款足以支付支票金额时，付款人应当在持票人提示付款的当日足额付款，使持票人能够及时得到票款的支付。

支票（正面）

（三）付款

1. 提示付款

支票的持票人应当在出票日起 10 日内提示付款；异地使用的支票，付款提示期限由中国人民银行另行规定。超过付款提示期限的，付款人可以拒绝付款。

2. 逾期提示的法律后果

因超过提示付款期限付款人不予付款的，持票人仍享有票据权利，出票人仍应对持票人承担票据责任，支付票据所载金额。

3. 付款的意义

付款人依法支付支票金额的，对出票人不再承担受委托付款的责任，对持票人不再承担付款责任。但是，付款人以恶意或重大过失付款的除外。

4. 因出票人签发空头支票或者签发与其签名样式或预留印鉴不符的支票，给他人造成损失的，支票的出票人和背书人应当依法承担民事责任。

（四）支票适用汇票规定的情况

支票的背书、付款和追索，除关于支票另有规定的，适用汇票的规定。支票的出票行为亦可适用汇票的有关规定。

本章复习重点提示

1. 重要知识点

票据的种类；票据权利的特征；票据权利的取得条件；票据丧失的补救；票据行为的特征；票据抗辩的种类；汇票的当事人；汇票的追索权；支票的概念与特征。

2. 实例解析

[例1] 甲向乙开具金额为100万元的汇票以支付货款。乙取得该汇票后背书转让给丙，丙又背书转让给丁，丁再背书转让给戊。现查明，甲、乙之间并无真实交易关系。该汇票有效吗?[1]

[例2] 朱某持一张载明金额为人民币50万元的承兑汇票，向票据所载明的付款人某银行提示付款。但该银行以持票人朱某拖欠银行贷款60万元尚未清偿为由拒绝付款，并以该汇票票面金额冲抵了部分届期贷款金额。付款人（即某银行）的行为属于何种抗辩?[2]

[例3] 甲是无民事行为能力人，他签发了一张记载齐全的汇票给乙，乙又将其背书给丙，该出票行为和背书行为是否有效?[3]

[例4] 如果甲是完全民事行为能力人，他签发了一张欠缺法定记载事项的汇票给乙，乙又将其背书给丙，该出票行为和背书行为是否有效?[4]

---

〔1〕 根据票据的无因性特征，该汇票有效。

〔2〕 对人抗辩。

〔3〕 根据票据行为的独立性理论，出票行为无效，背书行为有效。

〔4〕 均无效。

第7章 证券法

▶ **本章导读**

　　证券一般又称为有价证券，是记载并代表一定民事权利的书面凭证。证券不同于证书，证书是记载并证明法律事实的书面凭证，本身不代表权利，只是证明事实的存在，如毕业证、学生证、出生证、结婚证、工作证、合同书等。广义的证券包括货物证券，如提单、仓单；货币证券，如汇票、本票、支票；资本证券，如股票、债券、投资基金券。《证券法》所规范的证券仅为资本证券。有价证券还可分为证权有价证券和设权有价证券，分类的标准在于证券与权利发生的时间关系。权利发生在前，证券发生在后的有价证券，为证权有价证券，如借据、股票。股份有限公司设立，股东取得股份，股东权在前，股东取得股票在后，目的在于证明股份、股东权的存在及大小。证券与权利同时发生的有价证券，为设权有价证券，如公债、票据。票据未签发前，证券不存在，也不发生票据权利。票据签发之时，证券与票据权利同时发生。

第一节 证券法概述

一、证券的种类及其特征

（一）种类

我国目前证券市场上发行和流通的资本证券主要包括股票、债券、证券投资基金券以及经国务院依法认定的其他证券。

1. 股票

股票是股权凭证，是股份有限公司签发的证明股东权利义务的要式有价证券。由于股票的收益取决于公司的经营业绩和证券市场的行情，因而它具有风险较大和收益较高的特点。

2. 债券

债券是债权凭证，是企业、金融机构或政府为募集资金向社会公众发行的，保证在规定的时间内向债券持有人还本付息的有价证券。根据发行人的不同，债券可分为以下三类：①企业、公司债券，是指一般企业和公司发行的债券；②金融债券，是指银行和非银行金融机构发行的债券；③政府债券，是指政府或政府授权的代理机构发行的债券，包括国库券、财政债券、建设公债、特种国债、保值公债等。由于债券是一种到期还本付息的有价证券，因而它具有风险性小和收益稳定的特点。

3. 证券投资基金券

证券投资基金券是指证券投资基金发起人向社会公众发行的，表明持有人对基金享有收益分配权和其他相关权利的有价证券。投资者按其所持基金券在基金中所占的比例来分享基金盈利，同时分担基金亏损。

（二）特征

1. 证券是投资工具。就证券的持有人而言，无论其购买证券还是在证券市场上转让证券，几乎都是以追求投资回报最大化为目的。

2. 证券是证明持券人拥有某种财产权利的凭证。

3. 证券是一种可以流通的权利凭证。证券具有可转让性和变现性，其持有者可以随时将证券转让出售，以实现自身权利。

二、证券市场

证券市场是各种证券及其衍生产品（如期货、期权等）发行和交易的场所。证券市场由证券发行市场和证券交易市场两部分组成。

（一）发行市场

发行市场又称一级市场，它是通过发行证券进行筹资活动的市场。发行市场主要由证券发行人、认购人和中介人组成。其中证券发行人包括政府、金融机构、公司和公共机构（如基金会等）；认购人即投资者，包括机构和个人两类；中介人指证券公司和为证券发行服务的注册会计师机构、律师机构和资产评估机构。

（二）交易市场

交易市场又称二级市场，是指对已发行的证券进行买卖、转让和流通的市场。其功能在于为证券持有人提供随时卖掉所持证券进行变现的机会，同时又为新的投资者提供投资机会。根据交易形式的不同，证券交易市场主要分为两种，即证券交易所和场外证券交易市场。证券交易所在我国特指国家专营的上海证券交易所和深圳证券交易所。场外证券交易市场是指依法设立的对非上市证券进行交易的市场。在场外证券交易场所交易的股票，一般为未上市股票，其交易价格不是通过集中竞价方式产生的，而是通过交易双方协商产生的。

上市公司收购是一种特殊的证券交易形式，其目的不在于炒股赚钱而在于实现对目标公司的控制和兼并。

证监会监管下的我国证券市场

三、证券机构

（一）证券交易所

1. 概念与机构

证券交易所是为证券集中交易提供场所和设施，组织和监督证券交易，实行自律管理的法人。证券交易所有公司制和会员制之分。公司制的证券交易所以营利为目的；会员制的证券交易所不以营利为目的。会员制的证券交易所财产积累归会员所有，权益由会员共同享有，在其存续期间不得将财产积累分配给会员。我国的证券交易所目前采取会员制。我国有两家证券交易所，即上海证券交易所和深圳证券交易所。由于任何一个交易所的设立和解散都是轰动世界的新闻，影响重大，所以证券交易所的设立和解散，由国务院决定。这是《证券法》中唯一一项直接由国务院行使的职权。

设立证券交易所必须制定章程。证券交易所章程的制定和修改，必须经国务院证券监督管理机构批准。证券交易所设理事会，证券交易所设总经理一人，由证监会任免。

2. 职能

（1）为组织公平的集中竞价交易提供保障，公布证券交易即时行情，并按交易日制作证券市场行情表，予以公布。

（2）依照法律、行政法规的规定，办理股票、公司债券的暂停上市、恢复上市或者终止上市的事务。

（3）因突发性事件而影响证券交易正常进行时，证券交易所可以采取技术性停牌的措施。例如，市场上突然风传某上市公司的高管携款外逃，为了防止投资者误信传言，一时冲动抛出或买入该公司股票，证交所就可以暂停该公司的股票交易，等待事情澄清后再恢复交易。这种措施是针对个别证券的。

因不可抗力的突发性事件或者为维护证券交易的正常秩序，证券交易所可以决定临时停市。例如，证券交易所所在地区突然发生大地震、海啸或骚乱等突发性事件，证券交易所就关门歇业，停止一切交易。临时停市是针对整个交易所的。

证券交易所采取技术性停牌或者决定临时停市时，必须及时向中国证监会报告。

（4）对在交易所进行的证券交易实行实时监控，并按照国务院证券监督管理机构的要求，对异常的交易情况提出报告；对上市公司披露的信息进行监督，督促上市公司依法及时、准确地披露信息。

（二）证券公司

1. 设立

证券公司，是指依照《公司法》和《证券法》的规定设立的经营证券业务的有限责任公司或者股份有限公司。

证券公司的设立必须经中国证监会依照法定的程序审查批准，未经中国证监会批准，不得经营证券业务。而且，证券公司设立或撤销分支机构，变更业务范围或者注册资本，变更公司章程，合并、分立、变更公司形式或解散，也必须经中国证监会批准。设立证券公司，应当具备下列条件：①有符合法律、行政法规规定的公司章程；②主要股东具有持续盈利能力，信誉良好，最近 3 年无重大违法违规记录，净资产不低于人民币 2 亿元；

③有符合《证券法》规定的注册资本；④董事、监事、高级管理人员具备任职资格，从业人员具有证券从业资格；⑤有完善的风险管理与内部控制制度；⑥有合格的经营场所和业务设施；⑦法律、行政法规规定的和经国务院批准的国务院证券监督管理机构规定的其他条件。

2. 业务范围

经国务院证券监督管理机构批准，证券公司可以经营下列部分或者全部业务：①证券经纪（即在二级市场上代理投资者买卖证券）；②证券投资咨询；③与证券交易、证券投资活动有关的财务顾问；④证券承销与保荐（即在一级市场上代理发行人发行证券）；⑤证券自营（即自己充当投资者买卖证券）；⑥证券资产管理；⑦其他证券业务。证券公司经营上述第1项至第3项业务的，注册资本最低限额为人民币5000万元；经营第4项至第7项业务之一的，注册资本最低限额为人民币1亿元；经营第4项至第7项业务中两项以上的，注册资本最低限额为人民币5亿元。证券公司的注册资本应当是实缴资本，不能分期缴纳。

国务院证券监督管理机构根据审慎监管原则和各项业务的风险程度，可以调整注册资本最低限额，但不得少于前款规定的限额。

3. 对证券公司的监管

（1）证券公司不得为其股东或者股东的关联人提供融资或者担保。

（2）证券公司应当建立健全内部控制制度，采取有效隔离措施，防范公司与客户之间、不同客户之间的利益冲突。证券公司必须将其证券经纪业务、证券承销业务、证券自营业务和证券资产管理业务分开办理，不得混合操作。

（3）证券公司的自营业务必须以自己的名义进行，不得假借他人名义或者以个人名义进行。证券公司的自营业务必须使用自有资金和依法筹集的资金。证券公司不得将其自营账户借给他人使用。

（4）证券公司客户的交易结算资金应当存放在商业银行，以每个客户的名义单独立户管理。证券公司不得将客户的交易结算资金和证券归入其自有财产。禁止任何单位或者个人以任何形式挪用客户的交易结算资金和证券。证券公司破产或者清算时，客户的交易结算资金和证券不属于其破产财产或者清算财产。非因客户本身的债务或者法律规定的其他情形，不得查封、冻结、扣划或者强制执行客户的交易结算资金和证券。

（5）证券公司为客户买卖证券提供融资融券服务，应当按照国务院的规定并经国务院证券监督管理机构批准。

融资融券也称"买空卖空"交易，风险较大。"融"就是"借"的意思，融资为借钱买证券，即"买空"；融券则相反，是借证券来卖，即"卖空"。

[例] 某投资者发现上市公司中石油目前的股价为每股12元，预测其即将上涨到15元，此时就可以进行融资。假设向证券公司借款12 000元买入1000股，则当股价上涨到15元后就可卖出股票将借款归还后赚取差价赢利3000元。反之，如果该投资者预测中石油股价即将下跌到10元，此时就可以融券。假设向证券公司借入1000股股票卖出，则当股价下跌到10元后就可抄底再买回1000股归还证券公司赚取差价赢利2000元。

显然，看涨时融资，看跌时融券，不论股市行情如何，只要投资者判断准确都有赚钱的机会。

（6）证券公司办理经纪业务，不得接受客户的全权委托而决定证券买卖、选择证券种类、决定买卖数量或者买卖价格。

（7）证券公司不得以任何方式对客户证券买卖的收益或者赔偿证券买卖的损失作出承诺。因为证券市场风险不可预测，任何人都不能保证只赚不赔，即使作出了保证，证券公司也未必有足够的财力支付赔款。

第二节 证券发行

一、证券发行的方式

公开发行证券，必须符合法律、行政法规规定的条件，并依法报经国务院证券监督管理机构或者国务院授权的部门核准。未经依法核准，任何单位和个人不得公开发行证券。

有下列情形之一的，为公开发行：①向不特定对象发行证券的；②向特定对象发行证券累计超过200人的；③法律、行政法规规定的其他发行行为。

非公开发行证券，不得采用广告、公开劝诱或者变相公开的方式进行。

发行人申请公开发行股票、可转换为股票的公司债券，依法采取承销方式的，或者公开发行法律、行政法规规定实行保荐制度的其他证券的，应当聘请具有保荐资格的机构担任保荐人。保荐人应当遵守业务规则和行业规范，诚实守信，勤勉尽责，对发行人的申请文件和信息披露资料进行审慎核查，督导发行人规范运作。所谓保荐人制度，是指由保荐人（证券公司）负责发行人的上市推荐和辅导，核实公司发行文件中所载资料的真实性、准确性和完整性，协助发行人建立严格的信息披露制度，并承担相应法律责任的制度。

（一）股票发行

1. 概念和种类

股票发行是指符合发行条件的股份有限公司，以筹集资金为目的，依法定程序，以同一条件向特定或不特定的公众招募或出售股票的行为。股票发行是股份发行的表现形式。

股票发行人必须是具有股票发行资格的股份有限公司，包括已成立的股份有限公司和经核准拟设立的股份有限公司。股票发行一般有两种：①为设立新公司而首次发行股票，即设立发行；②为扩大已有的公司规模而发行新股，即增资发行。

2. 条件

（1）设立发行股票的条件

设立发行又称首次发行，是指发起人通过发行公司股票来募集经营资本，成立股份有限公司的行为。设立股份有限公司公开发行股票，应当符合《公司法》规定的条件和经国务院批准的国务院证券监督管理机构规定的其他条件，向国务院证券监督管理机构报送募股申请和下列文件：①公司章程；②发起人协议；③发起人姓名或者名称，发起人认购的股份数、出资种类及验资证明；④招股说明书；⑤代收股款银行的名称及地址；⑥承销机构名称及有关的协议。依照证券法规定聘请保荐人的，还应当报送保荐人出具的发行保荐书。法律、行政法规规定设立公司必须报经批准的，还应当提交相应的批准文件。

公司对公开发行股票所募集的资金，必须按照招股说明书所列资金用途使用。改变招股说明书所列资金用途，必须经股东大会作出决议。擅自改变用途而未作纠正的，或者未经股东大会认可的，不得公开发行新股，上市公司也不得非公开发行新股。发行人、上市公司擅自改变公开发行证券所募集资金的用途的，责令改正，对直接负责的主管人员和其他直接责任人员给予警告，并处以 3 万元以上 30 万元以下的罚款。

（2）发行新股的条件

股份有限公司成立后，基于增资目的而再次申请公开发行股票的，为发行新股。公开发行新股，应当符合下列条件：①具备健全且运行良好的组织机构；②具有持续盈利能力，财务状况良好；③最近 3 年财务会计文件无虚假记载，无其他重大违法行为；④经国务院批准的国务院证券监督管理机构规定的其他条件。上市公司非公开发行新股，应当符合经国务院批准的国务院证券监督管理机构规定的条件，并报国务院证券监督管理机构核准。

（二）公司债券发行

1. 发行条件

股份有限公司、国有独资公司和两个以上的国有企业或者其他两个国有投资主体投资设立的有限责任公司，为筹集生产经营资金，可以依照《证券法》规定的条件发行公司债券。这些条件如下：①股份有限公司的净资产额不低于人民币 3000 万元，有限责任公司的净资产额不低于人民币 6000 万元；②公司发行的债券累计余额不超过净资产额的 40%（所谓"余额"是指已发行且尚未到期的债券）；③最近 3 年平均可分配利润足以支付公司债券 1 年的利息；④筹集的资金投向符合国家产业政策；⑤债券的利率水平不得超过国务院限定的利率水平；⑥国务院及其证券监督管理部门规定的其他条件。

公开发行公司债券筹集的资金，必须用于核准的用途，不得用于弥补亏损和非生产性支出。

2. 再次发行条件

有下列情形之一的，不得再次公开发行公司债券：①前一次公开发行的公司债券尚未募足；②对已公开发行的公司债券或者其他债务有违约或者延迟支付本息的事实，仍处于继续状态；③违反《证券法》规定，改变公开发行公司债券所募资金的用途。

二、发行公告

发行公告是指发行人在证券发行前必须依法进行向社会公众公告其招股说明书等募集文件的活动。发行人所公告的招股说明书应当附有发起人制定的公司章程，且应当按照证监会规定的格式制作，并载明下列事项：①公司的名称、住所；发起人、发行人简况及其认购的股份数。②筹资目的。③每股票面金额和发行价格。④初次发行的发起人认购股本的情况、股权结构及验资证明。⑤承销机构的名称、承销方式与承销数量。⑥发行的对象、时间、地点及股票认购和股款缴纳的方式。⑦所筹资金的运用计划及收益、风险预测、公司最近发展规划和经注册会计师审核并出具审核意见的公司下一年的盈利预测文件。⑧涉及公司经营的重要合同。⑨涉及公司的重大诉讼事项。⑩公司董事、监事名单及其简历。⑪公司近 3 年以来的生产经营状况和有关业务发展的基本情况。⑫经注册会计师事务所审计的公司最近 3 年或者成立以来的财务报告和由 2 名以上注册会计师及其所在事务所签字、盖章的审计报告。⑬增资发行的公司前次公开发行股票所筹资金的运用情况。⑭本次募股的起止期限及逾期未募足时认股人可撤回所认股份的说明，以及证监会要求载明的其他事项。

发行人申请首次公开发行股票的，在提交申请文件后，应当按照国务院证券监督管理机构的规定预先披露有关申请文件。

三、证券承销

（一）承销业务的种类

根据我国《证券法》的规定，我国证券承销业务分为代销和包销两种方式。

1. 证券代销，是指证券公司代发行人发售证券，在承销期结束时，将未售出的证券全部退还给发行人的承销方式。在这种方式中，证券公司和发行人是委托代理关系。对发行人而言，这种承销方式风险较大，所以承销费用相对较低。

2. 证券包销，是指证券公司将发行人的证券按照协议全部购入或者在承销期结束时将售后剩余证券全部自行购入的承销方式。在这种方式中，证券公司和发行人是买卖关系。由于证券销售不出去的风险由承销人承担，所以承销费用相对较高。但由于发行人风险较低，所以包销方式是最常见的承销方式。

（二）承销团及主承销人

1. 承销团，又称联合承销，是指两个以上的证券经营机构组成承销人，为发行人发售证券的一种承销方式。根据《证券法》的规定，向社会公开发行的证券票面总值超过人民币 5000 万元的，必须采取承销团的形式来销售。这是由于销售涉及的金额大，销售成功后的利润大，但同样的，销售不成功的损失也大。为了保证销售者对巨额销售有足够的承受能力，《证券法》规定巨额销售必须要有相当资本实力的销售主体来承担。为了分散风险并加快销售速度，这种销售应当由两个或两个以上的证券公司来联合承销。

2. 主承销人，是指承销团在承销过程中，其他承销团成员均委托其中一家承销人为承销团负责人，该负责人即为主承销人。主承销人与其他各家承销人的关系属于民法上的委托代理关系，主承销人的行为后果由承销团承担。

（三）证券的销售期限

证券的代销、包销期最长不得超过 90 日。时间过短难以实现融资目标，时间过长则容易错过最佳投资机会。

（四）代销发行失败

股票发行采用代销方式，代销期限届满，向投资者出售的股票数量未达到拟公开发行股票数量 70%的，为发行失败。发行人应当按照发行价并加算银行同期存款利息返还股票认购人。

由于包销方式由证券公司"兜底"，自然是不会失败的。

第三节 证券交易

一、证券交易的方式

证券交易的方式应当采用公开的集中交易方式，主要包括以下两种。

1. 集中竞价

竞价交易，是指在多个买主与卖主之间，出价最低的卖主与进价最高的买主达成交易。公开的集中竞价，则是所有有关购售该证券的买主和卖主集中在证券交易所内公开申报、竞价交易，每当买卖双方出价相吻合就构成一笔买卖，交易依买卖组连续进行，每个买卖组形成不同的价格。这种方式遵循价格优先和时间优先的原则。

（1）价格优先。是指同时有两个或两个以上的买（卖）方进行买卖同种证券时，买方中出价最高者，应处在优先购买的地位；而卖方中出价最低者，应处在优先卖出的地位。

（2）时间优先。是指出价相同时，以最先出价者优先成交。

2. 大宗交易

大宗交易，又称为大宗买卖。一般是指交易数量和金额都非常大，远远超过市场的平均交易规模。我国现行有关交易制度规定，如果证券单笔买卖申报达到一定数额的，证券交易所可以采用大宗交易方式进行交易。

大宗交易在交易所正常交易日的限定时间内进行，有涨幅限制证券的大宗交易须在当日涨跌幅价格限制范围内，无涨跌幅限制证券的大宗交易须在前收盘价的上下30%或者当日竞价时间内成交的最高和最低成交价格之间，由买卖双方采用议价协商方式确定成交价，并经证券交易所确认后成交。

二、证券交易的暂停和终止

证券交易的暂停，是指已获准上市的证券，因公司一定事由的发生，由证券主管机关或证券交易所决定或自动停止其在交易所的集中竞价交易的情形。证券交易的终止则是指已获准上市的证券，因发生法定事由，由证券主管机关或证券交易所决定终止其上市资格的情形。证券交易的暂停和终止主要包括股票和债券交易的暂停和终止。

（一）股票交易的暂停和终止

上市公司有下列情形之一的，由证券交易所决定暂停其股票上市交易：①公司股本总额、股权分布等发生变化不再具备上市条件；②公司不按照规定公开其财务状况，或者对财务会计报告作虚假记载，可能误导投资者；③公司有重大违法行为；④公司最近3年连续亏损；⑤证券交易所上市规则规定的其他情形。

上市公司有下列情形之一的，由证券交易所决定终止其股票上市交易：①公司股本总额、股权分布等发生变化不再具备上市条件，在证券交易所规定的期限内仍不能达到上市条件；②公司不按照规定公开其财务状况，或者对财务会计报告作虚假记载，且拒绝纠正；③公司最近 3 年连续亏损，在其后一个年度内未能恢复盈利；④公司解散或者被宣告破产；⑤证券交易所上市规则规定的其他情形。

（二）债券交易的暂停和终止

公司债券上市交易后，公司有下列情形之一的，由证券交易所决定暂停其公司债券上市交易：①公司有重大违法行为；②公司情况发生重大变化不符合公司债券上市条件；③发行公司债券所募集的资金不按照核准的用途使用；④未按照公司债券募集办法履行义务；⑤公司最近 2 年连续亏损。

公司有上述第 1、4 项所列情形之一经查实后果严重的，或者有上述第 2、3、5 项所列情形之一，在限期内未能消除的，由证券交易所决定终止其公司债券上市交易。公司解散或者被宣告破产的，由证券交易所终止其公司债券上市交易。

三、限制和禁止的证券交易行为

（一）一般规定

1. 证券交易当事人依法买卖的证券，必须是依法发行并交付的证券。非依法发行的证券，不得买卖。依法发行的证券，法律对其转让期限有限制性规定的，在限定的期限内，不得买卖。

2. 依法公开发行的股票、公司债券及其他证券，应当在依法设立的证券交易所上市交易或者在国务院批准的其他证券交易场所转让。

3. 证券交易以现货和国务院规定的其他方式进行交易。现货方式即为一手交钱一手交货的即时交割方式，风险很低。其他方式主要指期货、期权等远期交割方式。

4. 证券交易所、证券公司、证券登记结算机构从业人员、证券监督管理机构工作人员和法律、行政法规禁止参与股票交易的其他人员在任期或者法定限期内，不得直接或者以化名、借他人名义持有、买卖股票，也不得收受他人赠送的股票。任何人在成为所列上述人员时，其原已持有的股票，必须依法转让。

5. 为股票发行出具审计报告、资产评估报告或者法律意见书等文件的证券服务机构和人员，在该股票承销期内和期满后 6 个月内不得买卖该种股票。除上述规定外，为上市公司出具审计报告、资产评估报告或者法律意见书等文件的证券服务机构和人员，自接受上市公司委托之日起至上述文件公开后 5 日内，不得买卖该种股票。

6. 持有一个股份有限公司已发行股份 5% 的股东，应当在其持股数额达到该比例之日起 3 日内向该公司报告，公司必须在接到报告之日起 3 日内向国务院证券监督管理机构报告；属于上市公司的，应当同时向证券交易所报告。上市公司董事、监事、高级管理人员、持有上市公司股份 5% 以上的股东，将其持有的该公司的股票在买入后 6 个月内卖出，或者在卖出后 6 个月内又买入的，由此所得收益归该公司所有，公司董事会应当收回其所得收益。但是，证券公司因包销购入售后剩余股票而持有 5% 以上股份的，卖出该股票不受 6 个月时间限制。

公司董事会不按上述规定执行的，股东有权要求董事会在 30 日内执行。公司董事会未在上述期限内执行的，股东有权为了公司的利益以自己的名义直接向人民法院提起诉讼。公司董事会不按上述规定执行的，负有责任的董事应当依法承担连带责任。

上述规定为"禁止短线交易"或"禁止反向操作"。一般而言，大股东和高管等人员在短期内反复转手股票往往是得到内幕消息后的投机行为，所以为法律所禁止。只不过鉴于证券交易瞬息万变，已经发生的短线交易仍然是有效的，公司作为受害人行使归入权收取短线交易人的收益即可。为了防止董事会怠于履行职权，股东可以依法提起代表诉讼。

（二）禁止内幕交易行为

内幕交易是指知悉证券交易内幕信息的知情人和非法获取内幕信息的人，利用内幕信息进行证券交易的活动。

1. 知情人员范围

下列人员为知悉证券交易内幕信息的知情人员：①发行人的董事、监事、高级管理人员；②持有公司5%以上股份的股东及其董事、监事、高级管理人员，公司的实际控制人及其董事、监事、高级管理人员；③发行人控股的公司及其董事、监事、高级管理人员；④由于所任公司职务可以获取公司有关内幕信息的人员；⑤证券监督管理机构工作人员以及由于法定职责对证券的发行、交易进行管理的其他人员；⑥保荐人、承销的证券公司、证券交易所、证券登记结算机构、证券服务机构的有关人员；⑦国务院证券监督管理机构规定的其他人。

2. 内幕信息范围

内幕信息是指证券交易活动中，涉及公司的经营、财务或者对该公司证券的市场价格有重大影响且尚未公开的信息。内幕信息包括：①法律规定上市公司必须公开的、可能对股票价格产生较大影响、而投资者尚未得知的重大事件；②公司分配股利或者增资的计划；③公司股权结构的重大变化；④公司债务担保的重大变更；⑤公司营业用主要资产的抵押、出售或者报废一次超过该资产的30%；⑥公司的董事、监事、经理、副经理或者其他高级管理人员的行为可能依法承担重大损害赔偿责任；⑦上市公司收购的有关方案；⑧国务院证券监督管理机构认定的对证券交易价格有显著影响的其他重要信息。

知悉证券交易内幕信息的知情人员或者非法获取内幕信息的其他人员，不得买入或者卖出所持有的该公司的证券，不得泄露该信息或者建议他人买卖该证券。

内幕交易行为给投资者造成损失的，行为人应当依法承担赔偿责任。

（三）禁止操纵证券市场行为

1. 概念

操纵证券市场行为，是指行为人背离市场自由竞价和供求关系原则，以各种不正当的手段，影响证券市场价格或者证券交易量，制造证券市场假象，以引诱他人参与证券交易，为自己谋取不正当利益或者转嫁风险的行为。

2. 范围

操纵市场的行为包括：①单独或者通过合谋，集中资金优势、持股优势或者利用信息优势联合或者连续买卖，操纵证券交易价格或者证券交易量；②与他人串通，以事先约定的时间、价格和方式相互进行证券交易，影响证券交易价格或者证券交易量；③在自己实际控制的账户之间进行证券交易，影响证券交易价格或者证券交易量；④以其他手段操纵证券市场。

操纵证券市场行为给投资者造成损失的，行为人应当依法承担赔偿责任。

（四）禁止虚假陈述和信息误导行为

禁止国家工作人员、传播媒介从业人员和有关人员编造、传播虚假信息，扰乱证券市场。

禁止证券交易所、证券公司、证券登记结算机构、证券服务机构及其从业人员，证券业协会、证券监督管理机构及其工作人员，在证券交易活动中作出虚假陈述或者信息误导。

各种传播媒介传播的证券市场信息必须真实、客观，禁止误导。

（五）禁止欺诈客户行为

1. 概念

欺诈客户，是指证券公司及其从业人员在证券交易及相关活动中，为了谋取不法利益，而违背客户的真实意思进行代理，或者诱导客户进行不必要的证券交易的行为。

2. 范围

在证券交易中，禁止证券公司及其从业人员从事下列损害客户利益的欺诈行为：①违背客户的委托为其买卖证券；②不在规定时间内向客户提供交易的书面确认文件；③挪用客户所委托买卖的证券或者客户账户上的资金；④未经客户的委托，擅自为客户买卖证券，或者假借客户的名义买卖证券；⑤为牟取佣金收入，诱使客户进行不必要的证券买卖；⑥利用传播媒介或者通过其他方式提供、传播虚假或者误导投资者的信息；⑦其他违背客户真实意思表示，损害客户利益的行为。

欺诈客户行为给客户造成损失的，行为人应当依法承担赔偿责任。

（六）其他禁止行为

在证券交易中的其他禁止行为，是指除上述所列禁止行为之外的其他可能影响正常证券交易或损害投资者利益的行为。例如，在证券交易中，严禁账外交易、另立非法账户；禁止法人以个人名义开立账户，买卖证券；禁止任何人挪用公款买卖证券；国有企业和国有资产控股的企业买卖上市交易的股票，必须遵守国家有关规定等。

四、特殊的证券交易——上市公司收购制度

（一）上市公司收购的概念和方式

1. 概念

上市公司收购，是指投资者依法定程序公开收购股份有限公司已经发行上市的股份以达到对该公司控股或兼并目的的行为。实施收购行为的投资者称为收购人，作为收购目标的上市公司称为被收购公司。

2. 方式

投资者可以采取要约收购、协议收购及其他合法方式收购上市公司。采取要约收购方式的，收购人必须遵守《证券法》规定的程序和规则，在收购要约期限内，不得采取要约规定以外的形式和超出要约的条件买卖被收购公司的股票。要约收购是"一对多"进

行的。

采取协议收购方式的，收购人可以依照法律、行政法规的规定同被收购公司的股东以协议方式进行股权受让。以协议方式收购上市公司时，达成协议后，收购人必须在3日内将该收购协议向国务院证券监督管理机构及证券交易所作出书面报告，并予公告。在未作出公告前不得履行收购协议。协议收购是"一对一"进行的。

（二）上市公司收购的程序和规则

1. 信息披露和"慢走规则"

通过证券交易所的证券交易，投资者持有或者通过协议、其他安排与他人共同持有一个上市公司已发行的股份达到5%时，应当在该事实发生之日起3日内，向国务院证券监督管理机构、证券交易所作出书面报告，通知该上市公司，并予以公告；在上述期限内，不得再行买卖该上市公司的股票。

投资者持有或者通过协议、其他安排与他人共同持有一个上市公司已发行的股份达到5%后，其所持该上市公司已发行的股份比例每增加或者减少5%，应当依照前述规定进行报告和公告。在报告期限内和作出报告、公告后2日内，不得再行买卖该上市公司的股票。此项规定是为了防止收购速度过快使被收购公司缺乏必要的准备，被喻为"慢走规则"。

2. 收购要约

所谓收购要约是指根据《证券法》的规定，通过证券交易所的证券交易，投资者持有一个上市公司已发行股份的30%时，继续进行收购的，应当依法向该上市公司所有股东发出收购要约。依照规定发出收购要约，收购人必须事先向国务院证券监督管理机构报送上市公司收购报告书，并应将公司收购报告书同时提交证券交易所。收购人在依照规定报送上市公司收购报告书之日起15日后，公告其收购要约。

收购要约的期限不得少于30日，并不得超过60日。太短不利于股东们进行充分考虑，太长则容易发生股价的较大波动。在收购要约确定的承诺期限内，收购人不得撤销其收购要约；收购人需要变更收购要约中的事项的，必须事先向国务院证券监督管理机构及证券交易所提出报告，经获准后，予以公告。

3. 终止上市交易和应当收购

终止上市交易是指收购要约的期限届满，收购人持有的被收购公司的股份数达到该公司已发行股份总数的75%以上的，该上市公司的股票应当在证券交易所终止上市交易。因为股票上市要求公开发行的股份达到公司股份总数的25%以上，一旦收购75%以上就意味着股权过于集中，不能满足上市条件了。

应当收购是指收购要约的期限届满，收购人持有的被收购公司的股份数达到该公司发行股份总数的90%以上的，其余仍持有被收购公司股票的股东，有权向收购人以收购要约的同等条件出售其股票，收购人应当收购。这是由于公司股权过于集中，为了防止大股东以后欺压小股东，给小股东提供了一条退出的道路。

4. 报告和公告收购情况

收购上市公司的行为结束后，收购人应当在15日内将收购情况报告国务院证券监督管理机构和证券交易所，并予公告。

（三）上市公司收购的法律后果

上市公司收购结束，依法产生如下法律后果：

1. 收购成功

收购结束后，收购人所持有的被收购的上市公司股份比例达 50% 时，为收购成功，收购人取得被收购公司的控制权。在收购行为完成后，如果被收购公司不再具有《公司法》规定的条件的，则应当依法变更其公司形式。

2. 收购失败

当要约收购期满，收购人持有的普通股未达到该公司发行在外股份总数的 50% 的，为收购失败。收购要约人除发出新的收购要约外，其以后每年购买的该公司发行在外的普通股，不得超过该公司发行在外的普通股总数的 5%。

3. 公司合并

收购行为完成后，收购人与被收购公司合并，并将该公司解散的，被解散公司的原有股票由收购人依法更换。

第四节　证券上市

证券上市，是指已公开发行的股票、债券等有价证券，符合法定条件，经证券交易所依法审核同意，并由双方签订上市协议后，在证券交易所集中竞价交易的行为。

一、股票上市

（一）申请

申请股票上市交易，应当向证券交易所提出申请，由证券交易所依法审核同意，并由双方签订上市协议。应向证券交易所报送下列文件：①上市报告书；②申请股票上市的股东大会决议；③公司章程；④公司营业执照；⑤依法经会计师事务所审计的公司最近 3 年的财务会计报告；⑥法律意见书和上市保荐书；⑦最近一次的招股说明书；⑧证券交易所上市规则规定的其他文件。

（二）条件

股份有限公司申请股票上市，应当符合下列条件：①股票经国务院证券监督管理机构核准已公开发行；②公司股本总额不少于人民币 3000 万元；③公开发行的股份达到公司股份总数的 25% 以上；公司股本总额超过人民币 4 亿元的，公开发行股份的比例为 10% 以上；④公司最近 3 年无重大违法行为，财务会计报告无虚假记载。

证券交易所可以规定高于上述规定的上市条件，并报国务院证券监督管理机构批准。

（三）公告

股票上市交易申请经证券交易所审核同意后，签订上市协议的公司应当在规定的期限内公告股票上市的有关文件，并将该文件置备于指定场所供公众查阅。

签订上市协议的公司除公告上述规定的文件外，还应当公告下列事项：①公司股票获准在证券交易所交易的日期；②持有公司股份最多的前 10 名股东的名单和持股数额；

③公司的实际控制人；④公司董事、监事、高级管理人员的姓名及其持有本公司股票和债券的情况。

二、债券上市

公司申请其发行的公司债券上市交易，必须报经国务院证券监督管理机构核准，并符合下列条件：①公司债券的期限为1年以上；②公司债券实际发行额不少于人民币5000万元；③公司申请其债券上市时仍符合法定的公司债券发行条件。

三、信息公开制度

信息公开制度是指上市公司在证券发行和交易过程中，必须真实、准确、完整、及时地按照法律规定的形式向公众投资者公开一切有关公司重要信息的制度，从而使上市公司的证券能够在有效、公开、知情的市场中进行交易。证券市场是个高风险的投资场所，尽管投资者要自负风险，但法律要确保"三公"原则的实现。可以说，证券监管的核心要求就是"披露、披露、再披露；公开、公开、再公开"。

（一）公开文件

发行股票、公司债券的公司经证监会批准后，公开必须具备的文件，发行人必须根据真实、完整的原则，公告招股说明书、公司债券募集办法，依法发行新股或者公司债券的，还应当公告财务会计报告。发行人在此过程中，不得在文件上有虚假记载、误导性陈述或者重大遗漏。

（二）公开报告

1. 定期报告

所谓定期报告，是指上市公司定期公布其财务和经营状况的文件，包括年度报告、中期报告和季度报告。

（1）年度报告。公司应当在每个会计年度结束后4个月内编制完成年度报告，其主要内容包括：公司概况；公司财务会计报告和经营情况；董事、监事、高级管理人员简介及其持股情况；已发行的股票、公司债券情况，包括持有公司股份最多的前10名股东的名单和持股数额；公司的实际控制人；证监会规定的其他事项。

（2）中期报告。公司应当于每个会计年度的上半年结束之日起2个月内编制完成中期报告，其内容包括：公司财务会计报告和经营情况；涉及公司的重大诉讼事项；已发行的股票、公司债券变动情况；提交股东大会审议的重要事项；证监会规定的其他事项。

（3）季度报告。季度报告应当在每个会计年度第3个月、第9个月结束后的1个月内编制完成并披露。第一季度季度报告的披露时间不得早于上一年度年度报告的披露时间。季度报告应当记载以下内容：公司基本情况；主要会计数据和财务指标；证监会规定的其他事项。

2. 临时报告

当发生可能对上市公司股票交易价格产生较大影响，而投资者尚未得知的重大事件时，上市公司应当立即将有关重大事件的情况向国务院证券监督管理机构和证券交易所提交临时报告，并予以公告，说明事件的实质。

所谓重大事件是指下列情况：①公司的经营方针和经营范围的重大变化。②公司的重大投资行为和重大的购置财产的决定。③公司订立重要合同，而该合同可能对公司的资产、负债、权益和经营成果产生重要影响。④公司发生重大债务和未能清偿到期重大债务的违约情况，或者发生大额赔偿责任。⑤公司发生重大亏损或者重大损失。⑥公司生产经营的外部条件发生重大变化。⑦公司董事、1/3以上的监事或者经理发生变动；董事长或者经理无法履行职责。⑧持有公司5%以上股份的股东或者实际控制人，其持有股份或者控制公司的情况发生较大变化。⑨公司减资、合并、分立、解散及申请破产的决定；或者依法进入破产程序、被责令关闭。⑩涉及公司的重大诉讼、仲裁，股东大会、董事会决议被依法撤销或宣告无效。⑪公司涉嫌违法违规被有权机关调查，或者受到刑事处罚、重大行政处罚；公司董事、监事、高级管理人员涉嫌违法违纪被有权机关调查或者采取强制措施。⑫新公布的法律、法规、规章、行业政策可能对公司产生重大影响。⑬董事会就发行新股或者其他再融资方案、股权激励方案形成相关决议。⑭法院裁决禁止控股股东转让其所持股份；任一股东所持公司5%以上股份被质押、冻结、司法拍卖、托管、设定信托或者被依法限制表决权。⑮主要资产被查封、扣押、冻结或者被抵押、质押。⑯主要或者全部业务陷入停顿。⑰对外提供重大担保。⑱获得大额政府补贴等可能对公司资产、负债、权益或者经营成果产生重大影响的额外收益。⑲变更会计政策、会计估计。⑳因前期已披露的信息存在差错、未按规定披露或者虚假记载，被有关机关责令改正或者经董事会决定进行更正。㉑中国证监会规定的其他情形。

（三）信息公开不实的法律后果

发行人、上市公司公告的招股说明书、公司债券募集办法、财务会计报告、上市报告文件、年度报告、中期报告、临时报告以及其他信息披露资料，有虚假记载、误导性陈述或者重大遗漏，致使投资者在证券交易中遭受损失的，发行人、上市公司应当承担赔偿责任；发行人、上市公司的董事、监事、高级管理人员和其他直接责任人员以及保荐人、承销的证券公司，应当与发行人、上市公司承担连带赔偿责任，但是能够证明自己没有过错的除外；发行人、上市公司的控股股东、实际控制人有过错的，应当与发行人、上市公司承担连带赔偿责任。

第五节 证券投资基金法律制度

一、概述

证券投资基金是指通过公开或者非公开募集资金设立证券投资基金，由基金管理人管理，基金托管人托管，为基金份额持有人的利益，进行证券投资活动而获取一定收益的投资工具。证券投资基金的证券形式通常是基金券。

证券投资基金主要分为开放式基金和非开放式基金两类。开放式基金是指基金份额总额不固定，基金份额可以在基金合同约定的时间和场所申购或者赎回的基金。开放式基金应当保持足够的现金或者政府债券，以备支付基金份额持有人的赎回款项。封闭式基金是指经核准的基金份额总额在基金合同期限内固定不变，基金份额可以在依法设立的证券交易场所交易，但基金份额持有人不得申请赎回的基金。

二、基金法律关系

（一）当事人

证券投资基金关系中的当事人有基金管理人、基金托管人和基金份额持有人三方。基金法律关系的本质特征就在于受人之托，代人理财。基金管理人是发行基金份额募集证券投资基金，并按照法律的规定和基金合同的约定，为基金份额持有人的利益，对基金财产进行管理和运用的机构。基金托管人是指受基金发起人或基金管理人的委托而保管各项基金财产，并对基金管理人运用基金财产从事证券投资进行监督的金融机构。基金托管人由依法设立的商业银行或者其他金融机构担任。基金份额持有人是指购买基金份额的投资者。

（二）基金份额持有人的权利

基金份额持有人享有下列权利：①分享基金财产收益；②参与分配清算后的剩余基金财产；③依法转让或者申请赎回其持有的基金份额；④按照规定要求召开基金份额持有人大会或者召集基金份额持有人大会；⑤对基金份额持有人大会审议事项行使表决权；⑥对基金管理人、基金托管人、基金服务机构损害其合法权益的行为依法提起诉讼；⑦基金合同约定的其他权利。公开募集基金的基金份额持有人有权查阅或者复制公开披露的基金信息资料；非公开募集基金的基金份额持有人对涉及自身利益的情况，有权查阅基金的财务会计账簿等财务资料。

（三）基金份额持有人大会的职权

基金份额持有人大会由全体基金份额持有人组成，行使下列职权：①决定基金扩募或者延长基金合同期限；②决定修改基金合同的重要内容或者提前终止基金合同；③决定更换基金管理人、基金托管人；④决定调整基金管理人、基金托管人的报酬标准；⑤基金合同约定的其他职权。

三、基金的公开募集

公开募集基金，包括向不特定对象募集资金、向特定对象募集资金累计超过 200 人，以及法律、行政法规规定的其他情形。

（一）投资限制

基金财产应当用于下列投资：①上市交易的股票、债券；②国务院证券监督管理机构规定的其他证券及其衍生品种。

基金财产不得用于下列投资或者活动：①承销证券；②违反规定向他人贷款或者提供担保；③从事承担无限责任的投资；④买卖其他基金份额，但是国务院证券监督管理机构另有规定的除外；⑤向基金管理人、基金托管人出资；⑥从事内幕交易、操纵证券交易价格及其他不正当的证券交易活动；⑦法律、行政法规和国务院证券监督管理机构规定禁止的其他活动。

（二）基金份额持有人权利行使

1. 基金份额持有人大会应当有代表 1/2 以上基金份额的持有人参加，方可召开。

2. 基金份额持有人大会就审议事项作出决定，应当经参加大会的基金份额持有人所持表决权的 1/2 以上通过；但是，转换基金的运作方式、更换基金管理人或者基金托管人、提前终止基金合同、与其他基金合并，应当经参加大会的基金份额持有人所持表决权的 2/3 以上通过。

3. 基金份额持有人大会决定的事项，应当依法报国务院证券监督管理机构备案，并予以公告。

四、非公开募集基金

（一）合格投资者

非公开募集基金应当向合格投资者募集，合格投资者累计不得超过 200 人。合格投资者，是指达到规定资产规模或者收入水平，并且具备相应的风险识别能力和风险承担能力、其基金份额认购金额不低于规定限额的单位和个人。非公开募集基金，不得向合格投资者之外的单位和个人募集资金，不得通过报刊、电台、电视台、互联网等公众传播媒体或者讲座、报告会、分析会等方式向不特定对象宣传推介。

（二）投资限制

非公开募集基金财产的证券投资，包括买卖公开发行的股份有限公司股票、债券、基金份额，以及国务院证券监督管理机构规定的其他证券及其衍生品种。

（三）备案与报告

非公开募集基金募集完毕，基金管理人应当向基金行业协会备案。对募集的资金总额或者基金份额持有人的人数达到规定标准的基金，基金行业协会应当向国务院证券监督管理机构报告。

本章复习重点提示

1. 重要知识点

证券原理；证券交易所的职权；信息公开的内容；禁止与限制的证券交易；上市公司收购规则。

2. 实例解析

［例 1］上市公司中期报告和年度报告的内容有何不同？[1]

［例 2］证券公司是否可以进行融资融券业务？[2]

［例 3］禁止短线交易的规定是针对哪些主体的？[3]

---

〔1〕 董事、监事、高级管理人员简介及其持股情况；已发行的股票、公司债券情况，包括持有公司股份最多的前 10 名股东的名单和持股数额；公司的实际控制人等信息是年报要求披露的，中期报告则没有这些要求。

〔2〕 证券公司按照国务院的规定并经国务院证券监督管理机构批准，可以为客户买卖证券提供融资融券服务。

〔3〕 上市公司董事、监事、高级管理人员、持有上市公司股份 5% 以上的股东。

第8章

保险法

本章导读

　　保险是一种能够非常有效地分散危险和补偿意外经济损失的制度。保险中的危险又称"风险"，是指导致意外损害发生的事件的不确定性。危险可分为纯粹危险和投机危险。纯粹危险是指那些只有损失机会而没有获利可能的危险，如自然灾害和意外事故。投机危险则指事件的发生既有经济损失的危险，又有获得利益的可能，如投资、赌博、炒股等。保险是危险管理的重要手段之一，其接受和承担的危险大多是纯粹危险，而对于投机危险保险公司一般不予承担。《保险法》现有三个司法解释，其中的《保险法解释（二）》《保险法解释（三）》[1] 都很重要。

第一节 保险原理

一、保险的起源

　　在人类的生产和生活中，很多灾害、事故的发生都是人力不能预测和控制的。尽管我们不能避免灾难的降临，但通过制度设计可以有效地分散风险和补偿遭受的经济损失，这就是保险制度。

　　保险是对危险的管理，保险中的危险又称"风险"，是指导致意外损害发生的事件的不确定性。即在特定客观情况下，特定期间内，导致损害的事件是否发生、何时发生、损失的范围和程度的不可预见性和不可控制性。危险包括两层含义：①危险的不确定性；②危险发生会给人类所造成的经济损失。如果不可预测事件的发生并未给人们带来损失，而是给人们带来利益或成功的机会，那么，此类事件便不是危险，也没有必要对这类事件进行保险。[2] 我国近代著名学者胡适先生关于保险曾说过一段名言："保险的意义，只是

---

　　〔1〕 这两个司法解释全称分别为《最高人民法院关于适用〈中华人民共和国保险法〉若干问题的解释（二）》《最高人民法院关于适用〈中华人民共和国保险法〉若干问题的解释（三）》。

　　〔2〕 秦道夫主编：《保险法论》，机械工业出版社 2000 年版，第 1~2 页。

今天作明天的准备；生时作死时的准备；父母作儿女的准备；儿女幼时作儿女长大时的准备；如此而已。今天预备明天，这是真稳健；生时预备死时，这是真旷达；父母预备儿女，这是真慈爱。能做到这三步的人，才能算作是现代人。"

近代保险的起源分"海上保险"、"火灾保险"与"人身保险"三条主线。

海上保险。大约在公元前1000年，地中海一带海上贸易非常繁荣。由于当时社会生产力水平的低下，用于海上贸易的船舶结构都很简陋，航行中遇到风浪经常有倾覆的危险。为了避免船舶发生事故，有时需将船上的部分货物抛入海中，以减轻船舶的载重量，保证船、货共同安全抵达目的地。但是，在决定抛货时，船长和押运的货主往往会发生争议，任何一方都不愿将自己的财产为他人的利益作出牺牲。在紧急情况下，为了避免争议，逐渐形成了一种习惯性做法，即船舶发生危险时，由船长做出抛弃的决定。同时规定，因抛弃引起的损失，由获益的全体船货各方进行分摊。这项"一人为大家，大家为一人"即共同海损的原则，直到公元前916年，由罗地安海商法所采用，并正式规定为"凡因减轻船舶载重而投弃入海的货物，为全体利益而损失者，应由全体分摊归还"。到了公元530年，罗马皇帝查士丁尼的法典，对这个原则又给予了进一步的肯定。这一共同海损分摊原则可以说是海上保险的萌芽。一般认为现代海上保险的发源地是意大利。美洲新大陆发现后，随着贸易中心由地中海区域转至欧洲，海上保险也传到了那里。尤其是英国，利用其处于大西洋航海中的优势地位，进行广泛的殖民活动，保险业也得以迅速发展。公元1683年，爱德华·劳埃德在伦敦开设了一家咖啡馆，当时从事海上贸易和保险的商人们借助在咖啡馆的休息之便，进行贸易和保险活动。之后，这家咖啡馆经过重新组合，逐步发展成了世界上著名的保险中心劳合社。[1]

火灾保险。一般认为现代的火灾保险是在17世纪中叶以后逐渐发展起来的。中世纪的欧洲各国，广泛流行一种"行会"（即"同业公会"），对其会员因遭到火灾引起的损失给予补偿。这可以说是相互保险的萌芽。公元1666年伦敦发生大火，全市85%以上的房屋被烧毁，受害者达13000户。经济损失约为1200万英镑。次年，巴蓬博士开设了第一家专门承保房屋火灾保险的商行，1681年合资成立了火灾保险公司，并按照房屋等级差别收取保险费。这是火灾保险的开端。

人身保险。欧洲中世纪的行会对其成员的人身伤亡、丧失劳动能力给予救济，这可以说是人身保险的原始形式。15世纪末，奴隶贩子将他们贩运的奴隶作为货物投保海上保险，以后又发展到承保旅客被海盗绑架而支付的赎金。16世纪末，短期人寿保险在欧洲开始出现。1693年，著名的天文学家哈雷根据德国布勒斯劳市的居民死亡资料，编制出一套完整的生命表，并以此为基础计算年金，开始了现代人寿保险的新时期。[2] 1762年，英国创办了世界上第一家科学的人寿保险公司——公平人寿保险公司。该公司以生命表为

〔1〕 劳合社是英国最大的保险组织，但与证券交易所相似，只向其成员提供交易场所和有关的服务，本身并不承保业务。劳合社由其社员选举产生的一个理事会来管理，下设理赔、出版、签单、会计、法律等部，并在100多个国家设有办事处。该社为其所属承保人制订保险单、保险证书等标准格式，此外还出版有关海上运输、商船动态、保险海事等方面的期刊和杂志，向世界各地发行。

〔2〕 生命表又称"死亡表"，是反映一个国家或一个区域人口生存死亡规律的调查统计表。生命表是人口统计学中一个非常有用的工具，它通常被用于模拟某一人口从出生到死亡的过程。因可根据它计算人口的平均预期寿命，在中

依据，采用均衡保险费的理论计算保险费，并且对不符合健康和职业标准的被保险人另行加费。对于交纳保险费的宽限期、保险单失效后的改变也都做了具体的规定，并载明于保险单。人寿保险公司的经营管理也日趋完善。该公司的创立是现代人身保险制度的开端。[1]

二、保险的概念、特征和要素

（一）概念

保险法所称保险，是指投保人根据合同约定，向保险人支付保险费，保险人对于合同约定的可能发生的事故因其发生所造成的财产损失承担赔偿保险金责任，或者当被保险人死亡、伤残、疾病或者达到合同约定的年龄、期限等条件时承担给付保险金责任的商业保险行为。

（二）特征

保险主要包括两大类，一为《社会保险法》所调整的社会保险，属于公法；二为《保险法》所调整的商业保险，属于私法。与社会保险相比，商业保险的特征是：①自愿；②有偿；③承保方为商业保险公司。

（三）要素

保险的要素是指保险得以成立的基本条件，包括：

1. 危险的存在

"无危险则无保险"是保险理论中的信条。保险制度建立的目的就在于应付自然灾害和意外事故的发生。

2. 多数人参加保险

即所谓的众人协力，它强调保险是多数人在经济上的互助共济关系，由众多的社会成员参加保险，通过缴纳保险费以积聚巨额的保险基金，当少数成员因遭受危险导致损失时给予其足额、及时的补偿。基于众人协力这一条件，参加保险的人越多，每个人的负担就越小，危险的分散就越广泛，保险基金就越稳定，从而参加保险者的损失补偿就越有保障。

3. 补偿或给付

即所谓的损失填补，也就是对危险事故造成的损失予以经济补偿。保险不可能也不能消灭危险，保险的功能在于使投保人以缴纳保险费为代价，在未来保险事故发生后，由保险人对事故损失进行补偿或给付约定数额的金钱。保险的功能在财产保险和人身保险中有着明显的区别：由于财产保险的标的是可以用金钱衡量其价值的，因此，保险人对损失按照填补损失的赔偿原则进行"补偿"；而人身保险的标的是人的身体和寿命，是无法以金

文里有人称其为寿命表。此表系根据年龄死亡率编制，并主要反映各年龄死亡水平，故又称死亡率表。生命表是对相当数量的人口自出生（或一定年龄）开始，直至这些人口全部去世为止的生存与死亡记录。通常以10万（或100万）人作为0岁的生存人数，然后根据各年中死亡人数、各年末生存人数计算各年龄人口的死亡率、生存率，列成表格，直至此10万人全部死亡为止。生命表上所记载的死亡率、生存率是决定人寿保险费的重要依据。

〔1〕 秦道夫主编：《保险法论》，机械工业出版社2000年版，第17~20页。

钱衡量其价值的，因此，保险人是在保险事故发生后，按约定的金额"给付"保险受益人一定数额的金钱。

三、保险的基本原则

（一）自愿原则

除法律、行政法规规定必须保险的外，保险合同自愿订立，遵循契约自由、意思自治的原则。我国现有的强制性商业保险种类有限，一般为责任保险，主要出于保护公共利益的需要，如交强险。

（二）最大诚信原则

诚信原则是各种民事活动都应遵守的基本原则，但因为保险事故的发生具有偶然性和不确定性，容易诱发骗保行为，所以立法特别强调"最大"诚信，保险合同双方当事人都应遵守，不能对对方进行欺骗和隐瞒。当然，此原则主要还是针对被保险人的，因为保险标的的风险情况被保险人最清楚。

（三）保险利益原则

保险利益，是指投保人或者被保险人对保险标的具有的法律上承认的利益。人身保险的标的是人的寿命和身体。财产保险的标的是财产及其有关利益。简单来说，保险利益就是人身保险中的投保人或者财产保险中的被保险人要与保险标的存在某种"关系"。

1. 保险利益的范围

一般而言，保险利益的成立需具备三个要件：①必须是合法利益，如甲给自己的赌博行为投保是不行的；②必须是经济上的利益，如乙给自己和女友的恋爱关系投保是不行的；③必须是可以确定的利益，如丙给自己即将出生的孩子投保是不行的。

具体来说，保险法中的保险合同包括两大类：①财产保险合同；②人身保险合同。不同保险合同的保险利益范围是不一样的。

（1）财产保险合同的保险利益应具有以下三个条件之一：①被保险人对保险标的享有物权，如赵某为自己所有的汽车投保；②基于合同，如钱某和汽车租赁公司签订租车合同后为该车投保；③依法应承担民事赔偿责任，这是针对责任保险而言的，如孙某作为驾驶员投保交强险，一旦其交通肇事导致第三人伤亡，就将本应由他负的赔偿责任转移给保险公司承担。

（2）人身保险的投保人对下列人员具有保险利益：①本人；②配偶、子女、父母；③前项以外与投保人有抚养、赡养或者扶养关系的家庭其他成员、近亲属；④与投保人有劳动关系的劳动者。投保人为与其有劳动关系的劳动者投保人身保险，不得指定被保险人及其近亲属以外的人为受益人。

除前述规定外，被保险人同意投保人为其订立合同的，视为投保人对被保险人具有保险利益。

也就是说，人身保险是否存在保险利益采取"二选一"的方法。要么是上面列举的四种人之一，要么对方同意投保。

2. 保险利益的意义

人身保险的投保人对被保险人不具有保险利益的，合同无效。财产保险的被保险人对保险标的不具有保险利益的，不得向保险人请求赔偿保险金。因为在没有保险利益的情况下进行投保不仅使投保与赌博无异，也容易诱发道德风险、鼓励骗保。

假设不要求存在保险利益允许随意投保，那就可能出现以下情况：

[例1] 王老五为广州标志性建筑"广州塔"投了火灾险，王氏与广州塔不存在任何关系，不享有任何权利。只是由于王氏喜好风水，其夜观天象预测广州塔不久将失火，为了大赚一笔横财而为其投保。如果预测灵验真失火了就可以赚到保险金，反之预测失灵没有失火就白扔了保险费。显然，这种做法与掷骰子押宝猜大小没有任何区别，完全成了赌博。

[例2] 在上例中，一旦王老五为广州塔投了火灾险，那么发生火灾对他来说就是只有好处没有坏处的事。不失火没有好处，反倒白白损失一笔保险费；失火没坏处，反倒能赚到保险金。面对这种处境，王氏就有动机去故意制造事故来骗保了。

还要注意，保险利益在人身保险中是对投保人的要求，在财产保险中则是对被保险人的要求。

[例] 假设某公司老板李大为了拉拢员工张二而为其投了家庭财产险是合法有效的，因为只要作为被保险人的张二对该财产享有权利具有保险利益就行了，对投保人李大并无要求。

3. 保险利益的时效

保险利益的时效即保险利益的有效存在时间，不同的保险合同仍然不一样。

（1）人身保险的投保人在保险合同订立时，对被保险人应当具有保险利益，保险合同订立后是否有保险利益在所不问。例如，刘某给妻子杨某投了人身保险，如果其后不久双方离异，保险合同也仍然有效。这主要是因为人身保险合同具有一定的储蓄性，并且人身保险合同作为长期合同难免合同期内人身关系会发生变化。

（2）财产保险的被保险人在保险事故发生时，对保险标的应当具有保险利益。合同订立时是否有保险利益在所不问，因为如果保险事故发生时没有保险利益就意味着被保险人没有遭受损失，对没有损失的人进行赔偿违反了财产保险合同的补偿原则。

（四）近因原则

近因，是指造成保险标的的损失的最主要的、决定性的原因。近因原则的含义是指只有在导致保险事故的近因属于保险责任范围内时，保险人才应承担保险责任。也就是说，保险人承担赔偿责任的范围应限于以承保风险为近因造成的损失。

对于单一原因造成的损失，单一原因即为近因；对于多种原因造成的损失，持续地起决定或有效作用的原因为近因，如果各个原因之间存在因果关系，其最先发生并造成一连串事故的原因即为近因。

近因原则的里程碑案例发生在一战期间。英国 Leyland 公司的一艘货船被德国潜艇的鱼雷击中后严重受损，被拖到法国勒哈佛尔港，港口当局担心该船沉没后会阻碍码头的使用，于是该船在港口当局的命令下停靠在港口防波堤外，在风浪的作用下该船最后沉没。Leyland 公司索赔遭拒后诉至法院，审理此案的英国上议院大法官 Lord Shaw 认为，导致船舶沉没的原因包括鱼雷击中和海浪冲击，但船舶在鱼雷击中后始终没有脱离危险，因此，船舶沉没的近因是鱼雷击中而不是海浪冲击。

四、保险合同概述

（一）保险合同的性质

1. 射幸合同

因为保险事故的发生具有不确定性和偶然性。如果保险事故一定会发生，保险公司不会承保；如果保险事故一定不会发生，投保人不会投保。

2. 格式合同，亦即附和合同、标准合同

保险合同涉及很多专业性、技术性较强的内容，为了节约磋商时间、提高效率，合同文本都是由保险公司单方面制定的，为了平衡保护投保人的利益，《保险法》对这种格式合同作出了如下三方面限制：

（1）免责条款的提示和说明

订立保险合同，采用保险人提供的格式条款的，保险人向投保人提供的投保单应当附格式条款，保险人应当向投保人说明合同的内容。

对保险合同中免除保险人责任的条款，保险人在订立合同时应当在投保单、保险单或者其他保险凭证上作出足以引起投保人注意的提示，并对该条款的内容以书面或者口头形式向投保人作出明确说明。未作提示或者明确说明的，该条款不产生效力。

（2）不公平的格式条款无效

采用保险人提供的格式条款订立的保险合同中的下列条款无效：

❶ 免除保险人依法应承担的义务或者加重投保人、被保险人责任的；

❷ 排除投保人、被保险人或者受益人依法享有的权利的。

（3）解释规则

采用保险人提供的格式条款订立的保险合同，保险人与投保人、被保险人或者受益人对合同条款有争议的，应当按照通常理解予以解释。对合同条款有两种以上解释的，法院或者仲裁机构应当作出有利于被保险人和受益人的解释。

3. 双务有偿合同

投保人要向保险人支付保险费，俗称"买保险"；作为对价，一旦保险事故发生，保险人要向投保人支付保险金。

4. 非要式合同、诺成合同

要式合同是指法律要求合同的成立必须采用特定方式的合同，非要式合同则是指不要求采用特定方式的合同。根据《保险法》第13条第1款的规定，投保人提出保险要求，经保险人同意承保，保险合同成立。保险人应当及时向投保人签发保险单或者其他保险凭证。根据这一规定，保险合同的成立取决于投保人与保险人之间的合意，而无须采用或履行特定方式，所以，保险合同属于非要式合同。保险人签发保单或其他保险凭证的行为是履行合同的行为，而非合同成立的要件。

诺成性合同是指仅依双方意思表示一致而成立，在意思表示之外不需践行物之交付或为其他给付的合同。根据《保险法》第13条第1款的规定，投保人提出保险要求，经保险人同意承保，保险合同成立。根据《保险法》第 14 条的规定，保险合同成立后，投保人按照约定交付保险费。据此，保险合同的成立不以保险费的交付为条件，故保险合同为诺成合同。但是，需要注意的是，如果当事人在订立保险合同时对合同的生效附加了条件或者期限，则保险合同自条件成就时或者期限届满时生效。

（二）保险合同的分类

1. 按照标的分为财产保险合同与人身保险合同

财产保险合同是以财产及其有关利益为保险标的的保险合同。人身保险合同是以人的寿命和身体为保险标的的保险合同。财产保险合同与人身保险合同最大的区别就在于前者具有补偿性而后者则没有，因为人的寿命和身体是无价的，不能用金钱来衡量。所以，财产保险合同如果发生了保险事故，保险公司应"赔偿"保险金；人身保险合同如果发生了保险事故，保险公司应"给付"保险金。这两种保险就是我国保险公司的业务范围：

（1）财产保险业务，包括财产损失保险、责任保险、信用保险、保证保险等保险业务。

（2）人身保险业务，包括人寿保险、健康保险、意外伤害保险等保险业务。

为了防止保险公司发生挪用资金的风险，同一保险人不得同时兼营财产保险业务和人身保险业务。因为财产保险合同一般合同期限短，赔付周期短；人身保险合同一般合同期限长，赔付周期长。如果一家保险公司同时兼营这两种业务，就有可能挪用闲置的人身保险的保费来填补频繁赔付的财产保险的缺额。

但是，经营财产保险业务的保险公司经保险监督管理机构核定，可以经营短期健康保险业务和意外伤害保险业务。因为这两种人身保险业务同时具有财产保险的某些特征，都是短期保险，也具有一定的补偿性，俗称"第三领域保险"。

2. 按照保险人的责任次序分为原保险合同与再保险合同

保险人将其承担的保险业务，以分保形式，部分转移给其他保险人的，为再保险。再保险的目的是分散风险，防止一家保险公司赔付金额过高超过其能力。应再保险接受人的要求，再保险分出人应当将其自负责任及原保险的有关情况告知再保险接受人。

根据合同的相对性原理：再保险接受人不得向原保险的投保人要求支付保险费；原保险的被保险人或者受益人，不得向再保险接受人提出赔偿或者给付保险金的请求；再保险分出人不得以再保险接受人未履行再保险责任为由，拒绝履行或者迟延履行其原保险责任。在下面的例子中，投保人甲与 A 保险公司签订了原保险合同，A、B 两家保险公司签订了再保险合同。显然，甲只能向 A 支付保险费，甲也只能向 A 提出赔偿或给付保险金的请求，A 不能以 B 未履行再保险责任为由，拒绝或迟延履行其对甲的责任。

甲（投保人、被保险人）——原保险——A（保险公司）——再保险——B（保险公司）
　　　　　　　　　　　　　　　　　　再保险分出人　　　　　　　　　　再保险接受人

原保险合同与再保险合同

3. 按照保险金额和保险价值的关系分为足额保险合同与不足额保险合同

保险金额，是指保险人承担赔偿或者给付保险金责任的最高限额，就是保险公司最多有可能赔多少钱的上限；保险价值就是保险标的的价值，就是保险标的值多少钱。这表明，保险价值是财产保险独有的概念，这种分类也是财产保险独有的分类。人身保险的标的由于不能用金钱衡量，所以不存在这种分类。

保险金额等于保险价值的为足额保险合同，保险公司赔偿的保险金应当等同于保险标的的损失额；保险金额低于保险价值的为不足额保险合同，除合同另有约定外，保险人按照保险金额与保险价值的比例承担赔偿责任。之所以不足额保险合同采取比例赔付的方式，是因为保险金额的高低同缴纳保险费的多少成正相关关系。凡是不足额保险，都意味着投保人少交了保险费，作为对价，保险公司当然也要少赔偿才公平，等于风险没有全部转移给保险公司，而是双方各自分摊一部分。

保险金额超过保险价值的为超额保险，因为财产保险具有补偿性，不允许被保险人获得额外利益，所以保险金额超过保险价值的，超过的部分无效。

[例] 保险价值是 20 万元，保险金额是 10 万元，保险事故的损失是 8 万元。那么，保险赔偿金是 8 万元呢？还是 8×（10/20）＝ 4 万元呢？

解析：根据上述不足额保险的比例赔偿规定，本题答案是 4 万元。

4. 依据保险合同实施形式的不同分为强制保险合同与自愿保险合同

（1）强制保险合同，又称为法定保险合同，是指依据法律的规定而强制实施的保险合同，如铁路、飞机、轮船旅客意外伤害强制保险以及机动车第三者责任强制保险。强制保险多基于国家社会经济政策需要而举办，主要适用于诸如交通工具责任、产品责任、公共责任、雇工责任、职业责任等领域。

（2）自愿保险合同，是指基于投保人自己的意思而订立的保险合同。投保人与保险人订立保险合同，应当遵循公平互利、协商一致、自愿订立的原则，除法律、行政法规规定必须保险的以外，保险公司和其他单位不得强制他人订立保险合同。

（三）保险合同的主体

1. 当事人

保险合同的当事人即缔约双方，包括投保人和保险人。

投保人，是指与保险人订立保险合同，并按照保险合同负有支付保险费义务的人。投保人可以是自然人或者单位，如果是自然人则应具有完全民事行为能力。

保险人，是指与投保人订立保险合同，并承担赔偿或者给付保险金责任的保险公司。

2. 关系人

保险合同的关系人即享有保险金给付请求权的人，包括被保险人和受益人。

（1）被保险人，是指其财产或者人身受保险合同保障，享有保险金请求权的人，投保人可以为被保险人。简单来说，给谁买保险谁就是被保险人。

（2）受益人，是指人身保险合同中由被保险人或者投保人指定的享有保险金请求权的人，投保人、被保险人可以为受益人。当受益人不是投保人时，保险合同就属于"第三人利益合同"了。

受益人只存在于人身保险合同中。因为在财产保险中，保险事故发生只意味着财产损失而被保险人是安然无恙的，保险金赔付给被保险人即可。但在人身保险中，保险事故发生往往意味着被保险人已经死亡，必须另行指定一人领取保险金，即为受益人。受益人是纯获利益者，所以不要求其具有完全民事行为能力。

3. 辅助人

保险合同的辅助人包括保险代理人和保险经纪人。

（1）保险代理人是根据保险人的委托，向保险人收取佣金，并在保险人授权的范围内代为办理保险业务的机构或者个人。保险代理亦是民事代理的一种，但保险代理又是一种特殊的代理，具有其自身的特征，体现在：

❶表见代理的适用。保险代理人没有代理权、超越代理权或者代理权终止后以保险人名义订立合同，使投保人有理由相信其有代理权的，该代理行为有效。保险人可以依法追究越权的保险代理人的责任。保险代理人为保险人办理保险业务，有超越代理权限的行为，投保人有理由相信其有代理权，并已订立保险合同的，保险人应当承担保险责任，但保险人如因此受到损失，可以请求保险代理人赔偿。如果是投保人与保险代理人恶意串通实施的行为，则对保险人没有约束力。

❷投保人将有关订立保险合同的重要事项告知了保险代理人，视为已经告知了保险人，即便保险代理人没有转告保险人，也视为保险人已经知悉该种事项与信息。只要保险人出具保险单，就不能以不了解保险标的或保险危险等原因拒绝承担保险责任。在这种情况下，保险代理人的过错就是保险人的过错。

❸保险人对保险代理人权力的限制，未经通知，不得对抗善意第三人。

❹个人保险代理人在代为办理人寿保险业务时，不得同时接受两个以上保险人的委托。这是为了防止保险代理人采用欺诈的手段揽保。根据原保监会的规定，凡是20年以上的长期人寿保险合同，保险代理人只能在合同成立以后的前三年收取佣金。第一年，最多可以收取投保人当年缴付保险费的60%充作佣金；第二年，最多可以收取投保人当年缴付保险费的40%充作佣金；第三年，最多可以收取投保人当年缴纳保险费的25%充作佣金。可以设想，假如袁某是一保险代理人，他同时代理A和B两家保险公司的人寿保险业务。某日袁某为A公司拉到一客户潘某签订了保险合同，那么该合同的前三年袁某都可以赚取佣金，3年后这笔生意的油水就被榨完了。袁某此时可能会诱拐潘某同A公司解除合同，把他再介绍到自己代理的B公司签订一个新合同，这样袁某又可以收取新合同前三年的佣金，把一笔生意做了两遍。这种做法对保险公司和投保人都是非常不利的，所以立法者要加以防范。

（2）保险经纪人是基于投保人的利益，为投保人与保险人订立保险合同提供中介服务，并依法收取佣金的机构。保险经纪人具有如下特征：

❶保险经纪人不是保险合同的当事人，而仅是居间服务提供者，为投保人与保险人订立保险合同提供中介服务。保险经纪人不能代理保险人订立保险合同，这是其与保险代理人的明显不同。

❷保险经纪人是依法成立的单位，个人不能成为保险经纪人。保险经纪公司可以以有限责任公司或股份有限公司的形式设立。

❸保险经纪人以自己的名义从事中介服务活动，承担由此产生的法律后果。投保人或保险人虽然是保险经纪人的委托人，但对保险经纪人的经纪活动并不承担责任，这也是保险经纪人与保险代理人的重要不同。

❹因保险经纪人在办理保险业务中的过错，给投保人、被保险人造成损失的，由保险

经纪人承担责任。

❺保险经纪行为是营利性行为，保险经纪人有权收取佣金。保险经纪人向投保人提供保险咨询，对保险标的进行风险评估，为投保人设计投保方案或者起草保险基本条款，代表投保人与保险人订立保险合同等，从理论上讲应由投保人向其支付佣金。但过去国际保险业的惯例，是由保险人在合同订立后向保险经纪人支付佣金，但"羊毛总是出在羊身上"，保险人会将这笔开支加到保险费中转嫁给投保人的。后来对于一些高风险的业务，其佣金已逐渐改由保险人和投保人共同摊付或全部由投保人支付。

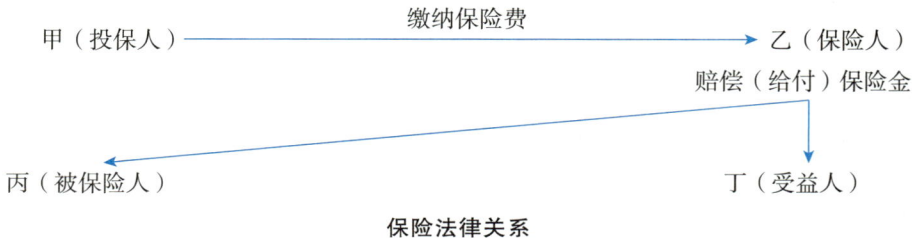

甲（投保人）────────────缴纳保险费────────────→乙（保险人）

赔偿（给付）保险金

丙（被保险人）　　　　　　　　　　　丁（受益人）

保险法律关系

（四）《保险法解释（二）》对保险合同内容的处理

1. 合同效力的认定

（1）投保人或者投保人的代理人订立保险合同时没有亲自签字或者盖章，而由保险人或者保险人的代理人代为签字或者盖章的，对投保人不生效。但投保人已经交纳保险费的，视为其对代签字或者盖章行为的追认。

保险人或者保险人的代理人代为填写保险单证后经投保人签字或者盖章确认的，代为填写的内容视为投保人的真实意思表示。但有证据证明保险人或者保险人的代理人存在《保险法》第116、131条相关规定情形的除外。

（2）保险人接受了投保人提交的投保单并收取了保险费，尚未作出是否承保的意思表示，发生保险事故，被保险人或者受益人请求保险人按照保险合同承担赔偿或者给付保险金责任，符合承保条件的，人民法院应予支持；不符合承保条件的，保险人不承担保险责任，但应当退还已经收取的保险费。

保险人主张不符合承保条件的，应承担举证责任。

2. 合同内容不一致的认定

保险合同中记载的内容不一致的，按照下列规则认定：

（1）投保单与保险单或者其他保险凭证不一致的，以投保单为准。但不一致的情形系经保险人说明并经投保人同意的，以投保人签收的保险单或者其他保险凭证载明的内容为准。

（2）非格式条款与格式条款不一致的，以非格式条款为准。

（3）保险凭证记载的时间不同的，以形成时间在后的为准。

（4）保险凭证存在手写和打印两种方式的，以双方签字、盖章的手写部分内容为准。

3. 投保人的告知义务

投保人的告知义务限于保险人询问的范围和内容。当事人对询问范围及内容有争议的，保险人负举证责任。

保险人以投保人违反了对投保单询问表中所列概括性条款的如实告知义务为由请求解除合同的，人民法院不予支持。但该概括性条款有具体内容的除外。

五、保险合同的解除

（一）原则

除《保险法》另有规定或者保险合同另有约定外，保险合同成立后，投保人可以解除保险合同，保险人不得解除保险合同。

这表明投保人是可以自由解除合同的，保险人则是限制解除合同，因为双方实力相差悬殊，法律如此规定是平衡保护相对弱势的投保人。

（二）例外

货物运输保险合同和运输工具航程保险合同保险责任开始后，合同当事人不得解除这两种合同。

显然，结合上述规定，这里主要是限制了投保人的解除权。货物运输保险合同是以运输中的货物为保险标的，运输工具航程保险合同是以运输工具本身（如船舶、飞机等）为保险标的。它们的标的都处于不断地运动和变化之中，如果允许投保人随意中途解除合同则会对保险人非常不公平。

[例] 某公司要将一船货物从中国的广州港运至美国的旧金山港，投保了货物运输险。那么，一旦货船驶离广州港，投保人和保险人对船舶的位置和货物的情况都无法了解，只有承运人才清楚。如果允许投保人突然解除合同，那么它提出解除的时刻也许正是这艘货船即将到达旧金山港的时候。本来，货船只要顺利到达旧金山港，保险人就可以赚取全部的保险费，可一旦保险合同被中途解除，因为无法确认船和货的现状，保险人就只能全额退还保险费，这显然是不公平的。如同100里的航程走了99里却分文不给一样。

（三）可以解除合同的情形

1. 未履行如实告知义务

订立保险合同，保险人就保险标的或者被保险人的有关情况提出询问的，投保人应当如实告知。投保人故意或者因重大过失未履行前述规定的如实告知义务，足以影响保险人决定是否同意承保或者提高保险费率的，保险人有权解除合同。

（1）投保人故意不履行如实告知义务的，保险人对于合同解除前发生的保险事故不承担赔偿或者给付保险金的责任，并不退还保险费。

（2）投保人因重大过失未履行如实告知义务，对保险事故的发生有严重影响的，保险人对于合同解除前发生的保险事故不承担赔偿或者给付保险金的责任，但应当退还保险费。

2. 骗保行为

（1）未发生保险事故，被保险人或者受益人谎称发生了保险事故，向保险人提出赔偿或者给付保险金请求的，保险人有权解除合同，并不退还保险费。

（2）投保人、被保险人故意制造保险事故的，保险人有权解除合同，不承担赔偿或者给付保险金的责任；除《保险法》第43条规定外，不退还保险费。

（3）保险事故发生后，投保人、被保险人或者受益人以伪造、变造的有关证明、资料或者其他证据，编造虚假的事故原因或者夸大损失程度的，保险人对其虚报的部分不承担赔偿或者给付保险金的责任。注意，此时保险合同是不解除的。

投保人、被保险人或者受益人有前三种规定行为之一，致使保险人支付保险金或者支出费用的，应当退回或者赔偿。

（四）保险合同解除的后果

1. 财产保险

（1）保险责任开始前：投保人要求解除合同的，应当向保险人支付手续费，保险人应当退还保险费。

（2）保险责任开始后：投保人要求解除合同的，保险人可以收取自保险责任开始之日起至合同解除之日止期间的保险费，剩余部分退还投保人。

这种做法类似于将原来的合同期限缩短了，但应当注意，保险费并不是在合同期内均匀分摊的，因为事故风险不是均匀分布的。

[例] 某地林场为其山林投保了1年的火灾险，保险费一共支付10万元。该地区上半年天干物燥极易失火，下半年失火的可能性一向极低。如此一来，如果林场在年中要求解除合同，那么保险人退还的保险费不会是原来的一半即5万元，而应少很多。

2. 人身保险

投保人解除合同的，保险人应当自收到解除合同通知之日起30日内，按照合同约定退还保险单的现金价值。

保险单的现金价值，是保险法中最复杂的概念，从应试的要求看，读者没必要深究，只要知道：现金价值只存在于长期人身保险之中；现金价值一般只在保险合同成立2年后才会产生；现金价值与保险费没有必然联系，是完全不同的两个概念。以下图例说明仅供有兴趣的读者参考。

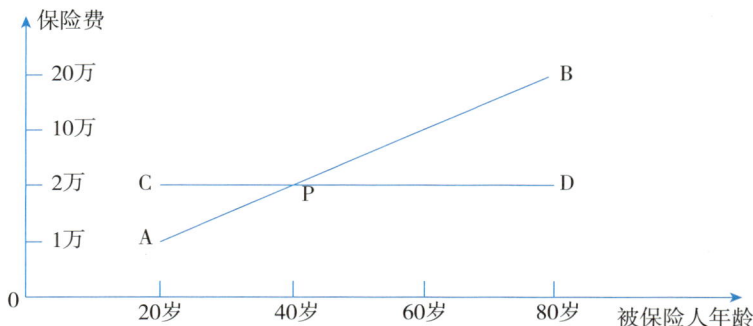

保险单的现金价值

在上图中，横轴代表被保险人年龄，纵轴代表应缴的保险费，被保险人的年龄越大，出事故的风险越高，需要交纳的保费也越多，例如，20岁时缴费1万，80岁时就要缴费20万了。由此可见，人身保险合同一般都会是长期合同，短期

（如1年）是不现实的。因为，年轻人风华正茂，不大可能在短期内就寿终正寝，对投保没有兴趣；年老者风烛残年，尽管投保意愿很强却面临高昂的保费，对投保缺乏支付能力，保险公司也不喜欢和这类高风险人群缔结合同。

面对这种两难处境，保险公司都推出了长期人身保险合同，例如，可以从20岁投保一直持续到80岁。这种投保的保费缴纳情况如上图中曲线AB（即自然保险费曲线）所示。但是，这种随被保险人年龄增大而增加保费的做法有不合理之处：被保险人年轻时收入高而缴费负担却较低，年老时收入少而缴费负担却很重，很可能会导致投保半途而废。为了平衡被保险人的经济负担，现实生活中保险公司都采用了曲线CD（即均衡保险费曲线）的做法进行修正，不管被保险人实际年龄如何，每年缴费都是2万。假设两条曲线相交于点P（对应被保险人40岁），则意味着被保险人40岁以前一直多交保费（正常情况下缴费应该比2万少），40岁以后一直少交保费（正常情况下缴费应该比2万多）。这笔40岁以前多交的钱用来在40岁之后填补少交费的差额，它可以被运用生息增值，具有储蓄性，形成保险责任准备金。保险期间结束时，责任准备金使用完毕，达到收支恰好相抵。

在保险期内，如果合同解除或由于某种原因终止，保险人应当将保险责任准备金扣除少量退保手续费后退还投保人或被保险人。因人身保险合同的投保人可以随时向保险人提出解除合同（无需任何原因和理由）领取退保金，持有长期人身保险单相当于持有有价证券，所以称保险单具有现金价值。公式表示为：

人身保险单现金价值＝责任准备金－退保手续费

由于在保险期间内的不同时刻，保险责任准备金的金额不同，所以现金价值可能多于已支付的全部保险费，也可能少于已支付的全部保险费。还要考虑到，退保手续费在保险期间内是不均匀的。往往合同订立的前两年手续费最多，因为包括支付给保险代理人和经纪人的手续费（佣金）、保单印制成本、开立账卡的费用等，扣除以后保险费就所剩无几了。所以，分期支付保费的人身保险合同，交足2年以上保费后，才能产生现金价值。至于在投保时一次付清全部保费的人身保险合同，则自支付保费之日起，就产生现金价值。

（五）限制保险人解除合同

1. 不可抗辩或"不可争"

投保人故意或者因重大过失未履行如实告知义务，足以影响保险人决定是否同意承保或者提高保险费率的，保险人有权解除合同。该解除权自保险人知道有解除事由之日起，超过30日不行使而消灭。自合同成立之日起超过2年的，保险人不得解除合同；发生保险事故的，保险人应当承担赔偿或者给付保险金的责任。这项规定的目的就是要敦促保险人尽快行使解除权，不要使保险关系长期处于不稳定状态，此处的"30日"和"2年"均为除斥期间，是解除权的消灭时效。

2. 禁止反言

《保险法》第16条第6款规定，保险人在合同订立时已经知道投保人未如实告知的情况的，保险人不得解除合同；发生保险事故的，保险人应当承担赔偿或者给付保险金的责任。简单来说就是保险人不能出尔反尔，自食其言，也就是保险人明示放弃的权利不得再主张。

[例] 某保险公司明知张某投保的汽车已经超过报废年限，但仍然同其签订了保险合同。保险公司的如意算盘是：如果汽车在保险期内一直平安无事，公司就可以白赚保险费；如果汽车在保险期内发生事故，公司就可以主张张某未如实告知保险标的情况违反了最大诚信原则，拒绝赔付保险金。这等于保险公司处于稳赚不赔的境地，立法者就规定了禁止反言以实现公平。

六、保险的理赔程序与索赔时效

（一）理赔程序

1. 通知

投保人、被保险人或者受益人知道保险事故发生后，应当及时通知保险人。因故意或者重大过失未及时通知，致使保险事故的性质、原因、损失程度等难以确定的，保险人对无法确定的部分，不承担赔偿或者给付保险金的责任，但保险人通过其他途径已经及时知道或者应当及时知道保险事故发生的除外。例如，美国"911"灾难中世贸大厦垮塌，世界各大新闻媒体都及时进行了详尽报道，世人皆知。此种情况下为世贸大厦承保的保险公司显然不可能不知情。

2. 提供证明和资料

保险事故发生后，按照保险合同请求保险人赔偿或者给付保险金时，投保人、被保险人或者受益人应当向保险人提供其所能提供的与确认保险事故的性质、原因、损失程度等有关的证明和资料。

保险人按照合同的约定，认为有关的证明和资料不完整的，应当及时一次性通知投保人、被保险人或者受益人补充提供。"一次性通知"的规定可以有效地防止保险公司故意拖延赔付周期，也为投保人、被保险人和受益人节约了时间和精力。

3. 核定赔付

保险人收到被保险人或者受益人的赔偿或者给付保险金的请求后，应当及时作出核定；情形复杂的，应当在30日内作出核定，但合同另有约定的除外。

4. 不赔说明

保险人依法作出核定后，对不属于保险责任的，应当自作出核定之日起3日内向被保险人或者受益人发出拒绝赔偿或者拒绝给付保险金通知书，并说明理由。

（二）索赔时效

1. 人寿保险

人寿保险的被保险人或者受益人向保险人请求给付保险金的诉讼时效期间为5年，自其知道或者应当知道保险事故发生之日起计算。

2. 其他保险

人寿保险以外的其他保险的被保险人或者受益人，向保险人请求赔偿或者给付保险金的诉讼时效期间为 2 年，自其知道或者应当知道保险事故发生之日起计算。

第二节 ◀ 保险合同

一、保险合同的订立与形式

（一）订立

订立保险合同，须经投保和承保两个阶段：投保是投保人向保险人提出保险请求的单方意思表示，属于订立保险合同的要约阶段；承保是保险人承诺投保人的保险要约的意思表示，是保险人的单方法律行为，属于订立保险合同的承诺阶段。订立保险合同，由投保人提出保险要求，经保险人同意承保，并就保险合同的条款达成协议，保险合同成立。

（二）形式

尽管保险合同是非要式合同，但实务中保险合同多采用书面形式，目的在于获取证据防止纠纷，即"空口无凭，立据为证"。保险合同一般由投保单、保险单、暂保单或者其他书面文件构成。

1. 投保单

又称要保单，是投保人向保险人提出的，订立保险合同的书面要约。投保单一般是由保险人准备的统一格式书据，由投保人依其所列项目逐项填写。保险合同成立后，保险人应当及时向投保人签发保险单或者其他保险凭证，并在保险单或者其他保险凭证中载明当事人双方约定的合同内容。

2. 保险单

简称保单，是保险人与投保人订立保险合同的正式书面形式。保险单必须明确完整地记载保险双方的权利义务内容，它是保险合同双方当事人履行合同的依据。

3. 保险凭证

又称小保单，实际上是简化了的保险单，与保险单具有同等效力。

4. 暂保单

它是一种临时保险单，是正式保险单发出前的一种临时保险合同。从法律效力上看，暂保单与保险单具有相同的效力，但暂保单的期限较短，正式保险单一经交付，暂保单自动失效。

经投保人和保险人协商同意，也可以采取其他书面形式订立保险合同。

二、财产保险合同

（一）标的的转让

1. 通知义务

保险标的转让的（即所有权转移），保险标的的受让人承继被保险人的权利和义务。这就意味着买到一辆"二手车"自然就可以享受到该车原有保险合同的保障，不用对保险另行过户，非常便利。保险标的转让的，由于一般会导致保险标的风险的改变，所以被保险人或者受让人应当及时通知保险人。例如，高某给自己的私家车投了车损险，如果他将车卖给冯某改作出租车使用自然会导致风险的增加，所以应通知保险公司重新评估风险以便重新核定保险费。

但是货物运输保险合同和另有约定的合同，因为保险标的所有权的转移并不会导致风险的改变，所以无需通知。这里的货物运输保险合同主要指海洋货物运输保险合同。在海洋货物运输保险合同中，转移货物的所有权并不需要转移占有，只要改签提单就可以了。既然货物始终由承运人实际占有，所以风险就没有变化，自然也就无须通知保险公司再评估风险。

2. 通知的后果

因保险标的转让导致危险程度显著增加的，保险人自收到前述规定的通知之日起30日内，可以按照合同约定增加保险费或者解除合同。保险人解除合同的，应当将已收取的保险费，按照合同约定扣除自保险责任开始之日起至合同解除之日止应收的部分后，退还投保人。

3. 不通知的后果

被保险人、受让人未履行上述规定的通知义务的，因转让导致保险标的的危险程度显著增加而发生的保险事故，保险人不承担赔偿保险金的责任。

（二）保险标的危险程度增加的处理

在合同有效期内，保险标的的危险程度显著增加的，被保险人应当按照合同约定及时通知保险人，保险人可以按照合同约定增加保险费或者解除合同。保险人解除合同的，应当将已收取的保险费，按照合同约定扣除自保险责任开始之日起至合同解除之日止应收的部分后，退还投保人。风险大小直接决定了保险费的高低，二者成正相关关系，即风险越大收费越多。所以，风险增加保险公司可以多收保险费，如果风险增加过大，保险公司可以干脆解除合同不再承保。

被保险人未履行上述规定的通知义务的，因保险标的的危险程度显著增加而发生的保险事故，保险人不承担赔偿保险金的责任。

[例] 张大曾经给自己的私家车投了车损险，某日未通知保险公司就将该车改作出租车运营。显然，出租车出事故的风险概率是远远高于私家车的。此时，如果张大搭载乘客营运时发生事故则保险公司不承担赔偿责任；反之，如果张大自己开车办私事出事故保险公司仍应赔偿，因为这不是风险显著增加而发生的事故，是原本就承保的风险导致的。

（三）施救费用的承担

1. 承担规则

保险事故发生时，被保险人有责任尽力采取必要的措施，防止或者减少损失。保险事故发生后，被保险人为防止或者减少保险标的的损失所支付的必要的、合理的费用，由保险人承担。这是为了防止被保险人在获得保险的保障之后产生道德风险而放任事故的发生和扩大，施救费用由保险人承担归根到底是有利于保险人减轻赔偿责任的。这种费用应当是为了防止事故发生和扩大"直接"支出的，而不是"间接"支出的；这种费用应当是"必要的、合理的"，如火灾发生后可取附近井水灭火就没必要泼洒纯净水或矿泉水，这种增加成本的施救费用保险人是不会承担的。

显然，人身保险合同中是没有施救费用的承担问题的。因为人命无价，即使保险公司不承担救人的费用，也不会有人要钱不要命放弃施救的，不存在道德风险。

2. 计算

保险人所承担的施救费用的数额在保险标的损失赔偿金额以外另行计算，最高不超过保险金额的数额。也就是说，保险人承担的赔偿金额总和可以达到保险金额的两倍。尤其要注意，足额保险中施救费用只要没有超过保险金额就应当由保险公司全部承担，不足额保险中施救费用也应该按比例由保险公司承担。试举如下两例：

[例1] 某企业投足额财产保险1000万元，在一次电路短路事故中，实际遭受损失为950万元，为保护和抢救财产支出的必要费用为100万元，为确认保险责任范围内的损失而支付的估价合理费用为20万元，请问，保险公司应向该企业共赔偿多少？（单选）

A. 1020万元　　　　　　　　　B. 1000万元

C. 1050万元　　　　　　　　　D. 1070万元

解析：本案例为足额保险，损失额和施救费用均没有超过保险金额，所以全部由保险公司承担，估价费也是保险公司应当承担的开支。故本题正确答案是D项。

[例2] 某企业投不足额财产保险，保险标的价值1000万元，投保金额为500万元。在一次电路短路事故中，实际遭受损失为800万元，为保护和抢救财产支出的必要费用为100万元，请问，保险公司应向该企业共赔偿多少？（单选）

A. 900万元　　　　　　　　　B. 500万元

C. 800万元　　　　　　　　　D. 450万元

解析：本案例为不足额保险，投保金额与保险价值的比为1∶2，损失额和施救费用均应按此比例支付，即400万元和50万元，且都没有超过保险金额，所以全部由保险公司承担。故本题应选D项。

（四）代位求偿制度

代位求偿制度的产生根源是财产保险合同具有补偿性，即被保险人的获赔总额不能超过其损失额，要防止发生为了谋取额外利益而骗保的行为。在本制度中一般存在被保险人、保险人、第三人三方当事人。

1. 含义与行使规则

（1）因第三者对保险标的的损害而造成保险事故的，保险人自向被保险人赔偿保险金之日起，在赔偿金额范围内（因为保险人也不能获得额外的利益）代位行使被保险人对第三者请求赔偿的权利。

（2）上述保险事故发生后，被保险人已经从第三者取得损害赔偿的，保险人赔偿保险金时，可以相应扣减被保险人从第三者已取得的赔偿金额。这是为了防止被保险人获得额外利益。

（3）保险人行使代位请求赔偿的权利，不影响被保险人就未取得赔偿的部分向第三者请求赔偿的权利。因为法律只禁止被保险人获得额外利益，不禁止其获得足额利益。

（4）由于被保险人的过错致使保险人不能行使代位请求赔偿的权利的，保险人可以相应地扣减保险赔偿金。这种过错一般表现为被保险人不能提供进行索赔的充分证据或因为拖延而超过诉讼时效。

（5）保险人应以自己的名义行使保险代位求偿权。保险人代位求偿权的诉讼时效期间应自其取得代位求偿权之日起算。

2. 被保险人弃权的后果

（1）保险人赔偿前

保险事故发生后，保险人未赔偿保险金之前，被保险人放弃对第三者的请求赔偿的权利的，保险人不承担赔偿保险金的责任。因为这种弃权行为会使保险人对被保险人赔偿后无法再进行代位求偿。

（2）保险人赔偿后

保险人向被保险人赔偿保险金后，被保险人未经保险人同意放弃对第三者请求赔偿的权利的，该行为无效。因为保险人向被保险人赔偿保险金后就自动取得对第三人的代位求偿权，被保险人的弃权行为是无权处分，当然无效。

3. 例外

保险人不得对被保险人的家庭成员或者其组成人员行使代位请求赔偿的权利，除非是被保险人的家庭成员或者其组成人员故意造成《保险法》第60条第1款规定的保险事故。这是因为被保险人的家庭成员或者其组成人员与被保险人具有共同的利益关系，对他们进行代位求偿会使保险失去意义。

这里的家庭成员应包括与被保险人共同生活的配偶和亲属等较近的血亲或者姻亲，这里的组成人员指被保险人的单位雇员。

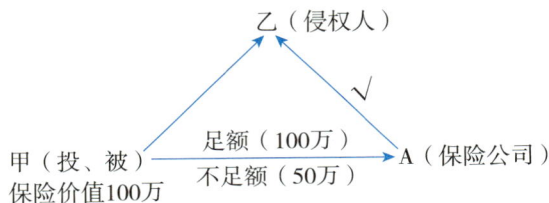

代位求偿制度

在上面的图例中，甲是投保人和被保险人，为其房屋（价值100万元）向A保险公司投了足额（即保险金额也为100万元）火灾险。假设乙作为侵权人将甲的房屋纵火焚毁，那么甲就同时享有两个请求权可以行使：①根据保险合同向A索赔100万元；②根据侵权赔偿责任向乙索赔100万元。如果这两项权利都允许甲行使，那么他获得的赔偿额就超过了损失额，违背了财产保险的补偿原则，容易诱发骗保行为。有鉴于此，立法者就规定了代位求偿制度来消除这种可能发生的赚钱现象。

根据代位求偿的规定，甲可以自由选择A或乙进行索赔。如果甲选择向A索赔，那么A赔付后就"自动地"获得甲对乙的请求权，A可以代甲的位再向乙求偿（图中用√提示），因为由侵权人承担最终责任才是公平合理的。换一种假设，如果甲投的是不足额保险，其保险金额定为 50 万元，那么甲选择向 A 索赔后仍然可就未获赔偿的剩余 50 万元再向乙请求赔偿。

（五）受损保险标的权利转移

由于财产保险具有补偿性，为了防止被保险人获得额外利益，保险事故发生后，保险人已支付了全部保险金额，并且保险金额等于保险价值的，受损保险标的的全部权利归于保险人；保险金额低于保险价值的，保险人按照保险金额与保险价值的比例取得受损保险标的的部分权利。

（六）重复保险与责任保险

重复保险与责任保险都是财产保险的特有种类。

1. 重复保险

（1）含义

重复保险，是指投保人对同一保险标的、同一保险利益、同一保险事故分别与两个以上保险人订立保险合同，且保险金额总和超过保险价值的保险。

（2）计算

重复保险的投保人应当将重复保险的有关情况通知各保险人。因为财产保险合同具有补偿性，为了防止被保险人获得额外的利益，重复保险的各保险人赔偿保险金的总和不得超过保险价值。除合同另有约定外，各保险人按照其保险金额与保险金额总和的比例承担赔偿保险金的责任。重复保险的投保人可以就保险金额总和超过保险价值的部分，请求各保险人按比例返还保险费。试举一例说明：

> [例] 某企业就其所有的全部厂房向甲、乙、丙三家保险公司投了火灾险，厂房价值 1000 万元，甲公司承保保险金额 200 万元，乙公司承保保险金额 800 万元，丙公司承保保险金额 1000 万元。2018 年 2 月 1 日，该企业厂房发生火灾全部毁损，三家保险公司各应承担多少赔偿金？
>
> 解析：本案例为重复保险，三家保险公司各自的保险金额都没有超过保险价值，但其总和已经超过了。在这种情况下，被保险人的损失应由三家分摊，各自分摊的份额按照其保险金额与保险金额总和的比例计算。因此，甲公司赔偿 100 万元（1/10），乙公司赔偿 400 万元（4/10），丙公司赔偿 500 万元（5/10）。

2. 责任保险

责任保险，是指以被保险人对第三者依法应负的赔偿责任为保险标的的保险。

（1）赔付规则

保险人对责任保险的被保险人给第三者造成的损害，可以依照法律的规定或者合同的约定，直接向该第三者赔偿保险金。责任保险的被保险人给第三者造成损害，被保险人未向该第三者赔偿的，保险人不得向被保险人赔偿保险金。

责任保险的被保险人给第三者造成损害，被保险人对第三者应负的赔偿责任确定的，根据被保险人的请求，保险人应当直接向该第三者赔偿保险金。被保险人怠于请求的，第三者有权就其应获赔偿部分直接向保险人请求赔偿保险金。

（2）费用承担

责任保险的被保险人因给第三者造成损害的保险事故而被提起仲裁或者诉讼的，除合同另有约定外，由被保险人支付的仲裁或者诉讼费用以及其他必要的、合理的费用，由保险人承担。这是因为仲裁或诉讼的提起必然是因为保险人指使被保险人拒绝第三者的索赔请求而发生，仲裁或诉讼的结果也必然直接影响保险人的利益。

三、人身保险合同

（一）分类

1. 人寿保险合同

人寿保险是最常见、最重要的一种人身保险。人寿保险合同是投保人和保险人约定，被保险人在合同规定的年限内死亡，或者在合同规定的年限届满时仍然生存，由保险人按照约定向被保险人或者受益人给付保险金的合同。以人寿保险承保的保险事故为标准，人寿保险分为死亡保险、生存保险、生死两全保险。

（1）死亡保险，是指以被保险人在保险期限内的死亡为保险事故的保险。死亡保险依期限可分为终身保险和定期保险。终身保险是指以被保险人的终身为保险期限，不论被保险人何时死亡，保险人均给付保险金的保险。定期保险是指投保人和保险人约定一定期限为保险期间，被保险人在保险期限内死亡时，保险人给付保险金的保险。

（2）生存保险，是指以被保险人在保险期限内的生存为保险事故的保险。在保险人生存到保险期限届满时，保险人按照合同的约定给付保险金。如果被保险人在保险期限内死亡，保险合同失效，保险人不承担给付保险金的责任，如年金保险。

（3）生死两全保险，是指以被保险人在保险期限内的死亡、伤残，或者被保险人生存到保险期满为保险事故的保险。这种保险，或者以生存保险为基础而对保险金的给付附以死亡条件；或者以死亡保险为基础而对保险金的给付附以生存条件。

（4）简易人身保险，是一种简化了的人寿保险。依照简易人身保险合同，被保险人生存至保险期满或者被保险人在保险期限内因保险事故死亡或者伤残，保险人向被保险人或者受益人给付约定的保险金，其特点是保额小、手续简便、适合于普通大众。

（5）年金保险，是指在被保险人的生存期间每年给付一定金额的生存保险，但年金保险并不以生存保险为限，可以加保死亡保险，实务上，年金保险通常为生死两全保险。

2. 健康保险合同

健康保险又称为疾病保险，是指双方当事人约定，投保人向保险人交纳保险费，当被保险人由于疾病、分娩以及由于疾病或者分娩致残或者失去劳动能力时，由保险人给付保险金的保险。健康保险包括医疗费给付保险、工资收入保险、业务所得保险以及残疾、死亡保险。

3. 伤害保险合同

伤害保险合同，又称意外事故保险合同，是指投保人和保险人约定，在被保险人遭受意外伤害或者因意外伤害而致残、死亡时，由保险人依照约定向被保险人或者受益人支付保险金的保险。伤害保险是对因意外事故而受到伤害的人或者其家庭成员给予经济补偿的一种保险，但伤害保险合同并非一种填补损害的合同，依照伤害保险合同，被保险人受到意外伤害或者因意外事故死亡，保险人应当支付确定金额的保险金。伤害保险包括普通伤害保险、团体伤害保险、旅行伤害保险、交通事故伤害保险、职业伤害保险等。

（二）受益人

受益人是人身保险独有的概念，只有受益人才享有保险金的给付请求权。

1. 产生方式

人身保险的受益人由被保险人或者投保人指定，投保人指定受益人时须经被保险人同意。这意味着被保险人享有最终决定权，是为了防止指定受益人不当而产生风险，危及被保险人安全。被保险人为无民事行为能力人或者限制民事行为能力人的，可以由其监护人指定受益人。

2. 多个受益人

被保险人或者投保人可以指定一人或者数人为受益人。受益人为数人的，被保险人或者投保人可以确定受益顺序和受益份额；未确定受益份额的，受益人按照相等份额享有受益权。

3. 变更受益人

被保险人或者投保人可以变更受益人并书面通知保险人。保险人收到变更受益人的书面通知后，应当在保险单上批注。投保人变更受益人时须经被保险人同意。

（三）对被保险人的限制

1. 对被保险人年龄的限制

为了降低风险，尽量防止保险事故发生，保险公司对被保险人的年龄一般都做出限制，避免与年龄过大或过小的被保险人发生保险法律关系。如果投保人申报的被保险人年龄不真实，则会发生对投保人不利的法律后果。

（1）投保人申报的被保险人年龄不真实，并且其真实年龄不符合合同约定的年龄限制的，保险人可以解除合同，并按照合同约定退还保险单的现金价值。但是，为了保障法律关系的稳定，防止保险人滥用解除权，如果合同成立已达 2 年以上则继续有效。

（2）投保人申报的被保险人年龄不真实，但其真实年龄符合合同约定的年龄限制的，或虽不符合合同约定的年龄限制，但合同成立已达 2 年以上的，则合同效力不受影响，但：

❶投保人实付保险费少于应付保险费的，保险人有权更正并要求投保人补交保险费，或者在给付保险金时按照实付保险费与应付保险费的比例支付。

❷投保人实付保险费多于应付保险费的，保险人应当将多收的保险费退还投保人。

2. 对死亡保险中被保险人的限制

死亡保险就是以被保险人的死亡作为保险金给付条件的人身保险合同，这种保险因为风险巨大，为了保护被保险人的人身安全，《保险法》特别作出了以下限制：

（1）死亡保险的被保险人不得是无民事行为能力人。出于对我国传统的家庭人伦的信任，父母为其未成年子女投保人身保险不受此限，但为了防止巨大的经济利益扭曲人性，其死亡给付保险金额总和不得超过保险监督管理机构规定的限额。根据原保监会的最新规定，被保险人不满 10 周岁的，不得超过人民币 20 万元，被保险人已满 10 周岁但未满 18 周岁的，不得超过人民币 50 万元。

（2）死亡保险未经被保险人书面同意并认可保险金额的，合同无效。父母为其未成年子女投保的人身保险，不受此限。

（3）依照死亡保险所签发的保险单，未经被保险人书面同意，不得转让或者质押。

（四）保险费的缴纳及其对合同效力的影响

保险费简称保费，是投保人根据保险合同的规定，为被保险人取得因约定危险事故发生所造成的经济损失补偿（或给付）权利，支付给保险人的代价，是保险这种商品的价格。保险费中用于赔款和保险金给付支出的部分称为纯保险费或净保险费，用于营业费用支出的部分称为附加保险费。保险费是纯保险费和附加保险费加上保险公司税金和利润的总和。

1. 缴费方式

（1）趸缴：投保人于合同成立后，可以向保险人一次支付全部保险费。

（2）期缴：投保人于合同成立后，也可以按照合同约定分期支付保险费。在此情况下，投保人应当于合同成立时支付首期保险费，并应当按期支付其余各期的保险费。

2. 不及时缴费的法律后果

（1）合同效力的中止

合同约定分期支付保险费，投保人支付首期保险费后，除合同另有约定外，投保人自保险人催告之日起超过30日未支付当期保险费，或者超过约定的期限60日未支付当期保险费的，合同效力中止，或者由保险人按照合同约定的条件减少保险金额。之所以给投保人一个30日或60日的宽限期，是考虑到人身保险合同一般期限较长，投保人难免会出现过期未交费的意外情况，如生病、出差、遗忘等，如果一过期就中止合同未免过于苛刻。一旦合同效力中止，就意味着发生保险事故是不予赔付的。

被保险人在上述宽限期内发生保险事故的，保险人应当按照合同约定给付保险金，但可以扣减欠交的保险费。

（2）合同效力的恢复

合同效力依照上述规定中止的，经保险人与投保人协商并达成协议，在投保人补交保险费后，合同效力恢复。

（3）合同的解除

自合同效力中止之日起满2年双方未达成协议的，保险人有权解除合同，按照合同约定退还保险单的现金价值。

3. 缴费原则

保险人对人寿保险的保险费，不得用诉讼方式要求投保人支付，即保险费的缴纳完全自愿，不得强制。此原则只适用于人寿保险，原因在于人寿保险期限过长，投保人的经济条件难免会有较大变化，先富后贫是常见的，保险费的缴纳不应成为投保人不合理的经济负担。此外，保险人也可以在投保人欠费的情况下通过减少保险金额以实现公平，即"你少交费，我少赔钱"，没有必要强迫对方缴费。

（五）"法定受益人"

"法定受益人"是约定俗称，其真实身份是被保险人的继承人。《保险法》第42条规定，被保险人死亡后，有下列情形之一的，保险金作为被保险人的遗产，由保险人依照

《继承法》的规定履行给付保险金的义务：

（1）没有指定受益人，或者受益人指定不明无法确定的。

（2）受益人先于被保险人死亡，没有其他受益人的。

（3）受益人依法丧失受益权或者放弃受益权，没有其他受益人的。

受益人与被保险人在同一事件中死亡，且不能确定死亡先后顺序的，推定受益人死亡在先。此时，保险金应根据上面第2项的规定，给付给被保险人的继承人。显然，立法思想是优先保护被保险人利益的，因为如果推定被保险人死亡在先，保险金就会给付给受益人的继承人了。

此处规定有以下三个问题必须明确：

（1）在受益人和被保险人的继承人非为同一人时，保险金应给付给受益人而不是被保险人的继承人。因为受益权是来自于保险合同的权利，应以合同为准。

（2）受益人先于被保险人死亡，没有其他受益人时，保险金应给付给被保险人的继承人而不是受益人的继承人。因为受益权属于期待权，具有人身属性。

（3）法定受益人（其实是被保险人的继承人）和真正的受益人身份不同，没有指定受益人，或者受益人指定不明无法确定时不能认为被保险人的继承人就是受益人。

[例] 甲与乙为父子二人，家中再无其他亲属。甲打算给自己买一份死亡保险，希望自己百年以后能给儿子乙留下一笔保险金维持生活。为实现此目的，其向律师丙咨询如何填写受益人。丙认为：如果甲写明乙为受益人，保险金自然会只交给乙；如果甲不指明受益人，那么保险金会作为甲的遗产，因为甲只有乙一个亲人，所以保险金仍会落在乙的手中，结果完全是相同的。

解析：丙的分析正确吗？完全错误，这是对甲的严重误导！在本案中，甲是否写明乙是受益人结果完全不同。

（1）在税法上，如果我国对遗产继承征收遗产税，对保险金所得不征收所得税，那么甲指定乙为受益人就可以规避遗产税；反之，如果我国对遗产继承不征收遗产税，对保险金所得征收所得税，那么甲不指定乙为受益人就可以规避所得税。当然，我国目前既无遗产税，对保险金所得也不征收所得税，但税收问题确实是一个重要的考量因素。

（2）在继承法上，我国规定遗嘱继承优先于法定继承。如果甲立有遗嘱，对遗产做出过特殊处理，那么在不写明受益人的情况下保险金会按照遗嘱分配，未必还会全部落在乙手里。

（3）在继承法上，我国采取限定继承原则，即继承人在继承获得的遗产范围内要继续清偿被继承人生前的债务。如果甲写明乙为受益人，则甲的债权人对保险金不能主张任何权利，乙可以获得全部保险金；如果甲未写明受益人，保险金变作遗产，就会受到甲生前债权人的追夺，乙可能只落得两手空空。

（六）法定除外责任

法定除外责任即《保险法》规定的保险公司不承担给付保险金责任的特殊情况，此时受益人自然不享有请求给付保险金的权利。此类情况共有三种：

1. 故意行为

（1）投保人的故意行为

投保人故意造成被保险人死亡、伤残或者疾病的，保险人不承担给付保险金的责任。投保人已交足 2 年以上保险费的，保险人应当按照合同约定向其他权利人退还保险单的现金价值。

保险制度针对的是不确定风险，自然不会对故意行为赔付，否则也会鼓励投保人杀人越货，对被保险人极为危险。

（2）受益人的故意行为

受益人故意造成被保险人死亡、伤残、疾病的，或者故意杀害被保险人未遂的，该受益人丧失受益权。这意味着保险人仍然要给付保险金，有其他受益人就给付其他受益人，没有其他受益人的就给付被保险人的继承人。

2. 自杀

死亡保险自合同成立或者合同效力恢复之日起 2 年内，被保险人自杀的，保险人不承担给付保险金的责任，但被保险人自杀时为无民事行为能力人的除外。

保险人依法不承担给付保险金责任的，应当按照合同约定退还保险单的现金价值。

一直以来，保险公司对被保险人的自杀行为采取区分对待的方法。即自杀目的是骗保就不给付保险金，自杀目的不是骗保（如抑郁症、失恋、失业等原因）就给付保险金。此种做法尽管公平但很难操作，因为被保险人自杀死亡后是无法再准确判断他的自杀目的是什么的。有鉴于此，保险公司结合心理学经验就采取用时间长短来区分自杀目的的方法，这样很客观，很好操作。根据上述规定，被保险人在合同成立或者合同效力恢复之日起 2 年内自杀的，一概被推定为具有骗保目的，因为时间间隔太短，因果关系明显，所以不给付保险金；被保险人在合同成立或者合同效力恢复之日起 2 年后自杀的，一概被推定为不具有骗保目的，因为时间间隔太长，因果关系不明显，所以就给付保险金。但是，如果被保险人自杀时为无民事行为能力人，则无论何时自杀都会给付保险金。因为无民事行为能力人（主要针对精神病人）自杀是不会有骗保目的的，一般都是病情失控导致的。

3. 故意犯罪或抗法

因被保险人故意犯罪或者抗拒依法采取的刑事强制措施导致其伤残或者死亡的，保险人不承担给付保险金的责任。投保人已交足 2 年以上保险费的，保险人应当按照合同约定退还保险单的现金价值。

英美法有谚语说：任何人都不能从犯罪行为中获得利益。犯罪分子是不能获得保险保障的，否则就更加有恃无恐了。此处只限制"故意"犯罪，不包括过失犯罪，否则交强险就不会存在了。故意犯罪导致伤残或者死亡不给付保险金具体包括以下三种情形：

（1）被保险人自身行为导致，如偷割电线被电死。

（2）犯罪过程中他人行为导致，如参与群殴被殴打致死或被他人正当防卫杀死。

（3）被判处死刑而处决。

被保险人在羁押、服刑期间因意外或者疾病造成伤残或者死亡，保险人仍然承担给付保险金的责任。

（七）人身保险不适用代位求偿

人身保险的被保险人因第三者的行为而发生死亡、伤残或者疾病等保险事故的，保险人向被保险人或者受益人给付保险金后，不享有向第三者追偿的权利，但被保险人或者受益人仍有权向第三者请求赔偿。

代位求偿是财产保险独有的制度，人身保险是不存在的，因为人命无价，不能用金钱衡量，不会发生所谓的"赚钱"现象。

（八）《保险法解释（三）》对人身保险合同的特别规定

1. 死亡保险中被保险人的认可形式

当事人订立以死亡为给付保险金条件的合同，根据《保险法》第34条的规定，"被保险人同意并认可保险金额"可以采取书面形式、口头形式或者其他形式；可以在合同订立时作出，也可以在合同订立后追认。有下列情形之一的，应认定为被保险人同意投保人为其订立的保险合同并认可保险金额：

（1）被保险人明知他人代其签名同意而未表示异议的。

（2）被保险人同意投保人指定的受益人的。

（3）有证据足以认定被保险人同意投保人为其投保的其他情形。

2. 受益人的确定

投保人指定受益人未经被保险人同意的，人民法院应认定指定行为无效。当事人对保险合同约定的受益人存在争议，除投保人、被保险人在保险合同之外另有约定外，按照以下情形分别处理：

（1）受益人约定为"法定"或者"法定继承人"的，以继承法规定的法定继承人为受益人。

（2）受益人仅约定为身份关系，投保人与被保险人为同一主体的，根据保险事故发生时与被保险人的身份关系确定受益人；投保人与被保险人为不同主体的，根据保险合同成立时与被保险人的身份关系确定受益人。

（3）受益人的约定包括姓名和身份关系，保险事故发生时身份关系发生变化的，认定为未指定受益人。

3. 死亡保险中被保险人被宣告死亡的处理

投保人为被保险人订立以死亡为给付保险金条件的保险合同，被保险人被宣告死亡后，当事人要求保险人按照保险合同约定给付保险金的，人民法院应予支持。被保险人被宣告死亡之日在保险责任期间之外，但有证据证明下落不明之日在保险责任期间之内，当事人要求保险人按照保险合同约定给付保险金的，人民法院应予支持。

本章复习重点提示 ▶▶▶

1. 重要知识点

保险利益原则；保险合同的性质；保险合同的分类；保险合同的解除；代位求偿；人身保险合同。

2. 实例解析

[例1]　人身保险的投保人对与投保人已经离婚但仍一起生活的前妻有保险利益吗?[1]

[例2]　人身保险的投保人在保险事故发生时，对保险标的应当具有保险利益吗?[2]

[例3]　甲将自己的汽车向某保险公司投保财产损失险，附加盗抢险，保险金额按车辆价值确定为20万元。后该汽车被盗，在保险公司支付了全部保险金额之后，该车辆被公安机关追回。保险金和车辆应当如何处置?[3]

---

〔1〕　没有。

〔2〕　人身保险的投保人在保险合同订立时，对被保险人应当具有保险利益。财产保险的被保险人在保险事故发生时，对保险标的应当具有保险利益。

〔3〕　甲无需退还受领的保险金，但车辆归保险公司所有。

第9章

海商法

◥ **本章导读**

　　海商法是调整海上运输关系、船舶关系的法律规范的总称。其中，海上运输关系，主要是指承运人、实际承运人同托运人、收货人或者旅客之间，承拖方同被拖方之间的关系。船舶关系，主要指船舶所有人、经营人、出租人、承租人之间，抵押权人与抵押人之间，救助方与被救助方之间的关系。《海商法》是民法的特别法。我国《海商法》，适用于海上或与海相通的可航水域的货物及旅客运输以及船舶碰撞和海难救助等海上事故。海商法在考试中地位很低，法条繁多艰深但很少考核。该法的很多内容可以参照国际经济法来掌握。

第一节　船　　舶

一、概念

　　《海商法》所称船舶，是指海船和其他海上移动式装置，但是用于军事的、政府公务的船舶和 20 总吨以下的小型船艇除外。前述所称船舶，包括船舶属具。由此可见，船舶的概念受到三方面制约：海上、商用和吨位。

二、船舶物权

（一）船舶所有权

1. 概念

船舶所有权，是指船舶所有人依法对其船舶享有占有、使用、收益和处分的权利。

2. 特点

（1）船舶所有权的取得、转让和消灭，应当向船舶登记机关登记；未经登记的，不得对抗第三人。船舶所有权的转让，应当签订书面合同。

（2）船舶由两个以上的法人或者个人共有的，应当向船舶登记机关登记；未经登记的，不得对抗第三人。

也就是说，船舶所有权的最大特点就是公示方法为登记。

（二）船舶抵押权

1. 概念

船舶抵押权，是指抵押权人对于抵押人提供的作为债务担保的船舶，在抵押人不履行债务时，可以依法拍卖，从卖得的价款中优先受偿的权利。

2. 特点

（1）设定船舶抵押权，应当签订书面合同，由抵押权人和抵押人共同向船舶登记机关办理抵押权登记；未经登记的，不得对抗第三人。船舶抵押权也以登记作为公示方法。

（2）船舶共有人就共有船舶设定抵押权，应当取得持有 2/3 以上份额的共有人的同意，共有人之间另有约定的除外。船舶共有人设定的抵押权，不因船舶的共有权的分割而受影响。

（3）同一船舶可以设定两个以上抵押权，其顺序以登记的先后为准。

（三）船舶优先权

1. 概念

船舶优先权，是指海事请求人依照《海商法》第 22 条的规定，向船舶所有人、光船承租人、船舶经营人提出海事请求，对产生该海事请求的船舶具有优先受偿的权利。

2. 范围与顺序

下列各项海事请求具有船舶优先权：

（1）船长、船员和在船上工作的其他在编人员根据劳动法律、行政法规或者劳动合同所产生的工资、其他劳动报酬、船员遣返费用和社会保险费用的给付请求。

（2）在船舶营运中发生的人身伤亡的赔偿请求。

（3）船舶吨税、引航费、港务费和其他港口规费的缴付请求。

（4）海难救助的救助款项的给付请求。

（5）船舶在营运中因侵权行为产生的财产赔偿请求。

载运 2000 吨以上的散装货油的船舶，持有有效的证书，证明已经进行油污损害民事责任保险或者具有相应的财务保证的，对其造成的油污损害的赔偿请求，不属于上述第 5 项规定的范围。

上述所列各项海事请求，依照顺序受偿。但是，第 4 项海事请求，后于第 1~3 项发生的，应当先于第 1~3 项受偿。

上述第 1~3、5 项中有两个以上海事请求的，不分先后，同时受偿；不足受偿的，按照比例受偿。第 4 项中有两个以上海事请求的，后发生的先受偿。

上文所述的船舶优先权的优先性非常复杂，应当从多个角度进行判断：

（1）船舶优先权担保的债权（海事请求）优先于无担保的债权。

（2）船舶优先权优先于其他船舶担保物权（留置权和抵押权）。

（3）船舶优先权担保的不同类的海事请求也有先后之别，这主要是考虑以下几方面因素：①保证国家税收原则；②保护船员利益原则；③为其他债权受偿创造条件的债权优先原则；④侵权之债优先于合同之债原则；⑤人身伤亡之债优先财产损害之债原则。

（4）船舶优先权担保的同一类的不同"项"的海事请求，一般原则是不分先后，按比例受偿。但对于救助报酬等其他具有对已存在的船舶优先权起着保全作用的海事请求，则采用以时间为准的"倒序原则"，或称"先发生，后受偿"原则排列优先受偿顺序。以救助为例，当同时存在两个以上的救助报酬时，则最后发生的最先受偿。但若同时发生，则按比例受偿。

3. 船舶优先权与其他船舶物权的关系

船舶优先权先于船舶留置权受偿，船舶抵押权后于船舶留置权受偿。

所谓船舶留置权，是指造船人、修船人在合同另一方未履行合同时，可以留置所占有的船舶，以保证造船费用或者修船费用得以偿还的权利。

4. 船舶优先权的消灭

船舶优先权因下列原因之一而消灭：

（1）具有船舶优先权的海事请求，自优先权产生之日起满 1 年（该 1 年不得中止或者中断）不行使。

（2）船舶经法院强制出售。

（3）船舶灭失。

（4）船舶优先权不因船舶所有权的转让而消灭。但是，船舶转让时，船舶优先权自法院应受让人申请予以公告之日起满 60 日不行使的除外。

第二节 海上运输

一、海上货物运输合同

海上货物运输合同，是指承运人收取运费，负责将托运人托运的货物，经海路由一港运至另一港的合同。但《海商法》第四章"海上货物运输合同"的规定，不适用于我国港口之间的海上货物运输。因为作为一项传统的航运保护政策，大多数航运国家规定，只有悬挂本国国旗的船舶才能从事本国港口间的货物运输，即沿海运输权，以保护本国的航运业。我国港口间的海上货运合同主要适用《合同法》。

（一）承运人的责任期间

1. 集装箱装运的货物的责任期间，是指从装货港接收货物时起至卸货港交付货物时止，货物处于承运人掌管之下的全部期间。

2. 非集装箱装运的货物的责任期间，除另有约定外，是指从货物装上船时起至卸下船时止，货物处于承运人掌管之下的全部期间。

在承运人的责任期间，货物发生灭失或者损坏，除另有规定外，承运人应当负赔偿责任。

（二）承运人的适航义务

承运人在船舶开航前和开航当时，应当谨慎处理，使船舶处于适航状态，妥善配备船员、装备船舶和配备供应品，并使货舱、冷藏舱、冷气舱和其他载货处所适于并能安全收受、载运和保管货物（即适货）。

（三）承运人的免责

在责任期间货物发生的灭失或者损坏是由于下列原因之一造成的，承运人不负赔偿责任：

1. 船长、船员、引航员或者承运人的其他受雇人在驾驶船舶或者管理船舶中的过失。

2. 火灾，但是由于承运人本人的过失所造成的除外。

3. 天灾，海上或者其他可航水域的危险或者意外事故。

4. 战争或者武装冲突。

5. 政府或者主管部门的行为、检疫限制或者司法扣押。

6. 罢工、停工或者劳动受到限制。

7. 在海上救助或者企图救助人命或者财产。

8. 托运人、货物所有人或者他们的代理人的行为。

9. 货物的自然特性或者固有缺陷。

10. 货物的包装不良或者标志欠缺、不清。

11. 经谨慎处理仍未发现的船舶潜在缺陷。

12. 因运输活动物的固有的特殊风险造成活动物灭失或者损害的，承运人不负赔偿责任。但是，承运人应当证明业已履行托运人关于运输活动物的特别要求，并证明根据实际情况，灭失或者损害是由于此种固有的特殊风险造成的。

13. 承运人在舱面上装载货物，应当同托运人达成协议，或者符合航运惯例，或者符合有关法律、行政法规的规定。承运人依照上述规定将货物装载在舱面上，对由于此种装载的特殊风险造成的货物灭失或者损坏，不负赔偿责任。承运人违反上述规定将货物装载在舱面上，致使货物遭受灭失或者损坏的，应当负赔偿责任。

14. 非由于承运人或者承运人的受雇人、代理人的过失造成的其他原因。

"管船过失"与"管货过失"是完全不同的。根据前文规定，船长、船员、引航员或者承运人的其他受雇人在驾驶船舶或者管理船舶中的过失造成的货物灭失或者损坏，承运人不承担赔偿责任。这叫做"航海过失"免责，它包括驾驶船舶过失和管理船舶（即"管船"）过失。管船过失不同于管货过失，后者是不能免责的。这两种过失的区分标准在于行为的对象和目的。如果某一行为针对货物，其目的是管理货物，则该行为属于管理货物的行为；反之，属于管理船舶的行为。例如：某船在航行中遇到大风浪，须往压载舱打压载水，以提高船舶的稳定性，但船员误将海水打入货舱，使货物遭受湿损，船员的这一过失属于管理船舶过程中的过失。又如，某船运载水泥，航行途中，船员为进入货舱查看舱内货物，打开舱盖，但出舱时忘记将其关上，后因突降大雨，雨水进入货舱内使货物受损，这一过失属于管理货物的过失。

二、海上侵权——船舶碰撞

（一）概念

船舶碰撞，是指船舶在海上或者与海相通的可航水域发生接触造成损害的事故。

（二）责任承担

采取过错责任原则：

1. 船舶发生碰撞，是由于不可抗力或者其他不能归责于任何一方的原因或者无法查明的原因造成的，碰撞各方互相不负赔偿责任。

2. 船舶发生碰撞，是由于一船的过失造成的，由有过失的船舶负赔偿责任。

3. 船舶发生碰撞，碰撞的船舶互有过失的，各船按照过失程度的比例，负赔偿责任；过失程度相当或者过失程度的比例无法判定的，平均负赔偿责任。

互有过失的船舶对碰撞造成的船舶以及船上货物和其他财产的损失，依照上述规定的比例负赔偿责任。碰撞造成第三人财产损失的，各船的赔偿责任均不超过其应当承担的比例。

互有过失的船舶对造成的第三人的人身伤亡，负连带赔偿责任。一船连带支付的赔偿超过上述规定的比例的，有权向其他有过失的船舶追偿。

（三）时效

有关船舶碰撞的请求权，时效期间为 2 年，自碰撞事故发生之日起计算。

三、海难救助

（一）概念

海难救助，是指在海上或者与海相通的可航水域，对遇险的船舶和其他财产进行的救助。

（二）救助报酬的确定

1. 无效果、无报酬。

2. 救助报酬不得超过船舶和其他财产的获救价值。

3. 救助报酬的金额，应当由获救的船舶和其他财产的各所有人，按照船舶和其他各项财产各自的获救价值占全部获救价值的比例承担。

4. 在救助作业中救助人命的救助方，对获救人员不得请求酬金，但是有权从救助船舶或者其他财产、防止或者减少环境污染损害的救助方获得的救助款项中，获得合理的份额。

（三）时效

有关海难救助的请求权，时效期间为 2 年，自救助作业终止之日起计算。

本章复习重点提示 ▶▶▶

1. 重要知识点

《海商法》的适用范围；船舶优先权；船舶碰撞；海上货物运输合同中承运人的免责；海上货物运输合同中承运人的义务；共同海损与单独海损的区别；海难救助的成立要件。

2. 实例解析

[例1] 依照我国《海商法》的规定，附于甲轮船上的船舶优先权会因哪些原因而消灭？〔1〕

[例2] 上海至广州的货物运输以及天津至韩国釜山的货物运输都应当适用《海商法》吗？〔2〕

[例3] 承运人对集装箱装运的货物的责任期间是从货物装上船起至卸下船止吗？〔3〕

---

〔1〕 甲轮船沉没；甲轮船被法院强制出售；请求人在船舶优先权产生之日起满1年仍不行使。
〔2〕 只有后者适用。
〔3〕 错误，不是船至船，而是港至港。

第二部分
知识产权法

第1章

著作权

▶本章导读

　　著作权属于知识产权。知识产权，是指民事主体对特定智力劳动成果依法享有的专有权利。《与贸易有关的知识产权协定》（简称"TRIPs 协定"）明确规定：知识产权属于私权。我国《民法总则》也规定：民事主体依法享有知识产权。

第一节 知识产权概述

一、知识产权的范围

　　知识产权是权利人依法就下列客体享有的专有的权利：①作品；②发明、实用新型、外观设计；③商标；④地理标志；⑤商品秘密；⑥集成电路布图设计；⑦植物新品种；⑧法律规定的其他客体。

二、知识产权的特征

（一）非物质性

　　知识产权的客体是不具有物质形态的智力成果。这是知识产权的本质属性，是知识产权区别于其他民事权利的首要特征。智力成果是指人们通过智力劳动创造的精神财富或精神产品，本身凝结了人类的一般劳动，具有财产价值，可以成为权利标的，是与民法意义上的"物"相并存的一种民事权利客体。

（二）专有性

即知识产权的权利主体依法享有独占使用智力成果的权利，他人不得侵犯。从本质上讲，知识产权是一种垄断权。为了维护公共利益，这种垄断权必须符合法律规定并受到一定限制。

（三）地域性

即知识产权只在特定国家或地区的地域范围内有效，不具有域外效力。

（四）期限性

即依法产生的知识产权一般只在法律规定的期限内有效。超出知识产权的法定保护期后，该知识产权权利消灭，有关智力成果进入公有领域，人们可以自由使用。作为例外，商标权的期限届满后可通过续展依法延长保护期；少数知识产权没有时间限制，只要符合有关条件，法律可长期予以保护，如商业秘密、商号权等。

三、知识产权侵权案件的一审管辖

（一）著作权

著作权民事纠纷案件，由中级以上法院管辖。各高级法院根据本辖区的实际情况，可以确定若干基层法院管辖第一审著作权民事纠纷案件。

（二）商标权

第一审商标民事纠纷案件，由中级以上法院及最高法院指定的基层法院管辖。涉及对驰名商标保护的民事、行政案件，由省、自治区人民政府所在地市、计划单列市、直辖市辖区中级法院及最高法院指定的其他中级法院管辖。

（三）专利权

专利纠纷第一审案件，由各省、自治区、直辖市人民政府所在地的中级法院和最高法院指定的中级法院管辖。最高法院根据实际情况，可以指定基层法院管辖第一审专利纠纷案件。

四、知识产权的侵权赔偿

（一）著作权

1. 侵犯著作权或者与著作权有关的权利的，侵权人应当按照权利人的实际损失给予赔偿。

2. 实际损失难以计算的，可以按照侵权人的违法所得给予赔偿。赔偿数额还应当包括权利人为制止侵权行为所支付的合理开支。

3. 权利人的实际损失或者侵权人的违法所得不能确定的，由法院根据侵权行为的情节，判决给予 50 万元以下的赔偿。

（二）专利权

1. 侵犯专利权的赔偿数额按照权利人因被侵权所受到的实际损失确定。

2. 实际损失难以确定的，可以按照侵权人因侵权所获得的利益确定。

3. 权利人的损失或者侵权人获得的利益难以确定的，参照该专利许可使用费的倍数合理确定。赔偿数额还应当包括权利人为制止侵权行为所支付的合理开支。

4. 权利人的损失、侵权人获得的利益和专利许可使用费均难以确定的，法院可以根据专利权的类型、侵权行为的性质和情节等因素，确定给予1万元以上100万元以下的赔偿。

（三）商标权

1. 侵犯商标专用权的赔偿数额，按照权利人因被侵权所受到的实际损失确定。

2. 实际损失难以确定的，可以按照侵权人因侵权所获得的利益确定。

3. 权利人的损失或者侵权人获得的利益难以确定的，参照该商标许可使用费的倍数合理确定。对恶意侵犯商标专用权，情节严重的，可以在按照上述方法确定数额的1倍以上3倍以下确定赔偿数额。赔偿数额应当包括权利人为制止侵权行为所支付的合理开支。

4. 权利人因被侵权所受到的实际损失、侵权人因侵权所获得的利益、注册商标许可使用费难以确定的，由法院根据侵权行为的情节判决给予300万元以下的赔偿。

五、知识产权的特殊诉讼保护

1. 侵犯知识产权的诉讼时效为2年，自权利人知道或者应当知道侵权行为之日起计算。权利人超过2年起诉的，如果侵权行为在起诉时仍在持续，在该知识产权保护期内，法院应当判决被告停止侵权行为；侵权损害赔偿数额应当自权利人向法院起诉之日起向前推算2年计算。

2. 发明专利申请公布后至专利权授予前使用该发明未支付适当使用费的，专利权人要求支付使用费的诉讼时效为2年，自专利权人得知或者应当得知他人使用其发明之日起计算。但是，专利权人于专利权授予之日前即已得知或者应当得知的，自专利权授予之日起计算。

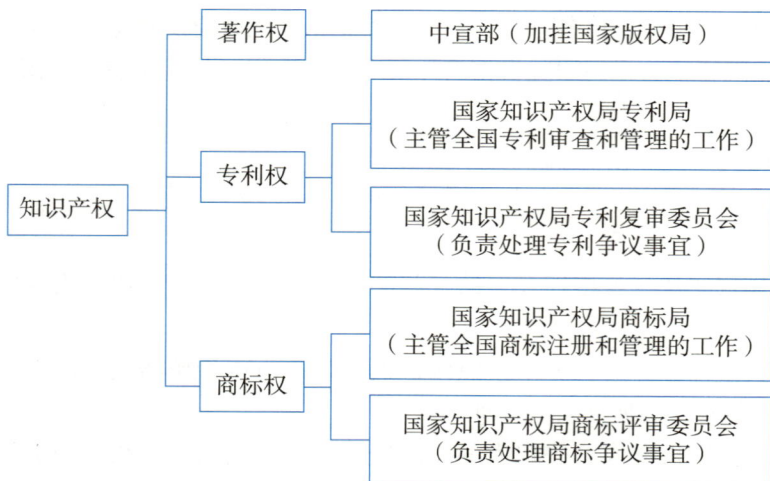

```
                        ┌─ 著作权 ──── 中宣部（加挂国家版权局）
                        │
                        │              ┌─ 国家知识产权局专利局
                        │              │   （主管全国专利审查和管理的工作）
知识产权 ───────────────┼─ 专利权 ────┤
                        │              └─ 国家知识产权局专利复审委员会
                        │                  （负责处理专利争议事宜）
                        │
                        │              ┌─ 国家知识产权局商标局
                        │              │   （主管全国商标注册和管理的工作）
                        └─ 商标权 ────┤
                                       └─ 国家知识产权局商标评审委员会
                                           （负责处理商标争议事宜）
```

第二节 著作权的客体

著作权的客体是指著作权法保护的对象，即文学、艺术和科学领域中的作品。

一、作品的概念

作品，是指文学、艺术和科学领域内具有独创性并能以某种有形形式复制的智力成果。其构成要件如下：

1. 属于文学、艺术和自然科学、社会科学、工程技术等科学领域中的智力成果。

2. 具有独创性。其含义有二：①作品系独立创作完成，而非剽窃之作；②作品必须体现作者的个性特征，属于作者智力劳动创作结果，即具有创作性。独创性存在于作品的表达之中，作品中所包含的思想并不要求必须具有独创性。由不同作者就同一题材创作的作品，只要作品的表达系独立完成并且具有创作性，应当认定作者各自享有独立的著作权。

> ［例］1923 年 8 月，朱自清和俞平伯同游秦淮河，事后两人各自写了一篇同题散文《桨声灯影里的秦淮河》。两文是两位作家分别写的，思想意境差别很大，当然可以各自享有独立的著作权。

3. 可复制性。即作品必须可以通过某种有形形式复制，从而被他人所感知。所以，诸如想法、念头、点子、创意等是不能算作品的。

4. 违禁作品也受法律保护，作品不要求具备合法性。这是 2010 年《著作权法》修改后的规定，所以诸如侵权作品、淫秽作品等也受法律保护。

二、作品的种类

1. 文字作品，是指小说、诗词、散文、论文等以文字形式表现的作品。

2. 口述作品，是指即兴的演说、授课、法庭辩论等以口头语言形式表现的作品。

3. 音乐、戏剧、曲艺、舞蹈、杂技艺术作品。音乐作品，是指歌曲、交响乐等能够演唱或演奏的带词或者不带词的作品；戏剧作品，是指话剧、歌剧、地方戏等供舞台演出的作品；曲艺作品，是指相声、快板、大鼓、评书等以说唱为主要表演形式的作品；舞蹈作品，是指通过连续的动作、姿势、表情等表现思想情感的作品；杂技作品，是指杂技、魔术、马戏等通过形体动作和技巧表现的作品。

4. 美术、建筑作品。美术作品，是指绘画、书法、雕塑等以线条、色彩或者其他方式构成的有审美意义的平面或立体造型艺术作品；建筑作品，是指以建筑物或者构筑物形式表现的有审美意义的作品。

5. 摄影作品，是指借助器械在感光材料或者其他介质上记录客观物体形象的艺术作品。

6. 电影作品和以类似摄制电影的方法创作的作品，是指摄制在一定介质上，由一系列有伴音或者无伴音的画面组成，并且借助适当装置放映或者以其他方式传播的作品。

7. 图形作品和模型作品。图形作品是指为施工、生产绘制的工程设计图、产品设计图，以及反映地理现象、说明事物原理或者结构的地图、示意图等作品；模型作品，是指为展示、试验或者观测等用途，根据物体的形状和结构，按照一定比例制成的立体作品。

8. 计算机软件，是指计算机程序及其文档。

9. 法律、行政法规规定的其他作品。如民间文学艺术作品等。

三、不予保护的对象

1. 官方文件，即法律、法规、国家机关的决议、决定、命令和其他具有立法、行政、司法性质的文件及其官方正式译文。官方文件具有独创性，属于作品范畴，不通过著作权法保护的根本原因在于方便人们自由复制和传播。

2. 时事新闻，是指通过报纸、期刊、广播电台、电视台等媒体报道的单纯事实消息。

3. 历法、数表、通用表格和公式。这类成果表现形式单一，应成为人类共同财富，不宜被垄断使用。

第三节 著作权的归属

一、作者

如无相反证明，在作品上署名的公民、法人或者其他组织为作者。作者一般是自然人，例外是单位。

（一）自然人

创作作品的公民是作者。没有参加创作过程，只是提供资金、咨询、组织等的辅助人员不是作者。在著作权的取得上，中国人和外国人与无国籍人是不同的。

1. 中国人：作品创作完成不论是否发表，自动取得著作权。

2. 外国人和无国籍人

（1）国民待遇

外国人、无国籍人的作品根据其作者所属国或者经常居住地国同中国签订的协议或者共同参加的国际条约享有的著作权，受著作权法保护。

（2）出版保护

❶中国出版：外国人、无国籍人的作品首先在中国境内出版的，依照著作权法享有著作权。

❷其他缔约国出版：未与中国签订协议或者共同参加国际条约的国家的作者以及无国籍人的作品首次在中国参加的国际条约的成员国出版的，或者在成员国和非成员国同时出版的，受著作权法保护。

（二）单位

由法人或者其他组织主持，代表法人或者其他组织意志创作，并由法人或者其他组织承担责任的作品，法人或者其他组织视为作者。

二、演绎作品和汇编作品

（一）演绎作品

改编、翻译、注释、整理已有作品而产生的作品，为演绎作品，其著作权由改编、翻译、注释、整理人享有，但行使著作权时不得侵犯原作品的著作权。

（二）汇编作品

汇编若干作品、作品的片段或者不构成作品的数据或者其他材料，对其内容的选择或者编排体现独创性的作品，为汇编作品，其著作权由汇编人享有，但行使著作权时，不得侵犯原作品的著作权。

他人使用演绎作品和汇编作品，既要取得演绎作品和汇编作品的著作权人许可并向其支付报酬，也要取得原作品著作权人许可并向其支付报酬，此为双重许可的要求。

三、合作作品

两人以上合作创作的作品，著作权由合作作者共同享有。

（一）认定

主客观要相统一，既要有双方共同创作的行为，也要有双方共同创作的意愿。

（二）使用

合作作品可以分割使用的，作者对各自创作的部分可以单独享有著作权，但行使著作权时不得侵犯合作作品整体的著作权。合作作品不可以分割使用的，其著作权由各合作作者共同享有，通过协商一致行使；不能协商一致，又无正当理由的，任何一方不得阻止他方行使除转让以外的其他权利，但是所得收益应当合理分配给所有合作作者。

四、影视作品

1. 电影作品和以类似摄制电影的方法创作的作品的著作权由制片者享有，但编剧、导演、摄影、作词、作曲等作者享有署名权，并有权按照与制片者签订的合同获得报酬。

2. 电影作品和以类似摄制电影的方法创作的作品中的剧本、音乐等可以单独使用的作品的作者有权单独行使其著作权。

五、职务作品

职务作品也称雇员作品，是公民为完成法人或者其他组织工作任务所创作的作品。

（一）一般的职务作品

著作权由作者享有，但法人或者其他组织有权在其业务范围内优先使用。作品完成 2 年内，未经单位同意，作者不得许可第三人以与单位使用的相同方式使用该作品。

（二）特殊的职务作品

有下列情形之一的职务作品，作者享有署名权，著作权的其他权利由法人或者其他组织享有，法人或者其他组织可以给予作者奖励：

1. 主要是利用法人或者其他组织的物质技术条件创作，并由法人或者其他组织承担责任的工程设计图、产品设计图、地图、计算机软件等职务作品。

2. 法律、行政法规规定或者合同约定著作权由法人或者其他组织享有的职务作品。

六、委托作品

受委托创作的作品，著作权的归属由委托人和受托人通过合同约定。合同未作明确约定或者没有订立合同的，著作权属于受托人。

七、原件所有权转移的作品

美术等作品原件所有权的转移，不视为作品著作权的转移，但美术作品原件的展览权由原件所有人享有。

八、作者不明的作品

作者身份不明的作品也称匿名作品，是指作品未署名或署了鲜为人知的名字。此时由作品原件的所有人行使除署名权以外的著作权。作者身份确定后，由作者或者其继承人行使著作权。

九、由他人执笔，本人审阅定稿并以本人名义发表的报告、讲话等作品

著作权归报告人或者讲话人享有。著作权人可以支付执笔人适当的报酬。

十、当事人合意以特定人物经历为题材完成的自传体作品

当事人对著作权权属有约定的，依其约定；没有约定的，著作权归该特定人物享有，执笔人或整理人对作品完成付出劳动的，著作权人可以向其支付适当的报酬。

第四节 著作权的内容

一、著作人身权

著作人身权，指著作权人基于作品的创作依法享有的以人格利益为内容的权利。它与作者的人身不可分，一般不能转让、继承，也不能被非法剥夺或成为强制执行中的执行标的。

（一）发表权

发表权，是指决定作品是否公之于众的权利。其具体内容包括：决定作品是否公之于众；决定作品在何时何地公之于众；决定作品以何种方式公之于众。"公之于众"是指著作权人自行或者经著作权人许可将作品向不特定的人公开，但不以公众知晓为条件。

发表权是一次性权利。作品一旦发表，发表权即行消灭，以后再次使用作品与发表权无关，而是行使使用权的体现；发表权与财产权关系密切，须通过出版、上网、朗诵等使用作品的方式来行使。

（二）署名权

署名权，是指在作品上署名，表明作者身份的权利。其具体内容包括：

1. 决定是否在作品上署名。

2. 决定署名的方式，如署真名、笔名。

3. 决定署名的顺序。

4. 禁止未参加创作的人在作品上署名。

5. 禁止他人假冒署名，即有权禁止他人盗用自己的姓名或笔名在他人作品上署名。

（三）修改权

修改权，是指修改或授权他人修改作品的权利。作品表达了作者的思想、情感和观点，公之于众后会直接影响社会公众对作者人格的评价，因而法律赋予作者修改权是对作者人格的尊重。修改通常是指内容的修改，报社、杂志社进行的不影响作品内容的文字性删节不属于修改权控制的范围，可以不经作者同意。但对内容的修改，必须征得作者同意。

（四）保护作品完整权

保护作品完整权，也称受尊重权，是指保护作品不受歪曲、篡改的权利。作品是作者思想的反映，也是作者人格的延伸。歪曲、篡改作品不仅损害作品的价值，而且直接影响作者的声誉，因而法律禁止任何人以任何方式歪曲和篡改作品。

二、著作财产权

著作财产权是指著作权人依法享有的控制作品的使用并获得财产利益的权利。

（一）使用权

使用权，是指以复制、发行、出租、展览、放映、广播、网络传播、摄制、改编、翻译、汇编等方式使用作品的权利。具体包括以下内容：

1. 复制权，即以印刷、复印、拓印、录音、录像、翻录、翻拍等方式将作品制作一份或者多份的权利。

2. 发行权，即以出售或者赠与方式向公众提供作品的原件或者复制件的权利。

3. 出租权，即有偿许可他人临时使用电影作品和以类似摄制电影的方法创作的作品、计算机软件的权利，计算机软件不是出租的主要标的的除外。

4. 展览权，即公开陈列美术作品、摄影作品的原件或者复制件的权利。

5. 表演权，即公开表演作品，以及用各种手段公开播送作品的表演的权利。公开表演作品被称为现场表演或直接表演；用各种手段公开播送作品的表演被称为机械表演或间接表演，如酒店、民航飞机等经营性单位未经许可播放背景音乐就可能侵犯音乐作品的机械表演权。

6. 放映权，即通过放映机、幻灯机等技术设备公开再现美术、摄影、电影和以类似摄制电影的方法创作的作品等权利。

7. 广播权，即以无线方式公开广播或者传播作品，以有线传播或者转播的方式向公众传播广播作品，以及通过扩音器或者其他传送符号、声音、图像的类似工具向公众传播广播作品的权利。

8. 信息网络传播权，即以有线或者无线方式向公众提供作品，使公众可以在其个人选定的时间和地点获得作品的权利。

9. 摄制权，即以摄制电影或者以类似摄制电影的方法将作品固定在载体上的权利。

10. 改编权，即改变作品，创作出具有独创性的新作品的权利。

11. 翻译权，即将作品从一种语言文字转换成另一种语言文字的权利。

12. 汇编权，即将作品或作品的片段通过选择或者编排，汇集成新作品的权利。

13. 应当由著作权人享有的使用作品的其他权利。

（二）许可使用权

许可使用权，是指著作权人依法享有的许可他人使用作品并获得报酬的权利。

（三）转让权

转让权，是指著作权人依法享有的转让使用权中一项或多项权利并获得报酬的权利。

（四）获得报酬权

获得报酬权，是指著作权人依法享有的因作品的使用或转让而获得报酬的权利。

第五节 著作权的限制

限制著作权的目的是通过在一定程度上让著作权人作出牺牲和让步来维护公共利益，也就是在著作权人的利益和公共利益之间实现平衡。

一、合理使用

（一）合理使用的概念

合理使用，是指根据法律的明文规定，不必征得著作权人同意而无偿使用他人已发表作品的行为。其构成要件是：

1. 一般只针对已经发表的作品，使用他人未发表的作品必须征得著作权人的同意。已经发表的作品，是指著作权人自行或许可他人公之于众的作品。

2. 必须基于法律的明文规定。除我国《著作权法》明确规定的情形外，其他使用行为均不构成合理使用。

3. 不必征得著作权人许可而无偿使用他人作品。是否支付报酬是合理使用与法定许可的重要区别。

4. 不得影响该作品的正常使用，也不得不合理地损害著作权人的合法利益。合理使用一般只限于为个人消费或公益性使用等目的少量使用他人作品的行为，应当指明作者姓名、作品名称，并不得侵犯著作权人依法享有的其他权利，如不得歪曲、篡改作品等。

（二）合理使用的情形

1. 为个人学习、研究或者欣赏，使用他人已经发表的作品。

2. 为介绍、评论某一作品或者说明某一问题，在作品中适当引用他人已经发表的作品。

3. 为报道时事新闻，在报纸、期刊、广播电台、电视台等媒体中不可避免地再现或者引用已经发表的作品。

4. 报纸、期刊、广播电台、电视台等媒体刊登或者播放其他报纸、期刊、广播电台、电视台等媒体已经发表的关于政治、经济、宗教问题的时事性文章，但作者声明不许刊登、播放的除外。

5. 报纸、期刊、广播电台、电视台等媒体刊登或者播放在公众集会上发表的讲话，但作者声明不许刊登、播放的除外。

6. 为学校课堂教学或者科学研究，翻译或者少量复制已经发表的作品，供教学或者科研人员使用，但不得出版发行。

7. 国家机关为执行公务在合理范围内使用已经发表的作品。

8. 图书馆、档案馆、纪念馆、博物馆、美术馆等为陈列或者保存版本的需要，复制本馆收藏的作品（注意，本行为可针对未发表作品）。

9. 免费表演已经发表的作品，该表演未向公众收取费用，也未向表演者支付报酬。

10. 对设置或者陈列在室外公共场所的艺术作品进行临摹、绘画、摄影、录像。

11. 将中国公民、法人或者其他组织已经发表的以汉语言文字创作的作品翻译成少数民族语言文字作品在国内出版发行。

12. 将已经发表的作品改成盲文出版。

二、法定许可使用

法定许可使用，是指依照法律的明文规定，不经著作权人同意有偿使用他人已经发表作品的行为。

法定许可使用与合理使用的共同之处在于：①都是基于法律的明文规定；②都只能针对已经发表的作品；③都不必征得著作权人的同意；④都应当指明作者姓名、作品名称，并不得侵犯著作权人依法享有的其他权利。

法定许可使用与合理使用的区别在于：①法定许可主要是作品传播者的使用行为，而合理使用不受此限制；②著作权人事先声明不许使用的，一般不适用法定许可制度，但合理使用一般不受此限制；③法定许可是有偿使用，使用人必须按规定支付报酬，而合理使用是无偿使用。

根据有关规定，法定许可使用主要包括以下情形：

1. 为实施九年制义务教育和国家教育规划而编写出版教科书，除作者事先声明不许使用外，可以不经著作权人许可，在教科书中汇编已经发表的作品片段或者短小的文字作品、音乐作品或者单幅的美术作品、摄影作品。

2. 为通过信息网络实施九年制义务教育或者国家教育规划，可以不经著作权人许可，使用其已经发表作品的片断或者短小的文字作品、音乐作品或者单幅的美术作品、摄影作品制作课件，由制作课件或者依法取得课件的远程教育机构通过信息网络向注册学生提供。

3. 作品被报社、期刊社刊登后，除著作权人声明不得转载、摘编的外，其他报刊可以转载或者作为文摘、资料刊登。

4. 录音制作者使用他人已经合法录制为录音制品的音乐作品制作录音制品，著作权人声明不许使用的除外。

5. 广播电台、电视台播放他人已经发表的作品。

6. 广播电台、电视台播放已经出版的录音制品。

三、著作权的保护期限

（一）著作人身权的保护期限

著作人身权中的署名权、修改权和保护作品完整权的保护期不受限制，可以获得永久性保护。但著作人身权中的发表权的保护有时间限制。

（二）自然人作品的发表权和财产权的保护期

公民的作品，其发表权和使用权的保护期分别为作者终生及其死后50年，截止于作者死亡之后第50年的12月31日；如果是合作作品，截止于最后死亡的作者死亡后第50年的12月31日。作者生前未发表的作品，如果作者未明确表示不发表，作者死亡后50年内，其发表权可由继承人或者受遗赠人行使；没有继承人又无人受遗赠的，由作品原件的所有人行使。

（三）法人或其他组织的作品的发表权和财产权的保护期

单位作品，著作权（署名权除外）由法人或者其他组织享有的职务作品，其发表权和《著作权法》第5~17项规定的权利的保护期为50年，截止于作品首次发表后第50年的12月31日，但作品自创作完成后50年内未发表的，著作权法不再保护。

（四）作者身份不明作品使用权的保护期

作者身份不明的作品，其使用权的保护期截止于作品发表后第50年的12月31日。作者身份确定后，适用《著作权法》第21条的规定，按不同作品类型分别确定保护期。

第六节 邻接权

一、邻接权的概念

邻接权，是指作品传播者对在作品传播过程中产生的劳动成果依法享有的专有权利，又称为作品传播者权或与著作权有关的权益。广义的著作权可以包括邻接权。狭义的著作权与邻接权的关系极为密切。没有作品，就谈不上作品的传播，因而邻接权以著作权为基础。

邻接权与著作权的主要区别是：邻接权的主体多为法人或其他组织，著作权的主体多为自然人；邻接权的客体是作品传播过程中产生的成果，而著作权的客体是作品本身；邻接权中除表演者权外一般不涉及人身权，而著作权包括人身权和财产权两方面的内容。

二、表演者的权利

（一）表演者权的含义和特点

表演者权是指演员或其他文学、艺术作品的表演人（包括演出单位），对其表演所享有的权利。表演者权建立在对作品的表演之上，没有作品的肢体动作（比如体育运动）是不存在表演者权的。

（二）表演者权的内容

表演者对其表演享有下列权利：

1. 表明表演者身份。
2. 保护表演形象不受歪曲。
3. 许可他人从现场直播和公开传送其现场表演，并获得报酬。
4. 许可他人录音录像，并获得报酬。
5. 许可他人复制、发行录有其表演的录音录像制品，并获得报酬。
6. 许可他人通过信息网络向公众传播其表演，并获得报酬。

（三）表演者的主要义务

表演者使用他人的作品演出，应当征得著作权人许可，并支付报酬；使用改编、翻译、注释、整理已有作品而产生的作品演出，应当征得演绎作品著作权人和原作品著作权人的许可，并支付报酬。

三、录制者的权利

（一）录制者权的主体和客体

录制者权的主体是录制者，包括录音制作者和录像制作者。录制者权的客体是录制品，包括录音制品和录像制品。录音制品是指任何声音的原始录制品；录像制品是指电影作品和以类似摄制电影的方法创作的作品以外的任何有伴音或无伴音的连续相关形象的原始录制品。

（二）录制者的权利和义务

录制者对其制作的录音录像制品，享有许可他人复制、发行、出租、通过信息网络向公众传播并获得报酬的权利。

录制者使用他人作品制作录音录像制品，应当取得著作权人许可，并支付报酬；使用演绎作品制作录制品的，应当征得演绎作品著作权人和原作品著作权人的许可，并支付报酬；录制表演活动的，应当同表演者订立合同，并支付报酬。

四、播放者的权利

（一）播放者权的主体和客体

播放者权的主体是广播电视组织，包括广播电台和电视台。播放者权的客体是播放的广播或电视而非广播、电视节目。广播、电视是指广播电台、电视台通过载有声音、图像的信号播放的集成品、制品或其他材料在一起的合成品。

（二）播放者的权利和义务

播放者有权禁止未经许可的下列行为：将其播放的广播、电视转播；将其播放的广播、电视录制在音像载体上以及复制该音像载体。

播放者应当履行下列义务：播放他人未发表的作品，应当取得著作权人的许可，并支付报酬；播放已发表的作品或已出版的录音录像制品，可以不经著作权人许可，但应按规定支付报酬。

第七节 著作权侵权行为

一、承担民事责任的著作权侵权行为

有下列侵权行为的，应当根据具体情况，承担停止侵害、消除影响、赔礼道歉、赔偿损失等民事责任：

1. 未经著作权人许可，发表其作品的。
2. 未经合作作者许可，将与他人合作创作的作品当作自己单独创作的作品发表的。
3. 没有参加创作，为谋取个人名利，在他人作品上署名的。
4. 歪曲、篡改他人作品的。
5. 剽窃他人作品的。
6. 未经著作权人许可，以展览、摄制电影和以类似摄制电影的方法使用作品，或者以改编、翻译、注释等方式使用作品的，著作权法另有规定的除外。
7. 使用他人作品，应当支付报酬而未支付的。
8. 未经电影作品和以类似摄制电影的方法创作的作品、计算机软件、录音录像制品的著作权人或者与著作权有关的权利人许可，出租其作品或者录音录像制品的，《著作权法》另有规定的除外。
9. 未经出版者许可，使用其出版的图书、期刊的版式设计的。
10. 未经表演者许可，从现场直播或者公开传送其现场表演，或者录制其表演的。
11. 其他侵犯著作权以及与著作权有关的权益的行为。

二、承担综合法律责任的著作权侵权行为

有下列侵权行为的，应当根据情况，承担停止侵害、消除影响、赔礼道歉、赔偿损失等民事责任；同时损害公共利益的，可以由著作权行政管理部门责令停止侵权行为，没收违法所得，没收、销毁侵权复制品，并可处以罚款（非法经营额 5 万元以上的，可处非法经营额 1 倍以上 5 倍以下的罚款，没有非法经营额或者非法经营额 5 万元以下的，著作权行政管理部门根据情节轻重，可处 25 万元以下的罚款）；情节严重的，著作权行政管理部门还可以没收主要用于制作侵权复制品的材料、工具、设备等；构成犯罪的，依法追究刑事责任：

1. 未经著作权人许可，复制、发行、表演、放映、广播、汇编、通过信息网络向公众传播其作品的，《著作权法》另有规定的除外。

2. 出版他人享有专有出版权的图书的。

3. 未经表演者许可，复制、发行录有其表演的录音录像制品，或者通过信息网络向公众传播其表演的，《著作权法》另有规定的除外。

4. 未经录音录像制作者许可，复制、发行或者通过信息网络向公众传播其录音录像制品，《著作权法》另有规定的除外。

5. 未经许可，播放或者复制广播、电视的，《著作权法》另有规定的除外。

6. 未经著作权人或者邻接权人许可，故意避开或者破坏权利人为其作品、录音录像制品等采取的保护著作权或者邻接权的技术措施的，法律、行政法规另有规定的除外。

7. 未经著作权人或者邻接权人许可，故意删除或者改变作品、录音录像制品等的权利管理电子信息的，法律、行政法规另有规定的除外。

8. 制作、出售假冒他人署名的作品的。

三、复制品的举证责任倒置

复制品的出版者、制作者不能证明其出版、制作有合法授权的，复制品的发行者或者电影作品或者以类似摄制电影的方法创作的作品、计算机软件、录音录像制品的复制品的出租者不能证明其发行、出租的复制品有合法来源的，应当承担法律责任。

本章复习重点提示

1. 重要知识点

著作权的归属；著作权的内容；合理使用；邻接权的内容。

2. 实例解析

我国《著作权法》不适用于下列哪些选项？[1]

A. 甲公司业务员呕心沥血制作的按照姓氏笔画排序的电话号码簿

B. 乙记者关于 2017 年国家司法考试当天情况的新闻稿

C. 丙创作的禁书

D. 丁将某汉字作品改成盲文

---

〔1〕 ABD。因为这三项都不具有独创性，著作权法保护违禁作品，所以 C 项不选。

第2章

专利权

◤ **本章导读**

　　专利权和商标权被合称为工业产权。专利权的客体是依法应授予专利的发明创造。发明创造包括发明、实用新型、外观设计三类。发明创造是智力劳动的结果。发明创造活动是一种事实行为，不受民事行为能力的限制。因此，无论从事发明创造的人是否具备完全民事行为能力，只要他完成了发明创造，就应认定为发明人或设计人。

第一节　专利权的主体

　　专利权的主体即专利权人，是指依法享有专利权并承担相应义务的人。专利权的主体包括以下几种：

一、发明人或设计人

　　发明人或设计人，是指对发明创造的实质性特点作出了创造性贡献的人。在完成发明创造过程中，只负责组织工作的人、为物质技术条件的利用提供方便的人或者从事其他辅助性工作的人，例如试验员、描图员、机械加工人员等，均不是发明人或设计人。其中，发明人是指发明的完成人；设计人是指实用新型或外观设计的完成人。发明人或设计人，只能是自然人，不能是单位、集体或课题组。

　　发明人或者设计人包括非职务发明创造的发明人或者设计人和职务发明创造的发明人或者设计人两类。非职务发明创造，是指既不是执行本单位的任务，也没有主要利用单位提供的物质技术条件所完成的发明创造。对于非职务发明创造，申请专利的权利属于发明人或者设计人。申请被批准后，该发明人或者设计人为专利权人。

　　如果一项非职务发明创造是由两个或两个以上的发明人、设计人共同完成的，则完成发明创造的人称为共同发明人或共同设计人。共同发明创造的专利申请权和取得的专利权归全体共有人共同所有。

206

二、发明人或设计人的单位

对于职务发明创造来说，专利申请权和取得的专利权归发明人或设计人所在的单位。发明人或设计人享有署名权和获得奖金、报酬的权利。职务发明创造，是指执行本单位的任务或者主要是利用本单位的物质技术条件所完成的发明创造，具体分为以下两类：

1. 执行本单位任务所完成的发明创造

包括三种情况：①在本职工作中作出的发明创造；②履行本单位交付的本职工作之外的任务所作出的发明创造；③退休、调离原单位后或者劳动、人事关系终止后 1 年内作出的，与其在原单位承担的本职工作或者原单位分配的任务有关的发明创造。

2. 主要利用本单位的物质技术条件所完成的发明创造

"本单位的物质技术条件"，是指本单位的资金、设备、零部件、原材料或者不对外公开的技术资料等。一般认为，如果在发明创造过程中，全部或者大部分利用了单位的资金、设备、零部件、原料以及不对外公开的技术资料，这种利用对发明创造的完成起着必不可少的决定性作用，就可以认定为主要利用本单位物质技术条件。如果仅仅是少量利用了本单位的物质技术条件，且这种物质条件的利用，对发明创造的完成无关紧要，则不能因此认定是职务发明创造。对于利用本单位的物质技术条件所完成的发明创造，如果单位与发明人或者设计人订有合同，对申请专利的权利和专利权的归属作出约定的，从其约定。

第二节 专利权的客体

专利权的客体，也就是专利法的保护对象，是依法应授予专利的发明创造。专利权的客体包括发明、实用新型、外观设计三类。

一、保护对象

1. 发明，是指对产品、方法或者其改进所提出的新的技术方案。

2. 实用新型，是指对产品的形状、构造或者其结合所提出的适于实用的新的技术方案。

3. 外观设计，是指对产品的形状、图案或者其结合以及色彩与形状、图案的结合所作出的富有美感并适于工业应用的新设计。

二、不保护的对象

1. 对违反法律、社会公德或者妨害公共利益的发明创造，不授予专利权。

2. 对违反法律、行政法规的规定获取或者利用遗传资源，并依赖该遗传资源完成的发明创造，不授予专利权。

3. 对下列各项，不授予专利权：

（1）科学发现。

（2）智力活动的规则和方法。

（3）疾病的诊断和治疗方法。

（4）动物和植物品种。

（5）用原子核变换方法获得的物质。

（6）对平面印刷品的图案、色彩或者二者的结合作出的主要起标识作用的设计。

对上述第4项所列产品的生产方法，可以依照《专利法》的规定授予专利权。

第三节 专利的授权条件

一、发明和实用新型专利的授权条件

（一）新颖性（即"前所未有性"）

新颖性的要求包括以下两点：

1. 该发明或者实用新型不属于现有技术。现有技术，是指申请日以前在国内外为公众所知的技术。能够导致技术被公众知晓的公开方法很多，比如出版、使用或演讲，报告等。例外的是，申请专利的发明创造在申请日以前6个月内，有下列情形之一的，不丧失新颖性：

（1）在中国政府主办或者承认的国际展览会上首次展出的。

（2）在规定的学术会议或者技术会议上首次发表的。

（3）他人未经申请人同意而泄露其内容的。

2. 不存在"抵触申请"。即没有任何单位或者个人就同样的发明或者实用新型在申请日以前向国务院专利行政部门提出过申请，并记载在申请日以后公布的专利申请文件或者公告的专利文件中。在下图中，乙就构成了甲的抵触申请，甲的申请也就丧失了新颖性。

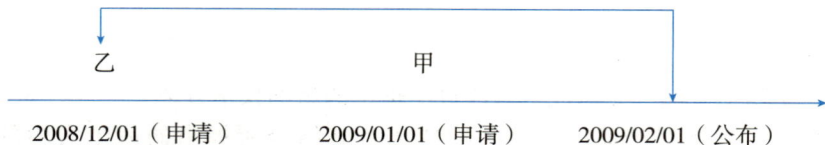

乙　　　　　　　　甲

2008/12/01（申请）　　2009/01/01（申请）　　2009/02/01（公布）

（二）创造性（即"技术进步性"）

是指与现有技术相比，该发明有突出的实质性特点和显著的进步，该实用新型有实质性特点和进步。

（三）实用性（即"可重复实施性"）

是指该发明或者实用新型能够制造或者使用，并且能够产生积极效果。

二、外观设计专利的授权条件

新颖性、实用性、富有美感、不得与他人在先取得的合法权利相冲突。

所谓不得冲突就是不得侵权的意思，在先取得的合法权利包括：商标权、著作权、企业名称权、肖像权、知名商品特有包装或者装潢使用权等。

第四节 授予专利权的程序

一、专利申请的原则

（一）书面原则

申请专利的各种手续，都应当以书面形式或者国家知识产权局、专利局规定的其他形式办理。以口头、电话、实物等非书面形式办理的各种手续，或者以电报、电传、传真、胶片等直接或间接产生印刷、打字或手写文件的通讯手段办理的各种手续均视为未提出，不产生法律效力。

（二）单一性原则

一件发明或者实用新型专利申请应当限于一项发明或者实用新型。属于一个总的发明构思的两项以上的发明或者实用新型，可以作为一件申请提出。一件外观设计专利申请应当限于一项外观设计。同一产品两项以上的相似外观设计，或者用于同一类别并且成套出售或者使用的产品的两项以上外观设计，可以作为一件申请提出。

（三）禁止重复授权原则

同样的发明创造只能授予一项专利权。但是，同一申请人同日对同样的发明创造既申请实用新型专利又申请发明专利，先获得的实用新型专利权尚未终止，且申请人声明放弃该实用新型专利权的，可以授予发明专利权。前述但书条款可用下面图说明。

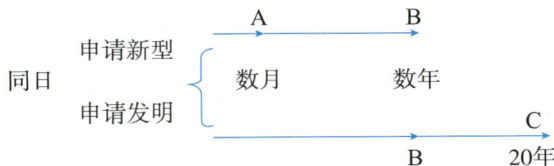

（四）先申请原则

两个以上的申请人分别就同样的发明创造申请专利的，专利权授予最先申请的人。

二、专利申请日

国务院专利行政部门收到专利申请文件之日为申请日。如果申请文件是邮寄的，以寄出的邮戳日为申请日。申请人享有优先权的，优先权日视为申请日，优先权日就是申请人的首次申请日。优先权分为国际优先权和国内优先权。

（一）国际优先权

申请人自发明或者实用新型在外国第一次提出专利申请之日起 12 个月内，或者自外观设计在外国第一次提出专利申请之日起 6 个月内，又在中国就相同主题提出专利申请的，依照该外国同中国签订的协议或者共同参加的国际条约，或者依照相互承认优先权的原则，可以享有优先权。

（二）国内优先权

申请人自发明或者实用新型在中国第一次提出专利申请之日起 12 个月内，又向国务院专利行政部门就相同主题提出专利申请的，可以享有优先权。

三、专利申请的审批

（一）发明

1. 初步审查

国务院专利行政部门收到发明专利申请后，进行初步审查。

2. 早期公开

经初步审查认为符合本法要求的，自申请日起满 18 个月，即行公布。国务院专利行政部门可以根据申请人的请求早日公布其申请。

3. 实质审查

发明专利申请自申请日起 3 年内，国务院专利行政部门可以根据申请人随时提出的请求，对其申请进行实质审查；申请人无正当理由逾期不请求实质审查的，该申请即被视为撤回。国务院专利行政部门认为必要的时候，可以自行对发明专利申请进行实质审查。

4. 公告授权

发明专利申请经实质审查没有发现驳回理由的，由国务院专利行政部门作出授予发明专利权的决定，发给发明专利证书，同时予以登记和公告。发明专利权自公告之日起生效。

（二）实用新型和外观设计

1. 初步审查。

2. 经初步审查没有发现驳回理由的，由国务院专利行政部门作出授予实用新型专利权或者外观设计专利权的决定，发给相应的专利证书，同时予以登记和公告。实用新型专利权和外观设计专利权自公告之日起生效。

四、专利的复审和无效宣告

（一）复审

国家知识产权局设立专利复审委员会。专利申请人对专利局驳回申请的决定不服的，可以自收到通知之日起 3 个月内，向专利复审委员会请求复审。专利复审委员会复审后，作出决定，并通知专利申请人。专利申请人对专利复审委员会的复审决定不服的，可以自收到通知之日起 3 个月内向人民法院起诉。

（二）无效宣告

发明创造被授予专利权后，任何单位或个人发现有不符合专利法有关规定的，都可以在专利授权之日起申请宣告该专利权无效。专利复审委员会对宣告专利权无效的请求应当及时审查和作出决定，并通知请求人和专利权人。宣告专利权无效的决定，由国务院专利行政部门登记和公告。对专利复审委员会宣告专利权无效或者维持专利权的决定不服的，可以自收到通知之日起 3 个月内向人民法院起诉。

（三）无效宣告的后果

宣告无效的专利权视为自始即不存在。宣告专利权无效的决定，对在宣告专利权无效前人民法院作出并已执行的专利侵权的判决、调解书，已经履行或者强制执行的专利侵权纠纷处理决定，以及已经履行的专利实施许可合同和专利权转让合同，不具有追溯力。但是因专利权人的恶意给他人造成的损失，应当给予赔偿。依照上述规定不返还专利侵权赔偿金、专利使用费、专利权转让费，明显违反公平原则的，应当全部或者部分返还。

第五节 专利权的内容和限制

一、专利权人的权利

专利权人可以依自己的意志独立行使其专利权。专利权的共有人对权利的行使有约定的，从其约定。没有约定的，共有人可以单独实施或者以普通许可方式许可他人实施该专利；许可他人实施该专利的，收取的使用费应当在共有人之间分配。除前述情形外，行使共有的专利权应当取得全体共有人的同意。

（一）独占实施权

发明和实用新型专利权被授予后，除专利法另有规定的以外，任何单位或者个人未经专利权人许可，都不得实施其专利，即不得为生产经营目的制造、使用、许诺销售、销售、进口其专利产品，或者使用其专利方法以及使用、许诺销售、销售、进口依照该专利方法直接获得的产品。其中的许诺销售，是指以做广告、在商店橱窗中陈列或者在展销会上展出等方式作出销售商品的意思表示。将侵犯发明或者实用新型专利权的产品作为零部件，制造另一产品的，应当认定属于使用行为；销售另一产品的，应当认定属于销售行为。

外观设计专利权被授予后，任何单位或者个人未经专利权人许可，都不得实施其专利，即不得为生产经营目的制造、许诺销售、销售、进口其外观设计专利产品。

（二）实施许可权

专利权人可以许可他人实施其专利技术并收取专利使用费。任何单位或者个人实施他人专利的，应当与专利权人订立实施许可合同，向专利权人支付专利使用费。被许可人无权允许合同规定以外的任何单位或者个人实施该专利。

（三）转让权

专利权可以转让。

（四）标示权

专利权人享有在其专利产品或者该产品的包装上标明专利标记和专利号的权利。

二、专利权的期限

发明专利权的期限为 20 年，实用新型专利权和外观设计专利权的期限为 10 年，均自申请日起计算。专利权期限届满后，专利权终止。专利权期限届满前，专利权人可以书面声明放弃专利权。

三、专利权的限制

（一）强制许可

强制许可又称为非自愿许可，是指国务院专利行政部门依照法律规定，不经专利权人的同意，直接许可具备实施条件的申请者实施发明或实用新型专利的一种行政措施。其目的是为了促进获得专利的发明创造得以实施，防止专利权人滥用专利权，维护国家利益和社会公共利益。我国专利法将强制许可分为三类：

1. 滥用专利权的强制许可

有下列情形之一的，国务院专利行政部门根据具备实施条件的单位或者个人的申请，可以给予实施发明专利或者实用新型专利的强制许可：

（1）专利权人自专利权被授予之日起满3年，且自提出专利申请之日起满4年，无正当理由未实施或者未充分实施其专利的。

（2）专利权人行使专利权的行为被依法认定为垄断行为，为消除或者减少该行为对竞争产生的不利影响的。

2. 根据公共利益需要的强制许可

（1）在国家出现紧急状态或者非常情况时，或者为了公共利益的目的，国务院专利行政部门可以给予实施发明专利或者实用新型专利的强制许可。

（2）为了公共健康目的，对取得专利权的药品，国务院专利行政部门可以给予制造并将其出口到符合中华人民共和国参加的有关国际条约规定的国家或者地区的强制许可。

3. 从属专利的强制许可

一项取得专利权的发明或者实用新型比之前已经取得专利权的发明或者实用新型具有显著经济意义的重大技术进步，其实施又有赖于前一发明或者实用新型的实施的，国务院专利行政部门根据后一专利权人的申请，可以给予实施前一发明或者实用新型的强制许可。

在依照上述规定给予实施强制许可的情形下，国务院专利行政部门根据前一专利权人的申请，也可以给予实施后一发明或者实用新型的强制许可。

4. 限制情形

（1）强制许可涉及的发明创造为半导体技术的，其实施限于公共利益的目的和专利权人行使专利权的行为被依法认定为垄断行为后，为消除或者减少该行为对竞争产生的不利影响的情形。

（2）除依照以下两种情形给予的强制许可外，强制许可的实施应当主要为了供应国内市场。

❶专利权人行使专利权的行为被依法认定为垄断行为，为消除或者减少该行为对竞争产生的不利影响的；

❷为了公共健康目的，对取得专利权的药品，国务院专利行政部门可以给予制造并将其出口到符合中华人民共和国参加的有关国际条约规定的国家或者地区的强制许可。

5. 强制许可中被许可人的义务

（1）取得实施强制许可的单位或者个人不享有独占的实施权，并且无权允许他人实施。

（2）取得实施强制许可的单位或者个人应当付给专利权人合理的使用费。

（二）不视为侵犯专利权的行为

1. 专利权一次用尽

专利产品或者依照专利方法直接获得的产品，由专利权人或者经其许可的单位、个人售出后，使用、许诺销售、销售、进口该产品的。

2. 先用权人的实施权

在专利申请日前已经制造相同产品、使用相同方法或者已经作好制造、使用的必要准备，并且仅在原有范围内继续制造、使用的。

必要准备，是指有以下行为之一：

（1）已经完成实施发明创造所必需的主要技术图纸或者工艺文件。

（2）已经制造或者购买实施发明创造所必需的主要设备或者原材料。

原有范围，包括专利申请日前已有的生产规模以及利用已有的生产设备或者根据已有的生产准备可以达到的生产规模。

3. 临时过境

临时通过中国领陆、领水、领空的外国运输工具，依照其所属国同中国签订的协议或者共同参加的国际条约，或者依照互惠原则，为运输工具自身需要而在其装置和设备中使用有关专利的。

4. 非营利实施

专为科学研究和实验而使用有关专利的。

5. 药品和医疗器械的行政审批需要

为提供行政审批所需的信息，制造、使用、进口专利药品或者专利医疗器械的，以及专门为其制造、进口专利药品或者专利医疗器械的。

第六节 专利侵权行为

一、现有技术抗辩——被控侵权人的免责理由

在专利侵权纠纷中，被控侵权人有证据证明其实施的技术或者设计属于现有技术或者现有设计的，不构成侵犯专利权。

二、善意侵权

为生产经营目的使用或者销售不知道是未经专利权人许可而制造并售出的专利产品或者依照专利方法直接获得的产品，能证明其产品合法来源的，不承担赔偿责任。

三、临时保护

发明专利申请公布后至公告授权前，他人擅自实施该发明的不构成侵犯专利权，申请人可以要求实施其发明的单位或者个人支付适当的费用。

本章复习重点提示

1. 重要知识点

不保护的对象；职务发明创造的权利归属；新颖性；专利权的内容；不视为侵犯专利权的行为，现有技术抗辩。

2. 实例解析

司腾公司研制了一种新型的腹腔镜仪器，并在 A 国和中国获得了产品专利权。在未经司腾公司许可的情况下，甲乙丙丁实施的行为中，哪些不构成对该公司专利权的侵犯？[1]

A. 甲公司从 A 国购进司腾公司在 A 国制造的该腹腔镜，然后进口到中国销售

B. 乙医院购买 5 台甲公司进口的腹腔镜并使用在临床治疗上

C. 丙医科大仿制了 2 台该腹腔镜用于研究开发新型腹腔镜

D. 丁公司为了在司腾公司的专利权保护期届满后制造销售该腹腔镜，制造 3 台腹腔镜用于向药监局审批

---

〔1〕 ABCD。A 项是专利权一次用尽；B 项也是专利权一次用尽；C 项是专为科学研究而使用专利；D 项是为提供行政审批所需要的信息，制造专利医疗器械的。

第3章

商标权

> ◤ **本章导读**
>
> 　　我国的商标实行自愿注册原则，商标不管注册与否都允许使用。经商标局核准注册的商标为注册商标，包括商品商标、服务商标和集体商标、证明商标。商标注册人享有商标专用权，受法律保护。
>
> 　　集体商标，是指以团体、协会或者其他组织名义注册，供该组织成员在商事活动中使用，以表明使用者在该组织中的成员资格的标志。
>
> 　　证明商标，是指由对某种商品或者服务具有监督能力的组织所控制，而由该组织以外的单位或者个人使用于其商品或者服务，用以证明该商品或者服务的原产地、原料、制造方法、质量或者其他特定品质的标志。

第一节　商标权的取得

一、商标注册的原则

（一）申请在先原则

两个或者两个以上的商标注册申请人，在同一种商品或者类似商品上，以相同或者近似的商标申请注册的，初步审定并公告申请在先的商标；同一天申请的，初步审定并公告使用在先的商标，驳回其他人的申请，不予公告。

申请商标注册不得损害他人现有的在先权利，也不得以不正当手段抢先注册他人已经使用并有一定影响的商标。

（二）自愿注册原则

商标使用人是否申请商标注册完全自愿，但注册商标才有专用权，受法律保护。未注册商标可以使用，但不享有专用权，不能禁止他人在同种或者类似商品上使用和其商标相同或近似的商标，驰名商标除外。同时，作为自愿注册原则的例外，我国要求烟草制品必须使用注册商标。

二、商标注册的条件

（一）申请人的条件

自然人、法人或者其他组织在生产经营活动中，对其商品或者服务需要取得商标专用权的，应当向商标局申请商标注册。

两个以上的自然人、法人或者其他组织可以共同向商标局申请注册同一商标，共同享有和行使该商标的专用权。

（二）商标构成的条件

1. 商标的必备条件

（1）应当具备法定的构成要素。任何能够将自然人、法人或者其他组织的商品与他人的商品区别开的标志，包括文字、图形、字母、数字、三维标志、颜色组合和声音等，以及上述要素的组合，均可以作为商标申请注册。除此之外的气味等商标不能在我国注册。

（2）商标应当具有显著特征。商标的显著特征可以通过两种途径获得：①标志本身固有的显著性特征，如立意新颖、设计独特的商标；②通过使用获得显著特征，如直接叙述商品原材料等特点的叙述性标志经过使用取得显著特征，并便于识别的。

2. 商标的禁止条件

商标的禁止条件，是指注册商标的标记不应当具有的情形。

（1）不得侵犯他人的在先权利或合法利益。

主要内容有：

❶ 禁止假冒和仿冒

不得在相同或类似商品上与已注册或申请在先的商标相同或近似。

❷ 保护驰名商标

就相同或者类似商品申请注册的商标是复制、摹仿或者翻译他人未在中国注册的驰名商标，容易导致混淆的，不予注册并禁止使用；就不相同或者不相类似商品申请注册的商标是复制、摹仿或者翻译他人已经在中国注册的驰名商标，误导公众，致使该驰名商标注册人的利益可能受到损害的，不予注册并禁止使用。

❸ 保护在先使用的未注册商标

就同一种商品或者类似商品申请注册的商标与他人在先使用的未注册商标相同或者近似，申请人与该他人具有代理、代表以外的合同、业务往来关系或者其他关系而明知该他人商标存在，该他人提出异议的，不予注册。

❹ 禁止恶意抢注

不得以不正当手段抢先注册他人已经使用并有一定影响的商标；不得侵犯他人的其他在先权利，如外观设计专利权、著作权、姓名权、肖像权、商号权、特殊标志专用权、奥林匹克标志专有权、知名商品特有名称、包装、装潢专用权等。

（2）不得违反商标法关于禁止注册或使用某些标志的条款。

第一，禁止作为商标注册或使用的标志：

❶ 同中华人民共和国的国家名称、国旗、国徽、国歌、军旗、军徽、军歌、勋章等相

同或者近似的，以及同中央国家机关的名称、标志、所在地特定地点的名称或标志性建筑物的名称、图形相同的。

❷同外国的国家名称、国旗、国徽、军旗等相同或者近似的，但该国政府同意的除外。

❸同政府间国际组织的名称、旗帜、徽记等相同或者近似的，但经该组织同意或者不易误导公众的除外。

❹与表明实施控制、予以保证的官方标志、检验印记相同或者近似的，但经授权的除外。

❺同"红十字""红新月"的标志、名称相同或者近似的。

❻带有民族歧视性的。

❼带有欺骗性，容易使公众对商品的质量等特点或者产地产生误认的。

❽有害于社会主义道德风尚或者有其他不良影响的。

❾县级以上行政区划名称或者公众知晓的外国地名，不得作为商标。但该地名具有其他含义或者作为集体商标、证明商标组成部分的除外，已经注册的使用地名的商标继续有效。

❿商标中有商品的地理标志，而该商品并非来源于该标志所标示的地区，误导公众的，不予注册并禁止使用，但是，已经善意取得注册的继续有效。

第二，禁止作为商标注册但可以作为未注册商标或其他标志使用的标志：

❶仅有本商品的通用名称、图形、型号的；仅仅直接表示商品的质量、主要原料、功能、用途、重量、数量及其他特点的；其他缺乏显著特征的。前述所列标志经过使用取得显著特征，并便于识别的，可以作为商标注册。

❷以三维标志申请注册商标的，仅由商品自身的性质产生的形状、为获得技术效果而需有的商品形状或者使商品具有实质性价值的形状，不得注册。

三、商标注册程序

（一）申请的代理

商标注册的国内申请人可以自己直接到商标局办理注册申请手续，也可以委托依法设立的商标代理机构办理。外国人或者外国企业在我国申请注册商标和办理其他商标事宜的，应当委托依法设立的商标代理机构代理。

商标代理机构应当遵循诚实信用原则，遵守法律、行政法规，按照被代理人的委托办理商标注册申请或者其他商标事宜；对在代理过程中知悉的被代理人的商业秘密，负有保密义务。委托人申请注册的商标可能存在商标法规定不得注册情形的，商标代理机构应当明确告知委托人。商标代理机构知道或者应当知道委托人申请注册的商标属于《商标法》第15条和第32条规定情形的，不得接受其委托。

商标代理机构除对其代理服务申请商标注册外，不得申请注册其他商标。

（二）注册申请

商标注册申请人应当按规定的商品分类表填报使用商标的商品类别和商品名称，提出注册申请。商标注册申请人可以通过一份申请就多个类别的商品申请注册同一商标。商标注册申请等有关文件，可以以书面方式或者数据电文方式提出。注册商标在使用过程中，需要扩大使用范围的，必须另行提出注册申请；注册商标需要改变其标志的，应当重新提出注册申请。商标注册申请人自其商标在外国第一次提出商标注册申请之日起 6 个月内，又在中国就相同商品以同一商标提出商标注册申请的，依照该外国同中国签订的协议或者共同参加的国际条约，或者按照相互承认优先权的原则，可以享有优先权。

（三）审查和核准

1. 初步审定并公告

对申请注册的商标，商标局应当自收到商标注册申请文件之日起 9 个月内审查完毕，符合本法有关规定的，予以初步审定公告。申请注册的商标，凡不符合商标法有关规定或者同他人在同一种商品或者类似商品上已经注册的或者初步审定的商标相同或者近似的，由商标局驳回申请，不予公告。

2. 异议

对初步审定公告的商标，自公告之日起 3 个月内，在先权利人、利害关系人认为违反商标法规定的，可以向商标局提出异议。公告期满无异议的，予以核准注册，发给商标注册证，并予公告。

3. 对驳回申请、不予公告的救济

对驳回申请、不予公告的商标，商标局应当书面通知商标注册申请人。商标注册申请人不服的，可以自收到通知之日起 15 日内向商标评审委员会申请复审。商标评审委员会应当自收到申请之日起 9 个月内做出决定，并书面通知申请人。有特殊情况需要延长的，经国务院工商行政管理部门批准，可以延长 3 个月。当事人对商标评审委员会的决定不服的，可以自收到通知之日起 30 日内向人民法院起诉。

4. 对异议的处理

对初步审定公告的商标提出异议的，商标局应当听取异议人和被异议人陈述事实和理由，经调查核实后，自公告期满之日起 12 个月内做出是否准予注册的决定，并书面通知异议人和被异议人。有特殊情况需要延长的，经国务院工商行政管理部门批准，可以延长 6 个月。

商标局做出准予注册决定的，发给商标注册证，并予公告。异议人不服的，可以依法向商标评审委员会请求宣告该注册商标无效。

商标局做出不予注册决定，被异议人不服的，可以自收到通知之日起 15 日内向商标评审委员会申请复审。商标评审委员会应当自收到申请之日起 12 个月内做出复审决定，并书面通知异议人和被异议人。有特殊情况需要延长的，经国务院工商行政管理部门批准，可以延长 6 个月。被异议人对商标评审委员会的决定不服的，可以自收到通知之日起 30 日内向人民法院起诉。人民法院应当通知异议人作为第三人参加诉讼。

5. 异议不成立后的商标专用权

经审查异议不成立而准予注册的商标，商标注册申请人取得商标专用权的时间自初步审定公告 3 个月期满之日起计算。自该商标公告期满之日起至准予注册决定做出前，对他人在同一种或者类似商品上使用与该商标相同或者近似的标志的行为不具有追溯力；但是，因该使用人的恶意给商标注册人造成的损失，应当给予赔偿。

第二节 商标权的内容

商标权是指商标注册人在法定期限内对其注册商标所享有的受国家法律保护的各种权利，从内容上看，包括专用权、禁止权、许可权、转让权、续展权和标示权等。

一、专用权

专用权，是指商标权主体对其注册商标依法享有的自己在指定商品或服务项目上独占使用的权利。注册商标的专用权，以核准注册的商标和核定使用的商品为限。

二、许可权

许可权，是指商标权人可以通过签订商标使用许可合同，许可他人使用其注册商标的权利。许可人应当监督被许可人使用其注册商标的商品质量，被许可人必须在使用该注册商标的商品上标明被许可人的名称和商品产地。许可他人使用其注册商标的，许可人应当将其商标使用权许可报商标局备案，由商标局公告。商标使用许可未经备案不得对抗善意第三人。商标使用许可的类型主要有独占使用许可、排他使用许可、普通使用许可等。

1. 独占使用许可，是指商标注册人在约定的期间、地域和以约定的方式，将该注册商标仅许可一个被许可人使用，商标注册人依约定不得使用该注册商标。

在发生注册商标专用权被侵害时，独占使用许可合同的被许可人可以向法院提起诉讼。

2. 排他使用许可，是指商标注册人在约定的期间、地域和以约定的方式，将该注册商标仅许可一个被许可人使用，商标注册人依约定可以使用该注册商标但不得另行许可他人使用该注册商标。

在发生注册商标专用权被侵害时，排他使用许可合同的被许可人可以和商标注册人共同起诉，也可以在商标注册人不起诉的情况下，自行提起诉讼。

3. 普通使用许可，是指商标注册人在约定的期间、地域和以约定的方式，许可他人使用其注册商标，并可自行使用该注册商标和许可他人使用其注册商标。

在发生注册商标专用权被侵害时，普通使用许可合同的被许可人经商标注册人明确授权后，可以提起诉讼。

三、转让权

商标转让权，是指商标权人依法享有的将其注册商标依法定程序和条件，转让给他人的权利。转让注册商标的，转让人和受让人应当签订转让协议，并共同向商标局提出申请。商标注册人对其在同一种商品上注册的近似的商标，或者在类似商品上注册的相同或者近似的商标，应当一并转让；未一并转让的，由商标局通知其限期改正；期满未改正的，视为放弃转让该注册商标的申请，商标局应当书面通知申请人。

转让注册商标经核准后，予以公告，受让人自公告之日起享有商标专用权。受让人应当保证使用该注册商标的商品质量。注册商标的转让不影响转让前已经生效的商标使用许可合同的效力，但商标使用许可合同另有约定的除外。

四、续展权

续展权，是指商标权人在其注册商标有效期届满前，依法享有申请续展注册，从而延长其注册商标保护期的权利。注册商标的有效期为 10 年，自核准注册之日起计算。注册商标有效期满，需要继续使用的，应当在期满前 12 个月内按照规定办理续展手续；在此期间未能办理的，可以给予 6 个月的宽展期。每次续展注册的有效期为 10 年，自该商标上一届有效期满次日起计算。宽展期满仍未办理续展手续的，注销其注册商标。

五、标示权

商标注册人使用注册商标，有权标明"注册商标"字样或者注册标记。

六、禁止权

商标禁止权，是商标权人依法享有的禁止他人不经过自己的许可而使用注册商标和与之相近似的商标的权利。

第三节 商标权的消灭

商标权的消灭，是指注册商标权利人所享有的商标权在一定条件下丧失，不再受法律保护。

一、注册商标的撤销

注册商标的撤销是商标局对违法使用商标的注册人依法强制取消已经注册的商标的一种强制性法律措施，是违法者应当承担的行政法律责任。

商标注册人使用注册商标的过程中，自行改变注册商标、注册人名义、地址或者其他注册事项的，由地方工商行政管理部门责令限期改正；期满不改正的，由商标局撤销其注册商标。注册商标成为其核定使用的商品的通用名称或者没有正当理由连续 3 年不使用的，任何单位或者个人可以向商标局申请撤销该注册商标。商标局应当自收到申请之日起 9 个月内做出决定。有特殊情况需要延长的，经国务院工商行政管理部门批准，可以延长 3 个月。

对商标局撤销注册商标的决定，当事人不服的，可以自收到通知之日起 15 日内向商标评审委员会申请复审，由商标评审委员会在 9 个月内作出决定，并书面通知申请人。有特殊情况需要延长的，经国务院工商行政管理部门批准，可以延长 3 个月。当事人对商标评审委员会的决定不服的，可以自收到通知之日起 30 内向人民法院起诉。

二、注册商标的无效宣告

由于申请人或商标注册机关等多方面的原因，可能导致部分不具备注册条件的商标被允许合法注册。注册商标的无效宣告是弥补商标注册工作失误的一种重要制度。无效宣告程序与注册商标的撤销程序均可能导致商标注册人不再享有商标权的结果，但前者通常是导致无效的商标权自始无效，后者是导致被撤销的注册商标从撤销之日起丧失商标权。

1. 注册商标不涉及侵害他人民事权益情形下的无效宣告

已经注册的商标，违反《商标法》第 10～12 条规定的，或者是以欺骗手段或者其他不正当手段取得注册的，由商标局宣告该注册商标无效；其他单位或者个人可以请求商标评审委员会宣告该注册商标无效。

2. 注册商标侵害他人民事权益情形下的无效宣告

已经注册的商标，违反《商标法》第 13 条第 2 款和第 3 款、第 15 条、第 16 条第 1 款、第 30～32 条规定的，自商标注册之日起 5 年内，在先权利人或者利害关系人可以请求商标评审委员会宣告该注册商标无效。对恶意注册的，驰名商标所有人不受 5 年的时间限制。

3. 注册商标宣告无效的法律后果

注册商标被宣告无效的，其商标权视为自始不存在。有关宣告注册商标无效的决定或者裁定，对在无效前人民法院作出并已执行的商标侵权案件的判决书、裁定书、调解书，工商行政管理部门作出并已执行的商标侵权案件的处理决定，以及已经履行的商标转让或者使用许可合同，不具有追溯力；但是，因商标注册人恶意给他人造成的损失，应当给予赔偿。依照前述规定不返还商标侵权赔偿金、商标转让费、商标使用费，明显违反公平原则的，应当全部或者部分返还。

第四节　注册商标专用权的保护

一、商标侵权行为

1. 假冒

未经商标注册人的许可，在同一种商品上使用与其注册商标相同的商标。

2. 仿冒

（1）未经商标注册人的许可，在同一种商品上使用与其注册商标近似的商标，或者在类似商品上使用与其注册商标相同或者近似的商标，容易导致混淆的。

（2）在同一种商品或者类似商品上将与他人注册商标相同或者近似的标志作为商品名称或者商品装潢使用，误导公众的。

3. 销售侵犯注册商标专用权的商品的

销售不知道是侵犯注册商标专用权的商品，能证明该商品是自己合法取得并说明提供者的，不承担赔偿责任，由工商行政管理部门责令停止销售。

此外，注册商标专用权人请求赔偿，被控侵权人以注册商标专用权人未使用注册商标提出抗辩的，人民法院可以要求注册商标专用权人提供此前 3 年内实际使用该注册商标的证据。注册商标专用权人不能证明此前 3 年内实际使用过该注册商标，也不能证明因侵权行为受到其他损失的，被控侵权人不承担赔偿责任。

4. 伪造、擅自制造他人注册商标标识或者销售伪造、擅自制造的注册商标标识的。

5. 反向假冒：未经商标注册人同意，更换其注册商标并将该更换商标的商品又投入市场的。

6. 故意为侵犯他人商标专用权行为提供便利条件，帮助他人实施侵犯商标专用权行为的；为侵犯他人商标专用权提供仓储、运输、邮寄、印制、隐匿、经营场所、网络商品交易平台等，属于提供便利条件。

7. 给他人的注册商标专用权造成其他损害的

（1）复制、摹仿、翻译他人注册的驰名商标或其主要部分在不相同或者不相类似商品上作为商标使用，误导公众，致使该驰名商标注册人的利益可能受到损害的。

（2）将与他人注册商标相同或者相近似的文字注册为域名，并且通过该域名进行相关商品交易的电子商务，容易使相关公众产生误认的。

二、商标权的限制

（一）商标的合理使用

1. 注册商标中含有的本商品的通用名称、图形、型号，或者直接表示商品的质量、主要原料、功能、用途、重量、数量及其他特点，或者含有的地名，注册商标专用权人无权禁止他人正当使用。

2. 三维标志注册商标中含有的商品自身的性质产生的形状、为获得技术效果而需有的商品形状或者使商品具有实质性价值的形状，注册商标专用权人无权禁止他人正当使用。

（二）商标先用权

商标注册人申请商标注册前，他人已经在同一种商品或者类似商品上先于商标注册人使用与注册商标相同或者近似并有一定影响的商标的，注册商标专用权人无权禁止该使用人在原使用范围内继续使用该商标，但可以要求其附加适当区别标识。

第五节 ◀ 驰名商标的保护

驰名商标，指在一定地域范围内具有较高知名度并为相关公众知晓的商标。

一、驰名商标的认定

驰名商标的认定可以由特定的行政机关认定，也可以由最高人民法院指定的人民法院在审理案件时进行认定。国家工商行政管理总局商标局或商标评审委员会可以依法在处理相关纠纷时认定驰名商标。驰名商标的认定以被动认定和个案认定为原则。被动认定是指只能基于纠纷当事人的申请才能认定驰名商标，法院、商标局或商标评审委员会均不得主动依职权认定。个案认定是指只能在发生纠纷的个案中，当商标是否驰名对争议的解决具有直接意义时才能依照法律标准进行审查认定。人民法院在审理商标纠纷案件中，根据当事人的请求和案件的具体情况，可以对涉及的注册商标是否驰名依法作出认定。

认定驰名商标应当考虑下列因素：①相关公众对该商标的知晓程度；②该商标使用的持续时间；③该商标的任何宣传工作的持续时间、程度和地理范围；④该商标作为驰名商标受保护的记录；⑤该商标驰名的其他因素。这里的"相关公众"，是指与商标所标识的某类商品或者服务有关的消费者，以及与前述商品或者服务的营销有密切关系的其他经营者。

二、驰名商标的特殊保护措施

复制、摹仿或者翻译他人未在中国注册的驰名商标或者主要部分，在相同或者类似商品上使用，容易导致混淆的，应当承担停止侵害的民事法律责任，申请注册的，不予注册并禁止使用。未注册驰名商标的持有人没有获得商标权，因而不能依据商标法享有损害赔偿请求权。

就不相同或者不相类似商品申请注册的商标是复制、摹仿或者翻译他人已经在中国注册的驰名商标，误导公众，致使该驰名商标注册人的利益可能受到损害的，不予注册并禁止使用。

三、驰名商标的宣传

驰名商标认定的法律意义仅限于处理特定的纠纷，让在特定纠纷中的相关当事人依法获得特殊保护措施或待遇。驰名商标不是授予给商标权人或持有人或其产品或其服务的荣誉称号，所以，生产、经营者不得将"驰名商标"字样用于商品、商品包装或者容器上，或者用于广告宣传、展览以及其他商业活动中。违反该规定的，由地方工商行政管理部门责令改正，处10万元罚款。

本章复习重点提示

1. 重要知识点

商标的注册条件；未注册商标的保护；注册商标的侵权行为。

2. 实例解析

甲在其生产的面包上申请注册以下四个标记为商标，其中不应当被核准注册的有哪些?[1]

A. 歌曲《义勇军进行曲》的主旋律　　　　B. 面包烘焙后的味道

C. "麦萌"中文文字及拼音　　　　D. "耐克"中文文字

---

[1]　ABD。A项是国歌；B项是味道；D项是注册的驰名商标，实行跨类保护。

第三部分
经济法

第1章

竞争法

▶ **本章导读**

　　合理、完善的市场应该是一个充满竞争的市场，但过犹不及，如果市场主体不顾职业道德、不择手段搞竞争则会破坏市场正常秩序，这种竞争过度的行为就是不正当竞争行为。我国通过《反不正当竞争法》对其进行规制。《反不正当竞争法》是 2017 年 11 月刚修订过的。另一方面，如果经营者利用自己的市场支配地位或者通过联合串通行为霸占市场导致无法竞争，那么法律就要对这种"一潭死水""竞争不足"的局面进行干涉。在我国相关的立法是《反垄断法》，其中的"垄断行为"包括：①经营者达成垄断协议；②经营者滥用市场支配地位；③具有或者可能具有排除、限制竞争效果的经营者集中；④行政垄断。《反垄断法》具有域外效力，中国境内经济活动中的垄断行为适用《反垄断法》；中国境外的垄断行为，对境内市场竞争产生排除、限制影响的，也适用该法。

第一节 反不正当竞争法

一、不正当竞争行为

不正当竞争是经营者之间的行为，即指经营者在生产经营活动中，违反《反不正当竞争法》规定，扰乱市场竞争秩序，损害其他经营者或者消费者的合法权益的行为。县级以上人民政府履行工商行政管理职责的部门对不正当竞争行为进行查处；法律、行政法规规定由其他部门查处的，依照其规定。《反不正当竞争法》规定了七种不正当竞争行为。

（一）混淆行为

混淆行为，是指经营者在市场经营活动中，采用假冒、仿冒或者其他虚假手段，对自己的商品或服务作虚假的表示、说明或承诺，从而获得交易机会，损害同业竞争者利益及消费者利益的行为，具体有以下几类：

1. 擅自使用与他人有一定影响的商品名称、包装、装潢等相同或者近似的标识。

（1）所谓装潢，是指由经营者营业场所的装饰、营业用具的式样、营业人员的服饰等构成的具有独特风格的整体营业形象。

（2）客观行为既可以表现为对有一定影响的商品名称、包装、装潢直接使用，也可以是模仿（近似）。

（3）条件是足以使购买者误认。这里的购买者是指一般的社会公众，判断是否足以引起误认，应当以一般社会公众的知识、经验为标准。

2. 擅自使用他人有一定影响的企业名称（包括简称、字号等）、社会组织名称（包括简称等）、姓名（包括笔名、艺名、译名等）。

本项的保护对象为他人的企业名称、社会组织名称或姓名。企业名称权、经营者的姓名权是受法律保护的人格权中的重要组成部分，在一些情况下，也具有财产属性。企业名称和经营者的姓名是区分商品生产者、经营者，或服务提供者来源的重要标志，它能够反映出该企业或该生产经营者的商品声誉及商业信誉。

3. 擅自使用他人有一定影响的域名主体部分、网站名称、网页等。

4. 其他足以引人误认为是他人商品或者与他人存在特定联系的混淆行为。

（二）商业贿赂行为

经营者不得采用财物或者其他手段贿赂下列单位或者个人，以谋取交易机会或者竞争优势：

（1）交易相对方的工作人员。

（2）受交易相对方委托办理相关事务的单位或者个人。

（3）利用职权或者影响力影响交易的单位或者个人。

经营者在交易活动中，可以以明示方式给交易相对方折扣，或者向中间人支付佣金。经营者给交易相对方折扣、向中间人支付佣金的，应当如实入账。接受折扣、佣金的经营者也应当如实入账。

经营者的工作人员进行贿赂的，应当认定为经营者的行为；但是，经营者有证据证明该工作人员的行为与为经营者谋取交易机会或者竞争优势无关的除外。

在该行为的认定上，要注意以下问题：

（1）行为的主体是经营者和受经营者指使的人（包括其职工）；其他主体可能构成贿赂行为，但不是商业贿赂。

（2）该行为由行贿与受贿两方面构成。一方行贿，另一方不接受，不构成商业贿赂；

一方索贿，另一方不给付，也不构成商业贿赂。

（3）折扣和佣金并不是绝对禁止的，但是如果给予或接受折扣、佣金等，双方都应当如实入账。商业贿赂行为强调的是"账外暗中"。

（三）虚假宣传行为

经营者不得对其商品的性能、功能、质量、销售状况、用户评价、曾获荣誉等作虚假或者引人误解的商业宣传，欺骗、误导消费者。经营者不得通过组织虚假交易等方式，帮助其他经营者进行虚假或者引人误解的商业宣传。

1. 主体是经营者：这里的经营者主要是为自己的商品或服务进行宣传的经营者，即广告主。

2. 该行为发生在宣传过程中。

3. 虚假宣传达到引人误解的程度：这里误解的判断标准仍然是以一般公众的认识为标准，也就意味着，明显夸张不会引起一般公众误解的虚假宣传并不属于本行为。例如，某保健品广告宣称可以"死而复活"就是明显夸张，不属于虚假宣传行为。

还要指出，即使字面表述真实，只要会引起一般公众误解的仍属于虚假宣传。例如，某建材广告宣称其不含有任何放射性物质，即使表述真实，但如果其他的建材也一向都不含有放射性物质，那么它就是玩噱头，会误导消费者误以为只有它的建材才不含有放射性物质，从而构成虚假宣传。

（四）侵犯商业秘密行为

侵犯商业秘密的行为，是指经营者采用非法手段获取、披露或使用（包括允许他人使用）他人商业秘密的行为。

1. 商业秘密的概念

商业秘密，是指不为公众所知悉、具有商业价值并经权利人采取相应保密措施的技术信息和经营信息。商业秘密的构成要件可以分为三项：①秘密性；②价值性；③保密性。商业秘密既包括技术信息，也包括经营信息（如客户名单、经营战略或产品价格表等）。

2. 侵犯商业秘密行为的客观表现

（1）以盗窃、贿赂、欺诈、胁迫或者其他不正当手段获取权利人的商业秘密；

（2）披露、使用或者允许他人使用以前项手段获取的权利人的商业秘密；

（3）违反约定或者违反权利人有关保守商业秘密的要求，披露、使用或者允许他人使用其所掌握的商业秘密；

（4）第三人明知或者应知商业秘密权利人的员工、前员工或者其他单位、个人实施上述所列违法行为，仍获取、披露、使用或者允许他人使用该商业秘密。

（五）不正当有奖销售行为

不正当有奖销售行为指经营者在销售商品或提供服务时，以欺骗或其他不正当手段，附带提供给用户和消费者金钱、实物或者其他好处，作为对交易的奖励。不正当有奖销售的构成要件有：

1. 行为主体是出售商品或提供服务的经营者。

如果是经政府或有关部门批准进行的彩票发售等活动，则不属于《反不正当竞争法》

规制的范围。即使是非法从事彩票发售行为，也应当是受到其他法律的禁止，而不是《反不正当竞争法》规制的范围。

2. 经营者实施了法律禁止的不正当有奖销售行为。

（1）所设奖的种类、兑奖条件、奖金金额或者奖品等有奖销售信息不明确，影响兑奖；

（2）采用谎称有奖或者故意让内定人员中奖的欺骗方式进行有奖销售；

（3）抽奖式的有奖销售，最高奖的金额超过5万元（以非现金的物品或者其他经济利益作为奖励的，按照同期市场同类商品或者服务的正常价格折算其金额）。

🔖 **注意**：有奖销售是一种有效的促销手段，其方式大致可分为两种：一种是奖励给所有购买者的附赠式有奖销售；另一种是奖励部分购买者的抽奖式有奖销售。法律并不禁止所有的有奖销售行为，而仅仅对可能造成不良后果、破坏竞争规则的有奖销售加以禁止。在抽奖式有奖销售分多次开奖的时候，合计最高奖项也不得超过5万元。可见这种最高奖项的最高限额规定针对的是中奖的可能性，而不考虑中奖的现实性。有的时候，有奖销售只是转让奖品的使用权而非所有权，如免费使用汽车1年等。此时，不管使用时间的长短，直接将奖品折价，超过5万元仍然违法。

3. 经营者的目的在于争夺顾客，扩大市场份额，排挤竞争对手。

（六）诋毁他人商誉行为

诋毁他人商誉行为是指经营者为了获得竞争利益，编造、传播虚假信息或者误导性信息，损害竞争对手的商业信誉、商品声誉的行为。这种行为当前大多表现为不良经营者雇佣网络"推手""水军"编造对竞争对手不利的信息四处发布。

1. 行为人是具有竞争关系的经营者

经营者通过两种途径实施此行为：①经营者亲自实施；②经营者通过他人或者利用他人实施。但需要注意，其他非经营者实施的侵害他人商誉的行为，不构成不正当竞争行为，但可构成共同侵权。例如，新闻单位被利用和唆使侵害他人商誉，仅构成一般的侵害他人名誉权行为，而非不正当竞争行为。

2. 行为手段是编造、传播虚假信息或者误导性信息

（1）侵权者一般具有编造虚假信息或者误导性信息，并散布所编造的虚假信息或者误导性信息的行为。

编造、传播行为应当为第三人所知晓，否则不能认定为损害，至于第三人的范围有多大，则并不影响定性。如甲灯具厂为了争夺客户，编造乙灯具厂偷工减料的事实，只告诉了几家客户。虽然甲厂的编造只在有限范围内传播，但已经为第三人所知晓，并针对乙厂的商誉，因此可以构成不正当竞争行为。

（2）传播的信息必须是虚假的或者误导性的。

如果是真实的信息，那就不是此行为。例如，甲厂曾经因产品质量问题受到工商局的查处，后来乙厂在拓展业务时一直向客户提起这件事情，甲厂表示抗议，但是该行为却不能构成不正当竞争行为。

3. 行为人出于主观故意，目的是为了损害竞争对手的商业信誉、商品声誉

这里注意诋毁他人商誉行为的主观状态是故意，过失不可能构成本行为。因为其具有

目的性，过失行为不可能具有目的性。

4. 诋毁他人商誉行为一般是针对一个或者多个特定竞争对手

如果编造、传播的虚假信息、误导性信息不能与特定的经营者相联系，则不能认为侵犯了他人商誉。虽然没有明确指名，但公众可以推知的，也构成侵害特定商誉。但是在某些情况下，即使所针对的主体不特定也可以构成诋毁他人商誉的行为，最典型的是"对比性广告"，将自己的产品与不特定的产品相比，并说明其他不特定的产品都是有质量问题的，这同样损害了其他竞争者的利益，因此属于不正当竞争行为。

（七）妨碍、破坏网络产品或服务行为

经营者不得利用技术手段，通过影响用户选择或者其他方式，实施下列妨碍、破坏其他经营者合法提供的网络产品或者服务正常运行的行为：

1. 未经其他经营者同意，在其合法提供的网络产品或者服务中，插入链接、强制进行目标跳转。

2. 误导、欺骗、强迫用户修改、关闭、卸载其他经营者合法提供的网络产品或者服务。

3. 恶意对其他经营者合法提供的网络产品或者服务实施不兼容。

4. 其他妨碍、破坏其他经营者合法提供的网络产品或者服务正常运行的行为。

二、民事赔偿责任

经营者从事不正当竞争行为，给被侵害的经营者造成损害的，应当承担损害赔偿责任。赔偿数额采用以下方法确定：

1. 赔偿额为被侵害的经营者因此而受到的实际损失。

2. 被侵害的经营者的实际损失难以计算的，赔偿额为侵权人因侵权所获得的利益。

3. 并应当承担被侵害的经营者为制止侵权行为所支付的合理开支。

4. 经营者实施混淆行为或侵犯商业秘密行为，权利人因被侵权所受到的实际损失、侵权人因侵权所获得的利益难以确定的，由人民法院根据侵权行为的情节判决给予权利人300万元以下的赔偿。

第二节 反垄断法

一、反垄断执法

（一）反垄断主管机关

国务院设立反垄断委员会，负责组织、协调、指导反垄断工作，履行下列职责：

1. 研究拟订有关竞争政策。

2. 组织调查、评估市场总体竞争状况，发布评估报告。

3. 制定、发布反垄断指南。

4. 协调反垄断行政执法工作。

5. 国务院规定的其他职责。

国务院反垄断委员会的组成和工作规则由国务院规定。

（二）反垄断执法机构

国务院反垄断执法机构依法负责反垄断执法工作。国务院反垄断执法机构根据工作需要，可以授权省、自治区、直辖市政府相应的机构，依照《反垄断法》规定负责有关反垄断执法工作。

目前，我国的反垄断执法机构并不统一，主要由三家单位分工配合。商务部主管"经营者集中"；发改委主管"价格垄断"；工商总局主管其他的垄断行为。

（三）对涉嫌垄断行为的调查

1. 调查措施

反垄断执法机构调查涉嫌垄断行为，可以采取下列措施：

（1）进入被调查的经营者的营业场所或者其他有关场所进行检查。

（2）询问被调查的经营者、利害关系人或者其他有关单位或者个人，要求其说明有关情况。

（3）查阅、复制被调查的经营者、利害关系人或者其他有关单位或者个人的有关单证、协议、会计账簿、业务函电、电子数据等文件、资料。

（4）查封、扣押相关证据。

（5）查询经营者的银行账户。

采取上述规定的措施，应当向反垄断执法机构主要负责人书面报告，并经批准。

2. 中止调查

对反垄断执法机构调查的涉嫌垄断行为，被调查的经营者承诺在反垄断执法机构认可的期限内采取具体措施消除该行为后果的，反垄断执法机构可以决定中止调查。中止调查的决定应当载明被调查的经营者承诺的具体内容。

反垄断执法机构决定中止调查的，应当对经营者履行承诺的情况进行监督。经营者履行承诺的，反垄断执法机构可以决定终止调查。

有下列情形之一的，反垄断执法机构应当恢复调查：

（1）经营者未履行承诺的。

（2）作出中止调查决定所依据的事实发生重大变化的。

（3）中止调查的决定是基于经营者提供的不完整或者不真实的信息作出的。

二、垄断协议

（一）垄断协议概述

1. 垄断协议的界定

垄断协议，也即联合限制竞争行为，是指排除、限制竞争的协议、决定或者其他协同行为。对于垄断协议，判断其合理及合法性的标准在于其是否排除、限制及损害了竞争。

2. 垄断协议的法律构成

（1）主体

垄断协议的主体必须是两个或两个以上的独立经营者，它们在业务上具有竞争关系。

这种竞争关系，主要是同一生产、流通环节中卖者之间或者买者之间的竞争关系，这样的竞争者之间达成垄断协议是横向限制竞争行为，对竞争的危害比较大；也可能是互有交易或存在潜在交易可能的买者与卖者之间的竞争关系，即"讨价还价"，这是一种纵向限制竞争行为，对竞争造成危害的可能性相对较小。

（2）主观方面

一般要求经营者之间存在共谋，具有联合行动的一致意思，即存在合意。

（3）客观方面

垄断协议的主体必须作出了限制竞争的决议或者实施了限制竞争的协调行为。

（4）客体

垄断协议在客观上限制或妨害了竞争，产生了破坏公平竞争秩序的效果。

（二）横向垄断协议

横向垄断协议的主要特征是当事人处于同一生产或流通环节，或同为生产者，或同为销售者，或同为购买者。

1. 横向固定价格协议

就是价格同盟或价格卡特尔，是指处于同一生产或流通环节的经营者通过明示或默示的协议，将其产品价格固定在或变更到统一的水平上。

[例] 2010年我国商品市场上很多日常消费品价格上涨明显，出现了"豆你玩""蒜你狠""苹什么""糖高宗""油他去"等说法。经调查，某些绿豆生产企业曾经召开会议合谋联合上涨绿豆价格，这就是价格同盟的典型实例。

2. 限制数量的协议

是指由参与企业通过控制或限制相关市场上产销的供给量，进而限制价格的协议。主要包括：①限制产量协议；②限制销售量协议。显然，限制数量的协议和价格同盟往往会协同发生作用。因为，价格由供给和需求决定，供不应求价格上涨；供过于求价格下跌。如果企业只限定价格却不顾产量，那么在追求更多利润的刺激下都会增加供给，价格同盟就会瓦解。

[例] 石油输出国组织（欧佩克）经常采用限产保价的措施，我国的一些汽车销售4S店也经常采用"饥饿营销法"加价销售，这都是典型体现。

3. 市场划分协议

即各竞争者之间达成协议，就销售市场或原材料采购市场等进行划分以消除彼此间在市场上的竞争。市场划分导致每个竞争者都拥有自己的独立王国，彼此之间井水不犯河水。

[例] 我国进行电力输送的企业主要有两家，国家电网和南方电网。但是，国家电网负责北方26省市的电力销售，南方电网只负责南方5省区（广东、广西、云南、贵州、海南）的电力销售，这两家企业之间是没有竞争的。

4. 限制购买新技术、新设备或者限制开发新技术、新产品的协议

这是指具有竞争关系的经营者之间限制购买新技术、新设备或者限制开发新技术、新产品等的限制竞争行为。这种"限新"的措施对社会科技进步不利，自然应当禁止。企业之所以会采用这种措施归根到底还是为了降低成本。

[例] 美国是世界上最早发明喷气式发动机的国家，时间至少可以追溯到 20 世纪 40 年代。但是，为了防止几千架正在运营的螺旋桨飞机全被淘汰、损失太多，美国的数家民航公司达成默契，都不采用喷气式飞机，拒绝更新换代，喷气式技术只是用在军用飞机上。一直到 20 世纪 60 年代，在欧洲竞争者的竞争压力下他们才开始进行换装。

5. 联合抵制交易

也称集体拒绝交易，是指一部分经营者共同拒绝与另一个或另一部分经营者交易的限制竞争行为。个别经营者拒绝交易属于契约自由，不违反法律。但是，联合拒绝交易一般都是集体"排外""欺生"，会导致对方完全丧失交易机会，被排挤出市场，所以被法律禁止。

[例] 1998 年济南市几家大商场联合发出通知，宣称长虹电器质量较差，消费者投诉严重，所以都不再销售。其实，真实情况是商场和长虹电器在供销模式上存在分歧。商场要求销出货物后再给长虹公司返款，长虹公司则要求货到后就付款。商场们为了给长虹施加压力就采取了这种联合抵制交易的行为。

（三）纵向垄断协议

纵向垄断协议的特点是当事人处于不同生产、流通环节，由于相互间的竞争程度较低，对竞争造成损害的可能性也比较小。我国《反垄断法》在此主要规定了"纵向价格约束"行为。纵向价格约束，又称维持转售价格，通常是指处于同一产业不同环节的交易者约定，就交易标的转售给第三人，或由第三人再转售时，应遵守一定价格限制的限制竞争协议。表现有如下两种：

1. 固定向第三人转售商品的价格。
2. 限定向第三人转售商品的最低价格。

这种行为在我国汽车销售领域比较常见，获得特许经营权的 4S 店必须遵守生产商的定价机制，不能自由决定销售价格，这就是上游企业对下游企业的控制。这样做有两个不良后果：①对下游企业来说间接形成了价格同盟；②对上游企业来说，出厂价被限定了，因为下游企业之间消灭了竞争后就没有动力再迫使上游企业降低出厂价。

（四）垄断协议的适用除外

垄断行为限制了竞争，但不一定都有害。《反垄断法》在概括地禁止垄断的同时，为了优先保护公共利益，也允许乃至鼓励某些垄断行为的存在，从而形成《反垄断法》上的适用除外制度。我国《反垄断法》规定的除外行为包括：

1. 为改进技术、研究开发新产品的。
2. 为提高产品质量、降低成本、增进效率，统一产品规格、标准或者实行专业化分工的。
3. 为提高中小经营者经营效率，增强中小经营者竞争力的。

4. 为实现节约能源、保护环境、救灾救助等社会公共利益的。

5. 因经济不景气，为缓解销售量严重下降或者生产明显过剩的。

6. 为保障对外贸易和对外经济合作中的正当利益的。

7. 农业生产者及农村经济组织在农产品生产、加工、销售、运输、储存等经营活动中实施的联合或者协同行为。

8. 经营者依照有关知识产权的法律、行政法规规定行使知识产权的行为。

（五）行业协会限制竞争行为

行业协会的限制竞争行为，是指行业协会在其运作中，以行业协会决议等方式实施的排除、限制及损害竞争的行为。

[例] 2006年12月，世界拉面协会中国分会在杭州召开年会，决议所有的方便面零售企业都上调方便面价格，就是典型实例。

（六）法律责任

1. 未实施也处罚

经营者违反《反垄断法》规定，达成并实施垄断协议的，由反垄断执法机构责令停止违法行为，没收违法所得，并处上一年度销售额1%以上10%以下的罚款；尚未实施所达成的垄断协议的，可以处50万元以下的罚款。

2. 宽容条款

经营者主动向反垄断执法机构报告达成垄断协议的有关情况并提供重要证据的，反垄断执法机构可以酌情减轻或者免除对该经营者的处罚。

3. 对行业协会的处罚

行业协会违反《反垄断法》规定，组织本行业的经营者达成垄断协议的，反垄断执法机构可以处50万元以下的罚款；情节严重的，社会团体登记管理机关可以依法撤销登记。

三、滥用市场支配地位

（一）滥用市场支配地位概述

滥用市场支配地位，是指具有某种市场支配地位的主体滥用其优势，排除、限制及损害竞争的行为。

1. 主体：滥用市场支配地位的行为人是一个法律上或经济上独立的主体。

2. 行为要件：具有市场支配地位本身并不违法，具有市场支配地位的主体有滥用其支配地位的行为，才可能对竞争造成损害。

3. 结果要件：滥用行为必须造成了排除、限制及损害竞争的后果。

（二）市场支配地位的具体界定

1. 市场支配地位的含义

市场支配地位，是指经营者在相关市场内具有能够控制商品价格、数量或者其他交易条件，或者能够阻碍、影响其他经营者进入相关市场能力的市场地位。

所谓经营者，是指从事商品生产、经营或者提供服务的自然人、法人和其他组织。所谓相关市场，是指经营者在一定时期内就特定商品或者服务（以下统称"商品"）进行竞争的商品范围和地域范围。商品范围包括彼此在功能上具有替代性的各种商品。

[例1] 雨衣和雨伞都是防水用具，所以判断某家雨衣生产企业或雨伞生产企业是否构成垄断时，应看其在整个防水用具市场上的地位如何，不能进行个别化判断。地域范围主要是指商品的销售市场。

[例2] 波音和空客是世界上主要的两家民用干线飞机生产企业，前者在美国市场上独一无二，后者在欧洲市场上独一无二。但如果把全世界作为一个市场，那么二者存在竞争关系就不构成垄断了。所以，地域范围划得越大，构成垄断的可能性就越小；地域范围划得越小，构成垄断的可能性就越大。

2. 认定具有市场支配地位的方法

认定经营者具有市场支配地位，应当依据下列因素：

（1）该经营者在相关市场的市场份额以及相关市场的竞争状况。

有下列情形之一的，可以推定经营者具有市场支配地位：①1个经营者在相关市场的市场份额达到1/2的；②2个经营者在相关市场的市场份额合计达到2/3的；③3个经营者在相关市场的市场份额合计达到3/4的。

有上述第2、3项规定的情形，其中有的经营者市场份额不足1/10的，不应当推定该经营者具有市场支配地位。被推定具有市场支配地位的经营者，有证据证明不具有市场支配地位的，不应当认定其具有市场支配地位。

（2）该经营者控制销售市场或者原材料采购市场的能力。

（3）该经营者的财力和技术条件。

（4）其他经营者对该经营者在交易上的依赖程度。

（5）其他经营者进入相关市场的难易程度。

（6）与认定该经营者市场支配地位有关的其他因素。

（三）滥用市场支配地位的表现形式

禁止具有市场支配地位的经营者从事下列滥用市场支配地位的行为：

1. 以不公平的高价销售商品或者以不公平的低价购买商品。

高价销售商品在我国是比较常见的。

[例] 我国的石油生产和销售由少数几家大型国企垄断，不断攀升的汽油销售价格饱受非议。

低价购买商品则是销售企业的一种霸道行为，一般发生在连锁经营的大卖场中。

[例] 家乐福是中国市场占有率排名第二的连锁零售企业，它依靠自己在销售渠道上的优势地位，经常迫使中小型供货商以不合理的低价向其供货。

2. 没有正当理由，以低于成本的价格销售商品。

3. 没有正当理由，拒绝与交易相对人进行交易。

一般企业拒绝交易属于契约自由，完全合法。这种行为禁止一般是针对公用服务行业的，它们负有强制缔约义务。例如，出租车不能无故拒载等。

4. 没有正当理由，限定交易相对人只能与其进行交易或者只能与其指定的经营者进行交易。

[例] 腾讯公司要求客户在使用其在线即时聊天工具时不能同时兼容360软件就是典型实例。

5. 没有正当理由搭售商品，或者在交易时附加其他不合理的交易条件。

搭售现象在商品短缺的计划经济时代比较常见，它侵犯了消费者的自主选择权。但是，如果商品是成套销售的，各组成部分在功能上是互相匹配的，就不构成搭售了。例如，一套图书分为上下册，一般都是不能拆开购买的。

6. 没有正当理由，对条件相同的交易相对人在交易价格等交易条件上实行差别待遇。

对一般企业来说，差别待遇是司空见惯的市场现象，没有违法之处。这是多种原因导致的，至少每个交易对象的讨价还价能力就是不同的，我们难以想象大家在市场上购买同一商品就一定会适用同一价格的情景，显然很荒诞。但是，如果市场主体是具有支配力量的垄断者，它就必须对交易对象一视同仁了。

[例] 中石油和中石化几乎垄断了我国汽油、柴油的生产，作为上游企业，它们在下游销售领域也设立了很多加油站。在油品供应紧张时，它们经常优先保证供应本系统内部的加油站，对民营加油站歧视对待，导致后者难以为继。

（四）滥用知识产权限制竞争

经营者依照有关知识产权的法律、行政法规规定行使知识产权的行为，不适用《反垄断法》；但是，经营者滥用知识产权，排除、限制竞争的行为，适用《反垄断法》。

四、经营者集中

（一）经营者集中的基本界定

经营者集中是指下列情形：

1. 经营者合并。
2. 经营者通过取得股权或者资产的方式取得对其他经营者的控制权。
3. 经营者通过合同等方式取得对其他经营者的控制权或者能够对其他经营者施加决定性影响。

（二）经营者集中的事先申报

事先申报制度是防止出现违反法律禁止性规定的经营者集中的预防性措施。它的主要内容有：

1. 申报的标准

经营者集中达到下列标准之一的，经营者应当事先向国务院商务主管部门申报，未申报的不得实施集中：

（1）参与集中的所有经营者上一会计年度在全球范围内的营业额合计超过100亿元人民币，并且其中至少2个经营者上一会计年度在中国境内的营业额均超过4亿元人民币。

（2）参与集中的所有经营者上一会计年度在中国境内的营业额合计超过20亿元人民

币，并且其中至少 2 个经营者上一会计年度在中国境内的营业额均超过 4 亿元人民币。

经营者集中未达到上述规定的申报标准，但按照规定程序收集的事实和证据表明该经营者集中具有或者可能具有排除、限制竞争效果的，国务院商务主管部门应当依法进行调查。

2. 申报的免除

经营者集中有下列情形之一的，可以不向国务院反垄断执法机构申报：

（1）参与集中的一个经营者拥有其他每个经营者 50% 以上有表决权的股份或者资产的。

（2）参与集中的每个经营者 50% 以上有表决权的股份或者资产被同一个未参与集中的经营者拥有的。

上述第 1 种情形是母子公司合并，上述第 2 种情形是姊妹公司合并。这两种情况都是换汤不换药，对企业的市场控制状态未造成实质变化，自然无须审查。

（三）经营者集中的审查程序

1. 初步审查

国务院反垄断执法机构应当自收到经营者提交的符合规定的文件、资料之日起 30 日内，对申报的经营者集中进行初步审查，作出是否实施进一步审查的决定，并书面通知经营者。国务院反垄断执法机构作出决定前，经营者不得实施集中。国务院反垄断执法机构作出不实施进一步审查的决定或者逾期未作出决定的，经营者可以实施集中。

2. 实质审查

国务院反垄断执法机构决定实施进一步审查的，应当自决定之日起 90 日内审查完毕，作出是否禁止经营者集中的决定，并书面通知经营者。作出禁止经营者集中的决定，应当说明理由。审查期间，经营者不得实施集中。

有下列情形之一的，国务院反垄断执法机构经书面通知经营者，可以延长上述规定的审查期限，但最长不得超过 60 日：

（1）经营者同意延长审查期限的。

（2）经营者提交的文件、资料不准确，需要进一步核实的。

（3）经营者申报后有关情况发生重大变化的。

国务院反垄断执法机构逾期未作出决定的，经营者可以实施集中。

（四）经营者集中控制的审查标准和豁免规则

1. 审查标准

经营者集中具有或者可能具有排除、限制竞争效果的，国务院反垄断执法机构应当作出禁止经营者集中的决定。

2. 分析因素

审查经营者集中，应当考虑下列因素：

（1）参与集中的经营者在相关市场的市场份额及其对市场的控制力。

（2）相关市场的市场集中度。

（3）经营者集中对市场进入、技术进步的影响。

（4）经营者集中对消费者和其他有关经营者的影响。

（5）经营者集中对国民经济发展的影响。

（6）国务院反垄断执法机构认为应当考虑的影响市场竞争的其他因素。

3. 豁免规则

经营者能够证明该集中对竞争产生的有利影响明显大于不利影响，或者符合社会公共利益的，国务院反垄断执法机构可以作出对经营者集中不予禁止的决定，并可以决定附加减少集中对竞争产生不利影响的限制性条件。

4. 审查决定

国务院反垄断执法机构应当将禁止经营者集中的决定或者对经营者集中附加限制性条件的决定，及时向社会公布。

（五）外资并购中的安全审查

对外资并购境内企业或者以其他方式参与经营者集中，涉及国家安全的，除依照《反垄断法》规定进行经营者集中审查外，还应当按照国家有关规定进行国家安全审查。

五、行政垄断

行政垄断就是行政机关和法律、法规授权的具有管理公共事务职能的组织滥用行政权力排除、限制竞争。这种行为的本质也属于前述的"滥用市场支配地位"，只是由于主体特殊而被单列出来。

（一）禁止限定交易

行政机关和法律、法规授权的具有管理公共事务职能的组织不得滥用行政权力，限定或者变相限定单位或者个人经营、购买、使用其指定的经营者提供的商品。

[例] 2010年媒体报道，广西柳州市交警部门推行新的机动车固封装置，车主到检车站年检就要求其换固封，不换就没办法通过年检。每个号牌的4个安装孔均须安装新的固封螺帽，车主需交费27元。国家发展改革委、财政部早有明确规定，这样的固封装置价格应为1元/个。柳州交警部门强推的固封螺帽被网民怒称为"史上最贵螺帽"！指定的螺帽只能在驾协服务中心买到，车管所与驾协有着千丝万缕的关系，中心的办公地点以及营业执照登记的住所均是柳州市交警支队院内。

（二）禁止地区封锁

行政机关和法律、法规授权的具有管理公共事务职能的组织不得滥用行政权力，实施下列行为：

1. 对外地商品设定歧视性收费项目、实行歧视性收费标准，或者规定歧视性价格。

2. 对外地商品规定与本地同类商品不同的技术要求、检验标准，或者对外地商品采取重复检验、重复认证等歧视性技术措施，限制外地商品进入本地市场。

3. 采取专门针对外地商品的行政许可，限制外地商品进入本地市场。

4. 设置关卡或者采取其他手段，阻碍外地商品进入或者本地商品运出。

5. 以设定歧视性资质要求、评审标准或者不依法发布信息等方式，排斥或者限制外地经营者参加本地的招标投标活动。

6. 采取与本地经营者不平等待遇等方式，排斥或者限制外地经营者在本地投资或者设立分支机构。

（三）禁止"红头文件"实施行政垄断

行政机关不得滥用行政权力，制定含有排除、限制竞争内容的规定。这实际上已经涉及对抽象行政行为的审查了。

[例] 2006 年湖北省汉川市政府办公室以"红头文件"的形式发布了《关于倡导公务接待使用"小糊涂仙（神）"系列酒的通知》，向各政府部门下达高达 200 万元的"喝酒任务"。

（四）法律责任

行政机关和法律、法规授权的具有管理公共事务职能的组织滥用行政权力，实施排除、限制竞争行为的，由上级机关责令改正；对直接负责的主管人员和其他直接责任人员依法给予处分。反垄断执法机构可以向有关上级机关提出依法处理的建议。

本章复习重点提示

1. 重要知识点

《反不正当竞争法》中各种不正当竞争行为的构成要件；各种不正当竞争行为的法律责任；各种垄断行为的构成要件；各种垄断行为的法律责任。

2. 实例解析

[例 1] 滥用行政权力排除、限制竞争的行为，是我国《反垄断法》规制的垄断行为之一。实施这种行为的主体，是否仅限于行政机关？[1]

[例 2] 国务院反垄断委员会的机构定位和工作职责是什么？[2]

[例 3] 甲厂的矿泉水使用"清凉"商标，而"清凉矿泉水厂"是本地一知名矿泉水厂的企业名称。这一行为属于不正当竞争行为中的何种行为？[3]

---

〔1〕 否。还包括法律、法规授权的组织。
〔2〕 反垄断委员会是一个议事协调机构；应当履行协调反垄断行政执法工作的职责。
〔3〕 混淆行为。

第2章

消费者法

> ### ↘本章导读
>
> 　　在当代社会，消费者和经营者构成了两大对立群体。由于消费者相对处于弱者地位，为了追求实质公平，法律采取诸多措施对其进行倾斜保护。一方面，强化消费者的权利和经营者的义务；另一方面，严格追究经营者的产品质量责任，包括合同责任与侵权责任。食品是一种关乎公民健康的特殊产品，《食品安全法》对其作出了很多特殊规定。

第一节 消费者权益保护法

一、法律的适用范围

《消费者权益保护法》适用于为生活消费需要购买、使用商品或者接受服务的情形。农民购买、使用直接用于农业生产的生产资料，参照《消费者权益保护法》执行。这表明，消费者只能是自然人，不能是单位。因为自然人是弱者，可以获得《消费者权益保护法》的倾斜保护，单位不是弱者，其买到假货可以适用民法获得平等保护。其次，《消费者权益保护法》只调整生活消费，这就排除了生产消费和转手买卖行为。

二、消费者的权利和经营者的义务

（一）消费者的权利

1. 安全保障权

消费者在购买、使用商品和接受服务时享有人身、财产安全不受损害的权利。消费者有权要求经营者提供的商品和服务，符合保障人身、财产安全的要求。

2. 知悉权

消费者享有知悉其购买、使用的商品或者接受的服务的真实情况的权利，也称知情权。消费者有权根据商品或者服务的不同情况，要求经营者提供商品的价格、产地、生产者、用途、性能、规格、等级、主要成分、生产日期、有效期限、检验合格证明、使用方法说明书、售后服务，或者服务的内容、规格、费用等有关情况。

3. 自主选择权

消费者享有自主选择商品或者服务的权利。

消费者有权自主选择提供商品或者服务的经营者，自主选择商品品种或者服务方式，自主决定购买或者不购买任何一种商品、接受或者不接受任何一项服务。消费者在自主选择商品或者服务时，有权进行比较、鉴别和挑选。

4. 公平交易权

消费者享有公平交易的权利。消费者在购买商品或者接受服务时，有权获得质量保障、价格合理、计量正确等公平交易条件，有权拒绝经营者的强制交易行为。

5. 获取赔偿权

消费者因购买、使用商品或者接受服务受到人身、财产损害的，享有依法获得赔偿的权利。

6. 结社权

消费者享有依法成立维护自身合法权益的社会团体的权利。

7. 消费知识了解权

消费者享有获得有关消费和消费者权益保护方面的知识的权利。消费者应当努力掌握所需商品或者服务的知识和使用技能，正确使用商品，提高自我保护意识。

8. 受尊重权

消费者在购买、使用商品和接受服务时，享有人格尊严、民族风俗习惯得到尊重的权利，享有个人信息依法得到保护的权利。

9. 监督批评权

消费者享有对商品和服务以及保护消费者权益工作进行监督的权利。

消费者有权检举、控告侵害消费者权益的行为和国家机关及其工作人员在保护消费者权益工作中的违法失职行为，有权对保护消费者权益工作提出批评、建议。

10. 个人信息权（隐私权）

消费者享有个人信息依法得到保护的权利。

（二）经营者的义务

1. 保证商品和服务安全的义务

（1）说明警示义务

经营者应当保证其提供的商品或者服务符合保障人身、财产安全的要求。对可能危及人身、财产安全的商品和服务，应当向消费者作出真实的说明和明确的警示，并说明和标明正确使用商品或者接受服务的方法以及防止危害发生的方法。

（2）缺陷报告义务

经营者发现其提供的商品或者服务存在缺陷，有危及人身、财产安全危险的，应当立即向有关行政部门报告和告知消费者，并采取停止销售、警示、召回、无害化处理、销毁、停止生产或者服务等措施。采取召回措施的，经营者应当承担消费者因商品被召回支出的必要费用。

此两者所针对的对象是不同的。说明警示义务针对的是合格产品，只是该产品本身具有危险性，如游乐场的危险性游戏；缺陷报告义务针对的是缺陷产品，典型的如汽车产品召回制度，汽车厂商发现汽车有缺陷，即报告有关部门、告知消费者，并为消费者免费进行修理。

2. 提供真实信息的义务

经营者向消费者提供有关商品或者服务的质量、性能、用途、有效期限等信息，应当真实、全面，不得作虚假或者引人误解的宣传。

经营者对消费者就其提供的商品或者服务的质量和使用方法等问题提出的询问，应当作出真实、明确的答复。

经营者提供的商品或者服务应当明码标价。

3. 标明真实的名称和标记的义务

经营者应当标明其真实名称和标记。租赁他人柜台或者场地的经营者，应当标明其真实名称和标记。

4. 出具凭证或单据的义务

经营者提供商品或者服务，应当按照国家的有关规定或者商业惯例向消费者出具发票等购货凭证或者服务单据；消费者索要发票等购货凭证或者服务单据的，经营者必须出具。

5. 对瑕疵商品的义务

经营者应当保证在正常使用商品或者接受服务的情况下其提供的商品或者服务应当具有的质量、性能、用途和有效期限，但消费者在购买该商品或者接受该服务前已经知道其存在瑕疵，且存在该瑕疵不违反法律强制性规定的除外。

经营者以广告、产品说明、实物样品或者其他方式表明商品或者服务的质量状况的，应当保证其提供的商品或者服务的实际质量与表明的商品或服务的质量状况相符。

经营者提供的机动车、计算机、电视机、电冰箱、空调器、洗衣机等耐用商品或者装饰装修等服务，消费者自接受商品或者服务之日起6个月内发现瑕疵，发生争议的，由经营者承担有关瑕疵的举证责任。

6. 退货义务

经营者提供的商品或者服务不符合质量要求的，消费者可以依照国家规定、当事人约定退货，或者要求经营者履行更换、修理等义务。没有国家规定和当事人约定的，消费者可以自收到商品之日起7日内退货；7日后符合法定解除合同条件的，消费者可以及时退货，不符合法定解除合同条件的，可以要求经营者履行更换、修理等义务。

依照上述规定进行退货、更换、修理的，经营者应当承担运输等必要费用。

7. 无理由退货义务

经营者采用网络、电视、电话、邮购等方式销售商品，消费者有权自收到商品之日起7日内退货，且无需说明理由，但下列商品除外：

（1）消费者定作的。

（2）鲜活易腐的。

（3）在线下载或者消费者拆封的音像制品、计算机软件等数字化商品。

（4）交付的报纸、期刊。

除上述所列商品外，其他根据商品性质并经消费者在购买时确认不宜退货的商品，不适用无理由退货。

消费者退货的商品应当完好。经营者应当自收到退回商品之日起 7 日内返还消费者支付的商品价款。退回商品的运费由消费者承担；经营者和消费者另有约定的，按照约定。

8. 不得单方作出对消费者不利规定的义务

经营者在经营活动中使用格式条款的，应当以显著方式提醒消费者注意商品或者服务的数量和质量、价款或者费用、履行期限和方式、安全注意事项和风险警示、售后服务、民事责任等与消费者有重大利害关系的内容，并按照消费者的要求予以说明。

经营者不得以格式条款、通知、声明、店堂告示等方式，作出排除或者限制消费者权利、减轻或者免除经营者责任、加重消费者责任等对消费者不公平、不合理的规定，不得利用格式条款并借助技术手段强制交易。

格式条款、通知、声明、店堂告示等含有上述所列内容的，其内容无效。

9. 提供信息义务

采用网络、电视、电话、邮购等方式提供商品或者服务的经营者，以及提供证券、保险、银行等金融服务的经营者，应当向消费者提供经营地址、联系方式、商品或者服务的数量和质量、价款或者费用、履行期限和方式、安全注意事项和风险警示、售后服务、民事责任等信息。

10. 合法收集、使用信息义务

经营者收集、使用消费者个人信息，应当遵循合法、正当、必要的原则，明示收集、使用信息的目的、方式和范围，并经消费者同意。经营者收集、使用消费者个人信息，应当公开其收集、使用规则，不得违反法律、法规的规定和双方的约定收集、使用信息。

经营者及其工作人员对收集的消费者个人信息必须严格保密，不得泄露、出售或者非法向他人提供。经营者应当采取技术措施和其他必要措施，确保信息安全，防止消费者个人信息泄露、丢失。在发生或者可能发生信息泄露、丢失的情况时，应当立即采取补救措施。

经营者未经消费者同意或者请求，或者消费者明确表示拒绝的，不得向其发送商业性信息。

三、争议的解决

（一）争议的解决途径

消费者和经营者发生消费者权益争议的，可以通过下列途径解决：

1. 与经营者协商和解。
2. 请求消费者协会或者依法成立的其他调解组织调解。
3. 向有关行政部门投诉。
4. 根据与经营者达成的仲裁协议提请仲裁机构仲裁。
5. 向人民法院提起诉讼。

（二）争议解决的特定规则

1. 产品的合同责任与侵权责任

（1）合同责任

消费者在购买、使用商品时，其合法权益受到损害的，可以向销售者要求赔偿。销售者赔偿后，属于生产者的责任或者属于向销售者提供商品的其他销售者的责任的，销售者有权向生产者或者其他销售者追偿。

（2）侵权责任

消费者或者其他受害人因商品缺陷造成人身、财产损害的，可以向销售者要求赔偿，也可以向生产者要求赔偿。属于生产者责任的，销售者赔偿后，有权向生产者追偿。属于销售者责任的，生产者赔偿后，有权向销售者追偿。

2. 企业变更

消费者在购买、使用商品或者接受服务时，其合法权益受到损害，因原企业分立、合并的，可以向变更后承受其权利义务的企业要求赔偿。

3. 使用他人营业执照

使用他人营业执照的违法经营者提供商品或者服务，损害消费者合法权益的，消费者可以向其要求赔偿，也可以向营业执照的持有人要求赔偿。

4. 展销与租赁

消费者在展销会、租赁柜台购买商品或者接受服务，其合法权益受到损害的，可以向销售者或者服务者要求赔偿。展销会结束或者柜台租赁期满后，也可以向展销会的举办者、柜台的出租者要求赔偿。展销会的举办者、柜台的出租者赔偿后，有权向销售者或者服务者追偿。

5. 网络交易平台

消费者通过网络交易平台购买商品或者接受服务，其合法权益受到损害的，可以向销售者或者服务者要求赔偿。网络交易平台提供者不能提供销售者或者服务者的真实名称、地址和有效联系方式的，消费者也可以向网络交易平台提供者要求赔偿；网络交易平台提供者作出更有利于消费者的承诺的，应当履行承诺。网络交易平台提供者赔偿后，有权向销售者或者服务者追偿。

网络交易平台提供者明知或者应知销售者或者服务者利用其平台侵害消费者合法权益，未采取必要措施的，依法与该销售者或者服务者承担连带责任。

6. 虚假广告

消费者因经营者利用虚假广告或者其他虚假宣传方式提供商品或者服务，使其合法权益受到损害的，可以向经营者要求赔偿。广告经营者、发布者发布虚假广告的，消费者可以请求行政主管部门予以惩处。广告经营者、发布者不能提供经营者的真实名称、地址和有效联系方式的，应当承担赔偿责任。

广告经营者、发布者设计、制作、发布关系消费者生命健康商品或者服务的虚假广告，造成消费者损害的，应当与提供该商品或者服务的经营者承担连带责任。

社会团体或者其他组织、个人在关系消费者生命健康商品或者服务的虚假广告或者其他虚假宣传中向消费者推荐商品或者服务，造成消费者损害的，应当与提供该商品或者服务的经营者承担连带责任。

（三）消费者组织

消费者协会和其他消费者组织是依法成立的对商品和服务进行社会监督的保护消费者合法权益的社会组织。它具有独立性，不隶属于政府机关。

1. 消费者组织不能进行的行为

（1）从事商品经营和营利性服务。

（2）以收取费用或者其他牟取利益的方式向消费者推荐商品和服务。

2. 消费者组织履行的公益性职责

（1）向消费者提供消费信息和咨询服务，提高消费者维护自身合法权益的能力，引导文明、健康、节约资源和保护环境的消费方式。

（2）参与制定有关消费者权益的法律、法规、规章和强制性标准。

（3）参与有关行政部门对商品和服务的监督、检查。

（4）就有关消费者合法权益的问题，向有关部门反映、查询，提出建议。

（5）受理消费者的投诉，并对投诉事项进行调查、调解。

（6）投诉事项涉及商品和服务质量问题的，可以委托具备资格的鉴定人鉴定，鉴定人应当告知鉴定意见。

（7）就损害消费者合法权益的行为，支持受损害的消费者提起诉讼或者依照本法提起诉讼。对侵害众多消费者合法权益的行为，中国消费者协会以及在省、自治区、直辖市设立的消费者协会，可以向法院提起诉讼。

（8）对损害消费者合法权益的行为，通过大众传播媒介予以揭露、批评。

（四）法律责任

1. 赔偿范围

经营者提供商品或者服务，造成消费者或者其他受害人人身伤害的，应当赔偿医疗费、护理费、交通费等为治疗和康复支出的合理费用，以及因误工减少的收入；造成残疾的，还应当赔偿残疾生活辅助具费和残疾赔偿金；造成死亡的，还应当赔偿丧葬费和死亡赔偿金。

经营者有侮辱诽谤、搜查身体、侵犯人身自由等侵害消费者或者其他受害人人身权益的行为，造成严重精神损害的，受害人可以要求精神损害赔偿。

2. 预收款方式提供商品或服务的责任

经营者以预收款方式提供商品或服务的，应当按照约定提供。未按照约定提供的，应依照消费者的要求履行约定或者退回预付款；并应当承担预付款的利息、消费者必须支付的合理费用。

3. 法定退货责任

依法经有关行政部门认定为不合格的商品，消费者要求退货的，经营者应当负责退货。不得以修理、更换或者其他借口延迟或者拒绝消费者的退货要求。

4. 对欺诈行为的惩罚性规定

经营者提供商品或者服务有欺诈行为的，应当按照消费者的要求增加赔偿其受到的损失，增加赔偿的金额为消费者购买商品的价款或者接受服务的费用的 3 倍；增加赔偿的金额不足 500 元的，为 500 元。法律另有规定的，依照其规定。

欺诈行为是指经营者故意在提供的商品或服务中，以虚假陈述或者其他不正当手段欺骗、误导消费者，致使消费者权益受到损害的行为。实践中，对"欺诈行为"应当以客观的方法检验和认定，即根据经营者在出售商品或提供服务时所采用的手段来加以判断。所以，只要证明下列事实存在，即可认定经营者构成欺诈行为：

（1）经营者对其商品或服务的说明行为是虚假的，足以使一般消费者受到欺骗或误导。

（2）消费者因受误导而接受了经营者的商品或服务，即经营者的虚假说明与消费者的消费行为之间存在因果关系。适用要求如下：①经营者提供商品或者服务有欺诈行为；②消费者因此遭受损害；③消费者提出赔偿的要求；④增加赔偿的金额为消费者购买商品的价款或者接受服务的费用的 3 倍。

典型的欺诈行为包括：销售掺杂、掺假，以假充真，以次充好的商品；以虚假的"清仓价""甩卖价""最低价""优惠价"或者其他欺骗性价格表示销售商品；以虚假的商品说明、商品标准、实物样品等方式销售商品；不以自己的真实名称和标记销售商品；采取雇用他人等方式进行欺骗性的销售诱导；利用广播、电视、电影、报刊等大众传播媒介对商品作虚假宣传；销售假冒商品和失效、变质商品；等等。

5. 对加害给付的惩罚性规定

经营者明知商品或者服务存在缺陷，仍然向消费者提供，造成消费者或者其他受害人死亡或者健康严重损害的，受害人有权要求经营者依照《消费者权益保护法》第 49、51 条等法律规定赔偿损失，并有权要求所受损失 2 倍以下的惩罚性赔偿。

第二节 产品质量法

一、法律的适用范围

《产品质量法》中所指的产品是经过加工、制作，用于销售的产品，不包括初级农产品和不动产。建设工程不适用该法规定；但是，建设工程所使用的建筑材料、建筑构配件和设备适用于该法规定。该法也不涉及军工产品。违禁品不受该法保护，药品、食品和计量器具作为特殊产品优先适用特别法，即《药品管理法》、《食品安全法》和《计量法》。

二、产品质量的监督

国家对产品质量实行以抽查为主要方式的监督检查制度，对可能危及人体健康和人身、财产安全的产品，影响国计民生的重要工业产品以及消费者、有关组织反映有质量问题的产品进行抽查。抽查的样品应当在市场上或者企业成品仓库内的待销产品中随机抽取。监督抽查工作由国务院产品质量监督部门规划和组织。县级以上地方产品质量监督部门在本行政区域内也可以组织监督抽查。法律对产品质量的监督检查另有规定的，依照有关法律的规定执行。国家监督抽查的产品，地方不得另行重复抽查；上级监督抽查的产品，下级不得另行重复抽查。

根据监督抽查的需要，可以对产品进行检验。检验抽取样品的数量不得超过检验的合理需要，并不得向被检查人收取检验费用。监督抽查所需检验费用按照国务院规定列支。生产者、销售者对抽查检验的结果有异议的，可以自收到检验结果之日起 15 日内向实施监督抽查的产品质量监督部门或者其上级产品质量监督部门申请复检，由受理复检的产品质量监督部门作出复检结论。

三、经营者的产品质量义务

（一）质量保证义务

1. 默示担保义务

默示担保义务，是指法律、法规对产品质量所做的强制性要求，即使当事人之间有合同的约定，也不能免除和限制这种义务。违反该项义务的一般表现为不具备产品应当具备的使用性能而事先未作说明。

2. 明示担保义务

明示担保义务，是指生产者、销售者以各种公开的方式，就产品质量向消费者所作的说明或陈述。违反该项义务一般表现为产品不符合在产品或者其包装上注明采用的产品标准，或不符合以产品说明、实物样品等方式表明的质量状况。

（二）产品包装、标识义务

产品或者其包装上的标识必须真实，并符合下列要求：

1. 应有产品质量检验的合格证明。

2. 有中文标明的产品名称、生产厂的厂名和厂址。

3. 根据需要标明产品规格、等级、主要成分（中文）。

4. 限期使用的产品，应标明生产日期和安全使用期或者失效日期。

5. 产品本身易坏或者可能危及人身、财产安全的，应有警示标志或者中文警示说明，但是裸装的食品和其他根据产品的特点难以附加标识的裸装产品的除外。

6. 特殊产品（如易碎、易燃、易爆的物品，有毒、有腐蚀性、有放射性的物品，其他危险物品，储运中不能倒置和有其他特殊要求的产品）的标识、包装质量必须符合相应的要求，依照国家有关规定作出警示标志或者中文警示说明。

四、产品质量责任

《消费者权益保护法》和《产品质量法》将产品质量责任区分为产品瑕疵和产品缺陷。前者属于合同责任，后者属于侵权责任。

（一）产品瑕疵担保责任——合同责任

产品瑕疵担保责任是指产品质量不合格，或者不符合法定标准，或者不符合约定标准，但是不具有危害人身和他人财产安全的不合理危险，致使购买者的合法权益受到损害，应当承担的责任。当然，对于明示的瑕疵销售者是可以免责的。

1. 售出的产品违反了质量保证义务具有瑕疵的，销售者应当负责修理、更换、退货。给购买产品的消费者造成损失的，销售者应当赔偿损失。

2. 销售者负责修理、更换、退货、赔偿损失后，属于生产者的责任或者属于向销售者提供产品的其他销售者（供货者）的责任的，销售者有权向生产者、供货者追偿。

3. 生产者之间，销售者之间，生产者与销售者之间订立的买卖合同、承揽合同有不同约定的，合同当事人按照合同约定执行。

4. 产品瑕疵责任的诉讼时效，适用《民法总则》第 188 条关于 3 年诉讼时效期间的规定。

（二）产品缺陷责任——侵权责任

1. 缺陷的概念

缺陷，是指产品存在危及人身、他人财产安全的不合理的危险；产品有保障人体健康和人身、财产安全的国家标准、行业标准的，是指不符合该标准。

2. 产品缺陷责任的前提

因产品存在缺陷造成人身、缺陷产品以外的其他财产（以下简称他人财产）损害。

3. 产品缺陷责任的权利主体

因产品缺陷遭受人身或他人财产损害的受害人，包括产品的购买者、使用者和第三人。

4. 生产者的责任

因产品存在缺陷造成他人财产损害的，生产者应当承担严格责任（亦可谓无过错责任）。

5. 生产者的免责事由

生产者能够证明有下列情形之一的，不承担赔偿责任：

（1）未将产品投入流通的。

（2）产品投入流通时，引起损害的缺陷尚不存在的。

（3）将产品投入流通时的科学技术水平尚不能发现缺陷的存在的。

6. 销售者的责任

由于销售者的过错使产品存在缺陷，造成人身、他人财产损害的，销售者应当承担赔偿责任。销售者不能指明缺陷产品的生产者也不能指明缺陷产品的供货者的，销售者应当承担赔偿责任。这是一种过错推定责任。

7. 生产者和销售者的不真正连带责任

（1）因产品存在缺陷造成人身、他人财产损害的，受害人可以向产品的生产者要求赔偿，也可以向产品的销售者要求赔偿。

（2）属于产品的生产者的责任，产品的销售者赔偿后，有权向产品的生产者追偿。属于产品的销售者的责任，产品的生产者赔偿后，有权向产品的销售者追偿。

8. 诉讼时效与请求权最长期间

（1）诉讼时效

因产品缺陷造成损害要求赔偿的诉讼时效期间为 3 年，自当事人知道或者应当知道其权益受到损害时起计算。

（2）请求权最长期间

因产品存在缺陷造成损害要求赔偿的请求权，在造成损害的缺陷产品交付最初消费者之日起满 10 年丧失；但是，尚未超过明示的安全使用期的除外。

（三）责任主体范围的扩展

无论是瑕疵责任，还是缺陷责任，经营者都应当承担责任，但是在特定的情况下，法律对责任主体作了一定的扩展，在这里主要表现为：

1. 其他相关人的违法行为及责任

（1）知道或者应当知道属于《产品质量法》规定禁止生产、销售的产品而为其提供运输、保管、仓储等便利条件的，或者为以假充真的产品提供制假生产技术的，没收全部运输、保管、仓储或者提供制假生产技术的收入，并处违法收入 50% 以上 3 倍以下的罚款；构成犯罪的，依法追究刑事责任。

（2）服务业的经营者将《产品质量法》禁止销售的产品用于经营性服务的，责令停止使用；对知道或者应当知道所使用的产品属于《产品质量法》规定禁止销售的产品的，按照违法使用的产品（包括已使用和尚未使用的产品）的货值金额，依照《产品质量法》对销售者的处罚规定处罚。

2. 社会团体、社会中介机构的法律责任

（1）产品质量认证机构的连带责任：产品质量认证机构对不符合认证标准而使用认证标志的产品，未依法要求其改正或者取消其使用认证标志资格的，对因产品不符合认证标准给消费者造成的损失，与产品的生产者、销售者承担连带责任；情节严重的，撤销其认证资格。

（2）作出承诺和保证后的连带责任：社会团体、社会中介机构对产品质量作出承诺、保证，而该产品又不符合其承诺、保证的质量要求，给消费者造成损失的，与产品的生产者、销售者承担连带责任。

第三节 食品安全法

一、《食品安全法》的适用范围

在我国境内从事下列活动，应受《食品安全法》约束：①食品生产和加工（以下简称"食品生产"），食品销售和餐饮服务（以下简称"食品经营"）；②食品添加剂的生产经营；③用于食品的包装材料、容器、洗涤剂、消毒剂和用于食品生产经营的工具、设备（以下简称"食品相关产品"）的生产经营；④食品生产经营者使用食品添加剂、食品相关产品；⑤食品的贮存和运输；⑥对食品、食品添加剂和食品相关产品的安全管理。

可见，《食品安全法》调整的对象重在行为，而不是以主体为切入点。因此，只要从事食品生产、加工、运输、销售等各类活动，及食品添加剂或者食品相关产品的活动，不管是否以营利为目的，是否具有市场主体身份（如机关和学校的食堂），都必须遵守《食品安全法》，并承担因违反该法而产生的责任。

供食用的源于农业的初级产品（以下称"食用农产品"）的质量安全管理，遵守《农产品质量安全法》的规定。但是，食用农产品的市场销售、有关质量安全标准的制定、有关安全信息的公布和本法对农业投入品作出规定的，应当遵守《食品安全法》的规定。

二、食品安全风险监测和评估

食品安全风险监测是发现和确定食品风险的过程，食品安全风险评估是对发现的风险进行评估以确定对人体健康危害程度的过程。

（一）食品安全风险监测

国家建立食品安全风险监测制度，对食源性疾病、食品污染以及食品中的有害因素进行监测。

国务院卫生行政部门会同国务院食品药品监督管理、质量监督等部门，制定、实施国家食品安全风险监测计划。省级人民政府卫生行政部门会同同级食品药品监督管理、质量监督等部门，根据国家食品安全风险监测计划，结合本行政区域的具体情况，制定、调整本行政区域的食品安全风险监测方案，报国务院卫生行政部门备案并实施。

国务院食品药品监督管理部门和其他有关部门获知有关食品安全风险信息后，应当立即核实并向国务院卫生行政部门通报。对有关部门通报的食品安全风险信息以及医疗机构报告的食源性疾病等有关疾病信息，国务院卫生行政部门应当会同国务院有关部门分析研究，认为必要的，及时调整国家食品安全风险监测计划。

（二）食品安全风险评估

食品安全风险评估制度，是指运用科学方法，根据食品安全风险监测信息、科学数据以及有关信息，对食品及食品添加剂的生物性、化学性和物理性危害进行检测评定，以揭示或者预示其对人致损风险，为国家制定或者修订相关食品安全国家标准、提出食品安全风险警示及采取有关食品安全措施提供依据的法律制度。

国务院卫生行政部门负责组织食品安全风险评估工作，成立由医学、农业、食品、营养、生物、环境等方面的专家组成的食品安全风险评估专家委员会进行食品安全风险评估。食品安全风险评估结果由国务院卫生行政部门公布。

对农药、肥料、生长调节剂、兽药、饲料和饲料添加剂等的安全性评估，应当有食品安全风险评估专家委员会的专家参加。

食品安全风险评估不得向生产经营者收取费用，采集样品应当按照市场价格支付费用。

食品安全风险评估结果是制定、修订食品安全标准和对食品安全实施监督管理的科学依据。

经食品安全风险评估，得出食品、食品添加剂、食品相关产品不安全结论的，国务院食品药品监督管理、质量监督等部门应当依据各自职责立即向社会公告，告知消费者停止食用或者使用，并采取相应措施，确保该食品、食品添加剂、食品相关产品停止生产经营；需要制定、修订相关食品安全国家标准的，国务院卫生行政部门应当会同国务院食品药品监督管理部门立即制定、修订。

国务院食品药品监督管理部门应当会同国务院有关部门，根据食品安全风险评估结果、食品安全监督管理信息，对食品安全状况进行综合分析。对经综合分析表明可能具有较高程度安全风险的食品，国务院卫生行政部门应当及时提出食品安全风险警示，并向社会公布。

三、食品安全标准

（一）食品安全标准的效力

食品安全标准，是指国家为了保证食品安全，保障公众身体健康而制定的食品的生产经营者、食品添加剂的生产经营者以及食品相关产品的生产经营者在其经营活动中必须遵守的强制性标准。

食品安全标准可以分为食品安全国家标准和食品安全地方标准。食品安全国家标准，是指由国务院卫生行政部门依照法定职权和法定程序制定的，并经食品安全国家标准审评委员会审查通过的食品安全标准。食品安全地方标准，是指省、自治区、直辖市人民政府卫生行政部门依照法定职权和法定程序，参照有关食品安全国家标准制定的规定组织制定，并报国务院卫生行政部门备案的食品安全标准。食品安全国家标准的效力高于地方标准的效力。地方标准的内容，不得与国家标准相抵触，但是可以制定严于国家标准的地方标准。

在没有食品安全国家标准或地方标准的情况下，企业可以制定作为本企业使用的食品安全标准，该标准必须向省级卫生行政部门进行备案，且只适用于该企业内部，对他人不具有强制力。

（二）食品安全的国家标准

食品安全国家标准由国务院卫生行政部门会同国务院食品药品监督管理部门制定、公布，国务院标准化行政部门提供国家标准编号。

（三）食品安全的地方标准和企业标准

对地方特色食品，没有食品安全国家标准的，省级人民政府卫生行政部门可以制定并公布食品安全地方标准，报国务院卫生行政部门备案。食品安全国家标准制定后，该地方标准即行废止。

国家鼓励食品生产企业制定严于食品安全国家标准或者地方标准的企业标准，在本企业适用，并报省级人民政府卫生行政部门备案。

四、食品召回制度

（一）食品召回的概念

食品召回制度，是指按照食品安全法的规定，由食品生产者自己主动或者经国家有关部门责令，对已经上市销售的不符合食品安全标准的食品，由生产者公开回收并采取相应措施，及时消除或减少食品安全危害的制度。

（二）食品召回的类型

食品召回可以分为主动召回和责令召回两种类型。主动召回，是指食品生产者对发现的其生产的不符合食品安全标准的食品或者有证据证明可能危害人体健康的食品，主动停止生产，公开相关信息，召回已经上市销售的食品，通知相关生产经营者和消费者，并记录召回和通知情况，及时消除或减少食品安全危害的行为。同样地，若食品经营者发现其经营的食品不符合食品安全标准，不论是由于生产者的原因还是自己的原因，都应当立即停止经营，通知相关生产者和消费者，并记录停止经营和通知情况。食品生产者认为应当召回的，应当立即召回。当然，由于食品经营者的原因造成其经营的食品有前述规定情形的，食品经营者应当召回。

责令召回，是指食品生产经营者未依照法律规定召回或者停止经营不符合食品安全标准的食品的，县级以上人民政府食品药品监督管理部门责令其召回或者停止经营的行为。

（三）对食品召回的处理

食品生产者应当对召回的食品采取补救、无害化处理、销毁等措施，防止其再次流入市场，并将食品召回和处理情况向所在地县级人民政府食品药品监督管理部门报告；需要对召回的食品进行无害化处理、销毁的，应当提前报告时间、地点。食品药品监督管理部门认为必要的，可以实施现场监督。

五、食品安全事故处置

（一）食品安全事故

食品安全事故是食源性疾病、食品污染等源于食品，对人体健康有危害或者可能有危害的事故。

（二）食品安全事故处置对策

1. 食品安全事故应急预案制度

《食品安全法》规定，国务院组织制定国家食品安全事故应急预案。县级以上地方人民政府应当根据有关法律、法规的规定和上级人民政府的食品安全事故应急预案以及本地区的实际情况，制定本行政区域的食品安全事故应急预案，并报上一级人民政府备案。食品安全事故应急预案应当对食品安全事故分级、事故处置组织指挥体系与职责、预防预警机制、处置程序、应急保障措施等作出规定。

除了各级政府的应急预案以外，《食品安全法》还要求食品生产经营企业制定食品安全事故处置方案。同时，要求企业定期检查各项食品安全防范措施的落实情况，及时消除食品安全事故隐患。

2. 食品安全事故报告和通报制度

（1）事故发生单位和治疗单位的报告义务

事故发生后，事故单位和接收病人进行治疗的单位有义务及时向事故发生地县级人民政府食品药品监督管理、卫生行政部门报告。

（2）政府系统的通报和报告义务

县级以上人民政府质量监督、农业行政等部门在日常监督管理中发现食品安全事故或者接到事故举报，应当立即向同级食品药品监督管理部门通报。发生食品安全事故，接到报告的县级人民政府食品药品监督管理部门应当按照应急预案的规定向本级人民政府和上级人民政府食品药品监督管理部门报告。县级人民政府和上级人民政府食品药品监督管理部门应当按照应急预案的规定上报。任何单位和个人不得对食品安全事故隐瞒、谎报、缓报，不得隐匿、伪造、毁灭有关证据。

（3）医疗机构的报告和通报义务

医疗机构发现其接收的病人属于食源性疾病病人或者疑似病人的，应当按照规定及时将相关信息向所在地县级人民政府卫生行政部门报告。县级人民政府卫生行政部门认为与食品安全有关的，应当及时通报同级食品药品监督管理部门。县级以上人民政府卫生行政部门在调查处理传染病或者其他突发公共卫生事件中发现与食品安全相关的信息，应当及时通报同级食品药品监督管理部门。

3. 调查处理措施

食品安全事故发生之后，各级部门就应当迅速反应，根据应急预案和实际情况，展开事故的处理和调查程序。县级以上人民政府食品药品监督管理部门接到食品安全事故的报告后，应当立即会同有关卫生行政、质量监督、农业行政等部门进行调查处理，并采取下列措施，防止或者减轻社会危害：

（1）开展应急救援工作，组织救治因食品安全事故导致人身伤害的人员。

（2）封存可能导致食品安全事故的食品及其原料，并立即进行检验；对确认属于被污染的食品及其原料，责令食品生产经营者依照《食品安全法》第 52 条的规定召回或者停止经营并销毁。

（3）封存被污染的食品相关产品，并责令进行清洗消毒。

（4）做好信息发布工作，依法对食品安全事故及其处理情况进行发布，并对可能产生的危害加以解释、说明。

发生重大食品安全事故需要启动应急预案的，县级以上人民政府应当立即成立事故处置指挥机构，启动应急预案，依照相关规定进行处置。

六、政府监管

（一）监管机构

为协调食品安全的执法工作，《食品安全法》设置了全国性、综合性的监管机构，即食品安全委员会。该委员会是由国务院设立的专门委员会，其工作职责由国务院规定。

在食品安全委员会之外，主要的监管机构可以分为两级：①国务院一级的食品药品监督管理、质量监督、农业行政等部门；②县级以上各级人民政府及其职能部门。各级人民政府按照行政级别，在各自的行政区域内行使监管权。

此外，在监管机构以外，食品行业协会、基层群众性组织、其他个人都可以起到对食品生产进行监督、自律的作用。

（二）食品安全信息平台

国家建立统一的食品安全信息平台，实行食品安全信息统一公布制度。国家食品安全总体情况、食品安全风险警示信息、重大食品安全事故及其调查处理信息和国务院确定需要统一公布的其他信息由国务院食品药品监督管理部门统一公布。食品安全风险警示信息和重大食品安全事故及其调查处理信息的影响限于特定区域的，也可以由有关省、自治区、直辖市人民政府食品药品监督管理部门公布。未经授权不得发布上述信息。县级以上人民政府食品药品监督管理、质量监督、农业行政部门依据各自职责公布食品安全日常监督管理信息。

七、法律责任

（一）知假买假

因食品质量问题发生纠纷，购买者向生产者、销售者主张权利，生产者、销售者以购买者明知食品存在质量问题而仍然购买为由进行抗辩的，人民法院不予支持。

（二）市场禁入

1. 生产经营者

被吊销许可证的食品生产经营者及其法定代表人、直接负责的主管人员和其他直接责任人员自处罚决定作出之日起 5 年内不得申请食品生产经营许可，或者从事食品生产经营管理工作、担任食品生产经营企业食品安全管理人员。因食品安全犯罪被判处有期徒刑以上刑罚的，终身不得从事食品生产经营管理工作，也不得担任食品生产经营企业的食品安全管理人员。

2. 食品检验机构人员

违反《食品安全法》规定，受到开除处分的食品检验机构人员，自处分决定作出之日起 10 年内不得从事食品检验工作。因食品安全违法行为受到刑事处罚或者因出具虚假检验报告导致发生重大食品安全事故受到开除处分的食品检验机构人员，终身不得从事食品检验工作。

（三）消费者索赔选择权和首负责任制

消费者因不符合食品安全标准的食品受到损害的，可以向经营者要求赔偿损失，也可以向生产者要求赔偿损失。接到消费者赔偿要求的生产经营者，应当实行首负责任制，先行赔付，不得推诿；属于生产者责任的，经营者赔偿后有权向生产者追偿；属于经营者责任的，生产者赔偿后有权向经营者追偿。

（四）连带责任

1. 集中交易市场的开办者、柜台出租者、展销会的举办者允许未依法取得许可的食品经营者进入市场销售食品，或者未履行检查、报告等义务，使消费者的合法权益受到损害的，应当与食品经营者承担连带责任。

2. 网络食品交易第三方平台提供者未对入网食品经营者进行实名登记、审查许可证，或者未履行报告、停止提供网络交易平台服务等义务，使消费者的合法权益受到损害的，应当与食品经营者承担连带责任。

3. 食品检验机构和认证机构出具虚假检验报告或认证结论，使消费者的合法权益受到损害的，应当与食品生产经营者承担连带责任。

4. 广告经营者、发布者设计、制作、发布虚假食品广告，使消费者的合法权益受到损害的，应当与食品生产经营者承担连带责任。

5. 社会团体或者其他组织、个人在虚假广告或者其他虚假宣传中向消费者推荐食品，使消费者的合法权益受到损害的，应当与食品生产经营者承担连带责任。

（五）惩罚性赔偿

生产不符合食品安全标准的食品或者经营明知是不符合食品安全标准的食品，消费者除要求赔偿损失外，还可以向生产者或者经营者要求支付价款 10 倍或者损失 3 倍的赔偿金；增加赔偿的金额不足 1000 元的，为 1000 元。但是，食品的标签、说明书存在不影响食品安全且不会对消费者造成误导的瑕疵的除外。

本章复习重点提示 ▶▶

1. 重要知识点

《消费者权益保护法》的适用范围；消费者的权利；经营者的义务；法律责任；产品瑕疵担保责任；产品侵权责任；食品安全标准。

2. 实例解析

[例1] 某公司生产销售一款新车，该车在有些新设计上不够成熟，导致部分车辆在驾驶中出现故障，甚至因此造成交通事故。事后，该公司拒绝就故障原因做出说明，也拒绝对受害人提供赔偿。该公司的行为侵犯了消费者的哪些权利？[1]

[例2] 某大型商场在商场各醒目处张贴海报：本商场正以3折的价格处理一批因火灾而被水浸过的商品。消费者葛某见后，以488元购买了一件原价1464元的名牌女皮衣。该皮衣穿后不久，表面出现严重的泛碱现象。葛某要求商场退货，被拒绝。商场应当承担责任吗？[2]

[例3] 某企业明知其产品不符合食品安全标准，仍予以销售，造成消费者损害。该企业应当承担民事赔偿责任和缴纳罚款、罚金，其财产不足以同时支付时，先承担何种责任？[3]

---

[1] 安全保障权、知悉真情权和获取赔偿权。

[2] 商场无责任，因为明示瑕疵可以免责。

[3] 先承担民事赔偿责任。

第3章

银行业法

本章导读

　　商业银行是以经营工商业存、放款为主要业务，并以获取利润为目的的货币经营企业。商业银行在现代经济活动中有信用中介、支付中介、金融服务、信用创造和经济调节等职能。商业银行的业务活动对全社会的货币供给有重要影响，并成为国家实施宏观经济政策的重要基础。在业务经营上，商业银行通常都遵循盈利性、流动性和安全性原则。盈利性原则是指商业银行作为一个经营企业，追求最大限度的盈利。流动性是指商业银行能够随时应付客户提现要求和满足客户借贷要求的能力。安全性原则是指银行的资产、收益、信誉以及所有经营生存发展的条件免遭损失的可靠程度。安全性的反面就是风险性，商业银行的经营安全性原则就是尽可能地避免和减少风险。在我国，主要是通过银行业监督管理机构监管商业银行以防止其产生过高风险。

第一节　商业银行法

一、商业银行的组织

（一）法律地位和组织形式

　　商业银行，是指依照《商业银行法》和《公司法》设立的开展吸收公众存款、发放贷款、办理结算等业务的企业法人，其组织形式、组织机构、分立、合并，适用《公司法》的规定。商业银行的设立、变更（包括分立、合并）和终止都需要经过国务院银行业监督管理机构的批准。

（二）设立

1. 注册资本

　　设立全国性商业银行的注册资本最低限额为 10 亿元人民币。设立城市商业银行的注册资本最低限额为 1 亿元人民币，设立农村商业银行的注册资本最低限额为 5000 万元人民币。注册资本应当是实缴资本。国务院银行业监督管理机构根据审慎监管的要求可以调整注册资本最低限额，但不得少于上述规定的限额。

2. 投资商业银行的限制

任何单位和个人购买商业银行股份总额 5% 以上的，应当事先经国务院银行业监督管理机构批准。

（三）分支机构的设立

1. 商业银行根据业务需要可以在中国境内外设立分支机构。设立分支机构必须经国务院银行业监督管理机构审查批准。在中国境内的分支机构，不按行政区划设立。

2. 商业银行在中国境内设立分支机构，应当按照规定拨付与其经营规模相适应的营运资金额。拨付各分支机构营运资金额的总和，不得超过总行资本金总额的 60%。商业银行分支机构不具有法人资格，在总行授权范围内依法开展业务，其民事责任由总行承担。

（四）若干专业术语的含义

1. 资本充足率

资本充足率也称资本充实率，是保证银行等金融机构正常运营和发展所必需的资本比率。各国金融管理当局一般都有对商业银行资本充足率的管制，目的是监测银行抵御风险的能力。资本充足率有不同的口径，主要比率有资本对存款的比率、资本对负债的比率、资本对总资产的比率、资本对风险资产的比率等。

2. 头寸（position）

头寸也称为"头衬"，就是款项的意思。如果银行在当日的全部收付款中收入大于支出款项，就称为"多头寸"，如果支出款项大于收入款项，就称为"缺头寸"。预计这一类头寸的多与少的行为称为"轧头寸"。到处想方设法调进款项的行为称为"调头寸"。如果暂时未用的款项大于需用量时称为"头寸松"，如果资金需求量大于闲置量时就称为"头寸紧"。

3. 流动性资产、固定性资产、流动性负债

根据资产变现的速度，可分为流动性资产和固定性资产。流动性资产是能够较快变为现金的资产；固定性资产是不能迅速变为现金的资产。

流动性负债，是指 1 个月内到期的存款、1 个月内到期的同业拆入款、1 个月内到期的借入同业、1 个月内到期的应付款、境外联行往来及附属机构往来的负债方净额、其他 1 个月内到期的负债。冻结存款不计入流动性负债。

4. 存款准备金

存款准备金，是指金融机构为保证客户提取存款和资金清算需要而准备的在中央银行的存款。中央银行要求的存款准备金占其存款总额的比例就是存款准备金率。

5. 备付金

备付金，是指商业银行存在中央银行的超过存款准备金率的那部分存款，一般称为超额准备金。

二、商业银行的业务

（一）业务的种类

商业银行的业务按照资金来源和用途可以归纳为如下三类：

1. 负债业务

商业银行通过一定的形式，组织资金来源的业务。其中，最主要的负债业务是吸收存款。

2. 资产业务

商业银行利用其积聚的货币资金从事各种信用活动的业务，是商业银行取得收益的主要途径。其中，最主要的资产业务是贷款业务和投资业务。

3. 中间业务

商业银行不运用自己的资金，而代理客户承办支付和其他委托事项，并从中收取手续费的业务，如结算。

（二）业务的管理

1. 资产负债比例管理

商业银行贷款，应当遵守下列资产负债比例管理的规定：

（1）资本充足率不得低于 8%。

（2）流动性资产余额与流动性负债余额的比例不得低于 25%。

（3）对同一借款人的贷款余额与商业银行资本余额的比例不得超过 10%。

2. 投资业务的风险管理

商业银行在我国境内不得进行以下投资活动：

（1）不得从事信托投资和证券经营业务。

（2）不得投资于非自用不动产。注意是"非自用"，如果商业银行自己建办公楼等不动产，则是可以的。

（3）不得向非银行金融机构和企业投资。注意是"非银行金融机构和企业"，言下之意就是允许其向金融机构投资。

（4）担保的处理。商业银行因行使抵押权、质权而取得的不动产或者股票，应当自取得之日起 2 年内处分。

3. 同业拆借管理

同业拆借，是指经中国人民银行批准进入全国银行间同业拆借市场的金融机构之间，通过全国统一的同业拆借网络进行的无担保资金融通行为。这种借贷一般均为短期行为，是典型的"救急不救穷"。同业拆借应当遵守中国人民银行的下列规定：

（1）拆出资金的来源

拆出资金限于交足存款准备金、留足备付金和归还中国人民银行到期贷款之后的闲置资金。

（2）拆入资金的用途

拆入资金用于弥补票据结算、联行汇差头寸的不足和解决临时性周转资金的需要。禁止利用拆入资金发放固定资产贷款或者用于投资。

4. 贷款和其他业务管理

贷款系指贷款人对借款人提供的并按约定的利率和期限还本付息的货币资金。商业银行贷款，应当与借款人订立书面合同。

（1）贷款种类

对于借款人是否提供担保，《商业银行法》规定了不同的情形。

商业银行贷款，借款人原则上应当提供担保（担保贷款）。但是经商业银行审查、评估，确认借款人资信良好，确能偿还贷款的，可以不提供担保（信用贷款）。例外是，商业银行不得向关系人发放信用贷款，向关系人发放担保贷款的条件不得优于其他借款人同类贷款的条件。

也就是说，对于其他借款人可以不要求提供担保，而对于关系人，即使经商业银行审查、评估，确认借款人资信良好，确能偿还贷款的，也必须提供担保。

关系人的范围包括：①商业银行的董事、监事、管理人员、信贷业务人员及其近亲属；②前项所列人员投资或者担任高级管理职务的公司、企业和其他经济组织。

（2）不良贷款

是指呆账贷款、呆滞贷款和逾期贷款。其中呆账贷款是指按财政部有关规定确认为无法偿还，而列为呆账的贷款；呆滞贷款是指按财政部有关规定，逾期（含展期后到期）超过2年仍未归还的贷款，或虽未逾期或逾期不满规定年限但生产经营已经终止、项目已经停建的贷款（不含呆账贷款）；逾期贷款是指借款合同约定到期（含展期后到期）未归还的贷款（不含呆滞贷款和呆账贷款）。

（3）法律责任

❶ 强令放贷或提供担保

任何单位和个人不得强令商业银行发放贷款或者提供担保。商业银行有权拒绝任何单位和个人强令要求其发放贷款或者提供担保。

单位或者个人强令商业银行发放贷款或者提供担保的，应当对直接负责的主管人员和其他直接责任人员或者个人给予纪律处分；造成损失的，应当承担全部或者部分赔偿责任。

商业银行的工作人员对单位或者个人强令其发放贷款或者提供担保未予拒绝的，应当给予纪律处分；造成损失的，应当承担相应的赔偿责任。

❷ 公款私存

企业事业单位可以自主选择一家商业银行的营业场所开立一个办理日常转账结算和现金收付的基本账户，不得开立两个以上基本账户。任何单位和个人不得将单位的资金以个人名义开立账户存储。

将单位的资金以个人名义开立账户存储的，由国务院银行业监督管理机构责令改正，有违法所得的，没收违法所得，违法所得5万元以上的，并处违法所得1倍以上5倍以下罚款；没有违法所得或者违法所得不足5万元的，处5万元以上50万元以下罚款。

三、商业银行的接管和终止

（一）商业银行的接管

1. 接管的条件

在以下情形下，国务院银行业监督管理机构可以对该银行实行接管：

（1）商业银行已经发生信用危机，严重影响存款人的利益。

（2）商业银行可能发生信用危机，严重影响存款人的利益。

2. 接管决定

接管由国务院银行业监督管理机构决定，并组织实施。

3. 接管的实施与效果

接管自接管决定实施之日起开始，而非自接管决定作出之日起开始。这个"实施之日"在接管决定中是指接管期限的起始日期。自接管开始之日起，由接管组织行使商业银行的经营管理权力。

接管的直接法律效果就是终止被接管人（商业银行）的所有者和经营者对银行行使的经营管理权，但被接管人的法律主体资格并不因接管而丧失，因此，被接管的商业银行的债权债务关系不因接管而变化。

4. 接管的期限

接管的期限由国务院银行业监督管理机构决定，并在接管决定中宣布。一般为1年，可根据实际情况延长或缩短，但经国务院银行业监督管理机构延长期限后，整个接管期限最长不得超过2年。

5. 接管的终止

接管可因下列三种情形而终止：

（1）接管决定规定的期限届满或者国务院银行业监督管理机构决定的接管延期届满。

（2）接管期限届满前，该商业银行已恢复正常经营能力。

（3）接管期限届满前，该商业银行被合并或者被宣告破产。

（二）商业银行的终止

商业银行的终止，是指商业银行法人资格的丧失，即民事权利能力和民事行为能力的丧失。商业银行因解散、被撤销和被宣告破产而终止。商业银行终止及债权债务清算按不同的终止事由有不同的程序。

1. 商业银行的解散。商业银行因分立、合并或者出现公司章程规定的解散事由需要解散的，应当向国务院银行业监督管理机构提出申请，并附解散的理由和支付存款的本金和利息等债务清偿计划，经国务院银行业监督管理机构批准后解散。商业银行解散的，应当依法成立清算组。

2. 商业银行的撤销。商业银行因吊销经营许可证被撤销的，国务院银行业监督管理机构应当依法及时组织成立清算组，进行清算，按照清偿计划及时偿还存款本金和利息等债务。

3. 商业银行可以破产。

第二节 银行业监督管理法

一、银行业监督管理的机构和对象

（一）机构

国务院银行业监督管理机构负责对全国银行业金融机构及其业务活动监督管理的工作。这里所说的国务院银行业监督管理机构，目前称作中国银行保险监督管理委员会（简称银保监会）。

银保监会根据履行职责的需要设立派出机构，并对派出机构实行统一领导和管理。这表明银保监会实行垂直领导体制，在地方设立的银保监局直接隶属于银保监会，不受地方政府领导和管理。

（二）对象

1. 对全国银行业金融机构及其业务活动的监督管理，此处的金融机构是指在中国境内设立的商业银行、城市信用合作社、农村信用合作社等吸收公众存款的金融机构以及政策性银行。

2. 对在中国境内设立的金融资产管理公司、信托投资公司、财务公司、金融租赁公司以及经银保监会批准设立的其他金融机构的监督管理，适用《银行业监督管理法》对银行业金融机构监督管理的规定。

3. 对经银保监会批准在境外设立的金融机构以及前两种金融机构在境外的业务活动实施监督管理。

二、监督管理的职责与措施

（一）监管职责的范围

1. 银保监会依照法律、行政法规制定并发布对银行业金融机构及其业务活动监督管理的规章、规则。

2. 银保监会依照法律、行政法规规定的条件和程序，审查批准银行业金融机构的设立、变更、终止以及业务范围。

3. 申请设立银行业金融机构，或者银行业金融机构变更持有资本总额或者股份总额达到规定比例以上的股东的，银保监会应当对股东的资金来源、财务状况、资本补充能力和诚信状况进行审查。

4. 银行业金融机构业务范围内的业务品种，应当按照规定经银保监会审查批准或者备案。需要审查批准或者备案的业务品种，由银保监会依照法律、行政法规作出规定并公布。

5. 未经银保监会批准，任何单位或者个人不得设立银行业金融机构或者从事银行业金融机构的业务活动。

6. 银保监会对银行业金融机构的董事和高级管理人员实行任职资格管理。

7. 银保监会依照法律、行政法规制定银行业金融机构的审慎经营规则。审慎经营规则是银行业金融机构必须严格遵守的行为准则，包括风险管理、内部控制、资本充足率、资产质量、损失准备金、风险集中、关联交易、资产流动性等内容。

8. 银保监会对银行业自律组织的活动进行指导和监督。银行业自律组织的章程应当报银保监会备案。

9. 银保监会可以开展与银行业监督管理有关的国际交流、合作活动。

（二）监管职责的履行

1. 审批时限规定

银保监会应当在规定的期限，对下列申请事项作出批准或者不批准的书面决定。决定不批准的，应当说明理由：

（1）银行业金融机构的设立，自收到申请文件之日起6个月内。

（2）银行业金融机构的变更、终止，以及业务范围和增加业务范围内的业务品种，自收到申请文件之日起3个月内。

（3）审查董事和高级管理人员的任职资格，自收到申请文件之日起30日内。

2. 非现场监管规定

银行业监督管理机构应当对银行业金融机构的业务活动及其风险状况进行非现场监管，建立银行业金融机构监督管理信息系统，分析、评价银行业金融机构的风险状况。

3. 现场检查规定

银行业监督管理机构应当对银行业金融机构的业务活动及其风险状况进行现场检查。银保监会应当制定现场检查程序，规范现场检查行为。

4. 并表监管规定

银保监会应当对银行业金融机构实行并表监督管理。

5. 接受中国人民银行建议

银保监会对中国人民银行提出的检查银行业金融机构的建议，应当自收到建议之日起30日内予以回复。

6. 金融监管评级体系和风险预警机制

银保监会应当建立银行业金融机构监督管理评级体系和风险预警机制，根据银行业金融机构的评级情况和风险状况，确定对其现场检查的频率、范围和需要采取的其他措施。

7. 突发事件报告责任制度

银保监会应当建立银行业突发事件的发现、报告岗位责任制度。银行业监督管理机构发现可能引发系统性银行业风险、严重影响社会稳定的突发事件的，应当立即向银监会负责人报告。银保监会负责人认为需要向国务院报告的，应当立即向国务院报告，并告知中国人民银行、国务院财政部门等有关部门。

8. 突发事件处置制度

银保监会应当会同中国人民银行、国务院财政部门等有关部门建立银行业突发事件处置制度，制定银行业突发事件处置预案，明确处置机构和人员及其职责、处置措施和处置程序，及时、有效地处置银行业突发事件。

9. 统一的统计制度

银保监会负责统一编制全国银行业金融机构的统计数据、报表，并按照国家有关规定予以公布。

（三） 监督管理措施

1.《商业银行法》第 74 条

商业银行有下列情形之一，由银保监会责令改正，有违法所得的，没收违法所得，违法所得 50 万元以上的，并处违法所得 1 倍以上 5 倍以下罚款；没有违法所得或者违法所得不足 50 万元的，处 50 万元以上 200 万元以下罚款；情节特别严重或者逾期不改正的，可以责令停业整顿或者吊销其经营许可证；构成犯罪的，依法追究刑事责任：

（1） 未经批准设立分支机构的。

（2） 未经批准分立、合并或者违反规定对变更事项不报批的。

（3） 违反规定提高或者降低利率以及采用其他不正当手段，吸收存款，发放贷款的。

（4） 出租、出借经营许可证的。

（5） 未经批准买卖、代理买卖外汇的。

（6） 未经批准买卖政府债券或者发行、买卖金融债券的。

（7） 违反国家规定从事信托投资和证券经营业务、向非自用不动产投资或者向非银行金融机构和企业投资的。

（8） 向关系人发放信用贷款或者发放担保贷款的条件优于其他借款人同类贷款的条件的。

2.《商业银行法》第 75 条

商业银行有下列情形之一，由银保监会责令改正，并处 20 万元以上 50 万元以下罚款；情节特别严重或者逾期不改正的，可以责令停业整顿或者吊销其经营许可证；构成犯罪的，依法追究刑事责任：

（1） 拒绝或者阻碍银保监会检查监督的。

（2） 提供虚假的或者隐瞒重要事实的财务会计报告、报表和统计报表的。

（3） 未遵守资本充足率、资产流动性比例、同一借款人贷款比例和银保监会有关资产负债比例管理的其他规定的。

3. 强制信息披露

（1） 获取财务资料

银行业监督管理机构根据履行职责的需要，有权要求银行业金融机构按照规定报送资产负债表、利润表和其他财务会计、统计报表、经营管理资料以及注册会计师出具的审计报告。

（2） 现场检查

银行业监督管理机构根据审慎监管的要求，可以采取下列措施进行现场检查：①进入银行业金融机构进行检查；②询问银行业金融机构的工作人员，要求其对有关检查事项作出说明；③查阅、复制银行业金融机构与检查事项有关的文件、资料，对可能被转移、隐匿或者毁损的文件、资料予以封存；④检查银行业金融机构运用电子计算机管理业务数据的系统。

（3） 询问企业高层人员

银行业监督管理机构根据履行职责的需要，可以与银行业金融机构董事、高级管理人员进行监督管理谈话，要求银行业金融机构董事、高级管理人员就银行业金融机构的业务活动和风险管理的重大事项作出说明。

（4）向公众披露信息

银行业监督管理机构应当责令银行业金融机构按照规定，如实向社会公众披露财务会计报告、风险管理状况、董事和高级管理人员变更以及其他重大事项等信息。

4. 强制整改

银行业金融机构违反审慎经营规则的，银保监会或者其省一级派出机构应当责令限期改正。逾期未改正的，或者其行为严重危及该银行业金融机构的稳健运行、损害存款人和其他客户合法权益的，经银保监会或者其省一级派出机构负责人批准，可以区别情形，采取下列措施：

（1）责令暂停部分业务、停止批准开办新业务。

（2）限制分配红利和其他收入。

（3）限制资产转让。

（4）责令控股股东转让股权或者限制有关股东的权利。

（5）责令调整董事、高级管理人员或者限制其权利。

（6）停止批准增设分支机构。

5. 接管、重组与撤销

（1）接管、重组与撤销的事由

银行业金融机构已经或者可能发生信用危机，严重影响存款人和其他客户合法权益的，银保监会可以依法对该银行业金融机构实行接管或者促成机构重组，接管和机构重组依照有关法律和国务院的规定执行。

银行业金融机构有违法经营、经营管理不善等情形，不予撤销将严重危害金融秩序、损害公众利益的，银保监会有权予以撤销。

（2）接管、重组与撤销的措施

银行业金融机构被接管、重组或者被撤销的，银保监会有权要求该银行业金融机构的董事、高级管理人员和其他工作人员，按照银保监会的要求履行职责。

在接管、机构重组或者撤销清算期间，经银保监会负责人批准，对直接负责的董事、高级管理人员和其他直接责任人员，可以采取下列措施：①直接负责的董事、高级管理人员和其他直接责任人员出境将对国家利益造成重大损失的，通知出境管理机关依法阻止其出境；②申请司法机关禁止其转移、转让财产或者对其财产设定其他权利。

6. 冻结账户

经银保监会或者其省一级派出机构负责人批准，银行业监督管理机构有权查询涉嫌金融违法的银行业金融机构及其工作人员以及关联行为人的账户；对涉嫌转移或者隐匿违法资金的，经银行业监督管理机构负责人批准，可以申请司法机关予以冻结。

7. 调查权

银行业监督管理机构依法对银行业金融机构进行检查时，经设区的市一级以上银行业监督管理机构负责人批准，可以对与涉嫌违法事项有关的单位和个人采取下列措施：

（1）询问有关单位或者个人，要求其对有关情况作出说明。

（2）查阅、复制有关财务会计、财产权登记等文件、资料。

（3）对可能被转移、隐匿、毁损或者伪造的文件、资料，予以先行登记保存。

银行业监督管理机构采取上述规定措施，调查人员不得少于 2 人，并应当出示合法证件和调查通知书；调查人员少于 2 人或者未出示合法证件和调查通知书的，有关单位或者个人有权拒绝。对依法采取的措施，有关单位和个人应当配合，如实说明有关情况并提供有关文件、资料，不得拒绝、阻碍和隐瞒。

三、违反监管规定的法律责任及央行的监管职权

（一）违反监管规定的法律责任

银行业监督管理机构从事监督管理工作的人员、从事银行业金融业务的非银行金融机构、银行业金融机构以及银行业金融机构的高级管理人员违反《银行业监督管理法》的，都应承担相应的行政和刑事责任。

1. 银监机构工作人员的法律责任

银行业监督管理机构从事监督管理工作的人员有下列情形之一的，依法给予行政处分；构成犯罪的，依法追究刑事责任：

（1）违反规定审查批准银行业金融机构的设立、变更、终止，以及业务范围和业务范围内的业务品种的。

（2）违反规定对银行业金融机构进行现场检查的。

（3）未依照《银行业监督管理法》第 28 条的规定报告突发事件的。

（4）违反规定查询账户或者申请冻结资金的。

（5）违反规定对银行业金融机构采取措施或者处罚的。

（6）违反《银行业监督管理法》第 42 条规定对有关单位或者个人进行调查的。

（7）滥用职权、玩忽职守的其他行为。

银行业监督管理机构从事监督管理工作的人员贪污受贿，泄露国家秘密、商业秘密和个人隐私，构成犯罪的，依法追究刑事责任；尚不构成犯罪的，依法给予行政处分。

2. 违反市场准入规定的法律责任

擅自设立银行业金融机构或者非法从事银行业金融机构的业务活动的，由国务院银行业监督管理机构予以取缔；构成犯罪的，依法追究刑事责任；尚不构成犯罪的，由国务院银行业监督管理机构没收违法所得，违法所得 50 万元以上的，并处违法所得 1 倍以上 5 倍以下罚款；没有违法所得或者违法所得不足 50 万元的，处 50 万元以上 200 万元以下罚款。

3. 违反经营管制规定的法律责任

银行业金融机构有下列情形之一，由国务院银行业监督管理机构责令改正，有违法所得的，没收违法所得，违法所得 50 万元以上的，并处违法所得 1 倍以上 5 倍以下罚款；没有违法所得或者违法所得不足 50 万元的，处 50 万元以上 200 万元以下罚款；情节特别严重或者逾期不改正的，可以责令停业整顿或者吊销其经营许可证；构成犯罪的，依法追究刑事责任：

（1）未经批准设立分支机构的。

（2）未经批准变更、终止的。

（3）违反规定从事未经批准或者未备案的业务活动的。

（4）违反规定提高或者降低存款利率、贷款利率的。

4. 违反诚实经营和审慎经营义务的法律责任

银行业金融机构有下列情形之一，由国务院银行业监督管理机构责令改正，并处 20 万元以上 50 万元以下罚款；情节特别严重或者逾期不改正的，可以责令停业整顿或者吊销其经营许可证；构成犯罪的，依法追究刑事责任：

（1）未经任职资格审查任命董事、高级管理人员的。

（2）拒绝或者阻碍非现场监管或者现场检查的。

（3）提供虚假的或者隐瞒重要事实的报表、报告等文件、资料的。

（4）未按照规定进行信息披露的。

（5）严重违反审慎经营规则的。

（6）拒绝执行《银行业监督管理法》第 37 条规定的措施的。

5. 违反提交财务资料义务的法律责任

银行业金融机构不按照规定提供报表、报告等文件、资料的，由银行业监督管理机构责令改正，逾期不改正的，处 10 万元以上 30 万元以下罚款。

6. 补充性制裁措施

银行业金融机构违反法律、行政法规以及国家有关银行业监督管理规定的，银行业监督管理机构除依照《银行业监督管理法》第 44~47 条规定处罚外，还可以区别不同情形，采取下列措施：

（1）责令银行业金融机构对直接负责的董事、高级管理人员和其他直接责任人员给予纪律处分。

（2）银行业金融机构的行为尚不构成犯罪的，对直接负责的董事、高级管理人员和其他直接责任人员给予警告，处 5 万元以上 50 万元以下罚款。

（3）取消直接负责的董事、高级管理人员一定期限直至终身的任职资格，禁止直接负责的董事、高级管理人员和其他直接责任人员一定期限直至终身从事银行业工作。

（二）中国人民银行的监督管理职权

1. 银行业监督管理实行协同原则，国务院银行业监督管理机构应当和中国人民银行、国务院其他金融监督管理机构建立监督管理信息共享机制，以便它们在各自的职责范围内，开展对银行业和金融市场的有效监督。国务院其他金融监督管理机构主要指保监会和证监会。

2. 中国人民银行作为中央银行还拥有以下监管职权：

（1）《商业银行法》第 76 条

商业银行有下列情形之一，由中国人民银行责令改正，有违法所得的，没收违法所得，违法所得 50 万元以上的，并处违法所得 1 倍以上 5 倍以下罚款；没有违法所得或者违法所得不足 50 万元的，处 50 万元以上 200 万元以下罚款；情节特别严重或者逾期不改正的，中国人民银行可以建议国务院银行业监督管理机构责令停业整顿或者吊销其经营许可证；构成犯罪的，依法追究刑事责任：①未经批准办理结汇、售汇的；②未经批准在银行间债券市场发行、买卖金融债券或者到境外借款的；③违反规定同业拆借的。

（2）《商业银行法》第 77 条

商业银行有下列情形之一，由中国人民银行责令改正，并处 20 万元以上 50 万元以下罚款；情节特别严重或者逾期不改正的，中国人民银行可以建议国务院银行业监督管理机构责令停业整顿或者吊销其经营许可证；构成犯罪的，依法追究刑事责任：①拒绝或者阻碍中国人民银行检查监督的；②提供虚假的或者隐瞒重要事实的财务会计报告、报表和统计报表的；③未按照中国人民银行规定的比例交存存款准备金的。

本章复习重点提示

1. 重要知识点

商业银行的设立；商业银行的接管；商业银行的贷款业务；商业银行的投资限制；银保监会的监管职责。

2. 实例解析

[例1] 根据《商业银行法》的规定，商业银行不得向关系人发放信用贷款。哪些人属于该规定所指的关系人？[1]

[例2] 某省银行业监督管理局依法对某城市商业银行进行现场检查时，发现该行有巨额非法票据承兑，可能引发系统性银行业风险。根据《银行业监督管理法》的规定，应当立即向何人报告？[2]

[例3] 哪些方面的情况是银行业监督管理机构应当责令银行业金融机构如实向社会公众披露的重大事项？[3]

---

〔1〕 关系人的范围包括：商业银行的董事、监事、管理人员、信贷业务人员及其近亲属；前项所列人员投资或者担任高级管理职务的公司、企业和其他经济组织。

〔2〕 国务院银行业监督管理机构负责人。

〔3〕 财务会计报告、风险管理状况、董事和高级管理人员的变更。

财税法

本章导读

　　税收是以实现国家职能为目的，基于政治权力和法律规定，由政府专门机构向居民和非居民就其财产实施的强制、非罚与不直接偿还的课征，是一种财政收入的形式。实体税法主要涉及所得税和流转税，前者包括个人所得税和企业所得税，后者包括增值税和消费税。程序税法主要涉及税收征收管理制度，它是贯彻和实现实体税法，完成税收任务的程序制度。税收程序应该合法，无论是征税机关，还是纳税人都必须依法定程序行使自己的权利、履行自己的义务。

第一节　实体税法

一、个人所得税

（一）纳税主体

1. 居民纳税人

在中国境内有住所，或者无住所而一个纳税年度内在中国境内居住累计满 183 天的个人，为居民个人。居民个人从中国境内和境外取得的所得，依法缴纳个人所得税。

2. 非居民纳税人

在中国境内无住所又不居住，或者无住所而一个纳税年度内在中国境内居住累计不满 183 天的个人，为非居民个人。非居民个人从中国境内取得的所得，依法缴纳个人所得税。

上文所说的从中国境内取得的所得，是指来源于中国境内的所得；所说的从中国境外取得的所得，是指来源于中国境外的所得。下列所得，不论支付地点是否在中国境内，均为来源于中国境内的所得：

（1）因任职、受雇、履约等而在中国境内提供劳务取得的所得。

（2）将财产出租给承租人在中国境内使用而取得的所得。

（3）转让中国境内的建筑物、土地使用权等财产或者在中国境内转让其他财产取得的所得。

（4）许可各种特许权在中国境内使用而取得的所得。

（5）从中国境内的公司、企业以及其他经济组织或者个人取得的利息、股息、红利所得。

> **注意**：在中国境内有住所的个人，是指因户籍、家庭、经济利益关系而在中国境内习惯性居住的个人。所谓习惯性居住地，不是指实际居住或在某一个特定时期内的居住地。如因学习、工作、探亲、旅游等而在中国境外居住的，在其原因消除之后，必须回到中国境内居住的个人，则中国即为该纳税人的习惯性居住地。

（二）个人所得税的征、免、减

1. 征税项目

个人取得的应纳税所得包括现金、实物和有价证券，具体范围如下：

（1）工资、薪金所得

工资、薪金所得，是指个人因任职或者受雇而取得的工资、薪金、奖金、年终加薪、劳动分红、津贴、补贴以及与任职或者受雇有关的其他所得。

（2）劳务报酬所得

劳务报酬所得，是指个人从事设计、装潢、安装、制图、化验、测试、医疗、法律、会计、咨询、讲学、新闻、广播、翻译、审稿、书画、雕刻、影视、录音、录像、演出、表演、广告、展览、技术服务、介绍服务、经纪服务、代办服务以及其他劳务取得的所得。

（3）稿酬所得

稿酬所得，是指个人因其作品以图书、报刊形式出版、发表而取得的所得。

（4）特许权使用费所得

特许权使用费所得，是指个人提供专利权、商标权、著作权、非专利技术以及其他特许权的使用权而取得的所得；提供著作权的使用权而取得的所得不包括稿酬所得。

（5）经营所得。

（6）利息、股息、红利所得

利息、股息、红利所得，是指个人拥有债权、股权而取得的利息、股息、红利所得。

（7）财产租赁所得

财产租赁所得，是指个人出租建筑物、土地使用权、机器设备、车船以及其他财产取得的所得。

（8）财产转让所得

财产转让所得，是指个人转让有价证券、股权、建筑物、土地使用权、机器设备、车船以及其他财产取得的所得。

（9）偶然所得

偶然所得，是指个人得奖、中奖、中彩以及其他偶然性质的所得。

2. 免税项目

（1）省级政府、国务院部委和中国人民解放军军以上单位，以及外国组织、国际组织颁发的科学、教育、技术、文化、卫生、体育、环境保护等方面的奖金。

（2）国债和国家发行的金融债券利息。国债利息，是指个人持有财政部发行的债券而取得的利息所得；国家发行的金融债券利息是指个人持有经国务院批准发行的金融债券而取得的利息所得。

（3）按照国家统一规定发给的补贴、津贴。是指按照国务院规定发给的政府特殊津贴、院士津贴、资深院士津贴以及国务院规定免纳个人所得税的其他补贴、津贴。

（4）福利费、抚恤金、救济金。福利费是指根据国家有关规定，从企业、事业单位、国家机关、社会团体提留的福利费或者工会经费中支付给个人的生活补助费；救济金是指国家民政部门支付给个人的生活困难补助费。

（5）保险赔款。

（6）军人的转业费、复员费、退役金。

（7）按照国家统一规定发给干部、职工的安家费、退职费、基本养老金或者退休费、离休费、离休生活补助费。

（8）依照有关法律规定应予免税的各国驻华使馆、领事馆的外交代表、领事官员和其他人员的所得。

（9）中国政府参加的国际公约、签订的协议中规定免税的所得。

（10）国务院规定的其他免税所得。

此外，按照国家规定，单位为个人缴付和个人缴付的基本养老保险费、基本医疗保险费、失业保险费、住房公积金，从纳税义务人的应纳税所得额中扣除。

3. 减税项目

有下列情形之一的，可以减征个人所得税，具体幅度和期限，由省、自治区、直辖市人民政府规定，并报同级人民代表大会常务委员会备案：

（1）残疾、孤老人员和烈属的所得。

（2）因自然灾害遭受重大损失的。

（3）其他经国务院规定减税的。

（三）纳税申报

纳税义务人有下列情形之一的，应当按照规定到主管税务机关办理纳税申报：

1. 取得综合所得需要办理汇算清缴。

2. 取得应税所得没有扣缴义务人。

3. 取得应税所得，扣缴义务人未扣缴税款。

4. 取得境外所得。

5. 因移居境外注销中国户籍。

6. 非居民个人在中国境内从两处以上取得工资、薪金所得。

7. 国务院规定的其他情形。

扣缴义务人应当按照国家规定办理全员全额扣缴申报，并向纳税人提供其个人所得和已扣缴税款等信息。

（四）扣缴义务人的手续费

对扣缴义务人按照所扣缴的税款，付给2%的手续费。

二、企业所得税

（一）纳税义务人

1. 范围

在中国境内，企业和其他取得收入的组织为企业所得税的纳税人，依法缴纳企业所得税。纳税义务人应当具有法人资格，非法人的个人独资企业、合伙企业不缴纳企业所得税。

2. 分类

企业分为居民企业和非居民企业。

（1）居民企业，是指依法在中国境内成立，或者依照外国（地区）法律成立但实际管理机构在中国境内的企业。居民企业应当就其来源于中国境内、境外的所得缴纳企业所得税。

（2）非居民企业，是指依照外国（地区）法律成立且实际管理机构不在中国境内，但在中国境内设立机构、场所的，或者在中国境内未设立机构、场所，但有来源于中国境内所得的企业。非居民企业在中国境内设立机构、场所的，应当就其所设机构、场所取得的来源于中国境内的所得，以及发生在中国境外但与其所设机构、场所有实际联系的所得，缴纳企业所得税。非居民企业在中国境内未设立机构、场所的，或者虽设立机构、场所但取得的所得与其所设机构、场所没有实际联系的，应当就其来源于中国境内的所得缴纳企业所得税。

（二）税率

1. 企业所得税的税率为25%。非居民企业取得特定所得（在中国境内未设立机构、场所的，或者虽设立机构、场所但取得的所得与其所设机构、场所没有实际联系的，就其来源于中国境内的所得），适用税率为20%。

2. 符合条件的小型微利企业，减按20%的税率征收企业所得税。

3. 国家需要重点扶持的高新技术企业，减按15%的税率征收企业所得税。

（三）应纳税所得额

企业每一纳税年度的收入总额，减除不征税收入、免税收入、各项扣除以及允许弥补的以前年度亏损后的余额，为应纳税所得额。

1. 收入总额

企业以货币形式和非货币形式从各种来源取得的收入，为收入总额。包括：

（1）销售货物收入。

（2）提供劳务收入。

（3）转让财产收入。

（4）股息、红利等权益性投资收益。

（5）利息收入。

（6）租金收入。

（7）特许权使用费收入。

（8）接受捐赠收入。

（9）其他收入。

2. 不征税收入

收入总额中的下列收入为不征税收入：

（1）财政拨款。

（2）依法收取并纳入财政管理的行政事业性收费、政府性基金。

（3）国务院规定的其他不征税收入。

（四）税收优惠

1. 企业的下列收入为免税收入：

（1）国债利息收入。

（2）符合条件的居民企业之间的股息、红利等权益性投资收益。

（3）在中国境内设立机构、场所的非居民企业从居民企业取得的与该机构、场所有实际联系的股息、红利等权益性投资收益。

（4）符合条件的非营利组织的收入。

2. 企业的下列所得，可以免征、减征企业所得税：

（1）从事农、林、牧、渔业项目的所得。

（2）从事国家重点扶持的公共基础设施项目投资经营的所得。

（3）从事符合条件的环境保护、节能节水项目的所得。

（4）符合条件的技术转让所得。

3. 企业的下列支出，可以在计算应纳税所得额时加计扣除：

（1）开发新技术、新产品、新工艺发生的研究开发费用。

（2）安置残疾人员及国家鼓励安置的其他就业人员所支付的工资。

加计扣除就是比照实际开支多扣除一些。

[例] 某企业研发费用实际支出100万元，对其按照150万元加计扣除，这意味着剩余的应纳税所得额减少。显然这是对企业的一种鼓励和照顾，可以少缴税款。

三、增值税

（一）纳税义务人

在中国境内销售货物或者提供加工、修理修配劳务以及进口货物的单位和个人，为增值税的纳税义务人。

（二）免征

下列项目免征增值税：

1. 农业生产者销售的自产农产品。

2. 避孕药品和用具。

3. 古旧图书。

4. 直接用于科学研究、科学试验和教学的进口仪器、设备。

5. 外国政府、国际组织无偿援助的进口物资和设备。

6. 由残疾人的组织直接进口供残疾人专用的物品。

7. 销售的自己使用过的物品。

除上述规定外，增值税的免税、减税项目由国务院规定。任何地区、部门均不得规定免税、减税项目。

（三）税率

增值税的纳税人分为一般纳税人和小规模纳税人，小规模纳税人的适用税率统一为 3%。

四、消费税

（一）概念

消费税是以特定消费品的流转额为征税对象的一种税。

（二）消费税的基本内容

1. 纳税人

消费税的纳税人为在中国境内生产、委托加工和进口法律规定的消费品的单位和个人，以及国务院确定的销售《消费税暂行条例》规定的消费品的其他单位和个人。

2. 征税对象

消费税的征税对象为应税消费品，具体包括：①烟；②酒及酒精；③化妆品；④贵重首饰及珠宝玉石；⑤鞭炮、焰火；⑥成品油；⑦汽车轮胎；⑧摩托车；⑨小汽车；⑩高尔夫球及球具；⑪高档手表；⑫游艇；⑬木制一次性筷子；⑭实木地板。

从 2006 年 4 月 1 日起，高尔夫球及球具、高档手表、游艇、木制一次性筷子、实木地板等应征收消费税，同时取消了护肤护发品税目。

3. 税率

消费税实行从价定率或者从量定额的办法计算应纳税额，按不同消费品分别采用比例税率和定额税率。

4. 税收减免

对纳税人出口应税消费品，免征消费税；国务院另有规定的除外。

五、车船税

（一）纳税义务人

在中华人民共和国境内属于《车船税法》所附《车船税税目税额表》规定的车辆、船舶（以下简称车船）的所有人或者管理人，为车船税的纳税人，应当缴纳车船税。

（二）税收优惠

1. 下列车船免征车船税：

（1）捕捞、养殖渔船。

（2）军队、武装警察部队专用的车船。

（3）警用车船。

（4）依照法律规定应当予以免税的外国驻华使领馆、国际组织驻华代表机构及其有关人员的车船。

2. 对节约能源、使用新能源的车船可以减征或者免征车船税；对受严重自然灾害影响纳税困难以及有其他特殊原因确需减税、免税的，可以减征或者免征车船税。具体办法由国务院规定，并报全国人民代表大会常务委员会备案。

3. 省、自治区、直辖市人民政府根据当地实际情况，可以对公共交通车船，农村居民拥有并主要在农村地区使用的摩托车、三轮汽车和低速载货汽车定期减征或者免征车船税。

（三）纳税义务发生时间

车船税纳税义务发生时间为取得车船所有权或者管理权的当月。车船税按年申报缴纳。

第二节　程序税法

一、税法渊源

税收的开征、停征以及减税、免税、退税、补税，依照法律的规定执行；法律授权国务院规定的，依照国务院制定的行政法规的规定执行。

任何机关、单位和个人不得违反法律、行政法规的规定，擅自作出税收开征、停征以及减税、免税、退税、补税和其他同税收法律、行政法规相抵触的决定。

二、纳税人权利和税务管理

（一）纳税人权利

法律、行政法规规定负有纳税义务的单位和个人为纳税人。法律、行政法规规定负有代扣代缴、代收代缴税款义务的单位和个人为扣缴义务人。

1. 纳税人、扣缴义务人有权向税务机关了解国家税收法律、行政法规的规定以及与纳税程序有关的情况。

2. 纳税人、扣缴义务人有权要求税务机关为纳税人、扣缴义务人的情况保密。税务机关应当依法为纳税人、扣缴义务人的情况保密。

3. 纳税人依法享有申请减税、免税、退税的权利。

4. 纳税人、扣缴义务人对税务机关所作出的决定，享有陈述权和申辩权；依法享有申请行政复议、提起行政诉讼、请求国家赔偿等权利。纳税人、扣缴义务人有权控告和检举税务机关、税务人员的违法违纪行为。

（二）税务管理

1. 税务登记

（1）开业税务登记

企业，企业在外地设立的分支机构和从事生产、经营的场所，个体工商户和从事生产、经营的事业单位，自领取营业执照之日起 30 日内，持有关证件，向税务机关申报办理税务登记。税务机关应当自收到申报之日起 30 日内审核并发给税务登记证件。

从事生产、经营的纳税人应当按照国家有关规定，持税务登记证件，在银行或者其他金融机构开立基本存款账户和其他存款账户，并将其全部账号向税务机关报告。从事生产、经营的纳税人外出经营，在同一地累计超过 180 天的，应当在营业地办理税务登记手续。

（2）变更登记与注销登记

从事生产、经营的纳税人，税务登记内容发生变化的，自工商行政管理机关办理变更登记之日起 30 日内或者在向工商行政管理机关申请办理注销登记之前，持有关证件向税务机关申报办理变更或者注销税务登记。

纳税人税务登记内容发生变化，不需要到工商行政管理机关或者其他机关办理变更登记的，应当自发生变化之日起 30 日内，持有关证件向原税务登记机关申报办理变更税务登记。

2. 账簿、凭证管理

（1）设置

从事生产、经营的纳税人应当自领取营业执照或者发生纳税义务之日起 15 日内，按照国家有关规定设置账簿。

生产、经营规模小又确无建账能力的纳税人，可以聘请经批准从事会计代理记账业务的专业机构或者经税务机关认可的财会人员代为建账和办理账务。

（2）备案

从事生产、经营的纳税人应当自领取税务登记证件之日起 15 日内，将其财务、会计制度或者财务、会计处理办法报送主管税务机关备案。

纳税人使用计算机记账的，应当在使用前将会计电算化系统的会计核算软件、使用说明书及有关资料报送主管税务机关备案。

（3）建账

纳税人、扣缴义务人会计制度健全，能够通过计算机正确、完整计算其收入和所得或者代扣代缴、代收代缴税款情况的，其计算机输出的完整的书面会计记录，可视同会计账簿。

纳税人、扣缴义务人会计制度不健全，不能通过计算机正确、完整计算其收入和所得或者代扣代缴、代收代缴税款情况的，应当建立总账及与纳税或者代扣代缴、代收代缴税款有关的其他账簿。

（4）保存

账簿、记账凭证、报表、完税凭证、发票、出口凭证以及其他有关涉税资料应当保存 10 年；但是，法律、行政法规另有规定的除外。

3. 纳税申报

（1）纳税人必须依照法律、行政法规的规定或者税务机关依照法律、行政法规的规定确定的申报期限、申报内容如实办理纳税申报，报送纳税申报表、财务会计报表以及税务机关根据实际需要要求纳税人报送的其他纳税资料。

扣缴义务人必须依照法律、行政法规的规定或者税务机关依照法律、行政法规的规定确定的申报期限、申报内容如实报送代扣代缴、代收代缴税款报告表以及税务机关根据实际需要要求扣缴义务人报送的其他有关资料。

（2）纳税人、扣缴义务人可以直接到税务机关办理纳税申报或者报送代扣代缴、代收代缴税款报告表，也可以按照规定采取邮寄、数据电文或者其他方式办理上述申报、报送事项。

（3）纳税人、扣缴义务人不能按期办理纳税申报或者报送代扣代缴、代收代缴税款报告表的，经税务机关核准，可以延期申报。

经核准延期办理前款规定的申报、报送事项的，应当在纳税期内按照上期实际缴纳的税额或者税务机关核定的税额预缴税款，并在核准的延期内办理税款结算。

三、税款征收

（一）缴纳期限

纳税人、扣缴义务人按照法律、行政法规的规定或者税务机关依照法律、行政法规的规定确定的期限，缴纳或者解缴税款。

纳税人因有特殊困难，不能按期缴纳税款的，经省、自治区、直辖市国家税务局、地方税务局批准，可以延期缴纳税款，但是最长不得超过3个月。

纳税人有下列情形之一的，属于上文所称特殊困难：

1. 因不可抗力，导致纳税人发生较大损失，正常生产经营活动受到较大影响的。

2. 当期货币资金在扣除应付职工工资、社会保险费后，不足以缴纳税款的。

（二）核定税额

核定税额又称"估税"，是在税务机关无法进行查账征收时采取的权宜做法。纳税人有下列情形之一的，税务机关有权核定其应纳税额：

1. 依照法律、行政法规的规定可以不设置账簿的。

2. 依照法律、行政法规的规定应当设置账簿但未设置的。

3. 擅自销毁账簿或者拒不提供纳税资料的。

4. 虽设置账簿，但账目混乱或者成本资料、收入凭证、费用凭证残缺不全，难以查账的。

5. 发生纳税义务，未按照规定的期限办理纳税申报，经税务机关责令限期申报，逾期仍不申报的。

6. 纳税人申报的计税依据明显偏低，又无正当理由的。

（三）税收保全与强制执行措施

1. 税收保全

税务机关有根据认为从事生产、经营的纳税人有逃避纳税义务行为的，可以在规定的纳税期之前，责令限期缴纳应纳税款；在限期内发现纳税人有明显的转移、隐匿其应纳税的商品、货物以及其他财产或者应纳税的收入的迹象的，税务机关可以责成纳税人提供纳税担保。如果纳税人不能提供纳税担保，经县以上税务局（分局）局长批准，税务机关可以采取下列税收保全措施：

（1）书面通知纳税人的开户银行或者其他金融机构冻结纳税人的金额相当于应纳税款

的存款。

（2）扣押、查封纳税人的价值相当于应纳税款的商品、货物或者其他财产。

纳税人在上述规定的限期内缴纳税款的，税务机关必须立即解除税收保全措施；限期期满仍未缴纳税款的，经县以上税务局（分局）局长批准，税务机关可以书面通知纳税人开户银行或者其他金融机构从其冻结的存款中扣缴税款，或者依法拍卖或者变卖所扣押、查封的商品、货物或者其他财产，以拍卖或者变卖所得抵缴税款。

欠缴税款的纳税人因怠于行使到期债权，或者放弃到期债权，或者无偿转让财产，或者以明显不合理的低价转让财产而受让人知道该情形，对国家税收造成损害的，税务机关可以依照《合同法》第73、74条的规定行使代位权、撤销权。

2. 强制执行措施

从事生产、经营的纳税人、扣缴义务人未按照规定的期限缴纳或者解缴税款，纳税担保人未按照规定的期限缴纳所担保的税款，由税务机关责令限期缴纳，逾期仍未缴纳的，经县以上税务局（分局）局长批准，税务机关可以采取下列强制执行措施：

（1）书面通知其开户银行或者其他金融机构从其存款中扣缴税款。

（2）扣押、查封、依法拍卖或者变卖其价值相当于应纳税款的商品、货物或者其他财产，以拍卖或者变卖所得抵缴税款。

税务机关采取强制执行措施时，对上述所列纳税人、扣缴义务人、纳税担保人未缴纳的滞纳金同时强制执行。

税收保全与强制执行的比较

项　目	适用对象	适用时间	适用步骤	措　施	关　系
税收保全措施	从事生产、经营的纳税人	纳税期前	限期缴纳-提供纳税担保-保全措施	银行冻结存款；查封、扣押财产	采取保全措施后，限期内仍未缴纳税款，经过县级以上税务局（分局）局长再次批准，采取强制执行措施
税收强制执行	从事生产、经营的纳税人，扣缴义务人，纳税担保人	纳税期后	限期缴纳-强制执行	银行扣缴存款；查封、扣押、拍卖、变卖财产	

3. 人道主义原则

个人及其所扶养家属维持生活必需的住房和用品，不在税收保全和强制执行措施的范围之内。

（1）税收保全和强制执行措施中所称个人所扶养家属是指与纳税人共同居住生活的配偶、直系亲属以及无生活来源并由纳税人扶养的其他亲属。

（2）机动车辆、金银饰品、古玩字画、豪华住宅或者纳税人居住住所以外的住房不属于税收保全措施和强制执行措施中个人及其所扶养家属维持生活必需的住房和用品。

（3）税务机关对单价5000元以下的其他生活用品，不采取税收保全措施和强制执行措施。

（四）离境清税

欠缴税款的纳税人或者其法定代表人需要出境的，应当在出境前向税务机关结清应纳税款、滞纳金或者提供担保。未结清税款、滞纳金，又不提供担保的，税务机关可以通知出境管理机关阻止其出境。

（五）税收优先

1. 与民事权利相比

税务机关征收税款，税收优先于无担保债权，法律另有规定的除外；纳税人欠缴的税款发生在纳税人以其财产设定抵押、质押或者纳税人的财产被留置之前的，税收应当先于抵押权、质权、留置权执行。

2. 与行政责任相比

纳税人欠缴税款，同时又被行政机关决定处以罚款、没收违法所得的，税收优先于罚款、没收违法所得。

（六）税款的退还与追征

1. 税款退还

纳税人超过应纳税额缴纳的税款，税务机关发现后应当立即退还；纳税人自结算缴纳税款之日起 3 年内发现的，可以向税务机关要求退还多缴的税款并加算银行同期存款利息，税务机关及时查实后应当立即退还；涉及从国库中退库的，依照法律、行政法规有关国库管理的规定退还。

2. 税款追征

（1）因税务机关的责任，致使纳税人、扣缴义务人未缴或者少缴税款的。

税务机关在 3 年内可以要求纳税人、扣缴义务人补缴税款，但是不得加收滞纳金。税务机关的责任是指税务机关适用税收法律、行政法规不当或者执法行为违法。

（2）因纳税人、扣缴义务人计算错误等失误，未缴或者少缴税款的。

税务机关在 3 年内可以追征税款、滞纳金；未缴或者少缴、未扣或者少扣、未收或者少收税款，累计数额在 10 万元以上的，追征期可以延长到 5 年。纳税人、扣缴义务人计算错误等失误是指非主观故意的计算公式运用错误以及明显的笔误。

补缴和追征税款、滞纳金的期限，自纳税人、扣缴义务人应缴未缴或者少缴税款之日起计算。对偷税、抗税、骗税的，税务机关追征其未缴或者少缴的税款、滞纳金或者所骗取的税款，不受上述规定期限的限制。

（七）法律责任

纳税人、扣缴义务人、纳税担保人同税务机关在纳税上发生争议时，必须先依照税务机关的纳税决定缴纳或者解缴税款及滞纳金或者提供相应的担保，然后可以依法申请行政复议；对行政复议决定不服的，可以依法向人民法院起诉。

当事人对税务机关的处罚决定、强制执行措施或者税收保全措施不服的，可以依法申请行政复议，也可以依法向人民法院起诉。

当事人对税务机关的处罚决定逾期不申请行政复议也不向人民法院起诉、又不履行的，作出处罚决定的税务机关可以采取强制执行措施，或者申请人民法院强制执行。

第三节 ▶ 审计法

一、审计法概述

（一）审计的概念

审计，是指审计机关依据法律，独立检查被审计单位的会计凭证、会计账簿、会计报表以及其他财政收支、财务收支有关的资料和资产，监督财政收支、财务收支真实、合法、效益的活动。通俗来说就是"查账"。

（二）审计法的调整范围

国务院各部门和地方各级人民政府及其各部门的财政收支，国有的金融机构和企业事业组织的财务收支，以及其他依照审计法规定应当接受审计的财政收支、财务收支，依照法律规定接受审计监督。

（三）审计工作领导体制

国务院和县级以上地方人民政府设立审计机关。国务院设立审计署，在国务院总理领导下，主管全国的审计工作。审计长是审计署的行政首长。省、自治区、直辖市、设区的市、自治州、县、自治县、不设区的市、市辖区的人民政府的审计机关，分别在省长、自治区主席、市长、州长、县长、区长和上一级审计机关的领导下，负责本行政区域内的审计工作。审计机关根据工作需要，可以在其审计管辖范围内设立派出机构。派出机构根据审计机关的授权，依法进行审计工作。地方各级审计机关负责人的任免，应当事先征求上一级审计机关的意见。

二、审计机关的职责和权限

（一）审计机关的职责

1. 审计机关对本级各部门（含直属单位）和下级政府预算的执行情况和决算以及其他财政收支情况，进行审计监督。

2. 审计署在国务院总理领导下，对中央预算执行情况和其他财政收支情况进行审计监督，向国务院总理提出审计结果报告。地方各级审计机关分别在省长、自治区主席、市长、州长、县长、区长和上一级审计机关的领导下，对本级预算执行情况和其他财政收支情况进行审计监督，向本级人民政府和上一级审计机关提出审计结果报告。

3. 审计署对中央银行的财务收支，进行审计监督。审计机关对国有金融机构的资产、负债、捐益，进行审计监督。

4. 审计机关对国家的事业组织和使用财政资金的其他事业组织的财务收支，进行审计监督；对国有企业的资产、负债、损益，进行审计监督；对与国计民生有重大关系的国有企业、接受财政补贴较多或者亏损数额较大的国有企业，以及国务院和本级地方人民政府指定的其他国有企业，应当有计划地定期进行审计；对政府投资和以政府投资为主的建设项目的预算执行情况和决算，进行审计监督；审计机关对政府部门管理的和其他单位受政府委托管理的社会保障基金、社会捐赠资金以及其他有关基金、资金的财务收支，进行审计监督；对国际组织和外国政府援助、贷款项目的财务收支，进行审计监督；按照国家有关规定，对国家机关和依法属于审计机关审计监督对象的其他单位的主要负责人，在任职期间对本地区、本部门或者本单位的财政收支、财务收支以及有关经济活动应负经济责任的履行情况，进行审计监督；对其他法律、行政法规规定应当由审计机关进行审计的事项，依照审计法和有关法律、行政法规的规定进行审计监督。

5. 审计机关有权对与国家财政收支有关的特定事项，向有关地方、部门、单位进行专项审计调查，并向本级人民政府和上一级审计机关报告审计调查结果。国务院和县级以上地方人民政府应当每年向本级人民代表大会常务委员会提出审计机关对预算执行和其他财政收支的审计工作报告。

（二） 审计机关的权限

1. 审计机关有权要求被审计单位按照审计机关的规定提供预算或者财务收支计划，预算执行情况、决算、财务会计报告，运用电子计算机储存、处理的财政收支、财务收支电子数据和必要的电子计算机技术文档，在金融机构开立账户的情况，社会审计机构出具的审计报告，以及其他与财政收支或者财务收支有关的资料，被审计单位不得拒绝、拖延、谎报。被审计单位负责人对本单位提供的财务会计资料的真实性和完整性负责。

2. 审计机关进行审计时，有权检查被审计单位的会计凭证、会计账簿、财务会计报告和运用电子计算机管理财政收支、财务收支电子数据的系统，以及其他与财政收支、财务收支有关的资料和资产，被审计单位不得拒绝。

3. 审计机关进行审计时，有权就审计事项的有关问题向有关单位和个人进行调查，并取得有关证明材料。有关单位和个人应当支持、协助审计机关工作，如实向审计机关反映情况，提供有关证明材料。审计机关经县级以上人民政府审计机关负责人批准，有权查询被审计单位在金融机构的账户。审计机关有证据证明被审计单位以个人名义存储公款的，经县级以上人民政府审计机关主要负责人批准，有权查询被审计单位以个人名义在金融机构的存款。

4. 审计机关进行审计时，被审计单位不得转移、隐匿、篡改、毁弃会计凭证、会计账簿、财务会计报告以及其他与财政收支或者财务收支有关的资料，不得转移、隐匿所持有的违反国家规定取得的资产。审计机关对被审计单位违反上述规定的行为，有权予以制止；必要时，经县级以上人民政府审计机关负责人批准，有权封存有关资料和违反国家规定取得的资产；对其中在金融机构的有关存款需要予以冻结的，应当向人民法院提出申请。

审计机关对被审计单位正在进行的违反国家规定的财政收支、财务收支行为，有权予以制止；制止无效的，经县级以上人民政府审计机关负责人批准，通知财政部门和有关主管部门暂停拨付与违反国家规定的财政收支、财务收支行为直接有关的款项，已经拨付的，暂停使用。审计机关采取上述措施不得影响被审计单位合法的业务活动和生产经营活动。

5. 审计机关认为被审计单位所执行的上级主管部门有关财政收支、财务收支的规定与法律、行政法规相抵触的，应当建议有关主管部门纠正；有关主管部门不予纠正的，审计机关应当提请有权处理的机关依法处理。

6. 审计机关可以向政府有关部门通报或者向社会公布审计结果。

7. 审计机关履行审计监督职责，可以提请公安、监察、财政、税务、海关、价格、工商行政管理等机关予以协助。

三、审计程序

（一）常规审计和突击审计

审计机关根据审计项目计划确定的审计事项组成审计组，并应当在实施审计 3 日前，向被审计单位送达审计通知书；遇有特殊情况，经本级人民政府批准，审计机关可以直接持审计通知书实施审计。

（二）征求意见

审计组对审计事项实施审计后，应当向审计机关提出审计组的审计报告。审计组的审计报告报送审计机关前，应当征求被审计对象的意见。被审计对象应当自接到审计组的审计报告之日起 10 日内，将其书面意见送交审计组。审计组应当将被审计对象的书面意见一并报送审计机关。

（三）变更或者撤销

上级审计机关认为下级审计机关作出的审计决定违反国家有关规定的，可以责成下级审计机关予以变更或者撤销，必要时也可以直接作出变更或者撤销的决定。

本章复习重点提示 >>>

1. 重要知识点

纳税义务人；免征额；征税对象；税收优惠；税率；税收保全；税收强制措施；离境清税；审计的范围。

2. 实例解析

[例1] 李某是个人独资企业的负责人。该企业因资金周转困难，到期不能缴纳税款。经申请，税务局批准其延期 3 个月缴纳。在此期间，税务局得知李某申请出国探亲，办理了签证并预定了机票。对此，税务局应采取哪一种处理方式？[1]

[例2] 纳税人的权利有哪些？[2]

---

[1] 责令李某在出境前提供担保。

[2] 纳税人权利包括：①信息权；②秘密权；③申请减、免、退税的权利；④陈述权、申辩权；⑤申请行政复议、提起行政诉讼、请求国家赔偿权；⑥控告和检举权；⑦奖励权；⑧请求回避权。税务人员在核定应纳税额、调整税收定额、进行税务检查、实施税务行政处罚、办理税务行政复议时，与纳税人、扣缴义务人或者其法定代表人、直接责任人有下列关系之一的，应当回避：①夫妻关系；②直系血亲关系；③三代以内旁系血亲关系；④近姻亲关系；⑤可能影响公正执法的其他利害关系。

第5章

土地法和房地产法

本章导读

本章包括《土地管理法》、《城市房地产管理法》和《城乡规划法》。《土地管理法》主要规定了土地所有权和使用权以及建设用地管理的有关问题。我国的土地所有权只有两类：国有和集体所有。虽然土地所有权主体较为集中，但是使用权主体则是相当分散的，通过有偿或无偿的方式（出让或划拨等），土地使用权可以为各种主体享有。国有土地主要用于建设用地，而建设用地一般也只能使用国有土地（有例外）。通常，集体所有的土地只有被征收为国有后才能用作建设用地（土地征收制度），如果涉及农用地，还应当办理农用地转用手续。集体土地主要通过承包用于农业生产，但是在特定情形下也可以用于建设用地。《城市房地产管理法》主要调整房地产开发中的有关问题，尤其是房地产交易问题。房地产开发是国有土地用于建设用地的主要方式，房地产交易是开发的必然结果。

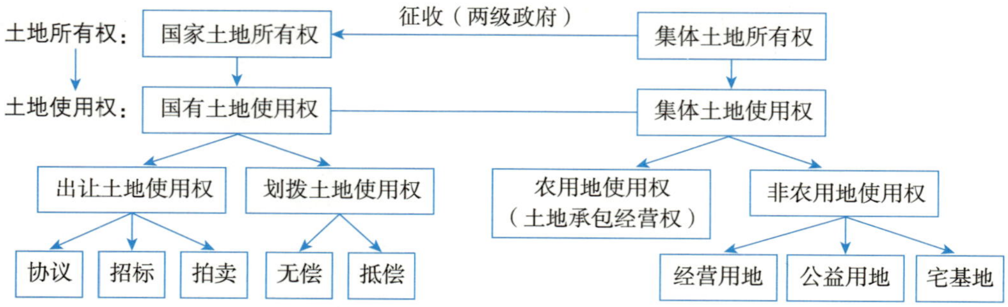
土地所有权：
国家土地所有权
征收（两级政府）
集体土地所有权
土地使用权：
国有土地使用权
集体土地使用权
出让土地使用权
划拨土地使用权
农用地使用权
（土地承包经营权）
非农用地使用权
协议
招标
拍卖
无偿
抵偿
经营用地
公益用地
宅基地

我国土地权利形态

第一节 土地管理法

一、土地用途与土地所有权

（一）土地用途

我国实行土地用途管制制度。国家编制土地利用总体规划，规定土地用途，将土地分为农用地、建设用地和未利用地。

（二）土地所有权

城市市区的土地属于国家所有。农村和城市郊区的土地，除由法律规定属于国家所有的以外，属于农民集体所有；宅基地和自留地、自留山，属于农民集体所有。

1. 国有土地所有权

下列土地属于国家所有：

（1）城市市区的土地。

（2）农村和城市郊区中已经被国家依法没收、征收、征购为国有的土地。

（3）国家依法征收的原集体所有的土地。

（4）依法不属于集体所有的林地、草地、荒地、滩涂及其他土地。

（5）农村集体经济组织全部成员转为城镇居民的，原属于其成员集体所有的土地。

（6）因国家组织移民、自然灾害等原因，农民成建制地集体迁移后不再使用的原属于迁移农民集体所有的土地。

2. 集体土地所有权

我国集体土地所有权的主体及其代表可以分为三个层次：

（1）农民集体所有的土地依法属于村农民集体所有的，由村集体经济组织或者村民委员会作为所有者代表经营、管理。

（2）在一个村范围内存在两个以上农村集体经济组织，且农民集体所有的土地已经分别属于该两个以上组织的农民集体所有的，由村内各该农村集体经济组织或者村民小组作为所有者代表经营、管理。

（3）农民集体所有的土地，已经属于乡（镇）农民集体所有的，由乡（镇）农村集体经济组织作为所有者代表经营、管理。

二、国有土地使用权

（一）国有土地使用权的有偿取得

1. 国有土地有偿使用的方式

（1）国有土地使用权出让。

（2）国有土地租赁。

（3）国有土地使用权作价出资或者入股。

2. 出让取得的方式

土地使用权出让，可以采取拍卖、招标或者双方协议的方式。商业、旅游、娱乐和豪华住宅用地，有条件的，必须采取拍卖、招标方式；没有条件，不能采取拍卖、招标方式的，可以采取双方协议的方式。采取双方协议方式出让土地使用权的出让金不得低于按国家规定所确定的最低价。

3. 出让土地使用权的年限

国有土地使用权出让的最高年限，按土地用途分为以下几种情况：

（1）居住用地 70 年。

（2）商业、旅游、娱乐用地 40 年。

（3）其他用地 50 年。

4. 有偿取得的国有土地使用权的处分

对于以有偿方式取得的国有土地使用权，使用权人的处分是较自由的，只要不违反法律的禁止性规定即可。

（二）国有土地使用权的划拨取得

土地使用权划拨是指县级以上政府依法批准，在土地使用者缴纳补偿、安置等费用后将该幅土地交付其使用，或者将土地使用权无偿交付给土地使用者使用的行为。除法律、行政法规另有规定外，没有使用期限的限制。

三、集体土地使用权

（一）集体土地使用权的处分和收回

1. 处分

（1）集体所有的土地的使用权可以出让、转让或者出租。

（2）但是，集体所有的土地的使用权不能出让、转让或者出租用于非农业建设。

（3）符合土地利用总体规划并依法取得建设用地的企业，因破产、兼并等情形致使土地使用权依法发生转移的，不受此限。

2. 收回

在特定情形下，可以收回集体土地使用权。

（1）程序

农村集体经济组织收回土地使用权必须报经原批准用地的政府批准。

（2）法定情形

有下列情形之一的，农村集体经济组织报经原批准用地的政府批准，可以收回土地使用权：①为乡（镇）村公共设施和公益事业建设，需要使用土地的；②不按照批准的用途使用土地的；③因撤销、迁移等原因而停止使用土地的。

（3）补偿

在上述第（2）条第①种情形下依法收回农民集体所有的土地的，对土地使用权人应当给予适当补偿。

（二）集体土地的承包经营

集体土地承包经营是集体土地使用的一种方式。集体所有的土地依法可以承包给他人经营，取得承包经营权的主体有两类：①本集体经济组织的成员；②本集体经济组织以外的单位和个人。承包的主体不同，程序和内容也不相同。

1. **本集体经济组织的成员承包经营**

农民集体所有的土地由本集体经济组织的成员承包经营，从事种植业、林业、畜牧业、渔业生产。

（1）取得

❶土地承包经营权通过承包方式取得。承包合同自成立之日起生效。承包方自承包合同生效时取得土地承包经营权。

❷耕地的承包期为30年。草地的承包期为30年至50年。林地的承包期为30年至70年；特殊林木的林地承包期，经国务院林业行政主管部门批准可以延长。

❸承包方案应当依法经本集体经济组织成员的村民会议2/3以上成员或者2/3以上村民代表的同意。

（2）内容

❶发包方和承包方应当订立承包合同，约定双方的权利和义务。

❷通过家庭承包取得的土地承包经营权可以依法采取转包、出租、互换、转让或者其他方式流转。

❸承包地被依法征用、占用的，承包方有权依法获得相应的补偿。

❹承包方有义务维持土地的农业用途，不得用于非农建设。

（3）收回与调整

❶收回

承包期内，发包方不得收回承包地。

承包期内，承包方全家迁入小城镇落户的，应当按照承包方的意愿，保留其土地承包经营权或者允许其依法进行土地承包经营权流转。

承包期内，承包方全家迁入设区的市，转为非农业户口的，应当将承包的耕地和草地交回发包方。承包方不交回的，发包方可以收回承包的耕地和草地。

承包期内，承包方可以自愿将承包地交回发包方。承包方自愿交回承包地的，应当提前半年以书面形式通知发包方。

承包方在承包期内交回承包地的，在承包期内不得再要求承包土地。

承包期内，承包方交回承包地或者发包方依法收回承包地时，承包方对其在承包地上投入而提高土地生产能力的，有权获得相应的补偿。

❷调整

承包期内，发包方不得调整承包地。

承包期内，因自然灾害严重毁损承包地等特殊情形对个别农户之间承包的耕地和草地需要适当调整的，必须经村民会议2/3以上成员或者2/3以上村民代表的同意，并报乡（镇）政府和县级政府农业行政主管部门批准。

2. **本集体经济组织以外的单位和个人的承包经营**

（1）集体所有的土地可以允许本集体经济组织以外的单位和个人承包经营，从事种植业、林业、畜牧业、渔业生产。

（2）土地承包经营的期限由承包合同约定。

（3）农民集体所有的土地由本集体经济组织以外的单位或者个人承包经营的，必须经村民会议 2/3 以上成员或者 2/3 以上村民代表的同意，并报乡（镇）政府批准。

3. 其他方式的承包

（1）适用范围

不宜采取家庭承包方式的荒山、荒沟、荒丘、荒滩等农村土地。

（2）承包方式

荒山、荒沟、荒丘、荒滩等可以直接通过招标、拍卖、公开协商等方式实行承包经营，也可以将土地承包经营权折股分给本集体经济组织成员后，再实行承包经营或者股份合作经营。

（3）流转方式

通过招标、拍卖、公开协商等方式承包农村土地，经依法登记取得土地承包经营权证或者林权证等证书的，其土地承包经营权可以依法采取转让、出租、入股、抵押或者其他方式流转。

（4）继承

土地承包经营权通过招标、拍卖、公开协商等方式取得的，该承包人死亡，其应得的承包收益，依照《继承法》的规定继承；在承包期内，其继承人可以继续承包。

（三）宅基地的管理

1. 农村村民一户只能拥有一处宅基地，其宅基地的面积不得超过省、自治区、直辖市规定的标准。

2. 农村村民建住宅，应当符合乡（镇）土地利用总体规划，并尽量使用原有的宅基地和村内空闲地。

3. 农村村民出卖、出租住房后，再申请宅基地的，不予批准。

（四）土地所有权和使用权争议的解决途径

1. 土地所有权和使用权争议，由当事人协商解决；协商不成的，由政府处理。

（1）单位之间的争议，由县级以上政府处理；

（2）个人之间、个人与单位之间的争议，由乡级政府或县级以上政府处理。

2. 当事人对有关政府的处理决定不服的，可以自接到处理决定通知之日起 30 日内，向法院起诉。

四、建设用地管理

建设用地是指用于建造建筑物或构筑物的土地。我国将建设用地分为国家建设用地和乡（镇）村建设用地。

（一）国家建设用地

1. 征收审批权限

征收土地就是转变土地的所有权，由集体所有变为国家所有。征收下列土地的，由国务院批准：

（1）基本农田；

（2）基本农田以外的耕地超过 35 公顷的；

（3）其他土地超过 70 公顷的。

征收前述规定以外的土地的，由省、自治区、直辖市政府批准，并报国务院备案。

2. 土地征收补偿制度

（1）征收土地的补偿费用的组成

征收土地的补偿费用包括土地补偿费、安置补助费以及地上附着物和青苗的补偿费。

（2）补偿费用的确定与调整

❶征收耕地的土地补偿费，为该耕地被征收前 3 年平均年产值的 6~10 倍。

❷征收耕地的安置补助费，按照需要安置的农业人口数计算。每一个需要安置的农业人口的安置补助费标准，为该耕地被征收前 3 年平均年产值的 4~6 倍。

❸但是，每公顷被征收耕地的安置补助费，最高不得超过被征收前 3 年平均年产值的 15 倍。

❹按照前述方式支付土地补偿费和安置补助费，尚不能使需要安置的农民保持原有生活水平的，经省、自治区、直辖市政府批准，可以增加安置补助费。但是，土地补偿费和安置补助费的总和不得超过土地被征收前 3 年平均年产值的 30 倍。

（3）补偿费用的归属与管理

❶土地补偿费

土地补偿费归农村集体经济组织所有，地上附着物及青苗补偿费归地上附着物及青苗的所有者所有。

❷安置补助费

a. 需要安置的人员由农村集体经济组织安置的，安置补助费支付给农村集体经济组织，由农村集体经济组织管理和使用；

b. 由其他单位安置的，安置补助费支付给安置单位；

c. 不需要统一安置的，安置补助费发放给被安置人员个人或者征得被安置人员同意后用于支付被安置人员的保险费用。

3. 农用地转用手续

作为农用地和建设用地使用是土地使用的两种主要用途，但是农用地应当予以特殊保护，因此建设占用土地，涉及农用地转为建设用地的，应当办理农用地转用审批手续。

（1）适用范围

凡是涉及农用地转为建设用地，无论是国有土地还是农村集体所有的土地，均需办理转用审批手续。

（2）批准权限

农用地转用审批手续的批准权主要在省级（包括省、自治区、直辖市）政府，即一般情形下，由省级政府审批。但有例外：

❶省、自治区、直辖市政府批准的道路、管线工程和大型基础设施建设项目、国务院批准的建设项目占用土地，涉及农用地转为建设用地的，由国务院批准。

❷在土地利用总体规划确定的城市和村庄、集镇建设用地规模范围内，为实施该规划而将农用地转为建设用地的，按土地利用年度计划分批次由原批准土地利用总体规划的机

关批准。在已批准的农用地转用范围内，具体建设项目用地可以由市、县政府批准。

4. 农用地转用与土地征收审批的关系

征收农用地的，应当先行办理农用地转用审批，但是：

（1）经国务院批准农用地转用的，同时办理征地审批手续，不再另行办理征地审批。

（2）经省、自治区、直辖市政府在征地批准权限内批准农用地转用的，同时办理征地审批手续，不再另行办理征地审批。

（3）超过征地批准权限的，应当依照规定另行办理征地审批。

（二）乡（镇）村建设用地

任何单位和个人进行建设，需要使用土地的，必须依法申请使用国有土地；但是以下情形可以使用集体土地：

1. 兴办乡镇企业，经依法批准使用本集体经济组织农民集体所有的土地的。
2. 村民建设住宅，经依法批准使用本集体经济组织农民集体所有的土地的。
3. 乡（镇）村公共设施和公益事业建设，经依法批准使用农民集体所有的土地的。
4. 临时建设用地。

（三）临时建设用地

建设项目施工和地质勘查需要临时使用国有土地或者农民集体所有的土地的，属于临时建设用地。应当注意以下要点：

1. 报批

临时建设用地由县级以上政府土地行政主管部门批准。其中，在城市规划区内的临时用地，在报批前，应当先经有关城市规划行政主管部门同意。

2. 临时使用土地合同与临时使用土地补偿费

土地使用者应当根据土地权属，与有关土地行政主管部门或者农村集体经济组织、村民委员会签订临时使用土地合同，并按照合同的约定支付临时使用土地补偿费。

3. 用途限制

使用者应当按照临时使用土地合同约定的用途使用土地，并不得修建永久性建筑物。

4. 使用期限

临时使用土地期限一般不超过 2 年。

（四）紧急情况下使用土地

抢险救灾等急需使用土地的，可以先行使用土地。其中，属于临时用地的，灾后应当恢复原状并交还原土地使用者使用，不再办理用地审批手续；属于永久性建设用地的，建设单位应当在灾情结束后 6 个月内申请补办建设用地审批手续。

（五）耕地保护

1. 耕地占用补偿制度

（1）国家保护耕地，严格控制耕地转为非耕地。

（2）国家实行占用耕地补偿制度。非农业建设经批准占用耕地的，按照"占多少，垦多少"的原则，由占用耕地的单位负责开垦与所占用耕地的数量和质量相当的耕地；没有条件开垦或者开垦的耕地不符合要求的，应当按照省、自治区、直辖市的规定缴纳耕地开垦费，专款用于开垦新的耕地。

（3）省、自治区、直辖市政府应当制定开垦耕地计划，监督占用耕地的单位按照计划开垦耕地或者按照计划组织开垦耕地，并进行验收。

2. 建设占用耕地的保护

（1）已经办理审批手续的非农业建设占用耕地，1 年内不用而又可以耕种并收获的，应当由原耕种该幅耕地的集体或者个人恢复耕种，也可以由用地单位组织耕种。

（2）1 年以上未动工建设的，应当按照省、自治区、直辖市的规定缴纳闲置费。

（3）连续 2 年未使用的，经原批准机关批准，由县级以上政府无偿收回用地单位的土地使用权；该幅土地原为农民集体所有的，应当交由原农村集体经济组织恢复耕种。

（4）承包经营耕地的单位或者个人连续 2 年弃耕抛荒的，原发包单位应当终止承包合同，收回发包的耕地。

第二节 城市房地产管理法和城乡规划法

一、城市房地产管理法

（一）房地产开发用地

1. 土地使用权出让

（1）含义

土地使用权出让，是指国家将国有土地使用权（以下简称土地使用权）在一定年限内出让给土地使用者，由土地使用者向国家支付土地使用权出让金的行为。

（2）条件限制

城市规划区内的集体所有的土地，经依法征收转为国有土地后，该幅国有土地的使用权方可有偿出让。土地使用权出让，必须符合土地利用总体规划、城市规划和年度建设用地计划。

（3）续期

土地使用权出让合同约定的使用年限届满，土地使用者需要继续使用土地的，应当至迟于届满前一年申请续期，除根据社会公共利益需要收回该幅土地的，应当予以批准。经批准准予续期的，应当重新签订土地使用权出让合同，依照规定支付土地使用权出让金。土地使用权出让合同约定的使用年限届满，土地使用者未申请续期或者虽申请续期但未获批准的，土地使用权由国家无偿收回。

2. 土地使用权划拨

（1）含义与特征

土地使用权划拨，是指县级以上人民政府依法批准，在土地使用者缴纳补偿、安置等费用后将该幅土地交付其使用，或者将土地使用权无偿交付给土地使用者使用的行为。以划拨方式取得土地使用权的，除法律、行政法规另有规定外，没有使用期限的限制。

（2）划拨土地的范围

下列建设用地的土地使用权，确属必需的，可以由县级以上人民政府依法批准划拨：

❶国家机关用地和军事用地；

❷城市基础设施用地和公益事业用地；

❸国家重点扶持的能源、交通、水利等项目用地；

❹法律、行政法规规定的其他用地。

（二）房地产开发

1. 动工期限

以出让方式取得土地使用权进行房地产开发的，必须按照土地使用权出让合同约定的土地用途、动工开发期限开发土地。超过出让合同约定的动工开发日期满1年未动工开发的，可以征收相当于土地使用权出让金20%以下的土地闲置费；满2年未动工开发的，可以无偿收回土地使用权；但是，因不可抗力或者政府、政府有关部门的行为或者动工开发必需的前期工作造成动工开发迟延的除外。

2. 开发范围

依法取得的土地使用权，可以依照《城市房地产管理法》和有关法律、行政法规的规定，作价入股，合资、合作开发经营房地产。

3. 房地产开发企业

房地产开发企业是以营利为目的，从事房地产开发和经营的企业。设立房地产开发企业，应当具备下列条件：

（1）有自己的名称和组织机构；

（2）有固定的经营场所；

（3）有符合国务院规定的注册资本；

（4）有足够的专业技术人员。

设立房地产开发企业，应当向工商行政管理部门申请设立登记。设立有限责任公司、股份有限公司，从事房地产开发经营的，还应当执行《公司法》的有关规定。房地产开发企业在领取营业执照后的1个月内，应当到登记机关所在地的县级以上地方政府规定的部门备案。

（三）房地产交易

房地产交易包括房地产的转让、抵押和租赁。《城市房地产管理法》确立了我国不动产物权法的一个重要原则：房地一体主义。所谓房地一体主义，即房地产转让、抵押实现时，房屋所有权的权利转移效力及于该房屋占用范围的土地使用权。

1. 房地产转让

（1）不得转让的房地产的范围

❶以出让方式取得土地使用权，不符合转让房地产条件的。

❷司法机关和行政机关依法裁定、决定查封或者以其他形式限制房地产权利的。

❸依法收回土地使用权的。

❹共有房地产，未经其他共有人书面同意的。

❺权属有争议的。

❻未依法登记领取权属证书的。

❼法律、法规规定禁止转让的。

（2）以出让方式取得的土地使用权的房地产转让条件

❶按照出让合同约定已经支付全部土地使用权出让金，并取得土地使用权证书。

❷按照出让合同约定进行投资开发，属于房屋建设工程的，应完成开发投资总额的25%以上，属于成片开发土地的，应形成工业用地或者其他建设用地条件。

❸转让房地产时房屋已经建成的，还应当持有房屋所有权证书。

（3）以划拨方式取得的土地使用权的房地产转让条件

❶报有批准权的人民政府审批。有批准权的人民政府准予转让的，应当由受让方办理土地使用权出让手续，并依照国家有关规定缴纳土地使用权出让金。

❷有批准权的人民政府按照国务院规定决定可以不办理土地使用权出让手续的，转让方应当按照国务院规定将转让房地产所获收益中的土地收益上缴国家或者作其他处理。

（4）房地产转让的后果

❶房地产转让时，土地使用权出让合同载明的权利、义务随之转移。

❷以出让方式取得土地使用权的，转让房地产后，其土地使用权的使用年限为原土地使用权出让合同约定的使用年限减去原土地使用者已经使用年限后的剩余年限。

❸以出让方式取得土地使用权的，转让房地产后，受让人改变原土地使用权出让合同约定的土地用途的，必须取得原出让方和市、县人民政府城市规划行政主管部门的同意，签订土地使用权出让合同变更协议或者重新签订土地使用权出让合同，相应调整土地使用权出让金。

（5）商品房预售的条件

❶已交付全部土地使用权出让金，取得土地使用权证书。

❷持有建设工程规划许可证。

❸按提供预售的商品房计算，投入开发建设的资金达到工程建设总投资的25%以上，并已经确定施工进度和竣工交付日期。

❹向县级以上房地产管理部门办理预售登记，取得商品房预售许可证明。

商品房预售人应当按照国家有关规定将预售合同报县级以上政府房产管理部门和土地管理部门登记备案。

2．房地产抵押

房地产抵押是抵押人以其合法的房地产，以不转移占有的方式向抵押权人提供债务履行担保的行为。债务人不履行债务时，抵押权人有权依法以抵押的房地产拍卖所得的价款优先受偿。

（1）可抵押的房地产

以下两类房地产可以设定抵押权：

❶依法取得的房屋所有权连同该房屋所占用范围内的国有土地使用权。该类抵押权客体比较宽泛，其所指的土地使用权，包括出让、划拨等各种国有土地使用权。

❷以出让方式取得的国有土地使用权。该类土地使用权在无地上房屋或地上房屋未建成时可单独成为抵押权客体，而划拨土地使用权则只能同地上房屋一同成为抵押权客体。

（2）新增地上物处置

建设用地使用权抵押后，该土地上新增的建筑物不属于抵押财产。该建设用地使用权实现抵押权时，应当将该土地上新增的建筑物与建设用地使用权一并处分，但新增建筑物所得的价款，抵押权人无权优先受偿。(《物权法》第200条)

3. 房屋租赁

以营利为目的，房屋所有权人将以划拨方式取得使用权的国有土地上建成的房屋出租的，应当将租金中所含土地收益上缴国家。

4. 中介服务机构

地产中介服务机构包括房地产咨询机构、房地产价格评估机构、房地产经纪机构等。

（四）不动产登记

1. 不动产登记的范围

下列不动产权利，依照规定办理登记：

（1）集体土地所有权；

（2）房屋等建筑物、构筑物所有权；

（3）森林、林木所有权；

（4）耕地、林地、草地等土地承包经营权；

（5）建设用地使用权；

（6）宅基地使用权；

（7）海域使用权；

（8）地役权；

（9）抵押权；

（10）法律规定需要登记的其他不动产权利。

2. 不动产登记的程序

（1）共同申请

因买卖、设定抵押权等申请不动产登记的，应当由当事人双方共同申请。

（2）单方申请

属于下列情形之一的，可以由当事人单方申请：

❶尚未登记的不动产首次申请登记的；

❷继承、接受遗赠取得不动产权利的；

❸人民法院、仲裁委员会生效的法律文书或者人民政府生效的决定等设立、变更、转让、消灭不动产权利的；

❹权利人姓名、名称或者自然状况发生变化，申请变更登记的；

❺不动产灭失或者权利人放弃不动产权利，申请注销登记的；

❻申请更正登记或者异议登记的；

❼法律、行政法规规定可以由当事人单方申请的其他情形。

二、城乡规划法

（一）城乡规划的种类

城乡规划包括城镇体系规划、城市规划、镇规划、乡规划和村庄规划。城市规划、镇规划分为总体规划和详细规划。详细规划分为控制性详细规划和修建性详细规划。

（二）城乡规划的制定

1. 全国城镇体系规划

国务院城乡规划主管部门会同国务院有关部门组织编制全国城镇体系规划，用于指导省域城镇体系规划、城市总体规划的编制。全国城镇体系规划由国务院城乡规划主管部门报国务院审批。

2. 省域城镇体系规划

省、自治区政府组织编制省域城镇体系规划，报国务院审批。

3. 城市总体规划

城市政府组织编制城市总体规划。

直辖市的城市总体规划由直辖市政府报国务院审批。省、自治区政府所在地的城市以及国务院确定的城市的总体规划，由省、自治区政府审查同意后，报国务院审批。其他城市的总体规划，由城市政府报省、自治区政府审批。

4. 镇总体规划

县政府组织编制县政府所在地镇的总体规划，报上一级政府审批。其他镇的总体规划由镇政府组织编制，报上一级政府审批。

5. 先同级人大再上级政府

省、自治区人民政府组织编制的省域城镇体系规划，城市、县人民政府组织编制的总体规划，在报上一级人民政府审批前，应当先经本级人民代表大会常务委员会审议，常务委员会组成人员的审议意见交由本级人民政府研究处理。

镇人民政府组织编制的镇总体规划，在报上一级人民政府审批前，应当先经镇人民代表大会审议，代表的审议意见交由本级人民政府研究处理。

规划的组织编制机关报送审批省域城镇体系规划、城市总体规划或者镇总体规划，应当将本级人民代表大会常务委员会组成人员或者镇人民代表大会代表的审议意见和根据审议意见修改规划的情况一并报送。

6. 规划的内容

城市总体规划、镇总体规划的内容应当包括：城市、镇的发展布局，功能分区，用地布局，综合交通体系，禁止、限制和适宜建设的地域范围，各类专项规划等。

规划区范围、规划区内建设用地规模、基础设施和公共服务设施用地、水源地和水系、基本农田和绿化用地、环境保护、自然与历史文化遗产保护以及防灾减灾等内容，应当作为城市总体规划、镇总体规划的强制性内容。

7. 规划期限

城市总体规划、镇总体规划的规划期限一般为 20 年。

（三）城乡规划的实施

1. 优先安排

（1）城市

城市的建设和发展，应当优先安排基础设施以及公共服务设施的建设，妥善处理新区开发与旧区改建的关系，统筹兼顾进城务工人员生活和周边农村经济社会发展、村民生产与生活的需要。

（2）镇

镇的建设和发展，应当结合农村经济社会发展和产业结构调整，优先安排供水、排水、供电、供气、道路、通信、广播电视等基础设施和学校、卫生院、文化站、幼儿园、福利院等公共服务设施的建设，为周边农村提供服务。

2. 城镇规划的实施

（1）划拨土地

按照国家规定需要有关部门批准或者核准的建设项目，以划拨方式提供国有土地使用权的，建设单位在报送有关部门批准或者核准前，应当向城乡规划主管部门申请核发选址意见书。

城市、镇规划区内以划拨方式提供国有土地使用权的建设项目，经有关部门批准、核准、备案后，建设单位应当向城市、县政府城乡规划主管部门提出建设用地规划许可申请，由城市、县政府城乡规划主管部门依据控制性详细规划核定建设用地的位置、面积、允许建设的范围，核发建设用地规划许可证。

建设单位在取得建设用地规划许可证后，方可向县级以上地方政府土地主管部门申请用地，经县级以上政府审批后，由土地主管部门划拨土地。

（2）出让土地

在城市、镇规划区内以出让方式提供国有土地使用权的，在国有土地使用权出让前，城市、县政府城乡规划主管部门应当依据控制性详细规划，提出出让地块的位置、使用性质、开发强度等规划条件，作为国有土地使用权出让合同的组成部分。未确定规划条件的地块，不得出让国有土地使用权。

以出让方式取得国有土地使用权的建设项目，在签订国有土地使用权出让合同后，建设单位应当持建设项目的批准、核准、备案文件和国有土地使用权出让合同，向城市、县政府城乡规划主管部门领取建设用地规划许可证。

（3）法律责任

未取得建设工程规划许可证或者未按照建设工程规划许可证的规定进行建设的，由县级以上地方人民政府城乡规划主管部门责令停止建设；尚可采取改正措施消除对规划实施的影响的，限期改正，处建设工程造价5%以上10%以下的罚款；无法采取改正措施消除影响的，限期拆除，不能拆除的，没收实物或者违法收入，可以并处建设工程造价10%以下的罚款。

（4）临时建设

在城市、镇规划区内进行临时建设的，应当经城市、县政府城乡规划主管部门批准。临时建设影响近期建设规划或者控制性详细规划的实施以及交通、市容、安全等的，不得批准。临时建设应当在批准的使用期限内自行拆除。

建设单位或者个人有下列行为之一的，由所在地城市、县人民政府城乡规划主管部门责令限期拆除，可以并处临时建设工程造价 1 倍以下的罚款：

❶ 未经批准进行临时建设的；

❷ 未按照批准内容进行临时建设的；

❸ 临时建筑物、构筑物超过批准期限不拆除的。

本章复习重点提示

1. 重要知识点

土地用途管制；土地使用权；土地征收；土地承包经营权；宅基地；建设用地管理；城市土地规划。

2. 实例解析

[例1] 承包经营集体土地可以从事哪些生产活动？[1]

[例2] 根据《土地管理法》规定，哪些情况下使用集体土地从事建设不需要经过国家征收？[2]

[例3] 根据《城乡规划法》规定，城乡规划的种类有哪些？[3]

---

〔1〕 种植业、林业、畜牧业、渔业。

〔2〕 兴办乡镇企业、村民建设住宅、乡村公共设施建设以及乡村公益事业建设。

〔3〕 城乡规划包括城镇体系规划、城市规划、镇规划、乡规划和村庄规划。城市规划、镇规划分为总体规划和详细规划。详细规划分为控制性详细规划和修建性详细规划。

第四部分
环境资源法

第1章
环境保护法

▶**本章导读**

　　环境保护法，是指调整因保护和改善环境，合理利用自然资源，防治污染和其他公害而产生的社会关系的法律规范的总称。环境保护法的基本原则包括：协调发展的原则、预防原则、污染者负担原则和公众参与原则。环境保护法的基本制度有：环境影响评价制度、"三同时"制度、环境标准制度等。环境影响评价制度以及环境民事责任是环境保护法的考试重心。

第一节 环境保护法概述

一、环境

　　人们在一般意义上使用"环境"这一词汇时，往往是相对于某一中心事物而言的，即围绕某个中心事物的外部空间、条件和状况，便构成某一中心事物的"环境"。人类环境是指围绕着人群的空间，以及其中可以直接、间接影响人类生存和发展的各种天然的和经过人工改造过的自然因素的总体。我国《环境保护法》把环境定义为"影响人类生存和发展的各种天然的和经过人工改造的自然因素的总体，包括大气、水、海洋、土地、矿藏、森林、草原、野生生物、自然遗迹、人文遗迹、自然保护区、风景名胜区、城市和乡村等"。

二、环境问题

环境问题指由于自然原因或人为原因使环境条件发生不利于人类的变化，以致影响人类的生产和生活的现象。自然原因引起的环境问题叫原生环境问题或第一环境问题，人为原因引起的环境问题叫次生环境问题或第二环境问题。环境法主要研究的是第二环境问题。

第二环境问题又可以分为两类：环境破坏和环境污染。环境破坏是指由于不合理开发利用资源（如进行大型工程建设），使自然环境和自然资源遭到破坏，引起一系列环境问题。环境污染主要是指由于工农业生产和城市生活把大量污染物排入环境，使环境质量下降，以致危害人体健康，损害生物资源，影响工农业生产。

第二节 环境保护

一、基本制度

（一）环境影响评价制度

1. 含义

环境影响评价，是指对规划和建设项目实施后可能造成的环境影响进行分析、预测和评估，提出预防或者减轻不良环境影响的对策和措施，进行跟踪监测的方法与制度。属于环境保护的预防阶段。未依法进行环境影响评价的开发利用规划，不得组织实施；未依法进行环境影响评价的建设项目，不得开工建设。建设单位未依法提交建设项目环境影响评价文件或者环境影响评价文件未经批准，擅自开工建设的，由负有环境保护监督管理职责的部门责令停止建设，处以罚款，并可以责令恢复原状。

2. 适用范围

在我国领域内和我国管辖的其他海域内对环境有影响的建设项目、流域开发、开发区建设、城市新区建设和旧区改建等区域性开发，编制建设规划等，都要进行环境影响评价。

3. 建设项目的环境影响评价

国家根据建设项目对环境的影响程度，对建设项目的环境影响评价实行分类管理。建设单位应当按照下列规定组织编制环境影响报告书、环境影响报告表或者填报环境影响登记表（以下统称"环境影响评价文件"）：

（1）可能造成重大环境影响的，应当编制环境影响报告书，对产生的环境影响进行全面评价。

（2）可能造成轻度环境影响的，应当编制环境影响报告表，对产生的环境影响进行分析或者专项评价。

（3）对环境影响很小、不需要进行环境影响评价的，应当填报环境影响登记表。

环境影响评价文件中的环境影响报告书或者环境影响报告表，应当由具有相应环境影响评价资质的机构编制。任何单位和个人不得为建设单位指定对其建设项目进行环境影响评价的机构。

4. 环境影响报告书的内容

建设项目的环境影响报告书应当包括下列内容：

（1）建设项目概况。

（2）建设项目周围环境现状。

（3）建设项目对环境可能造成影响的分析、预测和评估。

（4）建设项目环境保护措施及其技术、经济论证。

（5）建设项目对环境影响的经济损益分析。

（6）对建设项目实施环境监测的建议。

（7）环境影响评价的结论。

5. 建设项目的环境影响评价的程序

（1）首先由具有相应环境影响评价资质的机构编制环境影响报告书。

（2）对环境可能造成重大影响的建设项目，建设单位应当在报批环境影响报告书前，举行论证会、听证会，或者采取其他形式，征求有关单位、专家和公众的意见。

（3）建设单位按照国务院的规定，将建设项目的环境影响报告书、报告表报有审批权的环境保护行政主管部门审批。

（4）审批部门应当自收到环境影响报告书之日起 60 日内，收到环境影响报告表之日起 30 日内，分别作出审批决定并书面通知建设单位。

6. 跨区域环评

建设项目可能造成跨行政区域的不良环境影响，有关环境保护行政主管部门对该项目的环境影响评价结论有争议的，其环境影响评价文件由共同的上一级环境保护行政主管部门审批。

7. 建设项目评价与规划评价

建设项目的环境影响评价，应当避免与规划的环境影响评价相重复。作为一项整体建设项目的规划，按照建设项目进行环境影响评价，不进行规划的环境影响评价。已经进行了环境影响评价的规划包含具体建设项目的，规划的环境影响评价结论应当作为建设项目环境影响评价的重要依据，建设项目环境影响评价的内容应当根据规划的环境影响评价审查意见予以简化。

8. 评价机构

为建设项目环境影响评价提供技术服务的机构，不得与负责审批建设项目环境影响评价文件的环境保护行政主管部门或者其他有关审批部门存在任何利益关系。

（二）"三同时"制度

1. 含义

"三同时"制度，是指建设项目中的环境保护设施必须与主体工程同时设计、同时施工、同时投产使用的环境保护法律制度。

2. 适用范围

在我国领域和我国管辖的其他海域对环境有影响的建设项目需要配置环保设施的，必须适用该制度。

3. 实施

（1）建设项目的初步设计，应当按照环境保护设计规范的要求，编制环境保护篇章，并依据经批准的建设项目环境影响报告书或者环境影响报告表，在环境保护篇章中落实防治环境污染和生态破坏的措施以及环境保护设施投资概算。

（2）建设项目的主体工程完工后，需要进行试生产，其配套建设的环境保护设施必须与主体工程同时投入试运行，建设项目试生产期间，建设单位应当对环境保护设施运行情况和建设项目对环境的影响进行监测。

（3）建设项目竣工后，建设单位应当向审批该建设项目环境影响报告书、环境影响报告表或者环境影响登记表的环境保护行政主管部门，申请该建设项目需要配套建设的环境保护设施竣工验收。环境保护设施竣工验收，应当与主体工程竣工验收同时进行。分期建设、分期投入生产或者使用的建设项目，其相应的环境保护设施应当分期验收。

（4）建设项目需要配套建设的环境保护设施经验收合格，该建设项目方可投入生产或者使用。投入使用后的环保设施，不得擅自拆除或者闲置。

（三）环境标准制度

1. 含义

环境标准制度，是指国家规定环境中污染物的允许含量和污染源排放物的数量、浓度、时间和速率及其他有关的技术规范。

2. 分类

（1）依据职权范围

可分为国家环境标准和地方环境标准。国家环境标准在全国范围内执行，地方环境标准只在颁布该标准的省、自治区、直辖市辖区范围内执行。

（2）依据内容

可分为环境质量标准和污染物排放标准。环境质量标准是对一定区域内的限定时间内各种污染物的最高允许浓度所做的综合规定。污染物排放标准是为了实现环境质量目标，对排入环境的有害物质或有害因素所做的控制规定。

3. 制定与执行

（1）环境质量标准

国务院环境保护行政主管部门制定国家环境质量标准。省、自治区、直辖市人民政府对国家环境质量标准中未作规定的项目，可以制定地方环境质量标准，并报国务院环境保护行政主管部门备案。

（2）污染物排放标准

国务院环境保护行政主管部门根据国家环境质量标准和国家经济、技术条件，制定国家污染物排放标准。省、自治区、直辖市人民政府对国家污染物排放标准中未作规定的项目，可以制定地方污染物排放标准；对国家污染物排放标准中已作规定的项目，可以制定严于国家污染物排放标准的地方污染物排放标准。地方污染物排放标准须报国务院环境保护行政主管部门备案。

凡是向已有地方污染物排放标准的区域排放污染物的，应当执行地方污染物排放标准。

（四）总量控制与区域限批制度

1. 总量控制

国家实行重点污染物排放总量控制制度。重点污染物排放总量控制指标由国务院下达，省、自治区、直辖市人民政府分解落实。企业事业单位在执行国家和地方污染物排放标准的同时，应当遵守分解落实到本单位的重点污染物排放总量控制指标。

2. 区域限批

对超过国家重点污染物排放总量控制指标或者未完成国家确定的环境质量目标的地区，省级以上人民政府环境保护主管部门应当暂停审批其新增重点污染物排放总量的建设项目环境影响评价文件。

（五）信息公开和公众参与制度

公民、法人和其他组织依法享有获取环境信息、参与和监督环境保护的权利。

1. 信息公开

（1）政府信息公开。人民政府环境保护主管部门和其他负有环境保护监督管理职责的部门，应当依法公开环境信息、完善公众参与程序，为公民、法人和其他组织参与和监督环境保护提供便利。具体要求为：①国务院环境保护主管部门统一发布国家环境质量、重点污染源监测信息及其他重大环境信息；②省级以上人民政府环境保护主管部门定期发布环境状况公报；③县级以上人民政府环境保护主管部门和其他负有环境保护监督管理职责的部门，应当依法公开环境质量、环境监测、突发环境事件以及环境行政许可、行政处罚、排污费的征收和使用情况等信息；④县级以上地方人民政府环境保护主管部门和其他负有环境保护监督管理职责的部门，应当将企业事业单位和其他生产经营者的环境违法信息记入社会诚信档案，及时向社会公布违法者名单。

（2）企业信息公开。重点排污单位应当如实向社会公开其主要污染物的名称、排放方式、排放浓度和总量、超标排放情况，以及防治污染设施的建设和运行情况，接受社会监督。

2. 公众参与

（1）公众举报权

❶对违法行为的举报权。公民、法人和其他组织发现任何单位和个人有污染环境和破坏生态行为的，有权向环境保护主管部门或者其他负有环境保护监督管理职责的部门举报。

❷对政府不作为的举报权。公民、法人和其他组织发现地方各级人民政府、县级以上人民政府环境保护主管部门和其他负有环境保护监督管理职责的部门不依法履行职责的，有权向其上级机关或者监察机关举报。

❸对举报人的保护。接受举报的机关应当对举报人的相关信息予以保密，保护举报人的合法权益。

（2）环境公益诉讼

对污染环境、破坏生态，损害社会公共利益的行为，符合下列条件的社会组织提起诉讼的，人民法院应当依法受理：①依法在设区的市级以上人民政府民政部门登记；②专门从事环境保护公益活动连续 5 年以上且无违法记录。提起诉讼的社会组织不得通过诉讼牟取经济利益。

环境公益诉讼不受地域限制，环保社会组织可以跨地区提起环境公益诉讼。环境公益诉讼不影响同一污染行为的受害人提起私益诉讼；环境公益诉讼的生效判决有利于私益诉讼原告的，该原告可以在诉讼中主张适用。

（六）生态保护制度

1. 生态保护红线制度

生态保护红线实质上是生态环境的安全底线。国家在重点生态功能区、生态环境敏感区和脆弱区等区域划定生态保护红线，实行严格保护。各级人民政府对具有代表性的各种类型的自然生态系统区域，珍稀、濒危的野生动植物自然分布区域，重要的水源涵养区域，具有重大科学文化价值的地质构造、著名溶洞和化石分布区、冰川、火山、温泉等自然遗迹，以及人文遗迹、古树名木，应当采取措施予以保护，严禁破坏。

2. 生态保护补偿制度

生态补偿是以保护和可持续利用生态系统为目的，以经济手段调节相关主体的利益关系的制度安排。国家建立、健全生态保护补偿制度。国家加大对生态保护地区的财政转移支付力度。有关地方人民政府应当落实生态保护补偿资金，确保其用于生态保护补偿。国家指导受益地区和生态保护地区人民政府通过协商或者按照市场规则进行生态保护补偿。

3. 生物多样性保护制度

生物多样性是生物（动物、植物、微生物）与环境形成的生态复合体以及与此相关的各种生态过程的总和，包括生态系统、物种和基因三个层次。开发利用自然资源，应当合理开发，保护生物多样性，保障生态安全，依法制定有关生态保护和恢复治理方案并予以实施。引进外来物种以及研究、开发和利用生物技术，应当采取措施，防止对生物多样性的破坏。

二、环境民事责任

因污染环境和破坏生态造成损害的，应当依照《侵权责任法》的有关规定承担侵权责任。

（一）构成要件——无过错责任

1. 实施了致害行为。

2. 发生了损害结果。

3. 致害行为与损害结果之间有因果关系。

举证责任倒置规则。被要求承担民事责任的污染者，应当就法律规定的不承担责任或者减轻责任的情形及其行为与损害之间不存在因果关系承担举证责任。

多因一果的处理规则。两个以上污染者污染环境，污染者承担责任的大小，根据污染物的种类、排放量等因素确定责任分配。

第三人过错的处理规则。因第三人的过错污染环境造成损害的，被侵权人可以向污染者请求赔偿，也可以向第三人请求赔偿。污染者赔偿后，有权向第三人追偿。

（二）特殊规定

1. 第三人的连带责任

环境影响评价机构、环境监测机构以及从事环境监测设备和防治污染设施维护、运营的机构，在有关环境服务活动中弄虚作假，对造成的环境污染和生态破坏负有责任的，除依照有关法律法规规定予以处罚外，还应当与造成环境污染和生态破坏的其他责任者承担连带责任。

2. 诉讼时效

提起环境损害赔偿诉讼的时效期间为3年，从当事人知道或者应当知道其受到损害时起计算。

三、环境行政责任

企业事业单位和其他生产经营者违法排放污染物，受到罚款处罚，被责令改正，拒不改正的，依法作出处罚决定的行政机关可以自责令改正之日的次日起，按照原处罚数额按日连续处罚。

四、特殊区域环境保护

（一）自然保护区

在国务院、国务院有关主管部门和省、自治区、直辖市政府划定的风景名胜区、自然保护区和其他需要特别保护的区域内，不得建设污染环境的工业生产设施；建设其他设施，其污染物排放不得超过规定的排放标准。已经建成的设施，其污染物排放超过规定的排放标准的，限期治理。

（二）农业环境

各级政府应当加强对农业环境的保护，防治土壤污染、土地沙化、盐渍化、贫瘠化、沼泽化、地面沉降和防治植被破坏、水土流失、水源枯竭、种源灭绝以及其他生态失调现象的发生和发展，推广植物病虫害的综合防治，合理使用化肥、农药及植物生长激素。

本章复习重点提示

1. 重要知识点

环境法律责任；环境标准制度；"三同时"制度；环境影响评价制度；特殊区域环境保护。

2. 实例解析

[例1] 对国家污染物排放标准中已作规定的项目，在制定地方污染物排放标准时，可以因地制宜，严于或宽于国家污染物排放标准吗?[1]

[例2] 根据《环境保护法》规定，哪些属于农业环境保护的措施?[2]

---

〔1〕 错误。地方污染物排放标准只能严于国家污染物排放标准。

〔2〕 防治土壤污染、土地沙化、盐渍化、贫瘠化、沼泽化、地面沉降和防治植被破坏、水土流失、水源枯竭、种源灭绝以及其他生态失调现象的发生和发展，推广植物病虫害的综合防治，合理使用化肥、农药及植物生长激素。

第2章
森林法

▼ **本章导读**

　　森林是一种重要的自然资源，森林法的考试价值集中于森林资源的权属与纠纷的解决。权属问题可以和物权法相参照，纠纷的解决则可以和土地管理法中土地权属纠纷的解决相比较。

一、所有权和使用权

国家和集体可以拥有森林、林木和林地的所有权，个人可以拥有林木的所有权和林地的使用权。

1. 集体所有制单位营造的林木，归该单位所有。

2. 农村居民在房前屋后、自留地、自留山种植的林木，归个人所有。城镇居民和职工在自有房屋的庭院内种植的林木，归个人所有。

3. 集体或者个人承包国家所有和集体所有的宜林荒山荒地造林的，承包后种植的林木归承包的集体或者个人所有；承包合同另有规定的，按照承包合同的规定执行。

二、争议的解决

1. 单位之间发生的林木、林地所有权和使用权争议，由县级以上人民政府依法处理。

2. 个人之间、个人与单位之间发生的林木所有权和林地使用权争议，由当地县级或者乡级人民政府依法处理。

3. 当事人对人民政府的处理决定不服的，可以在接到通知之日起1个月内，向人民法院起诉。

矿产资源法

第3章

◥ 本章导读

矿产是一种重要的自然资源，矿产资源法的考试价值集中于探矿权和采矿权的流转，二者的流转原则上是不自由的，可以流转的特定情形当然要格外注意。

一、矿产资源所有权

矿产资源属于国家所有，由国务院行使国家对矿产资源的所有权。

二、探矿权、采矿权可以转让的情形

1. 探矿权人有权在划定的勘查作业区内进行规定的勘查作业，有权优先取得勘查作业区内矿产资源的采矿权。探矿权人在完成规定的最低勘查投入后，经依法批准，可以将探矿权转让他人。

2. 已取得采矿权的矿山企业，因企业合并、分立，与他人合资、合作经营，或者因企业资产出售以及有其他变更企业资产产权的情形而需要变更采矿权主体的，经依法批准可以将采矿权转让他人采矿。

第五部分
劳动与社会保障法

第1章

劳动法

> ▶**本章导读**
>
> 　　在现代社会中，劳动者和经营者是两大利益对立的群体，劳动者处于弱势地位，为了追求实质公平，各国都制定了劳动法来对劳动者进行特殊保护。劳动合同的有关规定是考试中的重心，尤其要特别注意无固定期限劳动以及非典型劳动合同（包括集体合同、劳务派遣和非全日制用工）。

第一节 劳动法概述

一、劳动法的渊源和调整对象

（一）渊源

　　我国劳动法的渊源主要有 1995 年 1 月 1 日起施行的《劳动法》、2008 年 1 月 1 日起施行的《劳动合同法》以及相关的部门规章和司法解释。《劳动法》与《劳动合同法》是一般法与特别法的关系，即《劳动合同法》有规定的，优先适用《劳动合同法》，《劳动合同法》没有规定的，适用《劳动法》。

（二）调整对象

　　《劳动法》的调整对象为劳动关系和与劳动关系密切联系的其他社会关系。劳动关系的特征是：

1. 劳动关系的当事人是特定的，一方是劳动者，另一方是用人单位。

劳动者只能是自然人，包括在法定劳动年龄内具有劳动能力的我国公民、外国人、无国籍人。劳动者的法定劳动年龄为最低就业年龄16周岁，退休年龄为男年满60周岁，女工人年满50周岁，女干部年满55周岁。为保护未成年人的合法权益，我国《劳动法》禁止使用童工，除文艺、体育、特种工艺单位以外，任何单位不得与未满16周岁的未成年人产生劳动法律关系。对有可能危害未成年人健康、安全或道德的职业或工作，最低就业年龄不应低于18周岁，用人单位不得招用已满16周岁未满18周岁的未成年人从事过重、有毒、有害的劳动或者危险作业。

用人单位是指使用和管理劳动者并付给其劳动报酬的单位。《劳动法》限定用人单位为依法成立的企业、个体经济组织、国家机关、事业组织、社会团体、民办非企业单位等组织。

非上述劳动关系主体之间发生的雇佣关系不由《劳动法》调整。

2. 劳动关系具有人身、财产关系的双重属性。

劳动关系具有人身属性，用人单位有权依法管理和使用劳动者，劳动者必须亲自履行劳动义务，并应遵守用人单位的劳动规章制度，按照用人单位的要求进行劳动。人身属性体现了从属性，劳动者和用人单位地位不平等。正是这一点表明，劳务关系不同于劳动关系，劳务关系主体双方地位平等，受民法调整。

劳动关系的财产关系属性，是指劳动者有偿提供劳动力，用人单位向劳动者支付劳动报酬，由此缔结的社会关系具有财产关系的性质。财产关系属性体现了平等性，劳动者和用人单位在缔结劳动合同过程中地位是平等的。

《劳动法》还调整与劳动关系密切联系的其他社会关系。包括：①劳动行政管理方面的社会关系。主要指劳动行政部门、其他业务主管部门因行使劳动行政管理权与用人单位之间发生的社会关系。②人力资源配置服务方面的社会关系。如职业介绍机构、职业培训机构为人力资源的配置与流动提供服务过程中与用人单位、劳动者之间发生的关系。③社会保险方面的社会关系。国家和地方社会保险机构与用人单位及职工劳动者之间因执行社会保险制度而发生的关系。④工会组织关系、工会监督方面的社会关系。工会在代表和维护职工合法权益的活动中与用人单位之间发生的关系。⑤处理劳动争议方面的社会关系。劳动争议的调解机构、劳动争议的仲裁机构、人民法院与用人单位、职工之间由于调处和审理劳动争议而产生的关系。⑥劳动监督检查方面的社会关系。国家劳动行政部门、卫生部门等有关主管部门与用人单位之间因监督、检查劳动法律、法规的执行而产生的关系。

二、我国劳动法的适用范围

1. 中华人民共和国境内的企业、个体经济组织、民办非企业单位等组织与劳动者建立劳动关系，适用《劳动法》。

企业，是指依法注册取得法人营业执照或营业执照的企业组织，是从事产品生产、流通或服务性活动等实行独立核算的经济组织。凡是中华人民共和国境内的企业，不分所有制形式及经济形态，也不分组织形式，包括国有企业、集体所有制企业、私营企业、外商投资企业、港澳台企业、混合型企业、股份制企业、有限责任企业、联营企业、乡镇企业等，都是《劳动法》意义上的用人单位。

个体经济组织是指依法取得个体营业执照的个体工商户，一般雇工在 7 人以下，从事工商业经营。

民办非企业单位，是指企业事业单位、社会团体和其他社会力量以及公民个人利用非国有资产举办的，从事非营利性社会服务活动的社会组织。

在中国境内的企业、个体经济组织、民办非企业单位等组织与劳动者之间，形成劳动关系，适用我国《劳动法》。依法成立的会计师事务所、律师事务所等合伙组织和基金会，属于《劳动合同法》规定的用人单位。

2. 国家机关、事业单位、社会团体和与其建立劳动关系的劳动者，订立、履行、变更、解除或者终止劳动合同关系，依照《劳动法》的有关规定执行。

国家机关，是指从事国家管理或行使国家权力，以国家预算作为独立活动经费的中央和地方各级国家机关。包括：国家和地方权力机关、国家和地方行政机关、国家和地方审判机关和法律监督机关、各级人民法院和人民检察院、国家军事机关等。在国家机关工作的工勤人员（即属于工人编制的人员）与国家机关建立劳动关系，应当订立劳动合同，适用《劳动法》。

事业单位，是指国家为了公益目的，由国家机关举办或者其他组织利用国有资产举办的，从事教育、科研、文化、卫生等活动的社会服务组织。事业单位与其工勤人员、编制外人员，实行企业化管理的事业单位与其工作人员之间建立劳动关系，应当订立劳动合同，适用《劳动法》。

社会团体，是指由若干社会成员为了共同目的而自愿组成的各种社会组织。社会团体与其工勤人员、编制外人员建立劳动关系，应当订立劳动合同，适用《劳动法》。

上述用人单位与劳动者建立劳动关系，订立、履行、变更、解除或者终止劳动合同，依照《劳动法》有关规定执行。

依据我国现行法律规定，不适用《劳动法》的主要有：

（1）国家机关的公务员，事业单位和社会团体中纳入公务员编制或者参照公务员进行管理的工作人员，适用《公务员法》，不适用《劳动法》。

（2）实行聘用制的事业单位与其工作人员的关系，法律、行政法规或国务院另有规定的，不适用《劳动法》；如果没有特别规定，适用《劳动法》。实行聘用制的事业单位，指的是以聘用合同的形式确定事业单位与工作人员基本人事关系的社会服务组织。对这类事业单位与其工作人员以聘用合同确定的权利义务关系，法律、行政法规或国务院另有规定的，依照其规定，不适用《劳动法》。如果没有规定的，依照《劳动法》的有关规定执行。

（3）从事农业劳动的农村劳动者（乡镇企业职工和进城务工、经商的农民除外）不适用《劳动法》。

（4）现役军人、军队的文职人员不适用《劳动法》。

（5）家庭雇佣劳动关系不适用《劳动法》。

上述第 3~5 项中都不存在用人单位。

（6）在中华人民共和国境内享有外交特权和豁免权的外国人等不适用《劳动法》。另外，义务性劳动关系、慈善性劳动关系、家务劳动关系不适用《劳动法》。以上规定可以用下图简要表示，其中打"√"的就是适用《劳动法》的单位：

```
                    工资交换劳动力      加入用人单位成为其组成人员
                          ↓                    ↓
              ┌ 双重属性：财产关系属性与人身关系属性 → 排除劳务法律关系
    劳动法律关系┤
              └ 主体特定：用人单位与劳动者 → 排除四类特定主体（务农的农民、家庭保姆、
                         现役军人、在华享有外交特权和豁免权的外国人）

              ┌ 企业法人√
              │ 机关法人（公务员）
              │              ┌ "民办事业单位"（民办非企业单位）√ ┐
    用人单位 ┤ 事业单位法人 ┤ 实行聘用合同制的事业单位           ├ 工勤人员√
              │              └ 参照公务员实行管理的事业单位       ┘
              │ 社团法人（同上）
              └ 非法人√：个体工商户（帮工、学徒）、个人独资企业、合伙企业
    劳动者：年满16周岁（文艺、体育、特种工艺单位例外）
```
（第15条）

第二节 劳动合同法

一、劳动合同的概念和种类

劳动合同，是劳动者与用人单位之间确立劳动关系，明确双方权利和义务的书面协议。劳动合同不同于民事合同，具有以强制性规定为主体的特征。

劳动合同的类型分为固定期限、无固定期限和以完成一定工作任务为期限三种。用人单位与劳动者协商一致，可以订立固定期限劳动合同、无固定期限劳动合同、以完成一定工作任务为期限的劳动合同，但要遵守法律强制性规定，在具备签订无固定期限劳动合同的法定情形时，劳动者提出签订无固定期限劳动合同，用人单位应当与之签订无固定期限劳动合同。

（一）固定期限的劳动合同

是指用人单位与劳动者约定合同终止时间的劳动合同。实践中一年一签、三年一签等常见的劳动合同均属此类。

（二）无固定期限劳动合同

是指用人单位与劳动者约定无确定终止时间的劳动合同。即双方当事人在合同书上只约定合同生效的起始日期，没有确定合同的终止日期。无固定期限劳动合同一般较稳定，持续时间较长。但它并不是"铁饭碗""终身制"，在符合法律、法规规定的或双方当事人约定的变更、解除的条件或法定终止情形时，可以依法解除、变更、终止。可以解除无固定期限劳动合同的法定情形主要有三种：①劳动者有过错；②劳动者不能胜任工作；

③企业效益不好要进行经济性裁员。

法律规定无固定期限劳动合同的目的在于保护劳动者的"黄金年龄",保护劳动者的职业稳定权,解决劳动合同短期化问题。每个劳动者都有一个漫长的工作年龄,比如从 20 岁干到 60 岁可以工作 40 年。但是,随着年龄的增加,人的体力和精力难免会有所下降。20 岁到 30 岁年轻力壮是黄金年龄,30 岁到 40 岁是白银年龄,40 岁到 50 岁是黄铜年龄,50 岁到 60 岁就是黑铁年龄了。现在的很多用人单位非常急功近利,只想使用劳动者的黄金 10 年,以后的几十年尽管还有工作能力但也被看作破铜烂铁加以抛弃,所以经常提出劳动者需 35 岁以下、40 岁以下等不合理的招聘条件。立法者推行的无固定期限劳动合同主要目的在于对劳动者的工龄进行"打包"销售,用人单位用人就要金银铜铁全包下来,不能总搞大换血。所以,中年劳动者是这种合同的主要受益者。

为了给劳动者撑腰,防止劳动者不敢向用人单位提出签订无固定期限劳动的要求,《劳动合同法》规定,有下列情形之一的,劳动者提出或者同意续订、订立劳动合同的,除劳动者提出订立固定期限劳动合同外,用人单位应当与劳动者订立无固定期限劳动合同:①劳动者在该用人单位连续工作满 10 年的。连续工作满 10 年的起始时间应当自用人单位用工之日起计算,包括劳动合同法施行前的工作年限,"连续"即意味着工龄不能中断后再合并计算。②用人单位初次实行劳动合同制度或者国有企业改制重新订立劳动合同时,劳动者在该用人单位连续工作满 10 年且距法定退休年龄不足 10 年的,可以简称"双十条件"。此项规定与前面的第 1 项适用于不同的用人单位。③连续订立 2 次固定期限劳动合同,且劳动者没有《劳动合同法》第 39 条规定的过错性辞退和第 40 条第 1、2 项规定的非过错性辞退情形,续订劳动合同的。连续订立固定期限劳动合同的次数,自《劳动合同法》施行后续订固定期限劳动合同时开始计算。④用人单位自用工之日起满 1 年不与劳动者订立书面劳动合同的,视为用人单位与劳动者已订立无固定期限劳动合同。

除具备法定情形应当签订无固定期限劳动合同外,用人单位与劳动者协商一致,也可以订立无固定期限劳动合同。用人单位违反《劳动合同法》规定不与劳动者订立无固定期限劳动合同的,自应当订立无固定期限劳动合同之日起向劳动者每月支付 2 倍的工资。

(三) 以完成一定工作任务为期限的劳动合同

是指用人单位与劳动者约定以某项工作任务的完成时间为合同期限的劳动合同。当该项工作完成后,劳动合同即告终止。这种劳动合同大多发生在建筑施工领域。

二、劳动合同的订立

(一) 劳动合同应采用书面形式订立

1. 建立劳动关系,应当订立书面劳动合同。我国法律不承认口头劳动合同的效力,口头合同视为无合同,这是为了严厉打击实践中用人单位普遍不签书面合同推卸对劳动者应承担的责任的现象。除非全日制工双方当事人可以口头订立劳动合同外,用人单位与劳动者建立劳动关系,均应订立书面劳动合同。

2. 已建立劳动关系,未同时订立书面劳动合同的,应当自用工之日起 1 个月内订立书面劳动合同。这是考虑到用人单位如果招工众多签订合同需要耗费一定时间。

3. 用人单位与劳动者在用工前订立劳动合同的,劳动关系自用工之日起建立。显然,用工事实而非签订劳动合同才是劳动关系建立的标志。例如，某些大学毕业生毕业前夕就找到工作单位并签订了劳动合同。毕业后没有去单位报到上岗而去走亲访友，如果在游玩中发生疾病或意外，用人单位对其不承担任何责任。因为双方尚未建立劳动关系。鉴于实践中用人单位经常扣留劳动合同不交给劳动者，导致发生劳动争议后劳动者举证困难，所以劳动合同文本应当由用人单位和劳动者各执一份。

4. 劳动者不签订书面劳动合同的后果。自用工之日起 1 个月内，经用人单位书面通知后，劳动者不与用人单位订立书面劳动合同的，用人单位应当书面通知劳动者终止劳动关系，依法向劳动者支付其实际工作时间的劳动报酬，但无需向劳动者支付经济补偿而使双方的劳动关系消灭；自用工之日起超过 1 个月不满 1 年，劳动者不与用人单位订立书面劳动合同的，用人单位应当书面通知劳动者终止劳动关系，但应依法向劳动者支付经济补偿金。

5. 用人单位不签订书面劳动合同的后果。签订书面劳动合同是《劳动合同法》规定的用人单位应履行的强制性义务。不签订书面劳动合同，用人单位将承担相应的法律责任。用人单位自用工之日起超过 1 个月不满 1 年未与劳动者订立书面劳动合同的，应当向劳动者每月支付 2 倍的工资，并与劳动者补订书面劳动合同，每月支付 2 倍工资的起算时间为用工之日起满 1 个月的次日，截止时间为补订书面劳动合同的前 1 日；用人单位自用工之日起满 1 年未与劳动者订立书面劳动合同的，自用工之日起满 1 个月的次日至满 1 年的前 1 日应当依法向劳动者每月支付 2 倍的工资，并视为自用工之日起满 1 年的当日已经与劳动者订立无固定期限劳动合同，应当立即与劳动者补订书面劳动合同。

为保护劳动者的劳动报酬权，用人单位未在用工的同时订立书面劳动合同，与劳动者约定的劳动报酬不明确的，新招用的劳动者的劳动报酬应当按照企业的或者行业的集体合同规定的标准执行；没有集体合同的，用人单位应当对劳动者实行同工同酬。

（二）劳动合同的条款

劳动合同的条款，一般分为必备条款和可备条款。劳动合同的必备条款是法律规定劳动合同必须具备的条款，它是生效劳动合同所必须具备的条款。必备条款的不完善，会导致合同的不能成立。用人单位提供的劳动合同文本未载明《劳动合同法》规定的劳动合同必备条款或者用人单位未将劳动合同文本交付劳动者的，由劳动行政部门责令改正；对劳动者造成损害的，应当承担赔偿责任。

1. 必备条款

具体包括：①用人单位的名称、住所和法定代表人或者主要负责人；②劳动者的姓名、住址和居民身份证或者其他有效身份证件号码；③劳动合同期限；④工作内容和工作地点；⑤工作时间和休息休假；⑥劳动报酬；⑦社会保险；⑧劳动保护、劳动条件和职业危害防护；⑨法律、法规规定应当纳入劳动合同的其他事项。

2. 可备条款

即劳动合同的约定条款，是指除法定必备条款外劳动合同当事人可以协商约定、也可以不约定的条款。是否约定，由当事人确定。约定条款的缺少，并不影响劳动合同的成立。

（1）试用期条款

劳动合同的试用期是劳动者和用人单位为相互了解、选择而约定的考察期。试用期满，试用者即成为正式职工。试用期的要求是：①为了防止用人单位滥用试用期不断榨取廉价劳动力，试用期不能过长，法律规定了最长期限。劳动合同期限3个月以上不满1年的，试用期不得超过1个月；劳动合同期限1年以上3年以下的，试用期不得超过2个月；3年以上固定期限和无固定期限的劳动合同，试用期不得超过6个月。②同一用人单位与同一劳动者只能约定一次试用期。劳动者在同一用人单位调整或变更工作岗位，用人单位不得再次约定试用期。③短期合同是不能约定试用期的。具体而言，以完成一定工作任务为期限的劳动合同、劳动合同期限不满3个月的劳动合同和非全日制用工不得约定试用期。④试用期包含在劳动合同期限内。劳动合同仅约定试用期的，试用期不成立，该期限为劳动合同期限。⑤劳动者在试用期的工资不得低于本单位相同岗位最低档工资的80%或者劳动合同约定工资的80%，并不得低于用人单位所在地的最低工资标准。⑥试用期内用人单位为试用者提供的劳动条件不得低于劳动法律、法规规定的标准，用人单位应为试用者缴纳社会保险费。

应当注意，试用期不同于实践中常见的"实习期"和"见习期"。

我国的实习有两种类型。①在校学生为了增长阅历和技能由学校安排的实习，比如法学院学生去法院、检察院实习。由于在校学生没有签订劳动合同的资格，这种实习只能算做劳务关系，不是劳动关系。②为了获得某种职业资格而实习，比如《律师法》规定，要取得律师的职业资格应当实习满1年。此种实习的前提是建立了劳动关系，但它和试用期可以并存，并不等同。

至于见习期则只存在于政府机关、事业单位和部分国企中，它是在1956年国务院的一个通知中确立的。见习期只适用于应届毕业的大中专学生，一般为1年，期满可以转正获得国家干部身份。见习期不同于试用期，二者也可以并存。这种制度是计划经济的残余。

（2）保守商业秘密和与知识产权相关的保密事项条款

商业秘密是指不为公众所知悉，能为权利人带来经济利益，具有实用性并经权利人采取保密措施的技术信息和经营信息。用人单位与劳动者可以在劳动合同中约定保守用人单位的商业秘密和与知识产权相关的保密事项。双方当事人可以就商业秘密的范围、保密期限、保密措施、保密义务及违约责任和赔偿责任等进行约定。劳动者因违反约定保密事项给用人单位造成损失的，应承担赔偿责任。

（3）竞业限制条款

是双方当事人在劳动合同中约定的劳动者在劳动关系存续期间或在解除、终止劳动合同后的一定期限内不得到与本单位生产或者经营同类产品、从事同类业务的有竞争关系的其他用人单位，或者自己开业生产或者经营同类产品、从事同类业务。约定竞业限制条款的目的主要在于防止劳动者跳槽泄露原单位商业秘密进行不正当竞争。在劳动合同中，双方当事人可以约定劳动者承担竞业限制的义务、违约责任及赔偿责任。竞业限制的期限最长不得超过2年，且在竞业限制期限内，用人单位应按月给予劳动者一定的经济补偿。用人单位不给劳动者经济补偿会导致本条款无效，因为竞业限制条款限制了劳动者的自主择业权，是不公平的，会造成劳动者失业或收入减少。法律规定竞业限制的人员限于用人单位的高级管理人员、高级技术人员和其他负有保密义务的人员。竞业限制的范围、地域、期限、经济补偿的标准由用人单位与劳动者约定，但不得违反法律、法规的规定。劳动者违反竞业限制约定的，应当按照约定向用人单位支付违约金。

（4）服务期限协议

服务期，是指法律规定的因用人单位为劳动者提供专业技术培训，双方约定的劳动者为用人单位必须服务的期间。服务期不同于劳动合同期限，它只适用于部分劳动者而不是普遍存在。用人单位为劳动者提供专项培训费用，对其进行专业技术培训的，才可以与该劳动者订立协议，约定服务期，并约定劳动者违反服务期约定的，应当按照约定向用人单位支付违约金。这种培训一般由第三方提供，只针对特定劳动者，不是本单位针对所有员工进行的通常的岗位培训。实践中民航公司对飞行员的培训最为典型，这种培训提高了劳动者的劳动技能，是对劳动者身价的"增值"服务。所以劳动者违反服务期提前离职应当向原单位支付违约金，否则原单位就竹篮打水一场空了。如果用人单位与劳动者约定的服务期长于劳动合同期限的，劳动合同期满，双方约定的服务期尚未到期的，劳动合同应当续延至服务期满；双方另有约定的，从其约定。

由于用人单位有违法、违约行为而迫使劳动者在服务期未满的情形下辞职的，不属于违反服务期的约定，用人单位不得要求劳动者支付违约金，劳动者也无须向用人单位支付违约金。反之，服务期未满的劳动者是在有《劳动合同法》规定的过错解除的法定情形下被用人单位辞退的，应当向用人单位支付违约金。

（5）违约金条款

违约金是用人单位与劳动者在劳动合同中约定的不履行或不完全履行劳动合同约定义务时，由违约方支付给对方的一定金额的货币。《劳动合同法》对违约金条款进行了限制，规定只有在用人单位与劳动者约定服务期限、约定保守用人单位的商业秘密和与知识产权相关的保密事项、约定竞业限制条款时，才能与劳动者约定由劳动者承担的违约金。这表明，用人单位可以自由同劳动者约定劳动者不必承担而只由用人单位承担的违约金，这是对劳动者的一种片面保护。

对因劳动者违反服务期限协议而约定的违约金的数额不得超过用人单位提供的培训费用。也就是说，违约金的数额不能随意约定，用人单位要承担举证责任证明。用人单位要求劳动者支付的违约金不得超过服务期尚未履行部分所应分摊的培训费用。用人单位提供的培训费用包括用人单位为了对劳动者进行专业技术培训而支付的有凭证的培训费用、培训期间的差旅费用以及因培训产生的用于该劳动者的其他直接费用。

三、劳动合同的效力

（一）生效时间

劳动合同由用人单位与劳动者协商一致，并经用人单位与劳动者在劳动合同文本上签字或者盖章生效。一般情况下，劳动合同依法成立，即双方当事人意思表示一致，签订劳动合同之日，就产生法律效力；双方当事人约定须公证方可生效的劳动合同，其生效时间始于公证之日。

（二）无效

劳动合同的无效是指当事人违反法律、法规，订立的不具有法律效力的劳动合同。劳动合同的无效有下列情形：①以欺诈、胁迫的手段或者乘人之危，使对方在违背真实意思的情况下订立或者变更劳动合同的；②用人单位免除自己的法定责任、排除劳动者权利的；③违反法律、行政法规强制性规定的。对劳动合同的无效或者部分无效有争议的，由劳动争议仲裁委员会或者人民法院确认。

四、劳动合同的解除和终止

（一）解除

劳动合同的解除是指劳动合同当事人在劳动合同期限届满之前依法提前终止劳动合同关系的法律行为。

1. 双方协商解除劳动合同

用人单位与劳动者协商一致，可以解除劳动合同。如果是由用人单位提出解除动议的，用人单位应向劳动者支付解除劳动合同的经济补偿金。反之，劳动者提出解除动议的，用人单位就不必向劳动者支付解除劳动合同的经济补偿金。

2. 用人单位单方解除劳动合同

具备法律规定的条件时，用人单位享有单方解除权，无须双方协商达成一致意见。用人单位单方解除劳动合同，应当事先将理由通知工会。用人单位违反法律、行政法规规定或者劳动合同约定的，工会有权要求用人单位纠正；用人单位应当研究工会的意见，并将处理结果书面通知工会。

（1）过错解除

即在劳动者有过错性情形时，用人单位有权单方解除劳动合同，且用人单位无须支付劳动者解除劳动合同的经济补偿金。劳动者有下列情形之一的，用人单位可以解除劳动合同：①在试用期间被证明不符合录用条件的。②严重违反用人单位的规章制度的。③严重失职，营私舞弊，给用人单位造成重大损害的。④劳动者同时与其他用人单位建立劳动关系，对完成本单位的工作任务造成严重影响，或者经用人单位提出，拒不改正的；因以欺诈、胁迫的手段或者乘人之危，使对方在违背真实意思的情况下订立或者变更劳动合同的；因劳动者以欺诈、胁迫的手段或者乘人之危，使对方在违背真实意思的情况下订立或者变更劳动合同的情形致使劳动合同无效的；被依法追究刑事责任的。

（2）无过错解除

即劳动者本人无过错，但由于主客观原因致使劳动合同无法履行。劳动者有下列情形之一的，用人单位有权单方解除劳动合同：①劳动者患病或者非因工负伤，医疗期满后，不能从事原工作也不能从事由用人单位另行安排的工作的。医疗期，是指劳动者根据其工龄等条件，依法可以享受的停工医疗并发给病假工资的期间，也是禁止解除劳动合同的期间。根据我国《劳动法》的规定，医疗期根据劳动者工作年限的长短确定为 3～24 个月。②劳动者不能胜任工作，经过培训或者调整工作岗位，仍不能胜任工作的。③劳动合同订立时所依据的客观情况发生重大变化，致使劳动合同无法履行，经用人单位与劳动者协商，未能就变更劳动合同内容达成协议的。

对无过错解除劳动合同，用人单位应履行提前 30 日以书面形式通知劳动者本人的义务或者以额外支付劳动者 1 个月工资代替提前通知义务后，可以解除劳动合同。用人单位选择额外支付劳动者 1 个月工资解除劳动合同的，其额外支付的工资应当按照该劳动者上一个月的工资标准确定。用人单位还应承担支付经济补偿金的义务。

（3）经济性裁员

有下列情形之一，需要裁减人员 20 人以上或者裁减不足 20 人但占企业职工总数 10% 以上的，用人单位提前 30 日向工会或者全体职工说明情况，听取工会或者职工的意见后，裁减人员方案经向劳动行政部门报告，可以裁减人员：①依照企业破产法规定进行重整的；②生产经营发生严重困难的；③企业转产、重大技术革新或者经营方式调整，经变更劳动合同后，仍需裁减人员的；④其他因劳动合同订立时所依据的客观经济情况发生重大变化，致使劳动合同无法履行的。

裁减人员时，应当优先留用下列人员：①与本单位订立较长期限的固定期限劳动合同的；②与本单位订立无固定期限劳动合同的；③家庭无其他就业人员，有需要扶养的老人或者未成年人的。

用人单位裁减人员后，在 6 个月内重新招用人员的，应当通知被裁减的人员，并在同等条件下优先招用被裁减的人员。

（4）限制解除

为保护有特殊困难的劳动者，防止用人单位滥用解除权，劳动者有下列情形之一的，用人单位不得依据《劳动合同法》第 40 条无过错解除劳动合同的规定、第 41 条经济性裁员的规定单方解除劳动合同：①从事接触职业病危害作业的劳动者未进行离岗前职业健康检查，或者疑似职业病病人在诊断或者医学观察期间的；②在本单位患职业病或者因工负伤并被确认丧失或者部分丧失劳动能力的；③患病或者非因工负伤，在规定的医疗期内的；④女职工在孕期、产期、哺乳期的；⑤在本单位连续工作满 15 年，且距法定退休年龄不足 5 年的；⑥法律、行政法规规定的其他情形。

3. 劳动者单方解除劳动合同

（1）预告解除

劳动者提前 30 日以书面形式通知用人单位，可以解除劳动合同；劳动者在试用期内提前 3 日通知用人单位，可以解除劳动合同。此种情况下，劳动者无须说明任何理由，因为人身是不能强制的。劳动者的提前预告已经足以让单位找到合适的替代者，对单位不会造成损失，所以也叫劳动者的"辞职权"。

（2）用人单位有过错，劳动者有权即时解除劳动合同，不必提前通知用人单位。用人单位有下列情形之一的，劳动者可以解除劳动合同：①未按照劳动合同约定提供劳动保护或者劳动条件的；②未及时足额支付劳动报酬的；③未依法为劳动者缴纳社会保险费的；④用人单位的规章制度违反法律、法规的规定，损害劳动者权益的；⑤因用人单位以欺诈、胁迫的手段或者乘人之危，使劳动者在违背真实意思的情况下订立或者变更劳动合同而致使劳动合同无效的；⑥法律、行政法规规定劳动者可以解除劳动合同的其他情形。

（3）立即解除劳动合同

在用人单位有危及劳动者人身自由和人身安全的情形时，劳动者有权立即解除劳动合同。用人单位以暴力、威胁或者非法限制人身自由的手段强迫劳动者劳动的，或者用人单位违章指挥、强令冒险作业危及劳动者人身安全的，劳动者可以立即解除劳动合同，不需事先告知用人单位。这项规定是专门针对前些年山西曝光的"黑砖窑"事件特别制定的。

（二）终止

劳动合同的终止，是指符合法律规定情形时，双方当事人的权利义务不复存在，劳动合同的效力即行消灭。劳动合同终止不存在约定终止，只有法定终止。用人单位与劳动者不得在《劳动合同法》规定的劳动合同终止情形之外约定其他的劳动合同终止条件。有下列情形之一的，劳动合同终止：①劳动合同期满的；②劳动者开始依法享受基本养老保险待遇的；③劳动者死亡，或者被人民法院宣告死亡或者宣告失踪的；④用人单位被依法宣告破产的；⑤用人单位被吊销营业执照、责令关闭、撤销或者用人单位决定提前解散的；⑥法律、行政法规规定的其他情形。

《劳动合同法》对某些具有特殊困难的劳动者实行特殊保护，劳动者有下列情形之一的，劳动合同到期也不得终止，应当续延至相应的情形消失时终止：①从事接触职业病危害作业的劳动者未进行离岗前职业健康检查，或者疑似职业病病人在诊断或者医学观察期间的；②患病或者非因工负伤，在规定的医疗期内的；③女职工在孕期、产期、哺乳期的；④在本单位连续工作满 15 年，且距法定退休年龄不足 5 年的；⑤法律、行政法规规定的其他情形。

在本单位患职业病或者因工负伤并被确认丧失或者部分丧失劳动能力的劳动者的劳动合同的终止，按照国家有关工伤保险的规定执行。

（三）经济补偿金

经济补偿金是用人单位解除或终止劳动合同时，给予劳动者的一次性货币补偿。经济补偿金的目的在于从经济方面制约用人单位的解雇行为，对失去工作的劳动者给予经济上的补偿，并解决劳动合同短期化问题。

1. 补偿标准

经济补偿按劳动者在本单位工作的年限，每满 1 年支付 1 个月工资的标准向劳动者支付。相当于每个劳动者工作 1 年都可以获得 13 个月的工资。6 个月以上不满 1 年的，按 1 年计算；不满 6 个月的，向劳动者支付半个月工资的经济补偿。

月工资是指劳动者在劳动合同解除或者终止前 12 个月的平均工资。劳动者工作不满 12 个月的，按照实际工作的月数计算平均工资。其计算基数按照劳动者应得工资计算，包括计时工资或者计件工资以及奖金、津贴和补贴等货币性收入。劳动者获得的经济补偿金有最低数额保障：劳动者在劳动合同解除或者终止前 12 个月的平均工资低于当地最低工资标准的，按照当地最低工资标准计算。同时，为了减轻用人单位的经济成本，经济补偿金亦有最高数额的限制：劳动者月工资高于用人单位所在直辖市、设区的市级人民政府公布的本地区上年度职工月平均工资 3 倍的，向其支付经济补偿的标准按职工月平均工资 3 倍的数额支付，向其支付经济补偿的年限最高不超过 12 年。例如，某市上年度职工月平均工资为 3000 元，周某每月工资为 2 万元，如果他工作满 1 年，合同就到期终止，给他的经济补偿金应当为 9000 元而不是 2 万元。

2. 用人单位应当支付经济补偿金的法定情形

用人单位应当在下列情形下，向劳动者支付经济补偿金：

（1）因用人单位违法、违约迫使劳动者依照《劳动合同法》第38条的规定解除劳动合同的。

（2）用人单位依照《劳动合同法》第36条的规定向劳动者提出解除劳动合同并与劳动者协商一致解除劳动合同的。

（3）用人单位依照《劳动合同法》第40条的规定解除劳动合同的。

（4）用人单位依照《劳动合同法》第41条第1款的规定解除劳动合同的，即以裁员的方式解除与劳动者的劳动合同的，用人单位应向劳动者支付经济补偿金。

（5）除用人单位维持或者提高劳动合同约定条件续订劳动合同，劳动者不同意续订的情形外，依照《劳动合同法》第44条第1项的规定终止固定期限劳动合同的，即在劳动合同期满时，用人单位以低于原劳动合同约定的条件要求与劳动者续订劳动合同，而劳动者不同意续订的，用人单位须向劳动者支付经济补偿金；反之，用人单位则不必向劳动者支付经济补偿金。

（6）依照《劳动合同法》第44条第4、5项的规定终止劳动合同的，即在用人单位因被依法宣告破产，被吊销营业执照、责令关闭、撤销或者用人单位决定提前解散而终止劳动合同的，用人单位应向劳动者支付经济补偿金。

（7）法律、行政法规规定的其他情形。

经济补偿金应在劳动者离职办结工作交接时，支付给劳动者。

五、非典型劳动合同

（一）集体合同

1. 概念

集体合同，是企业职工一方与用人单位通过平等协商，就劳动报酬、工作时间、休息休假、劳动安全卫生、保险福利等事项订立的书面协议。

（1）集体合同中劳动报酬和劳动条件等标准不得低于当地人民政府规定的最低标准；用人单位与劳动者订立的劳动合同中劳动报酬和劳动条件等标准不得低于集体合同规定的标准。

（2）劳动合同对劳动报酬和劳动条件等标准约定不明确，引发争议的，用人单位与劳动者可以重新协商；协商不成的，适用集体合同规定；没有集体合同或者集体合同未规定劳动报酬的，实行同工同酬；没有集体合同或者集体合同未规定劳动条件等标准的，适用国家有关规定。

（3）用人单位未在用工的同时订立书面劳动合同，与劳动者约定的劳动报酬不明确的，新招用的劳动者的劳动报酬按照集体合同规定的标准执行；没有集体合同或者集体合同未规定的，实行同工同酬。

2. 订立

在我国，集体合同主要是由代表劳动者的工会或职工代表与企业签订。尚未建立工会的用人单位，由上级工会指导劳动者推举的代表与用人单位订立。在县级以下区域内，建筑业、采矿业、餐饮服务业等行业可以由工会与企业方面代表订立行业性集体合同，或者订立区域性集体合同。企业职工一方与用人单位可以订立劳动安全卫生、女职工权益保护、工资调整机制等专项集体合同。

集体合同的生效与劳动合同的生效不同，法律对集体合同的生效规定了特殊程序：集体合同订立后，应当报送劳动行政部门；劳动行政部门自收到集体合同文本之日起 15 日内未提出异议的，集体合同即行生效。依法订立的集体合同对用人单位和劳动者具有约束力。行业性、区域性集体合同对当地本行业、本区域的用人单位和劳动者具有约束力。

3. 争议处理

用人单位违反集体合同，侵犯职工劳动权益的，工会可以依法要求用人单位承担责任；因履行集体合同发生争议，经协商解决不成的，工会可以依法申请仲裁、提起诉讼。

（二）劳务派遣

劳务派遣也叫员工租赁，是指劳务派遣单位与劳动者订立劳动合同后，由派遣单位与实际用工单位通过签订劳务派遣协议，将劳动者派遣到用工单位工作，用工单位实际使用劳动者，用工单位向劳务派遣单位支付管理费、劳动者工资、社会保险费用等而形成的关系。

劳务派遣是典型的"有关系无劳动，有劳动无关系"，即劳务派遣单位与劳动者建立劳动关系，签订劳动合同，但劳动者却不为劳务派遣单位提供劳动，劳动者为用工单位提供劳动，但却不签订劳动合同，其最大特点就是雇佣与使用的分离。这种用工形式在我国有爆发性增长的趋势，全国有几千万劳动者都是劳务派遣工，国有大企业尤其普遍和严重。派遣工往往无法和正式员工同工同酬，福利待遇更是天壤之别。目前的立法思想是对其进行遏制。其法律关系如下图所示：

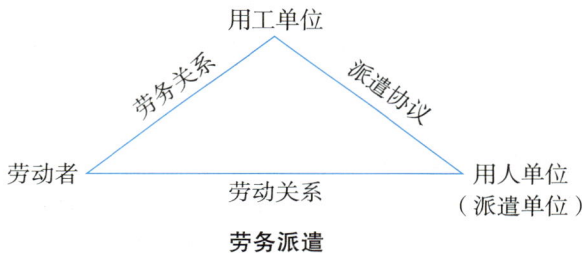

劳务派遣

1. 劳务派遣单位

劳务派遣单位是将劳动者派遣到实际用工单位的企业法人。劳务派遣单位就是用人单位，不是中介，不是职业介绍所，应当履行用人单位对劳动者的义务，遵守《劳动法》的相关规定，与被派遣的劳动者订立书面劳动合同。其劳动合同应符合如下要求：

（1）劳务派遣单位应当与被派遣劳动者订立 2 年以上的固定期限劳动合同，保障劳务派遣者的工作权。

（2）在劳动合同中除应当载明劳动合同的必备条款外，还应当载明被派遣劳动者的用工单位以及派遣期限、工作岗位等情况。

（3）为保障被派遣劳动者的劳动报酬权，应按月支付劳动者劳动报酬。

（4）被派遣劳动者在无工作期间，劳务派遣单位应当按照所在地人民政府规定的最低工资标准，向其按月支付报酬。

（5）劳务派遣单位不得克扣用工单位按照劳务派遣协议支付给被派遣劳动者的劳动报酬。

（6）劳务派遣单位跨地区派遣劳动者的，被派遣劳动者享有的劳动报酬和劳动条件，按照用工单位所在地的标准执行。

（7）劳务派遣单位和用工单位不得向被派遣劳动者收取费用。同时劳务派遣单位有权依照《劳动合同法》有关规定，可以与被派遣劳动者解除劳动合同；劳务派遣单位违法解除或者终止被派遣劳动者的劳动合同的，应依照《劳动合同法》承担违法解除或终止劳动合同的法律责任。

2. 劳务派遣协议

劳务派遣协议是劳务派遣单位与实际用工单位就劳务派遣事项签订的书面协议。劳务派遣协议应当约定派遣岗位和人员数量、派遣期限、劳动报酬和社会保险费的数额与支付方式以及违反协议的责任。

劳务派遣一般在临时性、辅助性或者替代性的工作岗位上实施；用工单位应当根据工作岗位的实际需要与劳务派遣单位确定派遣期限，不得将连续用工期限分割订立数个短期劳务派遣协议。临时性工作岗位是指存续时间不超过6个月的岗位；辅助性工作岗位是指为主营业务岗位提供服务的非主营业务岗位；替代性工作岗位是指用工单位的劳动者因脱产学习、休假等原因无法工作的一定期间内，可以由其他劳动者替代工作的岗位。劳务派遣单位应当将劳务派遣协议的内容告知被派遣劳动者；被派遣劳动者有知情权。

3. 用工单位的义务

（1）实际用工单位应当执行国家劳动标准，提供相应的劳动条件和劳动保护。

（2）告知被派遣劳动者的工作要求和劳动报酬。

（3）支付加班费、绩效奖金，提供与工作岗位相关的福利待遇。

（4）对在岗被派遣劳动者进行工作岗位所必需的培训。

（5）连续用工的，实行正常的工资调整机制。

（6）不得将被派遣劳动者再派遣到其他用人单位。

（7）不得设立劳务派遣单位向本单位或者所属单位派遣劳动者，即不得自己出资或者其所属单位出资或者合伙设立劳务派遣单位，不得向本单位或者所属单位派遣劳动者。

4. 被派遣劳动者的权利

（1）被派遣劳动者有权在劳务派遣单位或者用工单位依法参加或者组织工会，维护自身的合法权益。

（2）被派遣劳动者可以依照《劳动合同法》与用人单位协商一致解除劳动合同，在用人单位有违法、违约情形时，被派遣劳动者有权与劳务派遣单位单方解除劳动合同。

（3）享有与用工单位的劳动者同工同酬的权利，用工单位无同类岗位劳动者的，参照用工单位所在地相同或者相近岗位劳动者的劳动报酬确定。

（三）非全日制用工

非全日制用工俗称"小时工""钟点工"，是指以小时计酬为主，劳动者在同一用人单位一般平均每日工作时间不超过4小时，每周工作时间累计不超过24小时的用工形式。非全日制用工是一种灵活的用工形式，非全日制用工可以不订立书面劳动合同，双方当事人可以订立口头协议；法律允许非全日制用工建立双重或多重劳动关系，从事非全日制用工的劳动者可以与一个或者一个以上用人单位订立劳动合同；但是，后订立的劳动合同不得影响先订立的劳动合同的履行；非全日制用工双方当事人任何一方都可以随时通知对方终止用工。为了减轻用人单位的经济成本，鼓励创造就业岗位，终止用工，用人单位不向劳动者支付经济补偿。

非全日制用工双方当事人不得约定试用期；非全日制用工小时计酬标准不得低于用人单位所在地人民政府规定的最低小时工资标准；非全日制用工劳动报酬结算支付周期最长不得超过 15 日。

六、违反劳动合同的法律责任

（一）用人单位的法律责任

1. 订立劳动合同违法应承担的法律责任

（1）用人单位提供的劳动合同文本未载明本法规定的劳动合同必备条款或者用人单位未将劳动合同文本交付劳动者的，由劳动行政部门责令改正；给劳动者造成损害的，应当承担赔偿责任。

（2）用人单位自用工之日起超过 1 个月不满 1 年未与劳动者订立书面劳动合同的，应当向劳动者每月支付 2 倍的工资。用人单位违反本法规定不与劳动者订立无固定期限劳动合同的，自应当订立无固定期限劳动合同之日起向劳动者每月支付 2 倍的工资。

（3）用人单位违法与劳动者约定试用期的，由劳动行政部门责令改正；违法约定的试用期已经履行的，由用人单位以劳动者试用期满月工资为标准，按已经履行的超过法定试用期的期间向劳动者支付赔偿金。

（4）用人单位违反规定，扣押劳动者居民身份证等证件的，由劳动行政部门责令限期退还劳动者本人，并依照有关法律规定给予处罚。用人单位违反规定，以担保或者其他名义向劳动者收取财物的，由劳动行政部门责令限期退还劳动者本人，并以每人 500 元以上 2000 元以下的标准处以罚款；给劳动者造成损害的，应当承担赔偿责任。

2. 侵犯劳动者劳动报酬权应承担的法律责任

用人单位有下列情形之一的，由劳动行政部门责令限期支付劳动报酬、加班费或者经济补偿；劳动报酬低于当地最低工资标准的，应当支付其差额部分；逾期不支付的，责令用人单位按应付金额 50% 以上 100% 以下的标准向劳动者加付赔偿金：①未按照劳动合同的约定或者国家规定及时足额支付劳动者劳动报酬的；②低于当地最低工资标准支付劳动者工资的；③安排加班不支付加班费的；④解除或者终止劳动合同，未依照《劳动合同法》的规定向劳动者支付经济补偿的。

3. 劳动合同无效应承担的法律责任

劳动合同依照《劳动合同法》第 26 条的规定被确认无效后，给对方造成损害的，有过错的一方应当承担赔偿责任。

4. 违法解除或终止劳动合同应承担的法律责任

用人单位违法解除或者终止劳动合同的，劳动者要求继续履行劳动合同的，用人单位应当继续履行；劳动者不要求继续履行劳动合同或者劳动合同已经不能继续履行的，应当依照法律规定的经济补偿标准的 2 倍向劳动者支付赔偿金；用人单位依法支付了赔偿金的，不再支付经济补偿。赔偿金的计算年限自用工之日起计算。

5. 用人单位违法未向劳动者出具解除或者终止劳动合同的书面证明，由劳动行政部门责令改正；给劳动者造成损害的，应当承担赔偿责任。

6. 用人单位依照《劳动合同法》的规定应当向劳动者每月支付 2 倍的工资或者应当向劳动者支付赔偿金而未支付的，劳动行政部门应当责令用人单位支付。

7. 侵犯劳动者人身权应承担的法律责任

用人单位有下列情形之一的，依法给予行政处罚；构成犯罪的，依法追究刑事责任；给劳动者造成损害的，应当承担赔偿责任：①以暴力、威胁或者非法限制人身自由的手段强迫劳动的；②违章指挥或者强令冒险作业危及劳动者人身安全的；③侮辱、体罚、殴打、非法搜查或者拘禁劳动者的；④劳动条件恶劣、环境污染严重，给劳动者身心健康造成严重损害的。

对不具备合法经营资格的用人单位的违法犯罪行为，依法追究法律责任；劳动者已经付出劳动的，该单位或者其出资人应当依照《劳动合同法》有关规定向劳动者支付劳动报酬、经济补偿、赔偿金；给劳动者造成损害的，应当承担赔偿责任。

（二）劳动者的法律责任

劳动者违法解除劳动合同，或者违反劳动合同中约定的保密义务或者竞业限制，给用人单位造成损失的，应当承担赔偿责任。

劳动者应赔偿用人单位下列损失：①用人单位招收录用其所支付的费用；②用人单位为其支付的培训费用，双方另有约定的按约定办理；③对生产、经营和工作造成的直接经济损失；④劳动合同约定的其他赔偿费用。

（三）连带赔偿责任

1. 用人单位与劳动者的连带赔偿责任：用人单位招用与其他用人单位尚未解除或者终止劳动合同的劳动者，给其他用人单位造成损失的，应当承担连带赔偿责任。

2. 劳务派遣单位与用工单位的赔偿责任：用工单位给被派遣劳动者造成损害的，劳务派遣单位与用工单位承担连带赔偿责任。这种连带责任的规定，是有意地加重用工单位的用工成本，迫使其放弃劳务派遣改为直接招收正式员工。

3. 发包的组织与个人承包经营者的赔偿责任：没有经营资质的个人承包经营违反法律规定招用劳动者，给劳动者造成损害的，发包的组织与个人承包经营者承担连带赔偿责任。

第三节 ◀ 劳动基准法

劳动基准就是劳动条件的最低标准。

一、工作时间和休息休假

（一）工作时间

工作时间的种类有：

1. 标准工作时间，又称标准工时

是指法律规定的在一般情况下普遍适用的，按照正常作息办法安排的工作日和工作周的工时制度。我国的标准工时为劳动者每日工作 8 小时，每周工作 40 小时，在 1 周（7日）内工作 5 天。

2. 延长工作时间

是指超过标准工作日的工作时间，即日工作时间超过 8 小时，每周工作时间超过 40 小时。

3. 不定时工作时间和综合计算工作时间

（1）不定时工作时间，又称不定时工作制，是指无固定工作时数限制的工时制度。适用于工作性质和职责范围不受固定工作时间限制的劳动者，如企业中的高级管理人员、外勤人员、推销人员、部分值班人员、从事交通运输的工作人员等。

（2）综合计算工作时间，又称综合计算工时工作制，是指以一定时间为周期，集中安排并综合计算工作时间和休息时间的工时制度。即分别以周、月、季、年为周期综合计算工作时间，但其平均日工作时间和平均周工作时间应与法定标准工作时间基本相同。对符合下列条件之一的职工，可以实行综合计算工作日：①交通、铁路、邮电、水运、航空、渔业等行业中因工作性质特殊，需连续作业的职工；②地质及资源勘探、建筑、制盐、制糖、旅游等受季节和自然条件限制的行业的部分职工；③其他适合实行综合计算工时工作制的职工。

（二）休息休假

休息休假是指劳动者为行使休息权在国家规定的法定工作时间以外，不从事生产或工作而自行支配的时间。

1. 休息时间的种类

（1）工作日内的间歇时间，是指在工作日内给予劳动者休息和用餐的时间。一般为 1~2 小时，最少不得少于半小时。

（2）工作日间的休息时间，即两个邻近工作日之间的休息时间。一般不少于 16 小时。

（3）公休假日，又称周休息日，是劳动者在 1 周（7 日）内享有的休息日，公休假日一般为每周 2 日，一般安排在周六和周日休息。不能实行国家标准工时制度的企业和事业组织，可根据实际情况灵活安排周休息日，应当保证劳动者每周至少休息 1 日。

2. 休假的种类

（1）法定节假日，是指法律规定用于开展纪念、庆祝活动的休息时间。我国《全国年节及纪念日放假办法》规定的法定节假日有：新年 1 月 1 日，放假 1 天；春节农历正月初一、初二、初三，放假 3 天；清明节农历清明当日，放假 1 天；劳动节 5 月 1 日，放假 1 天；端午节农历端午当日，放假 1 天；中秋节农历中秋当日，放假 1 天；国庆节 10 月 1 日、2 日、3 日，放假 3 天；法律、法规规定的其他休假节日。

（2）探亲假，是指劳动者享有保留工资、工作岗位而同分居两地的父母或配偶团聚的假期。探亲假适用于在国家机关、人民团体、全民所有制企业、事业单位工作满 1 年的固定职工。

（3）年休假，是指职工工作满一定年限，每年可享有的带薪连续休息的时间。机关、团体、企业、事业单位、民办非企业单位、有雇工的个体工商户等单位的职工连续工作 1 年以上的，享受带薪年休假。单位应当保证职工享受年休假。职工在年休假期间享受与正常工作期间相同的工资收入。职工累计工作已满 1 年不满 10 年的，年休假 5 天；已满 10 年不满 20 年的，年休假 10 天；已满 20 年的，年休假 15 天。国家法定休假日、休息日不计入年休假的假期。

（三）加班加点

加班是指劳动者在法定节日或公休假日从事生产或工作。加点是指劳动者在标准工作日以外延长工作的时间。加班加点又统称为延长工作时间。

1. 一般情况下

用人单位由于生产经营需要，经与工会和劳动者协商后可以延长工作时间，一般每日不得超过 1 小时；因特殊原因需要延长工作时间的，在保障劳动者身体健康的条件下延长工作时间每日不得超过 3 小时，但是每月不得超过 36 小时。

2. 特殊情况下

《劳动法》规定在下述特殊情况下，延长工作时间不受《劳动法》第 41 条的限制：

（1）发生自然灾害、事故或者因其他原因，威胁劳动者生命健康和财产安全，或使人民的安全健康和国家资财遭到严重威胁，需要紧急处理的。

（2）生产设备、交通运输线路、公共设施发生故障，影响生产和公共利益，必须及时抢修的。

（3）在法定节日和公休假日内工作不能间断，必须连续生产、运输或营业的。

（4）必须利用法定节日或公休假日的停产期间进行设备检修、保养的。

（5）为了完成国防紧急生产任务，或者完成上级在国家计划外安排的其他紧急生产任务，以及商业、供销企业在旺季完成收购、运输、加工农副产品紧急任务的。

（6）法律、行政法规规定的其他情形。

3. 工资标准

（1）安排劳动者延长工作时间的，支付不低于工资的 150% 的工资报酬。

（2）休息日安排劳动者工作又不能安排补休的，支付不低于工资的 200% 的工资报酬。

（3）法定休假日安排劳动者工作的，支付不低于工资的 300% 的工资报酬。

需要注意，休息日加班可以补休，不补休再支付高额工资报酬。对比之下，法定休假日加班不能用补休替代工资支付。因为，法定休假日具有特殊意义，它不仅是让劳动者休息，更重要的是让劳动者参加文化、民俗活动，不能随意替代。

二、职业安全卫生法

（一）概念

职业安全卫生法，是指以保护劳动者在职业劳动过程中的安全和健康为宗旨，以劳动安全卫生规则等为内容的法律规范的总称。

（二）内容

1. 女职工的特殊劳动保护

（1）为保护女职工的身体健康，禁止安排女职工从事矿山井下作业、国家规定的第四级体力劳动强度的劳动和其他禁忌从事的劳动。

（2）不得安排女职工在经期从事高处、高温、低温、冷水作业和国家规定的第三级体力劳动强度的劳动。

（3）不得安排女职工在怀孕期间从事国家规定的第三级体力劳动强度的劳动和孕期禁忌从事的劳动。

（4）对怀孕7个月以上的女职工，不得安排其延长工作时间和夜班劳动。

（5）女职工生育享受不少于90天的产假。

（6）不得安排女职工在哺乳未满1周岁的婴儿期间从事国家规定的第三级体力劳动强度的劳动和哺乳期禁忌从事的其他劳动，不得安排其延长工作时间和夜班劳动。

2. 未成年工的特殊劳动保护

未成年工是指年满16周岁未满18周岁的劳动者。对未成年工特殊劳动保护的措施主要有：

（1）未成年工上岗，用人单位应对其进行有关的职业安全卫生教育、培训。

（2）用人单位不得安排未成年工从事矿山井下、有毒有害、国家规定的第四级体力劳动强度和其他禁忌从事的劳动。

（3）提供适合未成年工身体发育的生产工具等。

（4）对未成年工定期进行健康检查。

第四节 劳动争议

一、概念和范围

劳动争议又称劳动纠纷，是指劳动关系双方当事人因执行劳动法律、法规或履行劳动合同、集体合同发生的纠纷。劳动争议发生在劳动者与用人单位之间，劳动争议的主体与《劳动法》《劳动合同法》规定的劳动关系的主体相同。

1. 劳动争议的范围

（1）因确认劳动关系发生的争议。

（2）因订立、履行、变更、解除和终止劳动合同发生的争议。

（3）因除名、辞退和辞职、离职发生的争议。

（4）因工作时间、休息休假、社会保险、福利、培训以及劳动保护发生的争议。

（5）因劳动报酬、工伤医疗费、经济补偿或者赔偿金等发生的争议。

（6）法律、法规规定的其他劳动争议。

2. 不属于劳动争议的纠纷

（1）劳动者请求社会保险经办机构发放社会保险金的纠纷。

（2）劳动者与用人单位因住房制度改革产生的公有住房转让纠纷。

（3）劳动者对劳动能力鉴定委员会的伤残等级鉴定结论或者对职业病诊断鉴定委员会的职业病诊断鉴定结论的异议纠纷。

（4）家庭或者个人与家政服务人员之间的纠纷。

（5）个体工匠与帮工、学徒之间的纠纷。

（6）农村承包经营户与受雇人之间的纠纷。

二、处理机构

（一）劳动争议调解机构

劳动争议调解委员会（以下简称"调解委员会"）是依法成立的调解本单位发生的劳动争议的群众性组织。我国的劳动争议调解委员会主要有：企业劳动争议调解委员会；依法设立的基层人民调解组织；在乡镇、街道设立的具有劳动争议调解职能的组织。企业劳动争议调解委员会由职工代表和企业代表组成。职工代表由工会成员担任或者由全体职工推举产生，企业代表由企业负责人指定。企业劳动争议调解委员会主任由工会成员或者双方推举的人员担任。

（二）劳动争议仲裁机构

劳动争议仲裁委员会是国家授权、依法独立地对劳动争议案件进行仲裁的专门机构。劳动争议仲裁委员会按照统筹规划、合理布局和适应实际需要的原则设立。省、自治区人民政府可以决定在市、县设立；直辖市人民政府可以决定在区、县设立。直辖市、设区的市也可以设立一个或者若干个劳动争议仲裁委员会。劳动争议仲裁委员会不按行政区划层层设立。

劳动争议仲裁委员会由劳动行政部门代表、工会代表和企业方面代表组成。劳动争议仲裁委员会组成人员应当是单数。

（三）人民法院

人民法院是审理劳动争议案件的司法机构。我国由各级人民法院的民事审判庭审理劳动争议案件。

三、解决方式及处理程序

用人单位与劳动者发生劳动争议，当事人可以依法申请调解、仲裁、提起诉讼，也可以协商解决。发生劳动争议，当事人不愿协商、协商不成或者达成和解协议后不履行的，可以向调解组织申请调解；不愿调解、调解不成或者达成调解协议后不履行的，可以向劳动争议仲裁委员会申请仲裁；对仲裁裁决不服的，除法律另有规定的外，可以向人民法院提起诉讼。

（一）协商

发生劳动争议，劳动者可以与用人单位协商，也可以请工会或者第三方共同与用人单位协商，达成和解协议。

劳动争议发生后，当事人应当协商解决，协商一致后，双方可达成和解协议，但和解协议无必须履行的法律效力，而是由双方当事人自觉履行。协商不是处理劳动争议的必经程序，当事人不愿协商或协商不成，可以向本单位劳动争议调解委员会申请调解或向劳动争议仲裁委员会申请仲裁。

（二）调解

发生劳动争议，当事人不愿协商、协商不成或者达成和解协议后不履行的，可以向调解组织申请调解。当事人双方愿意调解的，可以书面或口头形式向调解委员会申请调解。调解委员会接到调解申请后，可依据合法、公正、及时、着重调解原则进行调解。调解委员会调解劳动争议，应当自当事人申请调解之日起 15 日内结束；到期未结束的，视为调解不成，当事人可以向当地劳动争议仲裁委员会申请仲裁。经调解达成协议的，制作调解协议书。调解协议书由双方当事人签名或者盖章，经调解员签名并加盖调解组织印章后生效，对双方当事人具有约束力，当事人自觉履行。达成调解协议后，一方当事人在协议约定期限内不履行调解协议的，另一方当事人可以依法申请仲裁。

劳动者可以申请支付令：因支付拖欠劳动报酬、工伤医疗费、经济补偿或者赔偿金事项达成调解协议，用人单位在协议约定期限内不履行的，劳动者可以持调解协议书依法向人民法院申请支付令。人民法院应当依法发出支付令。

调解不是劳动争议解决的必经程序，不愿调解、调解不成或者达成调解协议后不履行的，可以向劳动争议仲裁委员会申请仲裁。

（三）仲裁

仲裁是劳动争议案件处理必经的法律程序：发生劳动争议，当事人不愿调解、调解不成或者达成调解协议后不履行的，可以向劳动争议仲裁委员会申请仲裁。劳动争议发生后，当事人任何一方都可直接向劳动争议仲裁委员会申请仲裁。

1. 管辖

劳动争议由劳动合同履行地或者用人单位所在地的劳动争议仲裁委员会管辖。双方当事人分别向劳动合同履行地和用人单位所在地的劳动争议仲裁委员会申请仲裁的，由劳动合同履行地的劳动争议仲裁委员会管辖。

2. 当事人

发生劳动争议的劳动者和用人单位为劳动争议仲裁案件的双方当事人。劳务派遣单位或者用工单位与劳动者发生劳动争议的，劳务派遣单位和用工单位为共同当事人。

3. 申请时效

劳动争议申请仲裁的时效期间为 1 年。仲裁时效期间从当事人知道或者应当知道其权利被侵害之日起计算。仲裁时效的中断，因当事人一方向对方当事人主张权利，或者向有关部门请求权利救济，或者对方当事人同意履行义务而中断。从中断时起，仲裁时效期间重新计算。仲裁时效的中止，因不可抗力或者有其他正当理由，当事人不能在法律规定的仲裁时效期间申请仲裁的，仲裁时效中止。从中止时效的原因消除之日起，仲裁时效期间继续计算。劳动关系存续期间因拖欠劳动报酬发生争议的，劳动者申请仲裁不受 1 年仲裁时效期间的限制；但是，劳动关系终止的，应当自劳动关系终止之日起 1 年内提出。

4. 仲裁裁决

提出仲裁要求的一方应当自劳动争议发生之日起 1 年内向劳动争议仲裁委员会提出书面申请。劳动争议仲裁委员会接到仲裁申请后，应当在 5 日内作出是否受理的决定。受理后，应当在收到仲裁申请的 45 日内作出仲裁裁决。案情复杂需要延期的，经劳动争议仲裁委员会主任批准，可以延期并书面通知当事人，但是延长期限不得超过 15 日。逾期未作出仲裁裁决的，当事人可以就该劳动争议事项向人民法院提起诉讼。

仲裁委员会可依法进行调解，经调解达成协议的，制作仲裁调解书。仲裁调解书具有法律效力，自送达之日起具有法律约束力，当事人须自觉履行，一方当事人不履行的，另一方当事人可向人民法院申请强制执行。

发生劳动争议，当事人对自己提出的主张，有责任提供证据。为了保护劳动者利益，与争议事项有关的证据属于用人单位掌握管理的，用人单位应当提供；用人单位不提供的，应当承担不利后果。

仲裁委员会对部分案件有先予执行的裁决权：仲裁庭对追索劳动报酬、工伤医疗费、经济补偿或者赔偿金的案件，根据当事人的申请，可以裁决先予执行，移送人民法院执行。

5. 单方面的一裁终局

劳动争议仲裁委员会对下列案件实行一裁终局：①追索劳动报酬、工伤医疗费、经济补偿或者赔偿金，不超过当地月最低工资标准 12 个月金额的争议；②因执行国家的劳动标准在工作时间、休息休假、社会保险等方面发生的争议。上述案件的仲裁裁决为终局裁决，裁决书自作出之日起发生法律效力。劳动者对一裁终局的仲裁裁决不服的，可以自收到仲裁裁决书之日起 15 日向人民法院起诉。而用人单位对一裁终局的仲裁裁决，不能再向法院起诉，也不能申请再次仲裁，但在具备仲裁机构枉法裁决的法定情形时，用人单位可以向人民法院申请撤销。一裁终局是为了使劳动者的权益得到快捷的保护，加快劳动争议案件的处理时间，防止用人单位恶意拖延，显然，这种一裁终局是片面的，只限制了用人单位一方，并没有限制劳动者一方。

6. 裁决生效

除一裁终局的仲裁裁决以外的其他劳动争议案件的仲裁裁决，当事人不服的，可以自收到仲裁裁决书之日起 15 日内向人民法院提起诉讼；期满不起诉的，裁决书发生法律效力。一方当事人逾期不履行，另一方当事人可以向人民法院申请强制执行。受理申请的人民法院应当依法执行。

（四）诉讼

当事人对可诉的仲裁裁决不服的，可自收到仲裁裁决书之日起 15 日内向人民法院提起诉讼。对经过仲裁裁决，当事人向法院起诉的劳动争议案件，人民法院应当受理。人民法院审理劳动争议案件实行两审终审制。人民法院一审审理终结后，对一审判决不服的，当事人可在 15 日内向上一级人民法院提起上诉；对一审裁定不服的，当事人可在 10 日内向上一级人民法院提起上诉。经二审审理所作出的裁决是终审裁决，自送达之日起发生法律效力，当事人必须履行。

本章复习重点提示

1. 重要知识点

劳动法律关系的特点；劳动法的调整范围；无固定期限劳动合同；劳动合同的解除；非典

型劳动合同；违反劳动法的法律责任。

2. 实例解析

[例1] 张某在甲公司连续工作了 14 个月，但单位一直借故不和他签订书面劳动合同，单位应向其支付多少个月的工资呢？[1]

[例2] 汪某同乙公司约定了 5 年的服务期，违反服务期提前离职要一共支付违约金 10 万元。汪某工作 3 年后无故离开了乙公司，他应向乙公司支付多少违约金？[2]

[例3] 岳某为丙公司一名女职工。如果岳某在孕期犯罪被判处刑罚，丙公司可以单方解除与她签订的劳动合同吗？[3]

---

[1] 25 个月的工资。

[2] 应当支付 4 万元违约金，因为服务期的违约金是要按实际服务年限分摊的，即实际工作年限越多，支付的违约金就越少。

[3] 可以。对有过错的劳动者法律是不进行特殊保护的，即使劳动者存在特殊困难也在所不问。

社会保障法

本章导读

　　社会保障法和劳动法密切相关，其内容就是对公民提供兜底性的福利保障。社会保险法针对全体劳动者，考试价值大些；军人保险法则针对不属于劳动者的国家保卫者——军人群体，考试价值小些。军人保险法的内容和社会保险法具有相关性，比如军人伤亡保险其实等同于工伤保险。

第一节　社会保险法

一、社会保险的概念、特征和类型

（一）概念

　　社会保险是与劳动风险相对应的概念。劳动者以劳动为谋生手段，当其完全或部分丧失劳动能力，暂时或永久丧失劳动机会，而完全不能劳动、不能正常劳动或暂时终止劳动的情形下，就面临失去主要生活来源的危险，此即劳动风险。为了确保劳动者的生存和劳动力的再生产，国家和社会对因丧失劳动能力和劳动机会而不能劳动或暂时终止劳动的劳动者，采取的通过给予一定物质帮助，使其至少能维持基本生活需要的制度就是社会保险制度。

（二）特征

　　1. 社会性

　　社会保险的范围比较广泛，包括社会上不同层次、不同行业、不同职业的劳动者。社会保险体现一种社会政策，具有保障社会安定的职能。

　　2. 强制性

　　作为社会保险制度主干部分的国家基本保险，由国家立法强制实行，保险的项目、收费标准、待遇水平等内容、一般不由投保人和被保险人自主选择。

　　3. 福利性

　　社会保险以帮助劳动者摆脱生活困难为目的，属于非盈利性、公益性服务事业，交纳保险费的多少不完全取决于风险发生的概率，享受保险待遇的水平也不完全取决于交纳保险费多少，而是主要依据基本生活需要确定。国家对保险所需资金负有一定的支持责任。[1]

（三）类型

国家建立五种社会保险制度，包括基本养老保险、基本医疗保险、工伤保险、失业保险、生育保险，保障公民在年老、疾病、工伤、失业、生育等情况下依法从国家和社会获得物质帮助的权利。

二、社会保险的保费缴纳

中华人民共和国境内的用人单位和个人依法缴纳社会保险费，有权查询缴费记录、个人权益记录，要求社会保险经办机构提供社会保险咨询等相关服务。国家多渠道筹集社会保险资金。县级以上人民政府对社会保险事业给予必要的经费支持。个人依法享受社会保险待遇，有权监督本单位为其缴费情况。

三、社会保险的主要内容

（一）基本养老保险

1. 投保人

职工应当参加基本养老保险，由用人单位和职工共同缴纳基本养老保险费。无雇工的个体工商户、未在用人单位参加基本养老保险的非全日制从业人员以及其他灵活就业人员可以参加基本养老保险，由个人缴纳基本养老保险费。

公务员和参照公务员法管理的工作人员养老保险的办法由国务院规定。

2. 保险费

基本养老保险实行社会统筹与个人账户相结合。基本养老保险基金由用人单位和个人缴费以及政府补贴等组成。用人单位应当按照国家规定的本单位职工工资总额的比例缴纳基本养老保险费，记入基本养老保险统筹基金。职工应当按照国家规定的本人工资的比例缴纳基本养老保险费，记入个人账户。

个人账户不得提前支取，记账利率不得低于银行定期存款利率，免征利息税。个人死亡的，个人账户余额可以继承。

3. 养老金

基本养老金由统筹养老金和个人账户养老金组成。参加基本养老保险的个人，达到法定退休年龄时累计缴费满15年的，按月领取基本养老金。

参加基本养老保险的个人，达到法定退休年龄时累计缴费不足15年的，可以缴费至满15年，按月领取基本养老金；也可以转入新型农村社会养老保险或者城镇居民社会养老保险，按照国务院规定享受相应的养老保险待遇。

参加基本养老保险的个人，因病或者非因工死亡的，其遗属可以领取丧葬补助金和抚恤金；在未达到法定退休年龄时因病或者非因工致残完全丧失劳动能力的，可以领取病残

---

〔1〕 王全兴：《劳动法学》（第2版），高等教育出版社2008年，第405页。

津贴。所需资金从基本养老保险基金中支付。

个人跨统筹地区就业的，其基本养老保险关系随本人转移，缴费年限累计计算。个人达到法定退休年龄时，基本养老金分段计算、统一支付。

4. 新型农村社会养老保险制度

新型农村社会养老保险实行个人缴费、集体补助和政府补贴相结合。新型农村社会养老保险待遇由基础养老金和个人账户养老金组成。参加新型农村社会养老保险的农村居民，符合国家规定条件的，按月领取新型农村社会养老保险待遇。

（二）基本医疗保险

1. 投保人

职工应当参加职工基本医疗保险，由用人单位和职工按照国家规定共同缴纳基本医疗保险费。无雇工的个体工商户、未在用人单位参加职工基本医疗保险的非全日制从业人员以及其他灵活就业人员可以参加职工基本医疗保险，由个人按照国家规定缴纳基本医疗保险费。

国家建立和完善新型农村合作医疗制度和城镇居民基本医疗保险制度。

2. 医疗保险基金支付

符合基本医疗保险药品目录、诊疗项目、医疗服务设施标准以及急诊、抢救的医疗费用，按照国家规定从基本医疗保险基金中支付。

下列医疗费用不纳入基本医疗保险基金支付范围：

（1）应当从工伤保险基金中支付的。

（2）应当由第三人负担的。

（3）应当由公共卫生负担的。

（4）在境外就医的。

医疗费用依法应当由第三人负担，第三人不支付或者无法确定第三人的，由基本医疗保险基金先行支付。基本医疗保险基金先行支付后，有权向第三人追偿。

个人跨统筹地区就业的，其基本医疗保险关系随本人转移，缴费年限累计计算。

（三）工伤保险

1. 投保人

职工应当参加工伤保险，由用人单位缴纳工伤保险费，职工不缴纳工伤保险费。

2. 工伤认定

职工因工作原因受到事故伤害或者患职业病，且经工伤认定的，享受工伤保险待遇；其中，经劳动能力鉴定丧失劳动能力的，享受伤残待遇。

职工因下列情形之一导致本人在工作中伤亡的，不认定为工伤：

（1）故意犯罪。

（2）醉酒或者吸毒。

（3）自残或者自杀。

（4）法律、行政法规规定的其他情形。

3. 工伤保险基金支付

因工伤发生的下列费用，按照国家规定从工伤保险基金中支付：

（1）治疗工伤的医疗费用和康复费用。

（2）住院伙食补助费。

（3）到统筹地区以外就医的交通食宿费。

（4）安装配置伤残辅助器具所需费用。

（5）生活不能自理的，经劳动能力鉴定委员会确认的生活护理费。

（6）一次性伤残补助金和一至四级伤残职工按月领取的伤残津贴。

（7）终止或者解除劳动合同时，应当享受的一次性医疗补助金。

（8）因工死亡的，其遗属领取的丧葬补助金、供养亲属抚恤金和因工死亡补助金。

（9）劳动能力鉴定费。

因工伤发生的下列费用，按照国家规定由用人单位支付：

（1）治疗工伤期间的工资福利。

（2）五级、六级伤残职工按月领取的伤残津贴。

（3）终止或者解除劳动合同时，应当享受的一次性伤残就业补助金。

职工所在用人单位未依法缴纳工伤保险费，发生工伤事故的，由用人单位支付工伤保险待遇。用人单位不支付的，从工伤保险基金中先行支付。从工伤保险基金中先行支付的工伤保险待遇应当由用人单位偿还。用人单位不偿还的，社会保险经办机构可以追偿。

由于第三人的原因造成工伤，第三人不支付工伤医疗费用或者无法确定第三人的，由工伤保险基金先行支付。工伤保险基金先行支付后，有权向第三人追偿。

4. 工伤保险待遇的停止

工伤职工有下列情形之一的，停止享受工伤保险待遇：

（1）丧失享受待遇条件的。

（2）拒不接受劳动能力鉴定的。

（3）拒绝治疗的。

（四）失业保险

1. 投保人

职工应当参加失业保险，由用人单位和职工按照国家规定共同缴纳失业保险费。

2. 失业保险金的领取

失业人员符合下列条件的，从失业保险基金中领取失业保险金：

（1）失业前用人单位和本人已经缴纳失业保险费满1年的。

（2）非因本人意愿中断就业的。

（3）已经进行失业登记，并有求职要求的。

失业人员失业前用人单位和本人累计缴费满一年不足5年的，领取失业保险金的期限最长为12个月；累计缴费满5年不足10年的，领取失业保险金的期限最长为18个月；累计缴费10年以上的，领取失业保险金的期限最长为24个月。重新就业后，再次失业的，缴费时间重新计算，领取失业保险金的期限与前次失业应当领取而尚未领取的失业保险金的期限合并计算，最长不超过24个月。

失业保险金的标准，由省、自治区、直辖市人民政府确定，不得低于城市居民最低生活保障标准。职工跨统筹地区就业的，其失业保险关系随本人转移，缴费年限累计计算。

3. 失业保险基金的特殊支付

（1）失业人员在领取失业保险金期间，参加职工基本医疗保险，享受基本医疗保险待遇。失业人员应当缴纳的基本医疗保险费从失业保险基金中支付，个人不缴纳基本医疗保险费。

（2）失业人员在领取失业保险金期间死亡的，参照当地对在职职工死亡的规定，向其遗属发给一次性丧葬补助金和抚恤金。所需资金从失业保险基金中支付。个人死亡同时符合领取基本养老保险丧葬补助金、工伤保险丧葬补助金和失业保险丧葬补助金条件的，其遗属只能选择领取其中的一项。

4. 停止领取失业保险金

失业人员在领取失业保险金期间有下列情形之一的，停止领取失业保险金，并同时停止享受其他失业保险待遇：

（1）重新就业的。

（2）应征服兵役的。

（3）移居境外的。

（4）享受基本养老保险待遇的。

（5）无正当理由，拒不接受当地人民政府指定部门或者机构介绍的适当工作或者提供的培训的。

（五）生育保险

1. 投保人

职工应当参加生育保险，由用人单位按照国家规定缴纳生育保险费，职工不缴纳生育保险费。

用人单位已经缴纳生育保险费的，其职工享受生育保险待遇；职工未就业配偶按照国家规定享受生育医疗费用待遇。所需资金从生育保险基金中支付。

生育保险待遇包括生育医疗费用和生育津贴。

2. 生育医疗费用

生育医疗费用包括下列各项：

（1）生育的医疗费用。

（2）计划生育的医疗费用。

（3）法律、法规规定的其他项目费用。

3. 享受生育津贴的条件

职工有下列情形之一的，可以按照国家规定享受生育津贴：

（1）女职工生育享受产假。

（2）享受计划生育手术休假。

（3）法律、法规规定的其他情形。

生育津贴按照职工所在用人单位上年度职工月平均工资计发。

四、社会保险基金

社会保险基金包括基本养老保险基金、基本医疗保险基金、工伤保险基金、失业保险基金和生育保险基金。各项社会保险基金按照社会保险险种分别建账，分账核算，执行国家统一的会计制度。社会保险基金专款专用，任何组织和个人不得侵占或者挪用。

基本养老保险基金逐步实行全国统筹，其他社会保险基金逐步实行省级统筹。

第二节 军人保险法

一、军人伤亡保险

1. 军人因下列情形之一死亡或者致残的，不享受军人伤亡保险待遇：

（1）故意犯罪的；

（2）醉酒或者吸毒的；

（3）自残或者自杀的；

（4）法律、行政法规和军事法规规定的其他情形。

2. 已经评定残疾等级的因战、因公致残的军人退出现役参加工作后旧伤复发的，依法享受相应的工伤待遇。

3. 军人伤亡保险所需资金由国家承担，个人不缴纳保险费。

二、退役养老保险 （略）

三、退役医疗保险

1. 参加军人退役医疗保险的军官、文职干部和士官应当缴纳军人退役医疗保险费，国家按照个人缴纳的军人退役医疗保险费的同等数额给予补助。

2. 义务兵和供给制学员不缴纳军人退役医疗保险费，国家按照规定的标准给予军人退役医疗保险补助。

四、随军未就业的军人配偶保险

1. 国家为随军未就业的军人配偶建立养老保险、医疗保险等。随军未就业的军人配偶参加保险，应当缴纳养老保险费和医疗保险费，国家给予相应的补助。

2. 随军未就业的军人配偶无正当理由拒不接受当地人民政府就业安置，或者无正当理由拒不接受当地人民政府指定部门、机构介绍的适当工作、提供的就业培训的，停止给予保险缴费补助。

厚大法考（北京）2019年客观题面授教学计划

班次名称		授课时间	天数（天）	标准学费（元）	阶段性优惠价格（元）			备注
					1.10前	2.10前	3.10前	
大成系列	大成尊享班	3.12~9.9	182天	79800	元月10日前55800元，2.10前60800元，3.10前65800元。2019年元月1日前报名赠送双人间住宿。专属六人自习室，班主任全程陪伴，小组辅导，量身打造个性化学习方案。高强度，多轮次系统学习，全方位消除疑难，环环相扣不留死角。			本班配套图书及随堂资料（其中"大成VIP班"元旦前报名送四人间住宿）
	大成VIP班	3.12~9.9	182天	49800	39800	41800	43800	
	大成特训班	4.9~9.9	154天	33800	24800	25800	26800	
	大成特训通关班	4.9~9.9	154天	39800	送四人间住宿，2019年客观题意外未过，免费重读2020年客观题大成特训班（不含住宿费）			
	大成集训班	5.13~9.9	120天	29800	20880	21880	22880	
	大成集训通关班	5.13~9.9	120天	31800	送四人间住宿，2019年客观题意外未过，免费重读2020年客观题大成集训班（不含住宿费）			
	大成精英班	6.9~9.9	93天	21800	15300	15800	16300	
	大成精英通关班	6.9~9.9	93天	23800	送四人间住宿，2019年客观题意外未过，免费重读2020年客观题大成精英班（不含住宿费）			
暑期系列	暑期全程班 A模式	7.5~9.9	67天	11800	9380	9880	10380	
	暑期全程班 B模式	7.5~9.9	67天	15800	送双人间住宿，2019年客观题意外未过，免费重读2020年客观题暑期全程班（不含住宿费）			
	暑期精英班	7.5~8.30	57天	9880	7580	7980	8580	
	暑期通关班 A模式	3.16~9.9	99天	15800	11300	11800	无优惠	
	暑期通关班 B模式	3.16~9.9	99天	17800	送四人间住宿，2019年客观题意外未过，免费重读2020年客观题暑期通关班（不含住宿费）			
周末系列	周末精英班	3.16~8.25	48天	9800	7580	7980	无优惠	
	周末全程班	3.16~9.9	56天	11800	9380	9880	无优惠	
冲刺系列	点睛冲刺班	9.2~9.9	8天	5680	4180	4480	4780	本班配套资料

其他优惠：
1. 多人报名可在优惠价格基础上再享团报优惠：3人（含）以上报名，每人优惠200元；5人（含）以上报名，每人优惠300元；8人（含）以上报名，每人优惠500元。
2. 厚大面授老学员报名再享9折优惠（2019年3月10日前），赠送住宿的班次除外。
3. 厚大非面授老学员报名再享100元优惠。

【总部及北京分校】北京市海淀区苏州街20号银丰大厦2号楼南侧二层　　咨询热线：4009-900-600转1

厚大法考官博　　　北京厚大法考官博　　　北京厚大法考官微

厚大法考（上海）2019 年客观题面授教学计划

班次名称		授课时间	学费（元）	阶段优惠(元)			备注
				1.10 前	2.10 前	3.10 前	
至尊系列	至尊私塾班	3.15~客观题考前	100000	赠送全程单间住宿；专辅团队、私人订制；6 人专属自修小教室，小组辅导、大班面授。高强度、多轮次系统学习，专辅团队盯人辅导，追求一次性高分过关。限招 12 人。			本班配套图书及随堂资料（其中"至尊班"1.10 前报名赠四人间住宿）
	至尊班	3.15~9.5	69800	45000	50000	55000	
大成系列	大成长训班	3.15~9.5	32800	23800	24800	25800	
	大成特训班	4.15~9.5	28800	19800	20800	21800	
	大成集训班 A 模式	5.18~9.5	25800	15800	16800	17800	
	大成集训班 B 模式	5.18~9.5	25800	B 模式无优惠；座位前三排，导学师跟踪辅导，限额招生。			
	大成精英班	5.18~8.28	18800	12800	13800	14800	
轩成系列	轩成集训班	6.22~9.5	15800	10300	10800	11300	
	轩成精英班	6.22~8.28	12800	8300	8800	9300	
周末系列	系统强化班	3.16~6.23	5980	4180	4480	5000	
	周末精英班	3.16~8.18	8980	6480	7080	7980	
	周末全程班 A 模式	3.16~9.5	11800	8580	9080	9580	
	周末全程班 B 模式	3.16~9.5	11800	B 模式无优惠；座位前三排，导学师跟踪辅导，限额招生。			
	周末特训班	6.29~9.5	7980	5280	5580	6180	
	周末通关班	3.16~9.5	15800	协议班次无优惠；如 2019 年客观题不过关，第二年免学费重读客观题周末全程班。			
	周末长训班	3.16~6.23(周末)/7.7~9.5(脱产)	15800	10800	11800	12800	
暑期系列	暑期特训班	8.10~9.5	6980	4880	5180	5480	
	暑期精英班	7.7~8.28	8980	6480	6980	7480	
	暑期全程班 A 模式	7.7~9.5	11800	7980	8480	8980	
	暑期全程班 B 模式	7.7~9.5	11800	B 模式无优惠；座位前三排，导学师跟踪辅导，限额招生。			
	VIP 通关班	7.7~9.5	15800	协议班次无优惠；赠送 2 人间住宿；如 2019 年客观题不过关，第二年免学费重读客观题暑期全程班。			
冲刺系列	点睛冲刺班	8.29~9.5	4580	3280			本班配套资料

其他优惠：

1. 多人报名可在优惠价格基础上再享团报优惠：3 人（含）以上报名，每人优惠 200 元；5 人（含）以上报名，每人优惠 300 元；8 人（含）以上报名，每人优惠 500 元。
2. 厚大面授老学员报名再享 9 折优惠（3 月 10 日前）；厚大非面授老学员报名再享 100 元优惠。
3. 厚大面授老学员报名上海至尊班的，可在阶段优惠基础上专享优惠 5000 元，不再叠加其他优惠。
4. 2019 年 1 月 10 日前报名至尊系列班次，赠送 2019 年主观题决胜班。
5. 2019 年 2 月 10 日前报名至尊系列班次，赠送 2019 年主观题国庆密训营。

【上海分校】上海市静安区汉中路 158 号汉中广场 1214 室　咨询热线：021-61070881/61070880
【松江分部】上海市松江大学城文汇路 1128 弄 121 室　咨询热线：021-67663517
【青浦分部】上海市青浦区上海政法学院·厚大岗亭　咨询热线：15800915916

厚大法考官博　　　　上海厚大法考官博　　　　上海厚大法考官微

厚大法考（南京、杭州）2019年客观题面授教学计划

班次名称			授课时间	学费(元)	阶段优惠(元)			备注
					1.10前	2.10前	3.10前	
周末系列（在职）	系统强化班		3.23~6.23	5980	4180	4480	5000	本班配套图书及随堂资料
	周末精英班		3.23~8.18	8980	6480	7080	7980	
	周末全程班	A模式	3.23~9.5	11800	8580	9080	9580	
		B模式	3.23~9.5	11800	B模式无优惠；座位前三排，导学师跟踪辅导，限额招生。			
	周末特训班		6.29~9.5	7980	5280	5580	6180	
	周末通关班		3.23~9.5	15800	协议班次无优惠；如2019年客观题不过关，第二年免学费重读客观题周末全程班。			
	周末长训班		3.23~6.23(周末)/7.9~9.5(脱产)	15800	10800	11800	12800	
暑期系列（脱产）	暑期特训班		8.10~9.5	6980	4880	5180	5480	
	暑期精英班		7.9~8.28	8980	6480	6980	7480	
	暑期全程班	A模式	7.9~9.5	11800	7980	8480	8980	
		B模式	7.9~9.5	11800	B模式无优惠；座位前三排，导学师跟踪辅导，限额招生。			
	VIP通关班		7.9~9.5	15800	协议班次无优惠；赠送2人间住宿；如2019年客观题不过关，第二年免学费重读客观题暑期全程班。			
冲刺系列	点睛冲刺班		8.29~9.5	4580	3280			本班配套资料

厚大法考（苏州）2019年客观题面授教学计划

班次名称			授课时间	学费(元)	阶段优惠(元)			备注
					1.10前	2.10前	3.10前	
暑期系列（脱产）	暑期特训班		8.12~9.5	5980	4280	4580	4880	本班配套图书及随堂资料
	暑期精英班		7.10~8.28	7680	5480	5980	6480	
	暑期全程班	A模式	7.10~9.5	9280	6980	7480	7980	
		B模式	7.10~9.5	9280	B模式无优惠；座位前三排，导学师跟踪辅导，限额招生。			
	VIP通关班		7.10~9.5	12800	协议班次无优惠；赠送2人间住宿；如2019年客观题不过关，第二年免学费重读客观题暑期全程班。			
冲刺系列	点睛冲刺班		8.29~9.5	4580	3280			本班配套资料

其他优惠：
1. 多人报名可在优惠价格基础上再享团报优惠：3人（含）以上报名，每人优惠200元；5人（含）以上报名，每人优惠300元；8人（含）以上报名，每人优惠500元。
2. 厚大面授老学员报名再享9折优惠（2019年3月10日前）；厚大非面授老学员报名再享100元优惠。

【南京分校】南京市鼓楼区汉中路108号金轮大厦10C2室　　咨询热线：025-84721211/86557965
【杭州分校】杭州市江干区下沙2号大街515号智慧谷大厦1009室　　咨询热线：0571-28187005/28187006
【苏州分校】苏州市姑苏区苏州大学王健法学院模拟中庭厚大办公室　　咨询热线：15921101351

厚大法考官博　　　　南京厚大法考官博　　　　杭州厚大法考官博　　　　苏州厚大法考官博

厚大法考（广州）2019 年客观题面授教学计划

班次名称		授课时间	学费（元）	阶段优惠(元)			备注
				1.10 前	2.10 前	3.10 前	
至尊系列	至尊私塾班	3.23～客观题考前	100000	赠送全程单间住宿；专辅团队、私人订制；10 人专属自修小教室，小组辅导、大班面授。高强度、多轮次系统学习，专辅团队盯人辅导，追求一次性高分过关。限招 10 人。			本班配套图书及随堂资料
	至尊班	3.23～9.5	69800	45000	50000	55000	
大成系列	大成集训班 A 模式	5.18～9.5	25800	15800	16800	17800	
	大成集训班 B 模式	5.18～9.5	25800	B 模式无优惠；座位前三排，导学师跟踪辅导，限额招生。			
	大成精英班	5.18～8.28	18800	12800	13800	14800	
轩成系列	轩成集训班	6.22～9.5	15800	10300	10800	11300	
	轩成精英班	6.22～8.28	12800	8300	8800	9300	
周末系列	系统强化班	3.23～6.23	5980	4180	4480	5000	
	周末精英班	3.23～8.18	8980	6480	7080	7980	
	周末全程班 A 模式	3.23～9.5	11800	8580	9080	9580	
	周末全程班 B 模式	3.23～9.5	11800	B 模式无优惠；座位前三排，导学师跟踪辅导，限额招生。			
	周末特训班	6.29～9.5	7980	5280	5580	6180	
	周末通关班	3.23～9.5	15800	协议班次无优惠；如 2019 年客观题不过关，第二年免学费重读客观题周末精英班。			
	周末长训班	3.23～6.23(周末)/7.7～9.5(脱产)	18800	10800	11800	12800	
暑期系列	暑期特训班	8.10～9.5	6980	4880	5180	5480	
	暑期精英班	7.7～8.28	9980	6480	6980	7480	
	暑期全程班 A 模式	7.7～9.5	11800	8800	9400	9900	
	暑期全程班 B 模式	7.7～9.5	11800	B 模式无优惠；座位前三排，导学师跟踪辅导，限额招生。			
	VIP 通关班	7.7～9.5	15800	协议班次无优惠；如 2019 年客观题不过关，第二年免学费重读客观题暑期精英班。			
	私塾班	3.23～6.23/7.7～9.5	18800	10800	11800	12800	
冲刺系列	点睛冲刺班	8.29～9.5	4580	3280			本班配套资料

其他优惠：

1. 多人报名可在优惠价格基础上再享团报优惠：3 人（含）以上报名，每人优惠 200 元；5 人（含）以上报名，每人优惠 300 元；8 人（含）以上报名，每人优惠 500 元。

2. 厚大面授老学员报名再享 9 折优惠（2019 年 3 月 10 日前）；厚大非面授老学员报名再享 100 元优惠。

3. 厚大面授老学员报名广州至尊班的，可在阶段优惠基础上专享优惠 5000 元，不再叠加其他优惠。

4. 2019 年 1 月 10 日前报名至尊系列班次，赠送 2019 年主观题决胜班。

5. 2019 年 2 月 10 日前报名至尊系列班次，赠送 2019 年主观题国庆密训营。

【广州分校】广州市天河区龙口东路 19 号广东法官学院 8 楼　　咨询热线：020-87595663/85588201